"十四五"职业教育河南省规划教材

城市轨道交通职业教育系列教材——城轨供电技术

城市轨道交通供变电技术

（第2版）

主　编　李学武

副主编　张家祥

主　审　彭大明

微课　　　　　　　动画　　　　　　　课件

 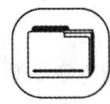  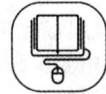

课程标准　　　　彩图　　　　校企合作　　新形态一体化教材

西南交通大学出版社
·成　都·

内容简介

本书遵照《地铁设计规范》(GB 50157—2013)、《城市轨道交通技术规范》(GB 50490—2016)等技术条文,结合相关设计院、工程局、地铁公司、生产厂家的技术资料、运营文件,以设备单元为载体,详细介绍城市轨道交通供电系统的主变电所、降压变电所、牵引降压混合变电所的组成、一次二次设备的结构、原理及运营要点。

本书可作为高等职业技术学院城市轨道交通供配电技术专业的教学用书,也可作为城市轨道交通行业职工培训以及技术人员参考用书。

图书在版编目(CIP)数据

城市轨道交通供变电技术 / 李学武主编. —2版
. —成都:西南交通大学出版社,2021.8(2024.1重印)
ISBN 978-7-5643-8209-4

Ⅰ. ①城… Ⅱ. ①李… Ⅲ. ①城市铁路 – 供电装置 – 高等职业教育 – 教材 Ⅳ. ①U239.5

中国版本图书馆 CIP 数据核字(2021)第 165127 号

Chengshi Guidao Jiaotong Gongbiandian Jishu

城市轨道交通供变电技术

(第 2 版)

主编 / 李学武　　　　　责任编辑 / 李芳芳
　　　　　　　　　　　封面设计 / 曹天擎

西南交通大学出版社出版发行
(四川省成都市金牛区二环路北一段 111 号西南交通大学创新大厦 21 楼　610031)
营销部电话　028-87600564　　028-87600533
网址　http://www.xnjdcbs.com
印刷:四川五洲彩印有限责任公司

成品尺寸　185 mm×260 mm
印张　21.75　　字数　542 千
版次　2016 年 7 月第 1 版　　2021 年 8 月第 2 版　　印次　2024 年 1 月第 5 次
书号　ISBN 978-7-5643-8209-4
定价　49.00 元

课件咨询电话:028-81435775
图书如有印装质量问题　本社负责退换
版权所有　盗版必究　举报电话:028-87600562

出版说明

城市轨道交通凭借快捷、准时、舒适、运量大、能耗低、污染小、占地少等优点，日益成为城市现代化建设进程中重要的公益性基础设施项目。城市轨道交通涉及面广、综合性很强，其发展状况已被当成一个城市综合实力和现代化程度的重要评判指标。由此，城市轨道交通建设正在我国兴起一个新的浪潮，社会对城市轨道交通专业人才的需求巨大，给城市轨道交通类专业的职业教育发展带来了良好契机。

西南交通大学出版社与国内诸多交通院校一直保持友好往来，并整合他们在轨道交通领域的尖端科技优势和人才集成优势，致力于为国家轨道交通教育事业做出贡献，形成了以"轨道交通"为核心的出版特色，在教育界、学界都拥有良好的口碑和较高的品牌知名度。

本套丛书从满足快速增长的城市轨道交通专业实用型人才培养需求出发，从校企结合教学直接面向岗位需求这一特点出发，精心组织国内相关专业优秀教育工作者或优秀教育工作高校，分"运营管理""工程技术""车辆""控制""供电技术"五大类，系统地为读者呈现城市轨道交通教育课程全景。在编写时，力求体现如下特点：

◎ **适用性**

理论知识够用即可，在讲述专业理论知识的基础上，突出实际操作技能的训练，注重岗位关键能力的培养。

◎ **专业性**

图书的顶层设计从国家高职高专专业目录规范出发，内容编排紧密结合岗位应用实际，体现专业性和主流设备前沿特征，体现教学实际需求。同时，在编写或修改时，尽可能地让一线用人单位参与进来，根据生产现场实际提出的建议。

◎ **生动性**

在架构设计和版式设计上，力求简洁生动，图文并茂；通过广泛应用二维码技术等移动互联网时代元素，尽可能把生产实际和研究成果用立体生动的形式表达，便于读者理解掌握。

这套书可作为高等职业院校、中等职业学校城市轨道交通相关专业的教学用书，也可作为城市轨道交通企业新职工的培训教材。有关教材的课件资料等，可以联系我社使用。

联系电话：028-87600533

邮箱：swjtucbsfx@163.com

西南交通大学出版社
二〇一五年八月

第二版前言

党的二十大报告指出:"坚持把发展经济的着力点放在实体经济上,推进新型工业化,加快建设制造强国、质量强国、航天强国、交通强国、网络强国、数字中国。""推动能源清洁低碳高效利用,推进工业、建筑、交通等领域清洁低碳转型。"这为建设和运营"绿色城轨""智慧城轨"指明了方向。"交通强国,城轨担当"。党的十八大以来,我国城市轨道交通加快推进创新驱动、转型发展、产业变革,提升运营服务品质,推进高质量与高效率并重发展,从"城轨大国"向着"城轨强国"迈进。未来五年,我国城市轨道交通线路运营里程将增加 5 000 km,总量将达到 13 000 km,员工人数预计达到 63.7 万(中国城市轨道交通协会统计信息)。

城市轨道交通供电系统是城轨列车、车站和线路的动力源,它既为轨道交通运输提供电能,也为轨道交通运营安全提供技术支撑,是建设运营绿色城轨、智慧城轨的重要技术保障。近几年来,城市轨道交通的主变电所、降压所、牵引降压混合所等供电设施,从综合自动化到数字化,再到智能化,从有人值守到无人值守,技术与管理的迭代升级同步推进。

本书的第二版修订,主要依据:《职业教育专业简介》(2022.9)、"1+X"证书"城市轨道交通变电检修"《职业技能等级标准》(2021.12)等教育部文件,以及《地铁设计规范》《城市轨道交通技术规范》《电力系统技术导则》《供配电系统设计规范》《电气简图用图形符号》等国家、行业标准;收集整理了郑州、广州、成都、宁波、长沙等城市轨道交通供电系统设计、施工和运营维护技术文件。

本书的第二版修订,主要完成了以下4项工作:

(1)实现了岗位、证书与教材内容的对接。以岗位、证书涉及的应知应会、技能操作为内容选取标准,构建教材体系:城轨变电检修岗位(证书)学习基础(教材第一章)、城轨变电检修岗位(证书)之运行管理(教材第二至第十章)、城轨变电检修岗位(证书)技能之故障应急处理(教材第十一章)。

(2)优化完善了教材的体例格式。采用"问题导入—学习目标—内容讲解—复习思考—阅读材料"的体例格式,适合高职专业核心课程教学、"1+X"证书培训、职工培训、学员自学等多对象、多方式。

（3）凸显了城市轨道交通变电检修岗位的思政元素。在教材的"问题导入""内容讲解"等环节融入思政元素；新增8个主题的阅读材料：建设成就、岗位与证书、事故案例、灾害调研报告、接口管理、绿色城轨、智慧城轨、岗位风险点。在附录中，新增"引用规章文件"。着力实现学生政治意识、责任意识、安全意识、质量意识、协作精神、创新精神的锻造与培养。

（4）引入了新技术、新设备、新规章。结合现行国家标准，对教材第一、二、四、六章内容做了修正、补充、完善；结合新技术应用和新设备投运，分别补充了再生制动能量吸收装置牵引降压混合变电所、弹簧液压操动机构工作原理、展开式原理图标号原则，对城轨变电所自用电系统巡视与维护内容进行了重组、补充，确保了知识技能点的正确性、先进性、实用性。依据城轨变电岗位（证书）要求，新增设备巡视、维护、检修、故障处理的内容，教材体系更完整。

本书第二版由郑州铁路职业技术学院李学武教授担任主编，并负责全书的统稿工作；由中铁电气化勘测设计研究院有限公司彭大明教授级高级工程师担任主审；由郑州铁路职业技术学院张家祥副教授担任副主编。参加本书编写的有：郑州铁路职业技术学院张家祥（第一章、第二章、附录）；西安铁路职业技术学院陈莉（第四章1~8节、第五章）；浙江省轨道交通运营管理集团有限公司海宁分公司吴胜利（第四章9~10节、第六章）；中国铁路郑州局集团有限公司调度所李春（第三章、第十章）；郑州铁路职业技术学院李学武（第七章、第八章、第九章、第十一章）。本书编写过程中，得到了相关设备厂家、地铁公司的大力支持，他们提供了大量技术资料，在此表示衷心的感谢。

本书同时提供数字教学资源，包括书中所有插图（部分为彩图或三维图）、教学PPT、微课等，郑州简意科技有限公司协助完成了本书数字教学资源的制作，在此一并感谢！

由于编者水平有限，书中难免存在不完善之处，请广大读者特别是从事轨道交通供电系统设计、施工和产品制造、维修工作的人员提出意见和建议。读者可以通过邮箱lixuewu@zzrvtc.edu.cn和编者共同探讨本书相关的技术问题。

编　者

2022年11月

课程标准

前　言

教育部文件《普通高等学校高等职业教育（专科）专业目录（2015 年）》（教职成〔2015〕10 号），新增"城市轨道交通供配电技术专业"，这是城市轨道交通迅猛发展的必然结果。

供电系统是城市轨道交通的动力源泉。本书遵照最新颁布的《城市轨道交通技术规范》（GB 50490—2009）、《地铁设计规范》（GB 50157—2013）等技术条文，结合相关设计院、工程局、地铁公司、生产厂家的技术资料、运营文件，以设备单元为载体，详细介绍城市轨道交通供电系统的主变电所、降压变电所、牵引降压混合变电所的组成和一次、二次设备的结构、原理及运营要点。

本书共分十章：第一章介绍城市轨道交通、电力系统及其高压电气设备、城市轨道交通供电系统的概况；第二章介绍主变电所、降压变电所、牵引降压混合变电所的电气主接线、设备配置、运行方式以及中压环网结构与运行；第三章介绍干式变压器、整流机组的结构原理与运营维护；第四章以交流开关柜为对象，介绍开关柜的结构、开关柜中的断路器、隔离开关及互感器等的结构原理，以及高低压开关柜的操作、巡视、维护要点；第五章介绍直流开关柜的结构原理与维护；第六章介绍城轨交通变电所中的避雷器、电抗器等限流限压设备的结构原理、检修维护，以及接地的基本概念和地铁变电所中的接地装置结构与维护要点；第七章从杂散电流的产生机理入手，分析杂散电流的腐蚀原理、危害性，详细讲述杂散电流腐蚀防护的具体措施、杂散电流监测的原理与设备、杂散电流排流的原则与设备等；第八章介绍二次接线的基本知识，详细分析城市轨道交通变电所中交流开关柜二次系统的结构、电路原理及读图方法；第九章介绍城市轨道交通变电所的交流、直流自用电系统以及应急照明电源系统的结构原理与维护；第十章介绍电力监控系统的结构与功能。

本书采用"问题导入—学习目标—内容讲解—复习思考"的体例格式，在引导读者学习的同时也利于教师授课。本书可作为高等职业技术学院轨道交通类专业的教学用书，也可作为城市轨道交通行业职工培训以及技术人员的参考用书。

本书由李学武担任主编，彭大明担任主审。编写分工如下：李轶群编写第一章、第五章；王喜燕编写第二章、第三章，陈莉编写第四章、第六章；程永胜编写第七章、第九章；李学武编写第八章、第十章、附录，并负责全书统稿工作。

编写过程中，参阅了大量技术资料，这些资料主要来源于：郑州、上海、成都、广州、武汉等地铁公司；海南金盘电气有限公司、厦门 ABB 开关有限公司、上海西门子开关有限公司、镇江大全赛雪龙牵引电器有限公司、广州东芝白云电器设备有限公司、徐州中矿大传动与自动化有限公司；中铁第四勘察设计集团有限公司、中铁电化院；等等。在此一并致谢。

由于编者水平有限，书中难免存在不完善之处，请广大读者特别是从事轨道交通供电系统设计、施工和产品制造、维修工作的人员提出意见和建议。读者可以通过邮箱 xuewu6981@163.com 和编者共同探讨本书相关的技术问题。

编　者

2016 年 6 月

目 录

第一章　城轨供电系统基础 001
- 第一节　电力系统概述 001
- 第二节　高压电气设备概述 012
- 第三节　读识变配电所常见电气主接线图 015
- 第四节　城市轨道交通供电系统结构 019

第二章　城轨变电所巡视与倒闸 030
- 第一节　读识主变电所电气主接线图 030
- 第二节　读识中压供电网络接线图 037
- 第三节　读识降压变电所电气主接线图 043
- 第四节　读识牵引降压混合变电所电气主接线图 047
- 第五节　变电所巡视及无人值守 051
- 第六节　设备倒闸操作 054

第三章　城轨变电所整流机组巡视与维护 060
- 第一节　干式变压器 060
- 第二节　牵引整流机组 065
- 第三节　干式变压器的运行与维护 069
- 第四节　整流器柜的巡视与维护 071

第四章　城轨变电所开关柜操作、巡视与维护 074
- 第一节　开关电弧理论基础 074
- 第二节　六氟化硫组合电器（GIS） 081
- 第三节　交流开关柜中的断路器 089
- 第四节　交流开关柜中的隔离开关 101
- 第五节　交流开关柜中的互感器 106
- 第六节　交流开关柜中的操动机构 120
- 第七节　直流开关柜 131
- 第八节　交流高、中压开关柜的操作、巡视与维护 137
- 第九节　0.4 kV 低压开关柜的操作、巡视与维护 143
- 第十节　直流馈线柜的操作、巡视与维护 150

第五章　城轨变电所限流限压接地装置巡视与维护 157
- 第一节　避雷器 157
- 第二节　电抗器 163
- 第三节　城轨交通供电系统的接地装置 167
- 第四节　避雷器的检修与维护 177
- 第五节　电抗器的维护 179

第六节　城轨交通供电系统接地装置的维护 ···················· 180

第六章　城轨供电系统杂散电流监测与维护 ···················· 184
　　第一节　杂散电流的形成与危害 ···························· 184
　　第二节　杂散电流防护、监测与排流 ························ 187
　　第三节　杂散电流防护监测系统维护 ························ 197

第七章　城轨交通变电所二次接线识图 ·························· 203
　　第一节　变电所二次接线 ································· 203
　　第二节　读识展开式原理图 ······························· 208
　　第三节　安装接线图 ···································· 213

第八章　城轨变电所自用电系统巡视与维护 ······················ 221
　　第一节　自用电系统配置 ································· 221
　　第二节　自用电交直流系统 ······························· 227
　　第三节　阀控式密封铅酸蓄电池 ···························· 237
　　第四节　自用电应急电源系统 ····························· 245
　　第五节　变电所自用电系统的巡视与维护 ····················· 250

第九章　城轨变电所二次接线读图与故障处理 ···················· 255
　　第一节　城轨变电所控制、测量与保护 ······················ 255
　　第二节　读识高压 GIS 组合电器断路器控制、信号电路 ········· 258
　　第三节　读识交流中压开关柜控制、信号电路图 ··············· 263
　　第四节　读识直流开关柜控制、信号电路图 ··················· 271
　　第五节　变电所信号系统运行 ····························· 278
　　第六节　变电所二次系统故障定位与处理 ····················· 280

第十章　城轨供电系统电力监控 ································ 288
　　第一节　电力监控系统的概念及其硬件构成 ··················· 288
　　第二节　电力监控系统的功能 ····························· 295
　　第三节　电力监控系统基本操作 ···························· 301

第十一章　城轨变电设备故障应急处理 ·························· 312
　　第一节　变电所设备故障应急处理流程 ······················ 312
　　第二节　变电所 110 kV 设备故障处理 ······················ 316
　　第三节　变电所 35 kV 设备故障处理 ······················· 319
　　第四节　变电所牵引供电设备故障处理 ······················ 320
　　第五节　变电所 400 V 设备故障处理 ······················· 322

附　录 ·· 326
　　附录一　常用电气设备新旧文字符号对照表 ··················· 326
　　附录二　电气设备常用图形符号 ···························· 329
　　附录三　相关法规、规范、技术标准 ························ 335

参考文献 ·· 337

第一章　城轨供电系统基础

课件：城轨供电系统基础　　第一章彩版插图

问题导入 >>>

实现碳达峰碳中和，建成绿色城轨。城市轨道交通以其环保、舒适、快捷的优势，成为解决城市交通拥挤的一种重要手段，改变了人们的出行方式。随着设备国产化率的全面提升、智能化建设与运营技术的全面运用，中国已经成为城市轨道交通强国。

轨道交通的列车以电力牵引为能量之源，本章从"电力系统""高压电气设备""城市轨道交通供电系统"等基本知识、重要概念入手，介绍其定义、结构、功能等，为全书的阅读学习奠定基础。

学习目标 >>>

1. 熟悉电力系统的概念、组成及其供电质量指标的相关要求。
2. 了解电力系统中性点运行方式的类型特点及其应用范围。
3. 理解变配电所中的高压电气设备类型、功能、操作顺序。
4. 理解变配电所中各种类型电气主接线的结构要点、运行特点，了解其适用范围。
5. 理解城市轨道交通供电系统的构成及其各部分的功能。
6. 理解城市轨道交通供电系统的供电方式种类、概念，熟悉其优缺点。

内容讲解 >>>

第一节　电力系统概述

一、电力系统的概念及其组成

《电力系统技术导则》（GB/T 38969—2020）给出了"电力系统（power system）"的定义：由发电、供电（输电、变电、配电）、用电设备以及为保障其正常运行所需的继电保护和安全自动装置、调度自动化、电力通信等二次设备构成的统一整体，称为电力系统。电力系统加上发电厂的"动力部分"称为动力系统。所谓动力部分，包括发电机的原动机（如汽轮机、水轮机）、原动机的动能部分（热力锅炉、水库、反应堆）等。

电力系统中，由各种不同电压等级的输配电线路将升压和降压变电站连接在一起的部分称为电力网。

如图1.1所示为动力系统、电力系统、电力网的示意图。

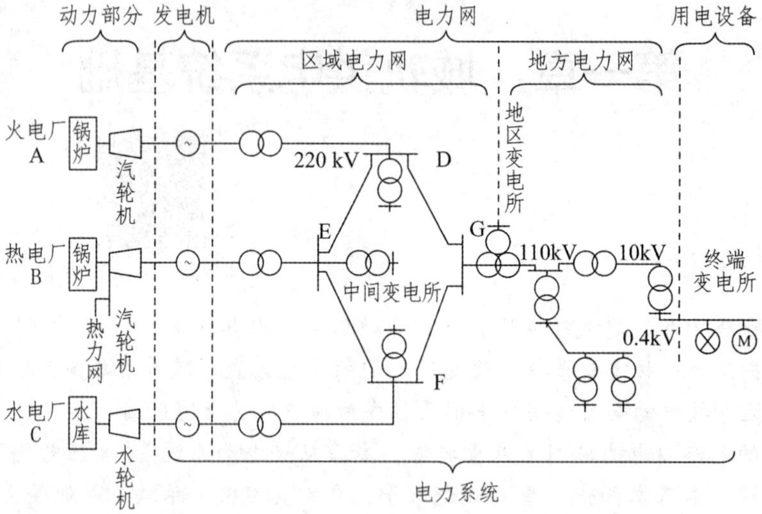

图1.1 动力系统、电力系统、电力网的示意图

电力系统的主要设施和设备包括发电厂、变配电所、电力线路和电能用户。

1. 发电厂

按使用能源划分有以下基本类型：

① 火力发电厂：火力发电是利用燃烧燃料（煤、石油及其制品、天然气等）所得到的热能发电。

② 水力发电厂：水力发电是将高处的河水（或湖水、江水）通过导流引到下游形成落差推动水轮机旋转带动发电机发电。

③ 核能发电厂：核能发电是利用原子反应堆中核燃料（如铀）慢慢裂变所放出的热能产生蒸气（代替了火力发电厂中的锅炉）驱动汽轮机再带动发电机旋转发电。以核能发电为主的发电厂称为核能发电厂，简称核电站。根据核反应堆的类型，核电站可分为压水堆式、沸水堆式、气冷堆式、重水堆式、快中子增殖堆式等。

④ 风力发电厂：利用风力吹动建造在塔顶上的大型桨叶旋转带动发电机发电称为风力发电，风力发电厂一般由数座、十数座甚至数十座风力发电机组成。

⑤ 其他还有地热发电厂、潮汐发电厂、太阳能发电厂等。

2. 变配电所

变电所的任务是接受电能、变换电压和分配电能，即受电-变压-配电。

配电所的任务是接受电能和分配电能，但不改变电压，即受电-配电。

变电所可分为升压变电所和降压变电所两大类。升压变电所一般建在发电厂，主要任务是将低电压变换为高电压；降压变电所一般建在靠近负荷中心的地点，主要任务是将高电压变换到一个合理的电压等级。

降压变电所根据其在电力系统中的地位和作用不同，又分为枢纽变电站、中间变电所、地区变电所和终端变电所（工业企业变电所）等。

枢纽变电站位于电力系统的枢纽点，汇集多个电源，连接电力系统高压和中压的几个部分，电压等级一般为 330～500 kV。这种变电所一旦停电，将造成大范围停电，引起系统解列，甚至整个系统瘫痪。因此，枢纽变电站对电力系统运行的稳定性和可靠性起着重要作用。

中间变电所的电压等级一般为 220～330 kV，汇集 2～3 个电源和若干线路，高压侧起交换功率的作用，或使长距离输电线路分段，同时降压向一个区域供电。这样的变电所在系统中主要起中间环节的作用，故称中间变电所。全所停电后，将引起区域电网的解列。

地区变电所的电压等级一般为 110～220 kV，主要向一个地区用户供电，是一个地区或一个中小城市的主要变电所，一旦停电，将造成该地区或城市供电的紊乱，甚至中断供电。

终端变电所位于配电线路的末端，接近负荷处，电压等级一般为 35～110 kV，经降压后直接向用户供电。降压后的电压一般为 10 kV 和 0.4 kV，分别向不同的用户供电。

3. 电力线路

电力线路的作用是输送电能，并把发电厂、变配电所和电能用户连接起来。

水力发电厂须建在水力资源丰富的地方，火力发电厂一般也多建在燃料产地，即所谓的"坑口电站"。因此，发电厂一般距电能用户均较远，所以需要多种不同电压等级的电力线路，将发电厂生产的电能源源不断地输送到各级电能用户。

通常把电压在 35 kV 及以上的高压电力线路称为送电线路，而把 10 kV 及以下的电力线路，称为配电线路。

电力线路按其传输电流的种类又分为交流线路和直流线路；按其结构及敷设方式又可分为架空线路、电缆线路及户内配电线路。

4. 电能用户

电能用户又称电力负荷。在电力系统中，一切消费电能的用电设备均称为电能用户。

用电设备按电流可分为直流设备与交流设备，而大多数设备为交流设备；按电压可分为低压设备与高压设备，1 000 V 及以下的属低压设备，高于 1 000 V 的属高压设备；按频率可分为低频（50 Hz 以下）设备、工频（50 Hz）设备及中高频（50 Hz 以上）设备，绝大部分设备采用工频；按工作制分为连续运行设备、短时运行设备和反复短时运行设备三类；按用途可分为动力用电设备（如电动机）、电热用电设备（如电炉、干燥箱、空调器等）、照明用电设备、试验用电设备、工艺用电设备（如电解、电镀、冶炼、电焊、热处理等）。用电设备分别将电能转换为机械能、热能和光能等不同形式的用于生产、生活需要的能量。

二、电力系统的标准电压

为了便于电器制造业的生产标准化和系列化，国家规定了标准电压，见《标准电压》（GB/T 156—2017）。该国家标准规定了标准电压的值，作为供电系统标称电压的优选值、设备和系统设计的参考值。该标准适用范围包括：标称电压高于 220 V、标准频率为 50 Hz 的交流输电、配电、用电系统及其设备；交流和直流牵引系统；额定电压低于 120 V、标准频率为 50 Hz（但不绝对限制）的设备，以及直流电压低于 1 500 V 的设备，包括电池（由原电池或蓄电池单元组成的）、其他电源装置（交流或直流）、电气设备（包括工业和通信）和电器；高压直流输电系统。

系统标称电压是用以标志或识别系统电压的给定值。系统最高电压是指系统正常运行的任何时间，系统中任何一点上所出现的最高运行电压值，瞬态过电压（例如由开关操作引起的）及不正常的暂态电压变化均不包括在内。系统最低电压是指系统正常运行的任何时间，系统中任何一点上所出现的最低运行电压值，瞬态过电压（例如由开关操作引起的）及不正常的暂态电压变化均不包括在内。

设备额定电压是指使某一用电设备（如电动机、电灯等）、发电机和变压器等在正常运行时具有最大经济效益的电压，是由制造商对一电气设备在规定的工作条件下所规定的电压。设备最高电压用以表示其绝缘水平及其与最高电压相关的其他性能。

《标准电压》（GB/T 156—2017）规定电力系统的标准电压包括：标称电压 220～1 000 V 交流系统及其设备的电压；交流和直流牵引系统的电压，如表 1.1 所示；标称电压 1 kV 以上至 35 kV 交流三相系统及相关设备的电压；标称电压 35 kV 以上至 220 kV 交流三相系统及相关设备的电压，如表 1.2 所示；标称电压 220 kV 以上交流三相系统及相关设备的电压；高压直流输电系统的电压；交流低于 120 V 或直流低于 1 500 V 的设备额定电压。

表 1.1 交流和直流牵引系统的标准电压　　　　　　　　　　单位：V

牵引系统	系统最低电压	系统标称电压	系统最高电压
直流系统	500	750	900
直流系统	1 000	1 500	1 800
交流单相系统	19 000	25 000	19 000

表 1.2 标称电压 35 kV 以上至 220 kV 交流三相系统及相关设备的电压　　单位：kV

系统标称电压	设备最高电压
66	72.5
110	126
220	252

注：表中数值为线电压。

1. 电力线路的标称电压

电力线路（或电网）的标称电压等级是国家根据国民经济发展的需要及电力工业的水平，经全面技术经济分析后确定的。它是确定各类用电设备额定电压的基本依据。

2. 用电设备的额定电压

由于用电设备运行时，电力线路上会有负荷电流流过，因而在电力线路上引起电压损耗，造成电力线路上各点电压略有不同。但成批生产的用电设备，其额定电压不可能按使用地点的实际电压来制造，而只能按线路首端与末端的平均电压即电力线路的额定电压来制造。所以用电设备的额定电压规定与同级电力线路的额定电压相同。

3. 发电机的额定电压

由于电力线路允许的电压损耗为±5%，即整个线路允许有10%的电压损耗，因此，为了确保线路首端与末端平均电压的额定值，线路首端（电源端）电压应比线路额定电压高5%，而发电机是接在线路首端的，所以规定发电机的额定电压高于同级线路额定电压5%，用以补偿线路上的电压损耗。

4. 电力变压器的额定电压

（1）电力变压器一次绕组的额定电压

该额定电压有两种情况：

① 当电力变压器直接与发电机相连，则其一次绕组的额定电压应与发电机额定电压相同，即高于同级线路额定电压5%。

② 当变压器不与发电机相连，而是连接在线路上，则可将变压器看作是线路上的用电设备，因此其一次绕组的额定电压应与线路额定电压相同。

（2）变压器二次绕组的额定电压

变压器二次绕组的额定电压，是指变压器一次绕组工作在额定电压下而二次绕组开路时的电压，即空载电压。而变压器在满载运行时，二次绕组内约有5%的阻抗电压降。因此分两种情况：

① 如果变压器二次侧供电线路很长（如较大容量的高压线路），则变压器二次绕组额定电压，一方面要考虑补偿变压器二次绕组本身5%的阻抗电压降；另一方面还要考虑变压器满载时输出的二次电压要满足线路首端应高于线路额定电压的5%，以补偿线路上的电压损耗。所以，变压器二次绕组的额定电压要比线路额定电压高10%。

② 如果变压器二次侧供电线路不长（如为低压线路或直接供电给高、低压用电设备的线路），则变压器二次绕组的额定电压只需高于其所接线路额定电压5%，即仅考虑补偿变压器内部5%的阻抗电压降。

5. 高压开关设备的额定电压

高压开关设备的额定电压是其所在系统的最高电压。额定电压的标准值包括两个范围：其一是252 kV及以下（3.6 kV、7.2 kV、12 kV、24 kV、40.5 kV、72.5 kV、126 kV、252 kV）；其二是252 kV以上（263 kV、550 kV、800 kV、1 100 kV）。

三、电能质量指标

随着科学技术和国民经济的发展，电能需求量日益增加，对电能质量的要求也越来越高。从20世纪80年代初开始，我国将制定电能质量国家标准列为重点项目。我国已颁布了7个电能质量指标方面的标准，即《电能质量供电电压偏差》（GB/T 12325—2008）、《电能质量电力系统频率偏差》（GB/T 15945—2008）、《电能质量公用电网谐波》（GB/T 14549—1993）、《电能质量电压波动和闪变》（GB/T 12326—2008）、《电能质量三相电压不平衡》（GB/T 15543—

2008）、《电能质量公用电网间谐波》（GB/T 24337—2009）以及《电能质量暂时过电压和瞬态过电压》（GB/T 18481—2001）（其中有的标准已修订过 1~2 次）。这些标准从不同方面反映了供电电压的一些基本特性，这些特性关系到各行各业用户电气设备的安全和经济运行、广大人民群众的生活和工作，以及许多产品的质量。

电力系统中的所有电气设备都必须在一定的电压和频率下工作。电气设备的额定电压和额定频率是电气设备正常工作并获得最佳经济效益的条件。因此，电压、频率和供电的连续可靠是衡量电能质量的基本参数。

1. 电压及波形

交流电的电压质量包括电压的数值与波形两个方面。电压质量对各类用电设备的工作性能、使用寿命、安全及经济运行都有直接的影响。

（1）供电电压偏差

供电电压偏差，是指实际运行电压与系统标称电压的偏差相对值，用百分数来表示，即

$$电压偏差(\%) = \frac{电压测量值 - 系统标称电压}{系统标称电压} \times 100\% \quad (1.1)$$

加在用电设备上的电压在数值上偏移额定值后，对于感应电动机，其最大转矩与端电压的平方成正比，当电压降低时，电动机转矩显著减小，以致转差增大，从而使定子、转子电流都显著增大，引起温升增加，绝缘老化加速，甚至烧毁电动机；而且由于转矩减小，转速下降，导致生产效益降低，产量减少，产品质量下降。反之，当电压过高，激磁电流与铁损都大大增加，引起电机的过热，效率降低。对电热装置，这类设备的功率与电压平方成正比，所以电压过高将损伤设备，电压过低又达不到所需温度。电压偏移对白炽灯影响显著，白炽灯的端电压降低 10%，发光效率下降 30% 以上，灯光明显变暗；端电压升高 10% 时，发光效率将提高 1/3，但使用寿命将只有原来的 1/3。

正常情况下，用电设备端子处电压偏移的允许值为：

☆ 电动机：±5%。
☆ 照明灯：一般场所 ±5%；在视觉要求较高的场所 +5%、-2.5%。
☆ 其他用电设备：无特殊规定时 ±5%。

电压偏差是由供电系统改变运行方式或电力负荷缓慢变化等因素引起的，其变化相对缓慢。《电能质量供电电压偏差》（GB/T 12325—2008）标准规定的供电电压为供电部门与用户电气系统连接点的电压，而不是用电设备处的电压。因为电能的计量点一般在供电点处，而用户内部电网的设计和管理是由用户自身负责。《电能质量供电电压偏差》（GB/T 12325—2008）规定电力系统在正常运行条件下，用户受电端供电电压偏差的限值：

35 kV 及以上供电电压正、负偏差绝对值之和不超过标称电压的 10%。注：如供电电压上下偏差同号（均为正或负）时，按较大的偏差绝对值作为衡量依据。

20 kV 及以下三相供电电压偏差为标称电压的 ±7%。

220 V 单相供电电压偏差为标称电压的 +7%、-10%。

对供电点短路容量较小、供电距离较长以及对供电电压偏差有特殊要求的用户，由供、用电双方协议确定。

（2）波形畸变

近年来，随着硅整流、晶闸管变流设备、微机及网络和各种非线性负荷的使用增加，大量谐波电流注入电网，造成电压正弦波波形畸变，使电能质量大大下降，给供电设备及用电设备带来严重危害，不仅使损耗增加，还使某些用电设备不能正常运行，甚至可能引起系统谐振，从而在线路上产生过电压，击穿线路设备绝缘；还可能造成系统的继电保护和自动装置发生误动作，并对附近的通信设备和线路产生干扰。

2. 频 率

我国采用的工业频率（简称工频）为 50 Hz。当电网低于额定频率运行时，所有电力用户的电动机转速都将相应降低，因而工厂的产量和质量都将不同程度地受到影响。频率的变化还将影响到计算机、自控装置等设备的准确性。电网频率的变化对供配电系统运行的稳定性影响很大，因而对频率的要求比对电压的要求更严格。《电能质量 电力系统频率偏差》（GB/T 15945—2008）规定，电力系统正常运行条件下的频率偏差限值为 ± 0.2 Hz，当系统容量较小时，频率偏差限值可以放宽到 ± 0.5 Hz。

3. 可靠性

供电的可靠性是衡量供配电质量的一个重要指标，一般把它列在质量指标的首位。衡量供配电可靠性的指标，一般以全年平均供电时间占全年时间的百分数来表示，例如，全年时间为 8 760 小时，用户全年平均停电时间 87.6 小时，即停电时间占全年的 1%，则供电可靠性为 99%。

自 2010 年 7 月 1 日起实施的《供配电系统设计规范》（GB 50052—2009）规定：电力负荷应根据对供电可靠性的要求及中断供电在对人身安全、经济损失上所造成的影响程度进行分级。

符合下列情况之一时，应视为一级负荷：中断供电将造成人身伤害时；中断供电将在经济上造成重大损失时；中断供电将影响重要用电单位的正常工作。一级负荷应由双重电源供电，当一电源发生故障时，另一电源不应同时受到损坏。双重电源指的是一个负荷的电源由两个电路提供，这两个电路就安全供电而言被认为是互相独立的。

在一级负荷中，当中断供电将造成人员伤亡或重大设备损坏或发生中毒、爆炸和火灾等情况的负荷，以及特别重要场所的不允许中断供电的负荷，应视为一级负荷中特别重要的负荷。一级负荷中特别重要的负荷供电，除应由双重电源供电外，还应增设应急电源，并严禁将其他负荷接入应急供电系统。设备的供电电源的切换时间，应满足设备允许中断供电的要求。根据实际需求，独立于正常电源的发电机组、供电网络中独立于正常电源的专用的馈电线路、蓄电池、干电池可作为应急电源。

符合下列情况之一时，应视为二级负荷：中断供电将在经济上造成较大损失时；中断供电将影响较重要用电单位的正常工作。二级供电负荷最好能由两个电源供电。如果供电条件有困难或负荷较小时，可以用一个 6 kV 以及 6 kV 以上的专用线路供电。如果采用电缆供电时，可以另外设一条备用电缆，而且该电缆要经常处于运行状态。

不属于一级和二级负荷者应为三级负荷。三级供电负荷对供电无特殊要求。

四、电力系统中性点运行方式

运行中星形连接的发电机和变压器的中性点称为电力系统的中性点。

在电力系统中,当变压器或发电机的三相绕组为星形连接时,其中性点可有三种运行方式:中性点直接接地、中性点不接地和中性点经消弧线圈接地。中性点直接接地系统常称大电流接地系统,中性点不接地系统和中性点经消弧线圈接地系统称小电流接地系统。

电力系统中性点的运行方式选择是一个综合性问题,它与电压等级、单相接地短路电流、过电压水平、继电保护配置等有关,直接影响系统的绝缘水平、系统供电的可靠性和连续性。

1. 中性点直接接地方式

中性点直接接地或低阻接地的电力系统如图 1.2 所示,中性点的电位在电网的任何工作状态下均保持为零。在这种系统中,当发生一相接地时,这一相直接经过接地点和接地的中性点短路,一相接地短路电流的数值最大,因而应立即使继电保护动作,将故障部分切除。

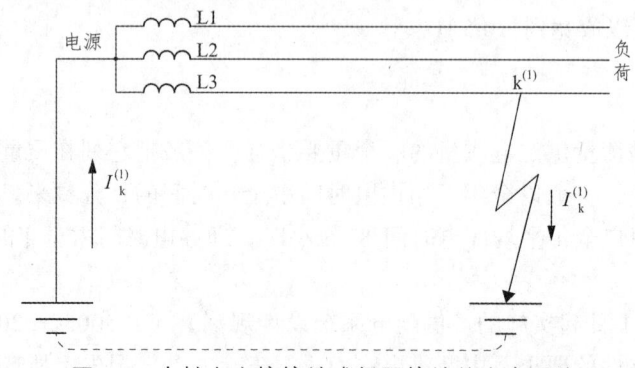

图 1.2　中性点直接接地或低阻接地的电力系统

中性点直接接地或经过电抗器接地的系统,在发生一相接地故障时,故障的送电线被切断,因而使用户的供电中断。运行经验表明,在 1 000 V 以上的电网中,大多数的一相接地故障,尤其是架空送电线路的一相接地故障,具有瞬时恢复的性质。在故障部分切除以后,接地处的绝缘可以迅速恢复,而使送电线路可以立即恢复工作。目前在中性点直接接地的电网内,为了提高供电可靠性,均装设自动重合闸装置,在系统一相接地线路切除后,立即自动重合,再试送一次,如为瞬时故障,送电即可恢复。

中性点直接接地的主要优点是它在发生一相接地故障时,非故障相对地电压不会增高,因而各相对地绝缘即可按相对地电压考虑。电网的电压愈高,经济效果愈大;由于接地电流较大(中性点经过电抗器接地,可以起到适当减小接地电流的作用),继电保护一般都能迅速而准确地切除故障线路,且保护装置简单,工作可靠。

2. 中性点不接地方式

中性点不接地电力系统如图 1.3 所示。在正常运行时,电力系统的中性点与地处于绝缘状态。电力系统的三相导线之间及各相导线与地之间,沿导线全长都存在分布电容。如果三相导线完全对称,则各相导线对地的分布电容是相等的,可用位于线路中央的集中电容 C 代替,而相间电容较小,不予考虑。

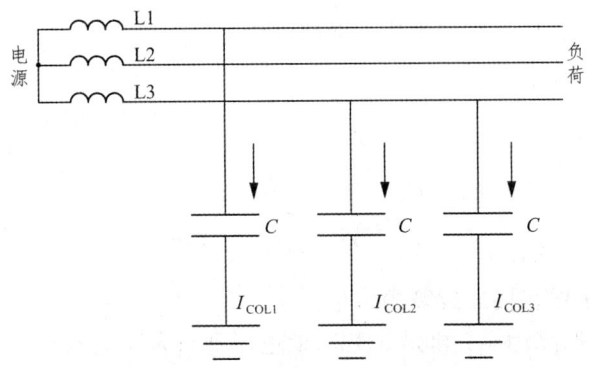

图 1.3 中性点不接地电力系统

（1）正常运行时

$$\dot{U}_{L1} + \dot{U}_{L2} + \dot{U}_{L3} = 0 \tag{1.2}$$

$$\dot{I}_{L1} + \dot{I}_{L2} + \dot{I}_{L3} = 0 \tag{1.3}$$

三相电压对称，三相导线对地电容流过的电流也是对称的，三相电容电流相量之和为零，这说明没有电容电流经过大地流动。

（2）单相金属性接地故障时（L3 相）

中性点不接地电力系统 L3 相发生单相金属性接地故障示意图如图 1.4 所示。

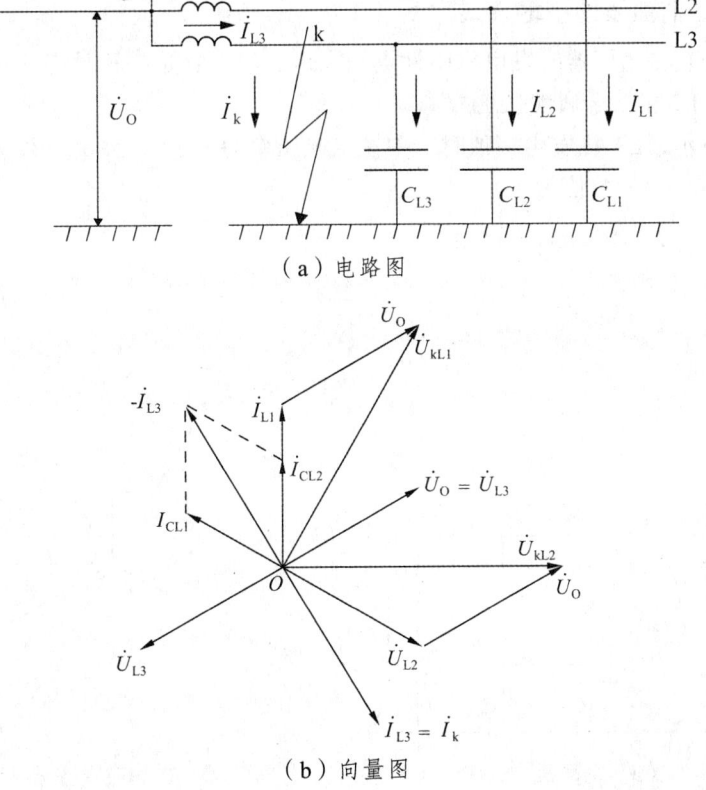

(a) 电路图

(b) 向量图

图 1.4 中性点不接地电力系统 L3 相发生单相金属性接地故障

故障相对地电压、中性点对地电压、非故障相对地电压分别为

$$\dot{U}_{KL3} = 0 \tag{1.4}$$

$$\dot{U}_O = -\dot{U}_{L3} \tag{1.5}$$

$$\dot{U}_{KL1} = \dot{U}_{L1} + \dot{U}_O = \dot{U}_{L1} - \dot{U}_{L3} = \sqrt{3}\dot{U}_{L3}e^{-j150°} \tag{1.6}$$

$$\dot{U}_{KL2} = \dot{U}_{L2} + \dot{U}_O = \dot{U}_{L2} - \dot{U}_{L3} = \sqrt{3}\dot{U}_{L3}e^{+j150°} \tag{1.7}$$

中性点不接地系统单相接地故障的结论：

① 故障相对地电压降为零；非故障相对地电压升高为线电压，且相位相差 60°。因此，线路及各种电气设备的绝缘要按线电压设计，绝缘投资所占比重加大，显而易见，电压等级越高绝缘投资越大。

② 三相之间的线电压仍然对称，用户的三相用电设备仍能照常运行，但允许继续运行的时间不能超过 2 h。

③ 接地电流在故障处可能产生稳定的或间歇性的电弧。

④ 如果接地电流大于 30 A 时，将形成稳定电弧，成为持续性电弧接地，这将烧毁电气设备和可能引起多相相间短路。

⑤ 如果接地电流大于 5~10 A，而小于 30 A，则有可能形成间歇性电弧；间歇性电弧容易引起弧光接地过电压，其幅值可达（2.5~3）U_φ，将危害整个电网的绝缘安全。

⑥ 如果接地电流在 5 A 以下，当电流经过零值时，电弧就会自然熄灭。

3. 中性点经消弧线圈接地方式

消弧线圈安装在变压器或发电机中性点与大地之间，它是一种具有气隙铁心的电抗器。

（1）单相（L3 相）金属性接地故障

如图 1.5 所示，L3 相发生接地时，中性点电压变为 $-U_{L3}$，在消弧线圈作用下，产生电感电流（滞后 90°），其数值为

$$I_L = U_{L3}/X_L = U/X_L \tag{1.8}$$

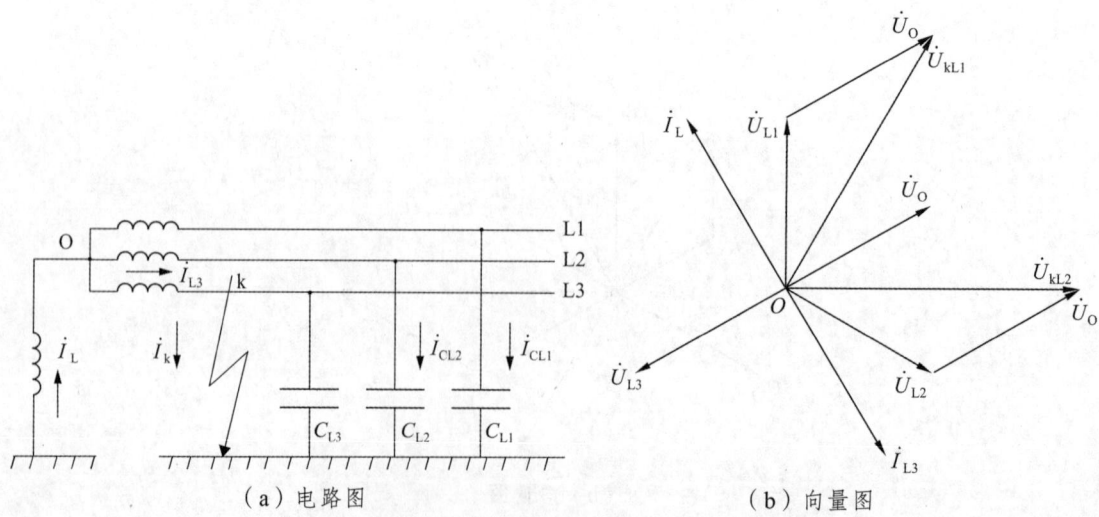

图 1.5 中性点经消弧线圈接地电力系统的单相接地

当发生单相接地故障时，接地故障相与消弧线圈构成了另一个回路，接地故障相接地电流中增加了一个感性电流，它和装设消弧线圈前的容性电流的方向刚好相反，相互补偿，减少了接地故障点的故障电流，使电弧易于自行熄灭，从而避免了由此引起的各种危害，提高了供电可靠性。

（2）消弧线圈的补偿方式

全补偿方式：按 $I_L = I_C$ 选择消弧线圈的电感，使接地故障点电流为零，此即全补偿方式。这种补偿方式并不好，因为当感抗等于容抗时，电力网将发生谐振，产生危险的高电压或过电流，影响系统安全运行。

欠补偿方式：按 $I_L < I_C$ 选择消弧线圈的电感，此时接地故障点有未被补偿的电容电流流过。采用欠补偿方式时，当电力网运行方式改变而切除部分线路时，整个电力网对地电容将减少，有可能发展成全补偿方式，导致电力网发生谐振，危及系统安全运行；另外，欠补偿方式容易引起铁磁谐振过电压等其他问题，所以很少被采用。

过补偿方式：按 $I_L > I_C$ 选择消弧线圈的电感，此时接地故障点有剩余的电感电流流过。在过补偿方式下，即使电力网运行方式改变而切除部分线路时，也不会发展成全补偿方式，致使电力网发生谐振。同时，由于消弧线圈有一定的裕度，今后电力网发展，线路增多、对地电容增加后，原有消弧线圈还可继续使用。因此，过补偿方式被广泛采用。

4. 中性点运行方式的选择

（1）中性点不接地

中性点不接地方式单相接地时允许带故障运行 2 小时，供电连续性好，接地相故障电流为线路及设备的电容电流，但同时非接地相的相电压升高为原来的 $\sqrt{3}$ 倍，过电压水平要求高，线路及设备要求有较高的工频绝缘水平。系统标称电压越高，此种接地方式对电气设备造价的影响越大，不宜用于 110 kV 以上电压等级。

在 10～66 kV 电压等级下可以采用中性点不接地方式，但电容电流不能超过允许值，否则接地电弧不易自熄，易产生较高弧光间歇接地过电压。

当 35 kV、66 kV 系统的接地电容电流不超过 10 A 时，可以采用中性点不接地方式。10 kV 电缆线路构成的系统接地电容电流不超过 30 A 时，可以采用不接地系统，当 10 kV 为架空线路时，电容电流分别为 10 A 或 20 A，前者使用钢筋混凝土、金属杆塔，后者采用非钢筋混凝土、非金属杆塔。

（2）中性点经消弧线圈或高电阻接地

当接地电容电流超过不接地方式允许值时，可采用消弧线圈补偿电容电流，使接地电弧瞬间熄灭，以消除弧光间歇接地过电压。也可采用中性点经高电阻接地，此方式与经消弧线圈的接地方式相比，能加速泄放回路中的残余电荷，促使接地电弧自熄，从而降低弧光间歇过电压，同时可提供一定的电流和零序电压，使接地保护动作。高电阻接地一般多用于大型发电机中性点。

采用不接地还是经消弧线圈等接地方式，与接地电容电流有关，而接地电容电流的大小与供电线路采用架空还是电缆线路有关。

（3）中性点直接接地或小电阻接地

中性点直接接地或小电阻接地方式的单相接地短路电流很大，故障设备或线路须立即切除，降低了供电连续性。但由于过电压较低，设备和线路的绝缘水平可以选择低一些，降低了设备造价，特别是在交流高压系统中，经济效益影响会比较明显。110 kV 及以上电压等级多采用直接接地或小电阻接地。

交流高压系统的接地方式由当地城市电力部门确定。由于城市轨道交通供电系统中的交流中压系统均采用电缆，若仍采用经消弧线圈接地，需要较大容量的消弧线圈。目前，交流中压系统的接地方式既有经消弧线圈接地方式，也有小电阻接地方式。

第二节　高压电气设备概述

《电力安全工作规程　发电厂和变电站电气部分》（GB 26860—2011）指出：交流电力系统中 1 000 V 及其以下的电压等级、直流电力系统中 1 500 V 及其以下的电压等级为低压；超过低压的电压等级为高压，高压也特指电力系统中输电的电压等级。

《电工术语　发电、输电及配电　通用术语》（GB/T 2900.50—2008）也对电压等级做了定义：电力系统中，高于 1 kV、低于 330 kV 的交流电压等级为高压；330 kV 及以上并低于 1 000 kV 的交流电压等级为超高压；交流 1 000 kV 及以上的电压等级为特高压。电力系统中直流 ±800 kV 以下的电压等级为高压直流，直流 ±800 kV 及以上的电压等级为特高压直流。

电力系统中，直接用于生产、输送和分配电能生产过程的电气设备称为电气一次设备，也称为高压电气设备。它包括发电机、变压器、断路器、隔离开关、自动开关、接触器、刀开关、母线、输电线路、电力电缆、电抗器、电动机等。

变配电所是高压电气设备集中布置、工作的场所。高压电气设备按照先后顺序连接起来形成电路，称为一次电路或电气主接线。变配电所中还有用于对一次设备进行监视、测量、控制、调节和保护的电气设备（如测量仪表、控制器件、继电保护、自动装置等），统称为二次设备，将其按照先后顺序连接起来形成的电路称为二次回路或二次系统。

一、高压电气设备的分类

按照功能来划分，高压电气设备包括变换电器、开关电器、测量电器、限制电器、载流电器等。

按照安装地点，高压电气设备可以分为户内式和户外式两种。户内式高压电气设备装在建筑物内，不具有防风、雨、雷、灰尘、露、冰和浓霜等性能，工作电压一般为 35 kV 及以下的电压等级。户外式高压电气设备适于安装在露天，能承受风、雨、雷、灰尘、露、冰和浓霜等的作用，工作电压一般都在 35 kV 及以上的电压等级。

按照电流制式，高压电气设备可以分为交流电器和直流电器。交流电器工作于三相或单相工频交流制，极少数工作在非工频系统。直流电器工作于直流制系统。直流制电气化铁道、城市地铁及轻轨交通供电系统中大量应用直流电器。

二、高压电气设备的功能

1. 变换电器（变压器）

变压器是用来交换交流电压和电流、传输交流电能的一种静止电器。从结构上看，一般容量较小、电压较低的变压器可以做成干式变压器；容量较大、电压较高的变压器可以做成油浸式变压器，城轨交通供电系统主变电所的主变压器都是油浸式变压器，外形如图 1.6 所示。其他如降压变电所的动力变压器、牵引变电所的整流变压器等均采用干式变压器。

图 1.6　油浸式变压器

2. 开关电器

用来闭合和开断电路的电器称为开关电器。常见的高压开关电器包括高压断路器、隔离开关、熔断器、负荷开关等。

（1）高压断路器

高压断路器是具有完善的控制功能、可靠的灭弧能力的一种开关电器，用来在电路正常工作和发生故障时闭合、开断电路。

高压断路器是高压电气设备中最重要的设备，是一次电力系统中控制和保护电路的关键设备。高压断路器主要有两个作用：一是控制作用，即根据电力系统的运行要求，接通或断开工作电路；二是保护作用，当系统中发生故障时，在继电保护装置的作用下，断路器自动断开故障部分，以保证系统中无故障部分的正常运行。

（2）隔离开关

隔离开关又称刀闸，是一种没有专门灭弧装置的高压开关电器。城市轨道交通供电系统中，隔离开关一般在组合电器中，直流馈线部分采用单独的隔离开关，如图 1.7 所示。

在电力系统中，隔离开关的主要作用有：

① 隔离电源。利用隔离开关断口的可靠绝缘能力，使需要检修或分段的线路与带电线路相互隔离，以确保检修工作的安全。

② 隔离开关与断路器配合进行倒闸操作。电气主接线中常用一台断路器与两台（或一台

隔离开关串联，操作隔离开关时必须注意：绝不允许带负荷电流分闸，否则，隔离开关断口间产生的电弧将烧毁触头或形成三相弧光短路，造成供电中断。因此，当隔离开关与断路器串联于电路中运行时，隔离开关必须遵守先合后分的原则；在并联时，隔离开关必须遵守先分后合的原则。

③ 通断小电流电路。用隔离开关可以通、断电压互感器和避雷器电路；通、断激磁电流不超过 2 A 的空载变压器电路；通、断电容电流不超过 5 A 的空载线路；通、断母线和直接接在母线上的电气设备的电容电流；通、断变压器中性点的接地线。在某些终端变电所中，快分隔离开关与接地开关相配合，代替断路器的工作。

图 1.7　安装在室内的直流馈线隔离开关

（3）熔断器

熔断器是最简单和最早采用的一种保护电器，并兼有开关作用。常和被保护的电气设备串接于电路中使用。当电路中流过短路电流时，利用熔件产生的热量使本身熔断，从而切断电路，起到保护电气设备、缩小事故范围的作用。通常用于保护功率较小和对保护性能要求不高的电气设备。

（4）负荷开关

负荷开关是一种介于断路器和隔离开关之间的开关电器，它既有明显的、可靠的绝缘间隙，又有一定的熄灭电弧能力，用来在电路正常工作或过载时关合、开断电路，可以开断负荷电流，但不能开断短路电流。

3. 限制电器

限制电器是用来限制电路中的电压或电流的电器。它包括：
① 电抗器：主要用来限制电路中的短路电流。某些类型的熔断器也有限制短路电流的作用。
② 避雷器：用来限制电路中出现的过电压（包括由于雷电造成的外部过电压和由于操作产生的内部过电压）。

4. 测量电器

用来变换电路中的电压和电流使之便于检测的电器称为测量电器。它包括：

① 电流互感器：用来变换电路中的电流，以便供电给测量仪表、继电器或自动装置，并使之与高压电路隔离。

② 电压互感器：用来变换电路中的电压，以便供电给测量仪表、继电器或自动装置，并使之与高压电路隔离。

5. 组合电器

将上述某几种电器，按一定的线路装配成一个整体的电器组合称为组合电器。组合电器也称为开关柜。开关柜中一般还集合了测量、控制、保护、通信等功能的二次系统。城市轨道交通供电系统中大量应用了组合电器，包括交流开关柜、直流开关柜等，本书将逐一讲解。

第三节 读识变配电所常见电气主接线图

在变配电所中，由断路器、隔离开关、互感器、避雷器、主变压器、母线和电缆等高压一次设备，按一定的顺序连接起来用于表示接受和分配电能的电路，称为电气主接线。

电气主接线反映变配电所的基本结构和性能，在运行中表明电能的输送和分配关系、一次设备的运行方式，成为实际运行操作的依据。

主接线图是用标准化的图形和文字符号对电气主接线的具体描述。三相相同的交流电气装置中，主接线图一般用单线图表示。当三相不完全相同时，主接线图则用多线图表示。

在主接线图中，使用国标文字及图形符号标注。而电气设备的状态按正常状态画出，所谓正常状态就是指电路中无电压和外力作用下开关的状态，即断开状态。例如隔离开关都是以断开状态画出，如果特殊情况则应注明。供安装使用的电气主接线图，在图上要标出主要电气设备的规格型号。

一次设备的国标文字及图形符号见附录一。

一、电气主接线的分类

母线是接受和分配电能的装置，是电气主接线和配电装置的重要环节。电气主接线一般按有无母线分类，即分为有母线和无母线两大类。

有母线的主接线形式包括单母线和双母线。单母线又分为简单单母线、单母线分段、单母线分段带旁路母线等形式；双母线又分为简单双母线、双母线分段、3/2 断路器双母线及带旁路母线的双母线等多种形式。

无母线的主接线形式主要有线路-变压器组接线（单元接线）、桥形接线和角形接线等。

二、单母线接线

1. 简单单母线接线

当变配电所中进线回路数或者馈出线回路数较多时，需要采用有母线的电气主接线。设置汇流母线后，将各电源回路电能汇集起来，再分配到各个用电回路，以提高供电的可靠性和经济性。

如果电源回路和用电回路都通过断路器（QF1、QF2等）、隔离开关（QS1、QS2等）接在同一条母线上，则构成简单单母线接线，T1、T2为变压器。如图1.8所示。

以图1.8（b）为例，按照隔离开关的"先合后分"操作原则，电源L1方向停电程序为：分QF1，分QS1，分QS2；送电程序为合QS2，合QS1，合QF1。停送电过程中对其他回路如L2、L3、T1等都无影响。因此，这种接线具有接线简单、投资少、操作方便、容易扩建的优点。缺点如下：

① 检修母线或母线隔离开关[如图1.8（b）中的QS2]，则全所（厂）停电。
② 母线或母线隔离开关故障，则全所（厂）停电。
③ 检修进出线断路器[如图1.8（b）中的QF1]，则该回路（L1回路）停电。

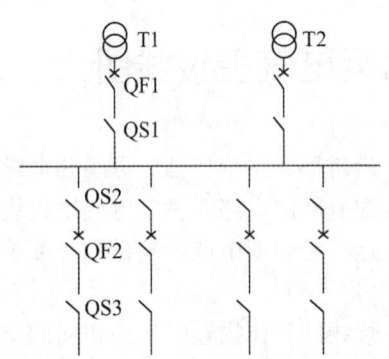

（a）多路用电负荷的简单单母线接线　　（b）多路进线电源的简单单母线接线

图1.8　简单单母线接线

因此，这种接线只适用于小容量和用户对供电可靠性要求不高的发电厂或变电所中。当采用组合电器（开关柜）时，由于母线故障率和检修概率下降，也可采用这种简单单母线接线。为了克服以上缺点，可采用母线分段和加旁路母线的措施。

2. 单母线分段接线

为提高母线的供电可靠性，可以将母线分段。采用断路器、隔离开关将母线分段的接线称为单母线断路器分段接线，该断路器称为分段断路器或母联断路器。

单母线断路器分段接线如图1.9所示。这种接线的分段断路器可以以下两种运行方式：

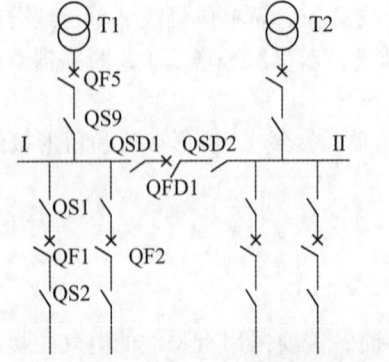

（a）多路用电负荷的单母线断路器分段接线　　（b）多路进线电源的单母线断路器分段接线

图1.9　单母线断路器分段接线

① QFD1、QSD1、QSD2 均闭合，这时相当于简单单母线接线，任一段母线（如Ⅰ段母线）发生故障时，在继电保护的作用下，分段断路器 QFD1 和接在故障段上的电源回路断路器 QF1、QF2、QF5 便自动断开。这样使非故障段母线可以继续运行，缩小了母线故障的停电范围。

② QSD1、QSD2 闭合，而 QFD1 打开，这样使Ⅰ、Ⅱ段母线相互独立而同时带电工作。此时，分段断路器 QFD1 除装有继电保护装置外，还应装有备用电源自动投入装置。分段断路器断开运行，应用于多路电源不能并联或者两台变压器不能并联的场合，也有利于限制短路电流。

断路器分段时的优点：

① 在正常情况下检修母线时，可不中断另一段母线的运行。

② 任一段母线发生故障时，在继电保护装置的作用下，母线分段断路器断开，从而保证了非故障段母线的不间断供电。

③ 可满足采用双回线路供电的重要用户供电可靠性要求。

断路器分段时的缺点：

① 一段母线或母线隔离开关故障或检修时，该段母线上的所有回路都要在检修期间内停电。

② 当采用接于不同段母线的双回线路供电时，常使架空线路出现交叉跨越现象。

③ 扩建时需要向两个方向均衡扩建。

单母线分段的数目取决于电源的数目、电网的接线及主接线的运行方式，一般以 2~3 段为宜。其连接的回路数一般比不分段的单母线接线增加一倍，但仍不宜过多。

单母线分段接线也可以仅采用隔离开关实现分段，但这样的话母线故障及检修时操作灵活性不够，具体情况这里不再详述。单母线分段接线主要应用于中、小容量发电厂的电气主接线、各类发电厂的厂用电接线以及进出线数量比较多的 6~220 kV 变电所中。

三、桥形接线

1. 概 述

当只有两台主变压器和两条电源进线线路时，可以采用如图 1.10 所示的接线方式。这种接线称为桥形接线。

桥形接线的桥臂由桥断路器 QF_L 及其两侧桥隔离开关组成，正常运行时处于接通或断开状态（由系统运行方式决定）。根据桥臂的位置又可分为内桥接线、外桥接线和双断路器桥形接线三种形式。

2. 内桥接线

内桥接线如图 1.10（a）所示，桥臂置于线路断路器 QF1、QF2 的内侧，靠近主变压器 T1、T2。其特点如下：

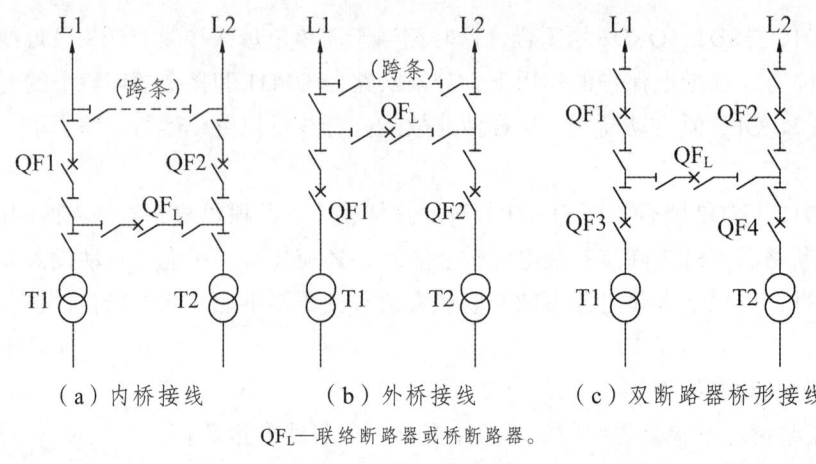

（a）内桥接线　　　　（b）外桥接线　　　（c）双断路器桥形接线

QF_L—联络断路器或桥断路器。

图 1.10　桥形接线图

① 线路 L1（L2）发生故障或需要退出检修时，仅本侧线路的断路器 QF1（QF2）跳闸，其余 L2（L1）、T1、T2 三条支路可继续工作，并保持相互间的联系。

② 变压器故障（或需要退出检修）时，桥断路器 QF_L 及与故障（或检修）变压器同侧的线路断路器 QF1 或者 QF2 均需先分闸，造成一路电源线路无法正常供电，此后打开变压器与桥臂间的隔离开关，使故障（或检修）的变压器退出运行，再依次闭合 QF_L、QF1 或者 QF2，方可恢复所有电源线路供电，这个倒闸操作过程使未故障（或未检修）线路的供电受到影响。

因此，内桥接线适用于输电线路较长、线路故障率较高、穿越功率少和变压器不需要经常改变运行方式的场合。

3. 外桥接线

外桥接线如图 1.10（b）所示，桥臂置于线路断路器的外侧。其特点如下：

① 变压器发生故障或者退出检修时，仅有故障或检修变压器支路的断路器 QF1 或者 QF2 分闸，其余支路可继续工作，并保持相互间的联系。

② 线路发生故障或需要退出检修时，桥断路器 QF_L 及与故障线路同侧的变压器支路的断路器 QF1 或者 QF2 均需先分闸，需经倒闸操作后，方可恢复被切除变压器的工作。

③ 线路投入与切除时，操作复杂，影响变压器的运行。

这种接线适用于线路较短、线路故障率较低、主变压器需按经济运行要求经常投切以及电力系统有较大的穿越功率通过桥臂回路的场合。

4. 双断路器桥型接线

桥形接线属于无母线的接线形式，简单清晰，设备少，造价低，也易于发展过渡为单母线分段或双母线接线。但因内桥接线中变压器的投入与切除要影响到线路的正常运行，外桥接线中线路的投入与切除要影响到变压器的运行，而且更改运行方式时需利用隔离开关作为操作电器，故桥形接线的工作可靠性和灵活性较差。

为了提高供电可靠性，克服内、外桥形接线的不足，使运行方式的调度操作更为方便，确保安全可靠供电，可在高压母线与主变压器进线之间增设断路器，其原理接线如图1.10（c）所示，这种接线方式在35/10 kV的变电站中大量采用。

四、线路-变压器组接线

线路-变压器组接线是单元接线的一种形式。

如图1.11所示，线路变压器组接线，110 kV线路通过三工位隔离开关（带接地开关的隔离开关）、断路器与110/35 kV主变压器直接连接，构成一个接线单元，中间无110 kV母线。110 kV侧设备还包括接地开关、线路快速接地开关、电压互感器、电流互感器、避雷器等。

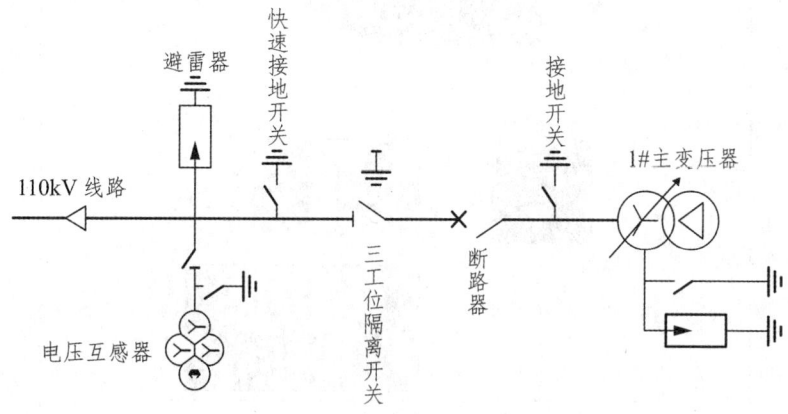

图1.11 线路-变压器组接线

总之，线路变压器组接线就是线路和变压器通过高压开关直接相连，无母线或者桥，是一种最简单的接线方式。其优点是设备少、投资省、操作简便、宜于扩建。其缺点主要体现在：线路或者变压器故障检修停运时，将相互影响，必须同时停运，对变电所的供电负荷影响较大。但是，接线及继电保护的简化反而会提高供电可靠性。其较适合用于正常二运一备的城区中心变电所，各个城市地铁供电系统的主变电站110 kV侧通常采用这种接线形式。

第四节　城市轨道交通供电系统结构

为城市轨道交通运营提供所需电能的系统称为城市轨道交通供电系统。它的供电负荷包括：为城市轨道交通电动列车提供牵引用电；为城市轨道交通运营服务的其他设施提供电能，如照明、通风、空调、给排水、通信、信号、防灾报警、自动扶梯等。

在城市轨道交通的运营中，供电一旦中断不仅会造成城市轨道交通运输的瘫痪，而且会危及乘客生命安全和造成财产的损失。因此，高度安全、可靠而又经济合理的电力供给是城市轨道交通正常运营的重要保证和前提。

一、城市轨道交通供电系统的组成

《地铁设计规范》(GB 50157—2013)指出：城市轨道交通供电系统由五部分组成，即外部电源、主变电所(或者电源开闭所)、牵引供电系统(包括牵引变电所和牵引网)、动力照明系统(包括降压变电所与动力照明配电系统)、电力监控系统。

城市轨道交通供电系统示意图如图 1.12 所示。

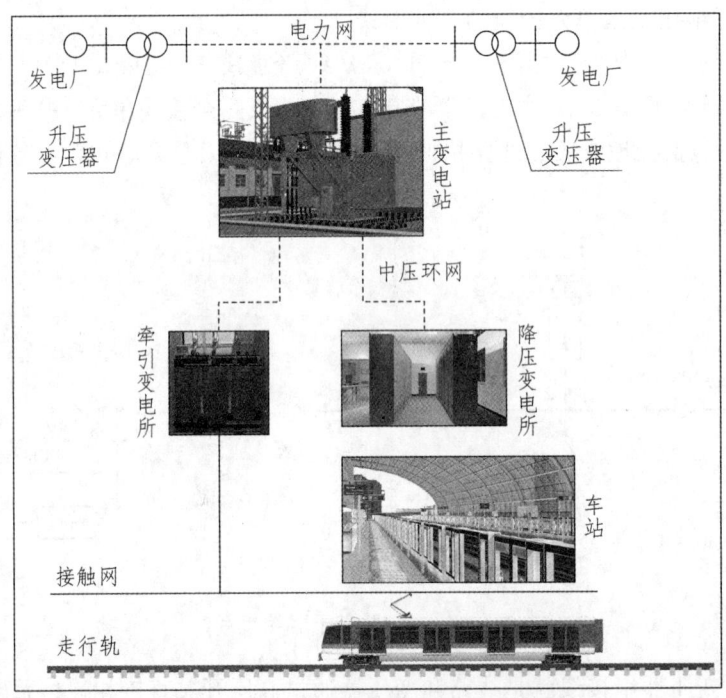

图 1.12 城市轨道交通供电系统示意图

1. 外部电源

对地铁内部的用电设备而言，城市轨道交通供电系统是电源；而对城市电网来讲，城市轨道交通供电系统是电能用户。它一般都直接从城市电网取得电能，无须单独建设电厂。

微课：外部电源供电方式

目前国内城市电网对地铁供电的电压等级有 110 kV，63 kV，35 kV 和 10 kV；20 kV 电压等级也已作为方案被提出。究竟采用哪一种电压等级，由不同城市电网构成的特点和地铁的实际需要而定。

城市电网对地铁的供电方式有三种：集中式供电、分散式供电和混合式供电。

(1) 集中式供电

地铁在其线路附近建设专用的主变电所，由本线路或者其他线路的主变电所为本线路牵引变电所及降压变电所供电的外部供电方式称为集中式供电。

主变电所的设置，既要考虑负荷平衡，也要考虑与其他地铁线路的资源共享。一座主变电所可为几条线路同时供电，为保证供电的可靠性，一条线一般设置两座或两座以上的主变电所。除北京外，我国其他城市（如上海、广州、深圳、南京、郑州等）的地铁，多采用集中式供电方式。郑州地铁预计建设 6 条地铁线路，规划设计 7 座主变电所。

主变电所进线电压等级根据地区不同而有所不同，一般地区为 110 kV，东北地区为 63 kV。主变电所馈出线的电压等级一般为 35 kV 或者 10 kV。

集中式供电方式示意图如图 1.13 所示。

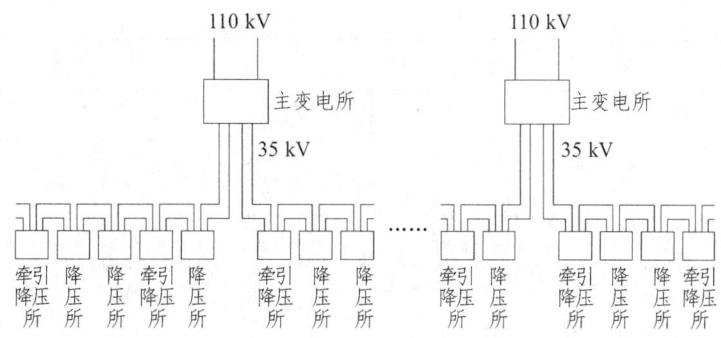

图 1.13　集中式供电方式示意图

（2）分散式供电

由沿线引入城市中压电源，为地铁线路的牵引变电所及降压变电所供电的外部供电方式称为分散式供电。

分散式供电不设主变电所，直接从城网引入 10 kV（或 35 kV）电源，经开闭所配给地铁各站、段。北京地铁和大连轻轨等采用了分散式供电。分散式供电要保证每座牵引变电所或降压变电所都能获得两路电源。如图 1.14 所示为某条分散式供电地铁线路的示意图，一条地铁线路设置了 6 个电源开闭所，为 16 个站、段的变电所供电。

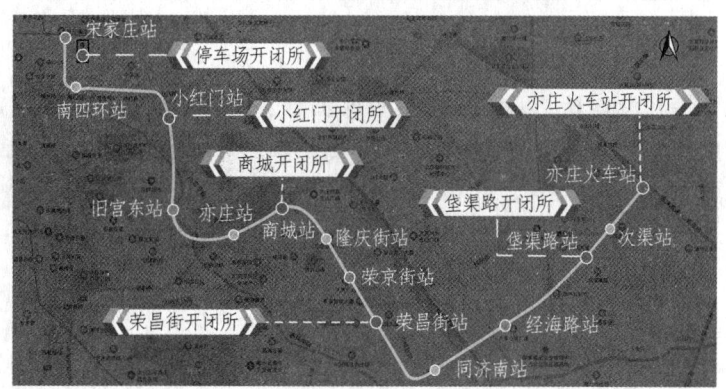

图 1.14　某条分散式供电地铁线路的示意图

（3）混合式供电

由主变电所和城市中压电源共同为牵引变电所及降压变电所供电的外部供电方式称为混合式供电。

当一条地铁线路很长，远端站点的变电所到主变电所的距离太远时，这些远端站点的变电所可以直接从附近的城市中压电源获取电能,形成以集中式供电为主、分散式供电为补充的一种供电方式。这种供电方式也只能是 10 kV 电压等级。

集中式供电和分散式供电的优缺点比较如表 1.3 所示。分散式供电方式虽然不需要专门建立主变电所,但其要求的电源点多,与电力部门接口较多,管理难度大。本书讲解以集中式供电方式为主。

表 1.3 供电方式比较表

项 目	集中供电方式	分散供电方式
与电网接口	与城市电网接口少	与城市电网接口多
供电可靠性	供电可靠性高,受外部电网影响小	直接与地区负荷共母线,易受影响
电能质量	受电电压较高,电能质量好	受电电压较低,电能质量较差
对城市电网的影响	与城市电网相互影响小,可采取措施集中监测和处理谐波	牵引负荷波动大,对城市电网影响大,可能造成电网污染
占地面积	主变电所需占用土地面积	不设主变电所,但城市变电站改造也需占用土地面积
电缆敷设	隧道外电缆敷设量少,通道相对容易解决	由于引入电源数量大,隧道外电缆敷设量大,不利于电缆敷设施工和维护
调度管理	与城市电网接口少,运营、调度、管理方便	与城市电网接口多,运营、调度、管理不便
运营维护	集中管理,运营维护工作量小	分散管理,运营维护工作量大
工程投资	因引入电源电压等级通常较高,电源和主变电所工程投资较高	引入电源电压等级较低,且不新建主变电所,工程投资较低,但需改造城市电网变电站数量较多,投资不确定因素增加

2. 主变电所(或者电源开闭所)

为地铁建设的专用变电所,只有采用集中式供电方式时才设置,专为地铁牵引供电系统和供配电系统供电。主变电所一般沿地铁线路靠近车站的位置建设,以便于电缆线路的引入。

3. 中压网络

联系主变电所、牵引变电所、降压变电所的供电网络,一般采用电缆线路、环网供电方式。

4. 牵引供电系统

牵引供电系统包括牵引变电所、沿线敷设的牵引网。专为电动列车服务,完成向列车输送电能的任务。

(1)组成与要求

在城市轨道交通牵引供电系统中,电能从牵引变电所经馈电线、接触网输送给电动列车,再从电动列车经钢轨(称轨道回路)、回流线流回牵引变电所。由馈电线、接触网(接触轨)、轨道回路及回流线组成的供电网络称为牵引网。

城市轨道交通牵引供电系统示意如图 1.15 所示，其各部分功能简述如下：

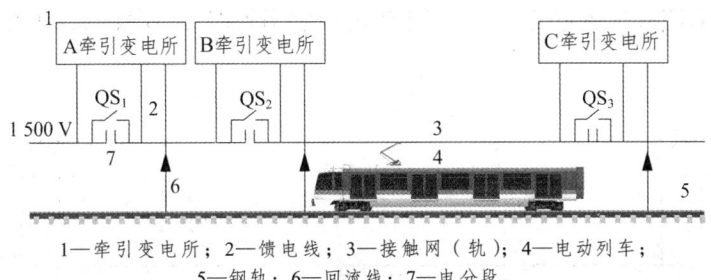

1—牵引变电所；2—馈电线；3—接触网（轨）；4—电动列车；
5—钢轨；6—回流线；7—电分段。

图 1.15 牵引供电系统示意图

牵引变电所：供给城市轨道交通一定区域内牵引电能的变电所。一般情况下与车站的降压变电所合建，称为牵引降压混合变电所。

接触网（或接触轨）：经过电动列车的受电器向电动列车供给电能的导电网（有接触轨和架空接触网两种形式）。

馈电线：从牵引变电所向接触网输送牵引电能的导线。

回流线：用以供牵引电流返回牵引变电所的导线。

电分段：为便于检修和缩小事故范围，将接触网分成若干段，称为电分段。

轨道：列车行走时，利用走行轨作为牵引电流回流的电路。在采用跨座式单轨电动车组时，需沿线路专门敷设单独的回流线。

牵引网系统负责将牵引变电所馈出的电能输送到列车上，一般有架空接触网和接触轨两种形式。接触网按其悬挂方式又可分为柔性（弹性）接触网和刚性接触网。习惯上，由于接触轨式是沿线路敷设的与轨道平行的附加轨，故又称第三轨。

从电压等级看，国内牵引网系统有 DC 1 500 V 和 DC 750 V 两种等级：DC 1 500 V 采用架空接触网形式，个别线路（如广州地铁四号线）采用接触轨形式；DC 750 V 一般采用接触轨形式。直流牵引供电系统的电压及其波动范围应符合表 1.1 的规定。

（2）牵引供电系统供电方式

牵引供电系统供电方式指的是牵引变电所对牵引网的供电方式，包括单边供电、双边供电和大双边供电三种。

单边供电是指任何一个馈电区（牵引网）仅能从一侧牵引变电所取得电源的供电方式。车辆段内一般采用单边供电方式。

双边供电是指任何一个馈电区同时从两侧牵引变电所取得两路电源。地铁的牵引供电系统，正常运行时正线均应采用双边供电方式。

微课：城轨牵引供电系统供电方式

双边供电比单边供电具有明显的优点。双边供电牵引网的平均电压损失、列车带电运行时受流器上的电压损失、列车最大平均电压损失、列车启动时最大电压损失、牵引网的功率损失等，都是单边供电的 1/3 ~ 1/4。双边供电时，列车的再生能量可以被同行列车吸收，当车流密度高时再生能量更易被同行列车利用；而单边供电时，再生能量被其他同行列车吸收的可能性极小。此外，杂散电流值双边供电是单边供电的 1/3 ~ 1/4。

《地铁设计规范》（GB 50157—2013）指出："正常运行方式下，两相邻牵引变电所应对其同一供电分区采用双边供电方式"。双边供电示意图如图 1.16 所示，走行轨对地电位分布如图 1.17 所示。

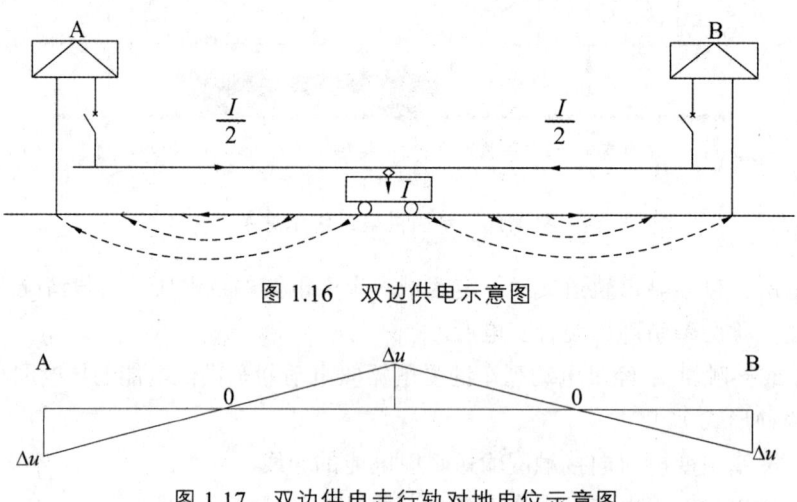

图 1.16　双边供电示意图

图 1.17　双边供电走行轨对地电位示意图

鉴于双边供电与单边供电相比有很多优点，《地铁设计规范》（GB 50157—2013）还规定："当正线的中间牵引变电所退出运行时，应由相邻的两座牵引变电所依靠其两套牵引整流机组的过负荷能力实施大双边供电。"

实现大双边供电有以下两种方式：

① 利用解列的牵引变电所的直流母线构成大双边供电。

如图 1.18 所示，当牵引变电所只有两套整流机组退出运行，并且直流母线、上下行 4 路馈线开关及其二次回路完好无损且能正常运行时，图中 QF1、QF2、QF3、QF4、QS1、QS2、QS3、QS4 合闸，可以实现该类型大双边供电。

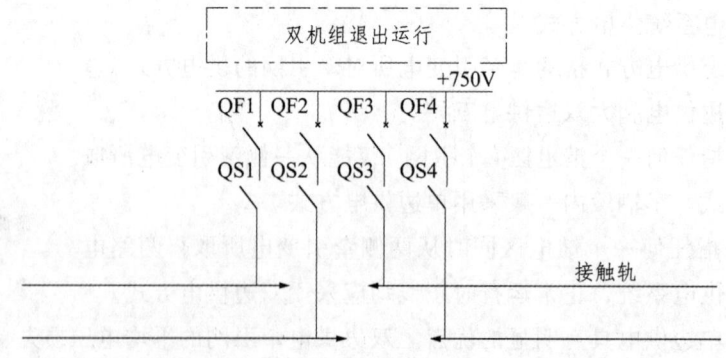

图 1.18　利用直流母线构成大双边供电

利用故障变电所的直流母线将上下行的接触轨（接触网）并联起来，虽然改善了电压质量、降低了损耗，但同时也会扩大事故范围，因接触轨（接触网）一点发生短路故障时，可能引起多路馈线开关（图中 QF1、QF2、QF3、QF4）跳闸，从而使事故范围扩大。

② 利用纵向电动隔离开关构成大双边供电。

当牵引变电所故障解列时，利用电分段处的纵向电动隔离开关构成大双边供电，使整座牵引变电所（含隧道开关柜）退出运行，牵引网运行不受故障牵引变电所的影响，图中两台纵向电动隔离开关 QS5、QS6 处于合闸状态，如图 1.19 所示。

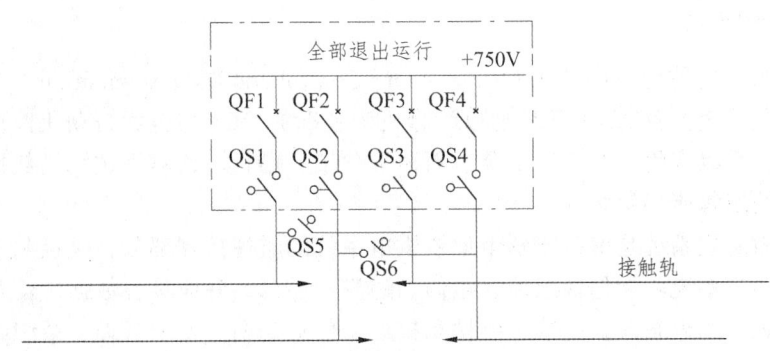

图 1.19 利用纵向电动隔离开关构成大双边供电

5. 动力照明系统

动力照明系统包括降压变电所、低压配电系统，专为地铁除电动车辆以外的所有动力照明负荷（如车站和区间的动力、照明及其他为地铁服务的自动化用电设施）供电。

在城市轨道交通供电系统中，动力照明系统和牵引供电系统同等重要。动力照明系统中压电源侧可以和牵引供电系统中压交流侧电压一致，采用混合网络，如北京地铁、大连轻轨采用 10 kV 电压级，广州地铁、南京地铁、深圳地铁采用 35 kV 电压级；也可以和牵引供电系统电压不一致，采用独立网络，如上海地铁 1、2 号线，牵引供电系统采用 33 kV 电压级，而动力照明系统则采用 10 kV 电压级。动力照明系统的低压侧则完全和地面工程相同，采用 220/380 V 三相四线制 TN-S 系统，中性线和接地线分开，即三根相线、一根中性线、一根接地线。

动力照明系统的低压侧需设置有源滤波设备，一个作用是滤除大量电子变频设备产生的谐波，另外一个作用就是根据系统需求自动进行无功补偿。

低压负荷应按照动力、照明、广告照明、空调分别计量。低压开关柜一般选用抽出式开关柜。

低压负荷按其用途和重要性可分为 3 级：

① 一级负荷：排烟风机、消防泵、主排水泵、自动售检票机、屏蔽门、电力监控、变电所操作电源、防灾报警、通信信号、人防系统、地下车站站台、站厅照明及应急照明等。

② 二级负荷：局部通风机、普通风机、排污泵、自动扶梯、电梯等。

③ 三级负荷：空调、冷冻机、热风幕、广告照明、维修电源等。

对三种负荷供电的技术要求为：

一级负荷为双电源、双电缆，供电末端自动切换，来电自复；二级负荷为双电源、单电缆，在电源端自动切换，来电自复；三级负荷为单电源、单电缆，当电源失压时，可以自动切除。

对于一级负荷，大功率设备双电源可以来自变电所两段母线，小功率设备双电源可来自不同母线上的配电箱；对二级负荷，由两路电源单回路供电，电源在变电所自动切换；对三级负荷，由一路电源供电，当一台配电变压器故障解列时，可根据运行需要自动切除。

当一台配电变压器故障解列时，另一台配电变压器可承担全部一、二级负荷。

6. 电力监控系统

电力监控系统也称为 SCADA（Supervisory Control and Data Acquisition）系统，即数据采集与监视控制系统。SCADA 系统是以计算机为基础的 DCS 与电力自动化监控系统，它的应用领域很广，可以应用于电力、冶金、石油、化工、燃气、铁路等领域的数据采集与监视控制以及过程控制等诸多领域。

地铁的电力监控系统是贯穿于整个地铁供电系统的监视控制部分，是控制技术在地铁供电系统中的应用。系统功能包括遥控、遥信、遥测、遥调，并应具备数据传输及处理、报警处理及统计报表、用户画面、自检、维护和扩展、信息查询、安全管理、系统组态、在线检测、时钟同步、培训等功能。

电力监控系统包括电力调度系统（主站）、变电所综合自动化系统（子站）以及联系主站和子站的专用数据传输通道。电力调度系统（主站）设在地铁的运营控制中心（Operation Control Center，OCC），对全线变电所及沿线供电设备实行集中监视、控制和测量。电力调度系统（主站）由数据服务器、通信前置机、工程师工作站及模拟盘显示器等组成，完成对所采集数据的分析、计算、存储、设备状态监视以及控制命令的发送等功能。变电所综合自动化系统（子站）完成对设备状态、信号等数据的采集、整理、简单分析计算及所内控制等功能。专用数据传输通道一般采用光缆型式。

二、城轨供电系统的供电要求及电压等级

一般大工厂和企业用电多集中在一个地方，而地铁用电则在沿线路的几千米到几十千米范围内的一条线上，这是地铁与其他用户不同的地方。

地铁作为城市电网的重要用户，属一级负荷。地铁供电系统的主变电所、牵引变电所、降压变电所，都要求能获得两路电源。对双路电源的要求是：

① 双路电源要求来自不同的变电所或同一变电所的不同母线。

② 双路电源应分列运行，互为备用，即当一路电源故障时，由另一路电源承担全部一、二级负荷。

③ 电源容量按地铁远期用电量设计。为便于运营管理和减少损耗，要求集中式供电的主变电所的站位和分散式供电的电源点，要尽量靠近地铁线路，以减少引入地铁的电缆截面面积及电缆通道的距离，尽量减少电缆通道和城市地下管网的交叉和干扰。

地铁供电系统电压等级，有以下几种：

① 交流 110 kV、63 kV：主变电所从城市电网引入的进线电源电压，其中 63 kV 电压等级为东北地区电网所特有。

② 交流 35 kV：上海、广州、香港、南京、深圳地铁的牵引供电系统电源电压皆为这一

电压等级。35 kV 这一电压等级，在各大城市电网中将逐渐消失，取而代之的是 10 kV；但其作为地铁内部专用电压等级，还将继续存在下去。同时，20 kV 电压等级也具有潜在的发展趋势。

③ 交流 10 kV：牵引供电系统和动力照明系统可用这一电压等级，北京地铁、大连轻轨的牵引供电系统均采用这一电压等级。通常把 3～35 kV 电压等级称之为中压。

④ 交流 380/220 V：动力、照明等低压负荷用电的电源电压。

⑤ 直流 1 500 V：一般为架空接触网的电源电压。

⑥ 直流 750 V：接触轨（第三轨）的电源电压，轻轨线路的架空接触网采用这一电压等级。

⑦ 直流 220 V：变电所操作电源、应急照明电源电压。

⑧ 直流 110 V：变电所操作电源电压。

由以上各种不同等级的电压构成城市轨道交通完善、适用、安全、可靠的供电系统，以保证地铁正常运行所必需的电能供应。

复习思考 >>>

1. 变电所的类型和作用有哪些？
2. 电力系统的标准电压是如何规定的？供电设备、用电设备的额定电压和电力网的标称电压之间有何关系？
3. 供电质量指标主要有哪些？
4. 电力系统中性点运行方式主要有哪些？各自的应用范围是什么？
5. 中性点不接地运行方式中发生单相金属性接地故障时电压电流特点是什么？对运行有何要求？
6. 变配电所中的高压电气设备有哪些？各有什么功能？
7. 变配电所中断路器与隔离开关的操作顺序有哪些特殊要求？为什么？
8. 简述城市轨道交通供电系统的构成及其各部分的功能。
9. 简述城市电网对城市轨道交通供电系统的供电方式种类、概念及其优缺点。
10. 简述牵引供电系统供电方式种类、概念及应用。
11. 城市轨道交通供电系统对电源有哪些基本要求？
12. 城市轨道交通供电系统的电压等级有哪些？

阅读材料 >>>

阅读材料 1：建设成就

一、世界地铁的起源

19 世纪中期，蒸汽机车已经在英国普遍使用，各大城市间的铁路基本铺好。从全国各地通向伦敦的火车轨道一直铺到了城市的边缘，伦敦人可以轻松地到达英国各地。而伦敦市内的主要交通工具还是马车，出租马车价格非常昂贵。从 1800 年到 1831 年间，伦敦人口从不足100万上升到175万，几乎翻了一番。交通成了伦敦的一大难题。一位名叫查尔斯·皮尔森的律师提出了一个修建"伦敦中央火车站"的设想，一群承包商提出要在伦敦修建一条地下道路的提案。不久，这两个提案被结合起来，形成了我们今天所熟悉的地铁的概念：在地下通行的火车。当时的地道挖掘方法也很笨拙：先把地铁途经的地上部分住户全部搬迁，工人们从地面向下挖掘一条10 m宽、6 m深的大壕沟，用黄砖加固沟壁，再搭成拱形的砖顶，然后将土回填，在地面上重建道路和房屋。这个工程拆毁了不少房屋，兴师动众，耗资巨大。为了把蒸汽机车排出的浓烟引出地下，建好的隧道还要钻出通风孔。1862年，4.8 km长、7个停靠站的地下铁道基本完工了。由铁路公司提供的蒸汽机车开进了地下，大约40名官员乘坐在没有顶棚的木制车厢里对地铁进行了第一次巡游。1863年1月10日，地铁开放，第一天的乘客总数就达到了4万人次。按照当年7月的统计，在地铁向公众开放的前6个月里，乘客数目达到477万人次，平均每天有2.65万人次乘坐。地下铁路成为伦敦历史上第一个多数市民可以负担和使用的公共交通工具。

二、中国地铁的起步

中国的地铁始于北京，建于1965年。促成北京地铁的一个重要原因是苏联地铁的战备功用对我国领导人的启发。1941年德军大举进犯莫斯科，刚刚建成6年的莫斯科地铁，不但成了莫斯科市民躲避战火的掩体，更成为苏军的战时指挥部。这样，地铁建设进入了我国的视野。我国地铁建设事业起步较晚，其发展经历了一个相当曲折的过程。20世纪50年代，我国开始筹备北京地铁网络建设，于1969年10月建成北京地铁1号线，全长23.6 km。随后建设了天津地铁（7.1 km，现已拆除重建）、哈尔滨人防隧道等工程。该阶段地铁建设以人防功能为指导思想。20世纪80年代，我国仅有北京、上海、广州等几个大城市规划建设地铁。该阶段地铁建设开始真正以城市交通为目的。20世纪90年代，一批省会城市开始筹划建设地铁。由于项目多且造价高，1995年12月国务院发布国办60号文，暂停了地铁项目的审批。同时，国家计委开始研究制定地铁交通设备国产化政策。1999年以后，国家的政策逐步鼓励大中城市发展地铁交通，2000年前后，新申请立项准备建设的城市有23个。

三、2012年以来，中国城市轨道交通发展令世界惊叹

自1969年10月1日北京第一条地铁线路开通至今的50余年，我国城市轨道交通经历了从无到有、由线转网、由小网向大网的快速发展过程，在满足人民出行需求、缓解城市交通拥堵、促进经济社会发展等方面发挥了重要作用。

进入新时代的十年来，在习近平新时代中国特色社会主义思想指引下，中国城轨建设取得了突飞猛进的发展。2012年，全国（不含港澳台）开通城市轨道交通服务的城市仅北京、天津、上海、广州、深圳、南京、武汉、重庆、长春和大连、西安、杭州、昆明、苏州14个城市，据中国城市轨道交通协会统计，截至2021年12月31日，全国（不含港澳台）累计有50个城市投运城轨交通线路9 192.62 km，运营总里程比2012年增长了4.2倍。快速发展期间共有18座城市运营规模达到100 km以上，实现了由线向网的转变；其中8座城市运营规模达到了300 km以上，实现了由小网向大网的转变。

从世界范围内看，中国地铁运营长度已占全世界的 27.9%。

中国城轨更成为了一张国家名片。沙特阿拉伯的麦加、俄罗斯的莫斯科……都有着来自中国的"轨交艺术"。

党的十八大以来，我国已基本建成城轨交通装备制造体系，掌握了从整车到零部件的全套生产技术，整车年生产能力约 9 000 辆，全球最大；地铁自主化达到 95%，信号、牵引、制动、通信等系统的关键核心技术都实现了自主创新的突破。

城市轨道交通的高质量发展围绕"更加安全、更加便捷、更加智慧、更加绿色"的发展目标，从标准入手，不断提高和完善建设标准和运营标准，满足人民日益增长的美好生活需要；同时，应发挥中国城市轨道交通的"后发优势"，关注最新的技术发展方向并将其应用到运营生产管理和运营服务过程中，用设备代替人，用技术保障运营，打造智慧地铁。

第二章 城轨变电所巡视与倒闸

 问题导入 >>>

 课件：城轨变电所巡视与倒闸

 第二章彩版插图

安全供电，驱动地铁通向城市生活。变电所是城市轨道交通供电系统的能量之源。《地铁设计规范》（GB 50157—2013）指出："变电所应分为主变电所、电源开闭所、牵引变电所、降压变电所。牵引变电所与降压变电所可合建成牵引降压混合变电所。"城市轨道交通供电系统变电所的设备、接线情况是什么样子的？如何通过读识电气主接线图来掌握变电所的运行方式？如何完成变电所的设备巡视和倒闸作业任务？本章将会予以讲解和指导。

 学习目标 >>>

1. 熟悉掌握主变电所的功能、电气主接线结构及其运行方式、设备概况。
2. 熟悉掌握降压变电所的功能、电气主接线结构及其运行方式、设备概况。
3. 熟悉掌握牵引降压混合变电所的功能、电气主接线结构及其运行方式、设备概况。
4. 熟悉掌握中压环网的功能、结构、运行方式。
5. 学习训练变电所设备巡视的基本业务。
6. 学习训练变电所倒闸作业的基本技能。

内容讲解 >>>

第一节 读识主变电所电气主接线图

一、主变电所功能与类型

城市轨道交通供电系统按Ⅰ级负荷设计，每条轨道线路由两个主变电所担负供电任务，每个主变电所平时由2路互为备用的独立电源供电，以实现不间断供电。

主变电所从发电厂或城市电网区域变电所获得高压（如 110 kV）电源，经降压形成 35（33）kV 或 10 kV 以中压环网形式向布置在沿线的牵引变电所、降压变电所输送电能。每个主变电所的主变压器容量设计满足最大高峰小时负荷的要求，并满足当一个主变电所发生故障（不含中压母线故障）时，另一个主变电所能承担全线牵引负荷及全线动力Ⅰ、Ⅱ级负荷的供电要求。

按照电气主接线的不同,主变电所分为两种类型:内桥接线主变电所和线路-变压器组接线主变电所。

按照土建工程的不同,主变电所分为三种类型:地面型主变电所、半地面型主变电所和地下型主变电所。地面型和半地面型主变电所如图2.1所示。

(a)地面型主变电所

(b)半地面型主变电所

图2.1 地铁线路的主变电所

二、主变电所电气主接线及其运行方式

城市轨道交通主变电所,设置两路高压电源进线(110 kV),可以都是专线,或者一路专线一路"T"接。设置两台主变压器,变压器接线形式均选用三相Y,d接线,大部分采用

110/35 kV 两线圈变压器，少数由于城市历史原因采用 110/10 kV 两线圈变压器。两台主变压器互为备用，正常情况下并列运行，各承担约 50%的用电负荷。

1. 线路-变压器组接线的主变电所

某线路-变压器组接线的主变电所的电气主接线如图 2.2 所示。

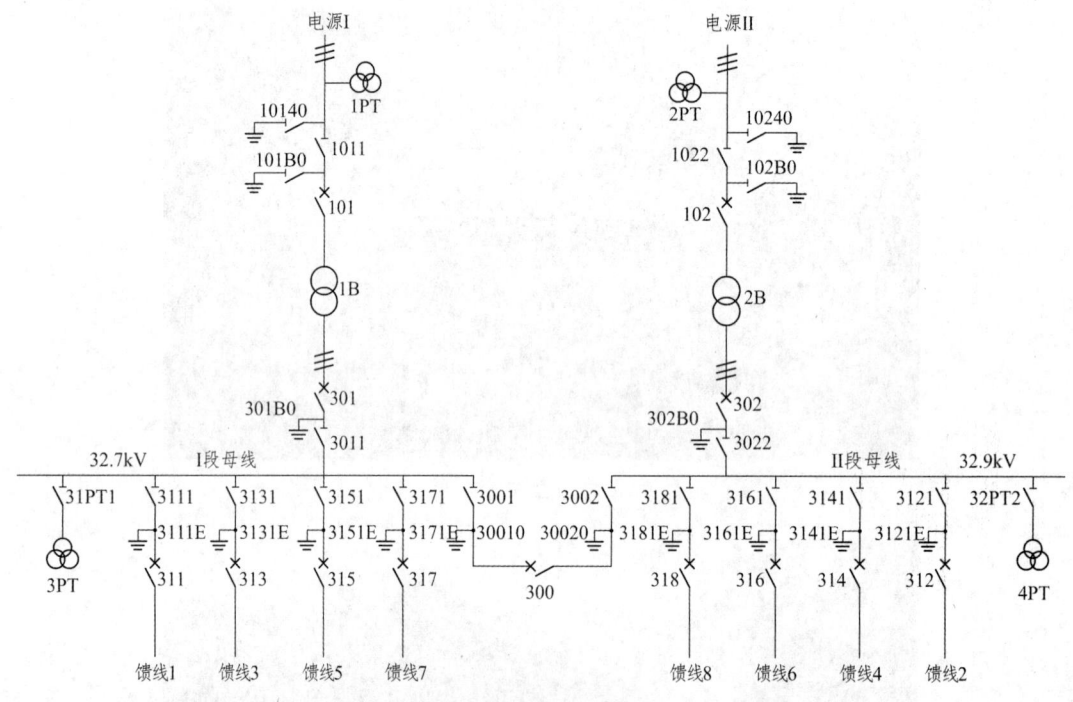

图 2.2　某线路-变压器组接线的主变电所主接线图

（1）高压侧电气主接线

线路-变压器组接线就是电源线路和变压器直接相连，是一种最简单的接线方式。正常运行方式下，两路线路各带一台主变压器，即 1 号进线电源通过隔离开关 1011 和断路器 101 为 1 号变压器 1B 提供电能；2 号进线电源通过隔离开关 1022 和断路器 102 为 2 号变压器 2B 提供电能。正常情况下，两路电源同时供电，两台主变压器同时工作，中压侧的母线分段断路器 300 分闸，Ⅰ段母线和Ⅱ段母线相互独立工作。

如图 2.2 所示，当一台主变压器（如 1B）或者一条电源线路（如电源 1）故障时，可通过 301 分闸、3011 分闸、101 分闸、1011 分闸的系列操作，使得变压器 1B 和电源 1 退出运行。闭合母线分段断路器（简称母联断路器）300 完成中压侧转移负荷操作，由另一路进线电源（如电源 2）、主变压器（如 2B）承担本变电所范围内的全部Ⅰ、Ⅱ级用电负荷，对相邻变电所无影响。这种方式适合于本变电所的Ⅰ、Ⅱ级负荷的负载率较低的情况。

但是，当故障变电所的Ⅰ、Ⅱ级负荷的负载率高，一台主变压器或者一条电源线路故障退出运行时，需要通过相邻主变电所联络来转移部分负荷，实现相互支援。

线路-变压器组接线只配置两个设备单元，断路器少，接线简单，运行可靠、经济，有利于变电所实现自动化、无人化，造价省。但是，电源线路故障检修停运时，变压器将被迫停运，对变电所的供电负荷影响较大。

（2）中压侧电气主接线

主变电所中压侧均采用单母线断路器分段接线。图 2.2 中，母联断路器 300 将母线分成两段，分别称为 I 段母线和 II 段母线。1 号变压器 1B 通过断路器 301 和隔离开关 3011 将中压电能输送至 I 段母线，并通过馈线断路器 311、313、315、317 分别将中压电能输送至地铁沿线的降压变电所和牵引降压混合变电所。2 号变压器 2B 通过断路器 302 和隔离开关 3022 将中压电能输送至 II 段母线，并通过馈线断路器 312、314、316、318 分别将中压电能输送至地铁沿线的降压变电所和牵引降压混合变电所。

根据城市电网的要求，不允许两路 110 kV 电源在主变电所中并联。因此，在两路 110 kV 电源同时供电的情况下，中压侧两段母线分列运行，即母联断路器 300 断开。

地铁沿线的降压变电所和牵引降压混合变电所可以从不同母线段取得中压电源。当主变电所一段中压母线失电时，通过闭合母联断路器 300，另一段中压母线可以迅速恢复对降压变电所和牵引降压混合变电所供电。在闭合母联断路器 300 的情况下，电源和主变压器仅能有一路工作。

2. 内桥接线的主变电所

某内桥接线的主变电所电气主接线如图 2.3 所示。

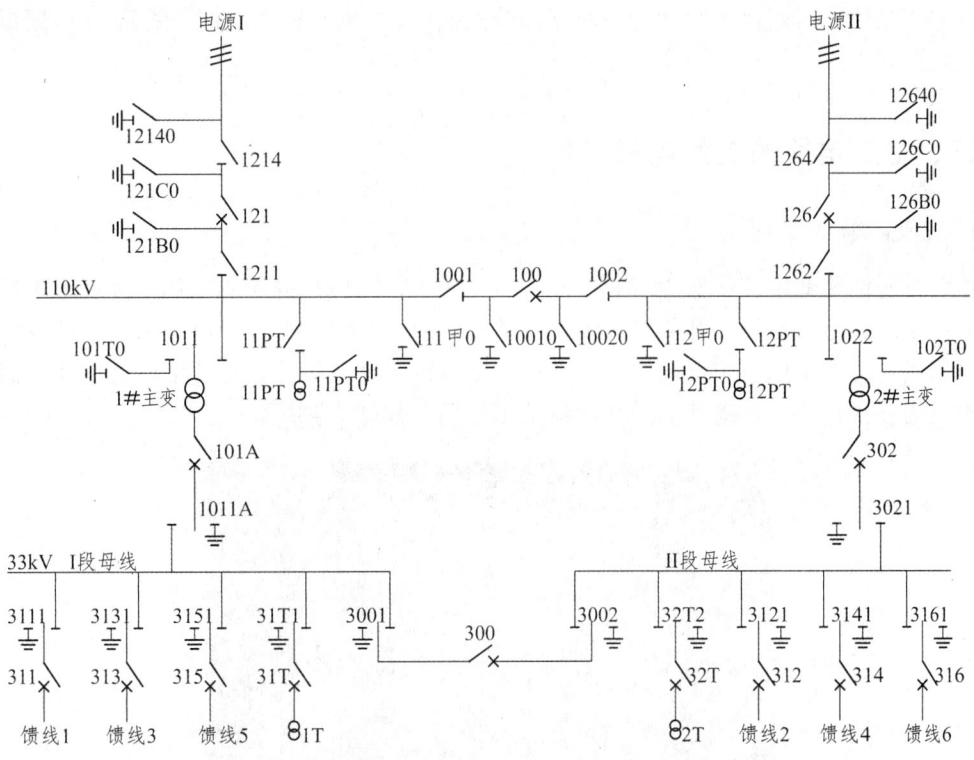

图 2.3 某内桥接线的主变电所电气主接线图

（1）高压侧电气主接线

该主变电所 110 kV 侧采用内桥接线，即 110 kV 进线电源中，1 号电源经过 1214 隔离开关、121 断路器、1211 隔离开关、1011 隔离开关，联络 1 号主变压器，形成 1 号系统；2 号电源经过1264隔离开关、126断路器、1262隔离开关、1022隔离开关，联络2号主变压器，形成2号系统；在1号系统和2号系统之间，由1001隔离开关、100断路器、1002隔离开关形成连接桥，构成内桥接线（连接桥与主变压器之间仅有隔离开关，与进线电源之间有断路器，称为内桥接线；连接桥与进线电源之间仅有隔离开关，与主变压器之间有断路器，称为外桥接线）。

正常运行时桥断路器100断开，类似于线路-变压器组接线，两路进线电源各带一台主变压器。

因内桥接线线路侧装有断路器，线路的投入和切除十分方便。当送电线路发生故障时，只需断开故障线路的断路器，不会影响另一回路正常运行。需要时也可以合上桥断路器由一路进线带两台主变压器。但主变压器故障时，则与该变压器连接的两台断路器都要断开，从而影响了另一回路未故障线路的正常运行。另外，桥断路器检修时，电源线路需较长时间停运；出线断路器检修时，电源线路也需较长时间停运。

根据城市电网的要求，不允许两路110 kV电源在主变电所中并联。因此，在两路110 kV电源同时供电的情况下，桥断路器100处于分闸状态，中压侧两段母线分列运行，即母联断路器300断开。

（2）中压侧电气主接线

该主变电所中压侧也采用单母线断路器分段接线。结构与运行类似于线路-变压器组接线的主变电所。

三、主变电所的主要电气设备

1. 主变压器

主变电所使用的主变压器为三相油浸电力变压器，110 kV高压侧采用星型绕组中性点经放电间隙接地，带有载调压开关和自动调压装置；35 kV（10 kV）中压侧采用星型绕组中性点经电阻接地，或采用三角形绕组。主变压器下方设置储油设施。主变电所的主变压器可以放置在室内，也可放置在室外。主变压器的工作照片如图2.4所示。

（a）室内放置的主变压器

(b）室外放置的主变压器

图 2.4　主变压器工作照片

2. 开关柜

主变电所使用的开关柜主要有高压（110 kV）交流开关柜和中压（35 kV 或者 10 kV）交流开关柜。

（1）110 kV 开关柜

110 kV 开关柜是户内安装的 GIS 组合电器。GIS 的中文全称是气体绝缘金属全封闭组合电器，110 kV 的断路器采用 SF_6 断路器、液压（或弹簧）操动机构，配置接地开关进行设备停电防护。

图 2.5 为线路-变压器组接线的高压开关柜工作照片。照片左侧为开关柜的控制保护柜。开关柜中的设备对应图 2.2 中 1 号系统侧的电压互感器 1PT、隔离开关 1011、断路器 101、接地开关 10140、101B0、母线，以及在 2.2 中未绘制的电流互感器、避雷器等；或者对应图 2.2 中 2 号系统侧的电压互感器 2PT、隔离开关 1022、断路器 102、接地开关 10240、102B0、母线，以及在 2.2 中未绘制的电流互感器、避雷器等。

图 2.5　线路-变压器组接线的 110 kV 高压开关柜工作照片

图2.6为内桥接线的高压开关柜工作照片。开关柜中的设备对应图2.3中主变压器以上的所有电气设备，包括电压互感器、避雷器、隔离开关、断路器、母线、电流互感器等。

图2.6　内桥接线的110 kV高压开关柜工作照片

这些高压电气设备被封装在圆筒形的外壳内，密闭的圆筒形外壳可靠接地，内部充满了规定压力的SF_6气体。

（2）中压开关柜

中压开关柜也采用GIS，均为三相分箱式，中压断路器采用真空断路器，配用操动机构为弹簧贮能式或弹簧液压式，隔离开关一般采用三工位隔离开关（具有分闸、合闸、接地三个工作位置），个别采用隔离开关与接地开关的组合。

中压开关柜从外观上看，有圆筒形和柜形两种，其工作照片分别如图2.7和2.8所示。

详见本书第四章"城轨变电所交直流开关柜操作、巡视与维护"。

图2.7　圆筒形35 kV中压开关柜工作照片

图 2.8　柜形 35 kV 中压开关柜工作照片

3．接地电阻

接地电阻作为主变压器二次侧中性点接地电阻，放置在专门房间。

4．控制室设备

控制室设备主要包括控制屏、信号屏、交直流屏，以及按照要求安装在控制室内的计量屏和保护屏。

详见本书第九章"城轨变电所二次接线读图与故障处理"。

5．自用电变压器及交直流屏

自用电变压器是变电所内自用电电源，多为干式变压器，单独安装于房间。

交直流屏放置在主变电所的控制室。

详见本书第八章"城轨变电所自用电系统巡视与维护"。

第二节　读识中压供电网络接线图

一、中压供电网络的概念与分类

中压供电网络是通过中压电缆，纵向把上级主变电所、下级牵引变电所和降压变电所连接起来，横向把全线各个牵引变电所、降压变电所连接起来的一种供电设施。

根据中压网络功能的不同,为牵引变电所供电的中压网络称为牵引供电网络(简称牵引网络),为降压变电所供电的中压网络称为动力照明供电网络(简称动力照明网络)。

牵引动力照明混合网络,是指牵引供电网络与动力照明供电网络共用的中压网络形式。牵引动力照明混合网络采用同一电压等级,并通过公用电源电缆同时向牵引变电所、降压变电所提供中压电能,供电系统的整体性能比较好,示意图如图2.9所示。

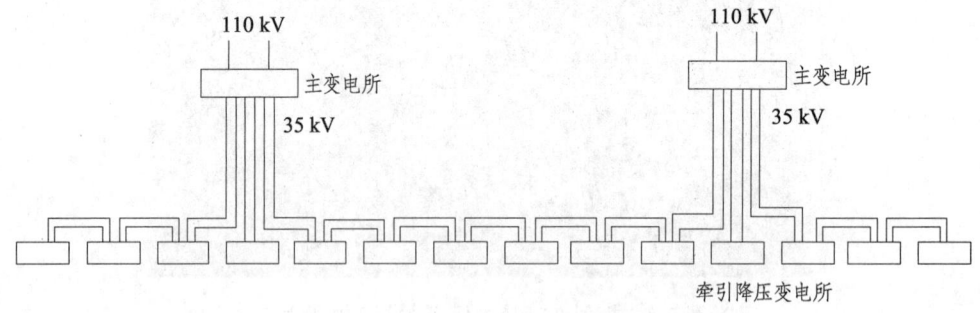

图 2.9 牵引动力照明混合网络示意图

牵引动力照明独立网络,是指牵引供电网络与动力照明供电网络相对独立的中压网络形式,牵引供电网络与动力照明供电网络的电压等级可以相同,也可以不同。牵引网络与动力照明网络相对独立,彼此相互影响较小,示意图如图2.10所示。

对于集中式供电系统,牵引网络和动力照明网络可以采用各自独立网络,也可以共用混合网络。对于分散式供电系统,则采用牵引动力照明混合网络。

国外地铁有采用牵引动力照明独立网络的,但国内牵引动力照明独立网络只出现在上海地铁1号线,为110/35/10 kV三级电压制,目前各地新建地铁工程均采用牵引照明混合网络,因此,《地铁设计规范》(GB 50157—2013)指出,中压网络宜采用牵引动力照明混合网络形式。

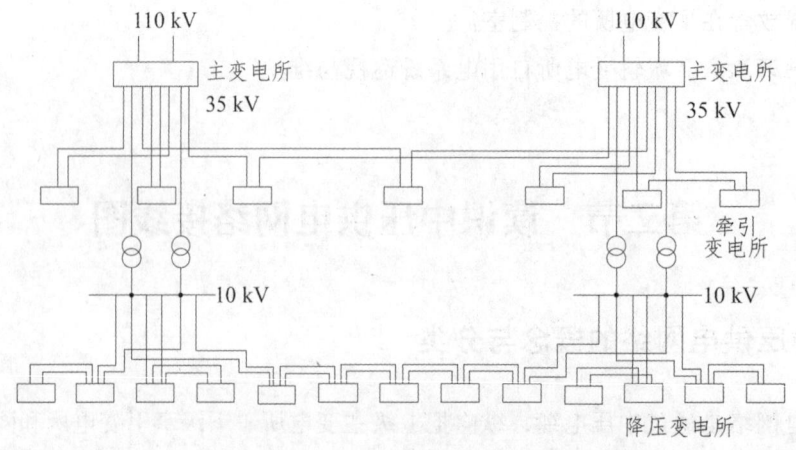

图 2.10 牵引网络和动力照明网络相对独立示意图

二、中压供电网络的电压等级

我国现行中压配电标准电压等级有：35 kV、20 kV、10 kV、6 kV 和 3 kV。国际标准中压配电标准电压等级有：33 kV 和 20 kV。城市轨道交通中压网络电压等级采用 35 kV 还是 33 kV、20 kV 或者 10 kV，要结合外部电源、线路走向、运输能力、站点设置、设备供应情况等诸多因素，进行技术经济比较，选择适合工程实际的电压等级。例如上海、广州部分地铁线路由于历史条件限制成套引进国外设备，因此采用了 33 kV 电压等级；南京、深圳等城市采用了 35 kV 电压等级；北京、长春、大连等城市则采用了 10 kV 电压等级。

三、中压供电网络举例

1. 广州地铁 1 号线及 2 号线中压环网举例

广州地铁 1 号线及 2 号线供电系统高中压系统均采用 110~33 kV 二级电压制，全部采用集中供电方式。即每条地铁线路均建设 2 个 110/33 kV 主变电所，每个主变电所均从城市电网引入 2 路 110 kV 电源，设置 2 台 110/33 kV 主变压器，将 110 kV 电源降压到 33 kV，再通过 33 kV 中压环网供电网络将电源分配给地铁车站（车辆段、控制中心）的牵引变电所、降压变电所。

主变电所的 33 kV 侧均采用了单母线分段的接线形式，根据每条地铁线路车站变电所数量进行分区供电，配置适当数量的馈出断路器。33 kV 环网电缆配备有光纤差动保护作为主保护，延时过电流保护作为后备保护。

如图 2.11 所示，广州地铁 1 号线供电系统 33 kV 环网采用的是大供电分区方式，即供电分区的数量正好是主变电所数量的 2 倍。地铁 1 号线设有坑口和广和 2 个主变电所，所以有坑口—西朗、坑口—公园前、广和—公园前和广和—广州东站 4 个供电分区。公园前站变电所是两个主变电所的供电分区的交汇处，来自两个主变电所的 33 kV 电源在公园前站变电所通过环网分段断路器相联络，正常情况下这个环网分段断路器处于分闸状态，称为开环运行。

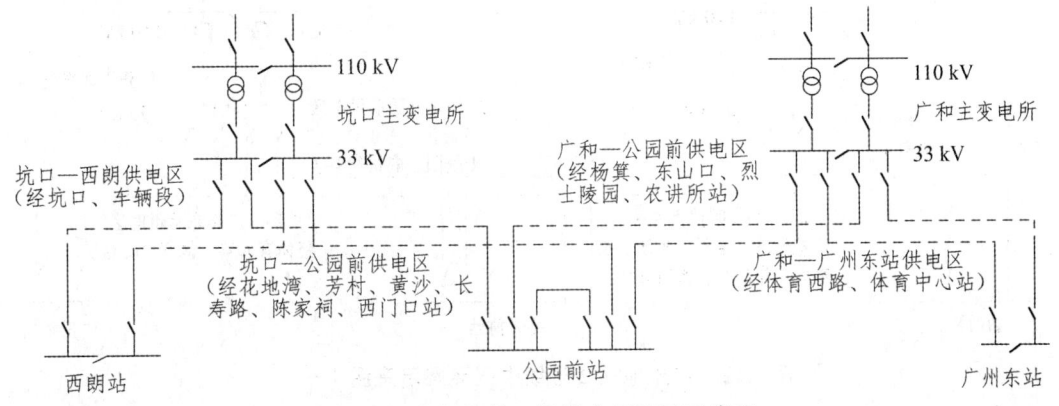

图 2.11 广州地铁 1 号线中压环网示意图

如图 2.11 所示,坑口主变电所 33 kV 侧有 2 段母线、4 路馈线,馈线电缆分别交叉给坑口降压变电所及花地湾降压变电所供电;广和主变电所 33 kV 侧有 2 段母线、4 路馈线,馈线电缆分别交叉给体育西路所及杨箕所供电。公园前站变电所(含控制中心变电所)在正常运行时,电源分别来自坑口和广和 2 座主变电所。各车站变电所依次分别环接,只有当一个主变电所全所解列时,才由 OCC 控制中心通过电力监控(SCADA)系统将公园前环网分段断路器遥控合闸,由另一主变电所承担全线的Ⅰ、Ⅱ级牵引负荷及动力照明负荷用电。

广州地铁 2 号线及其他广州地铁线路(如 3、4 和 5 号线)供电系统 33 kV 环网采用的是小分区供电方式,即供电分区的数量比主变电所数量的 2 倍还要多,具体有多少供电分区视供电分区内串接的车站变电所数量而定(一般串接 2~4 个车站变电所)。地铁 2 号线设有瑶台和河南两个主变电所,但有瑶台—江夏、瑶台—越秀公园、瑶台—海珠广场、河南—市二宫、河南—中大、河南—琶洲 6 个供电分区。由于河南主变电所靠近车辆段,所以车辆段变电所是单独一个供电分区,这样供电分区总数达到了 7 个。广州地铁 3、4 和 5 号线也类似。

广州地铁 2 号线工程供电系统示意图如图 2.12 和图 2.13 所示。河南主变电所 33 kV 侧有 2 段母线、8 路馈线(不考虑预留),以其中的河南—市二宫供电分区为例,河南主变电所的 2 条馈线直接给晓港降压变电所 2 段母线供电,并通过这 2 段母线及其断路器,向江南西牵引降压混合所 2 段母线供电,同时通过这 2 段母线及其断路器,向市二宫降压变电所的 2 段母线供电,在市二宫降压变电所的 2 段母线通过联络开关(断路器)实现与瑶台—海珠广场供电分区的联络。2 个主变电所馈出的 33 kV 电源在市二宫站变电所通过环网分段断路器相联络,2 个主变电所可以作为这两个供电分区的 33 kV 电源,实现相互备用。而其他供电分区只能由某一个主变电所的两段 33 kV 母线作为 33 kV 电源,实现相互备用。

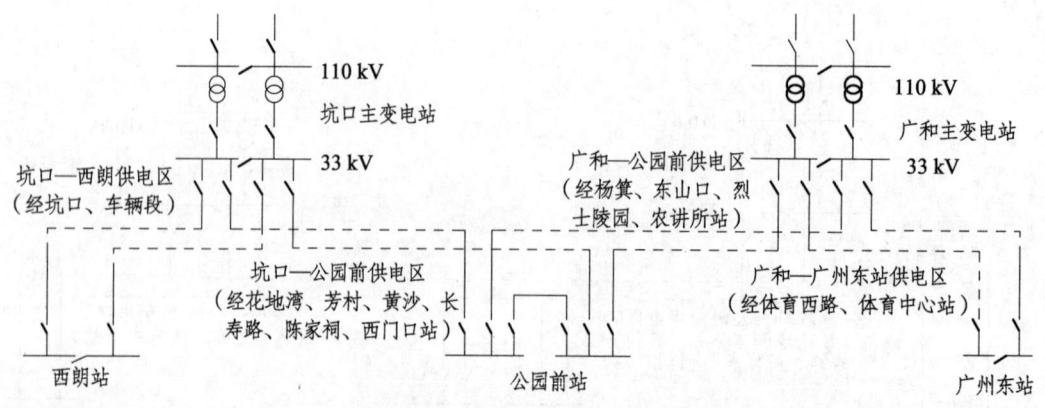

图 2.12 广州地铁 2 号线中压环网示意图(一)

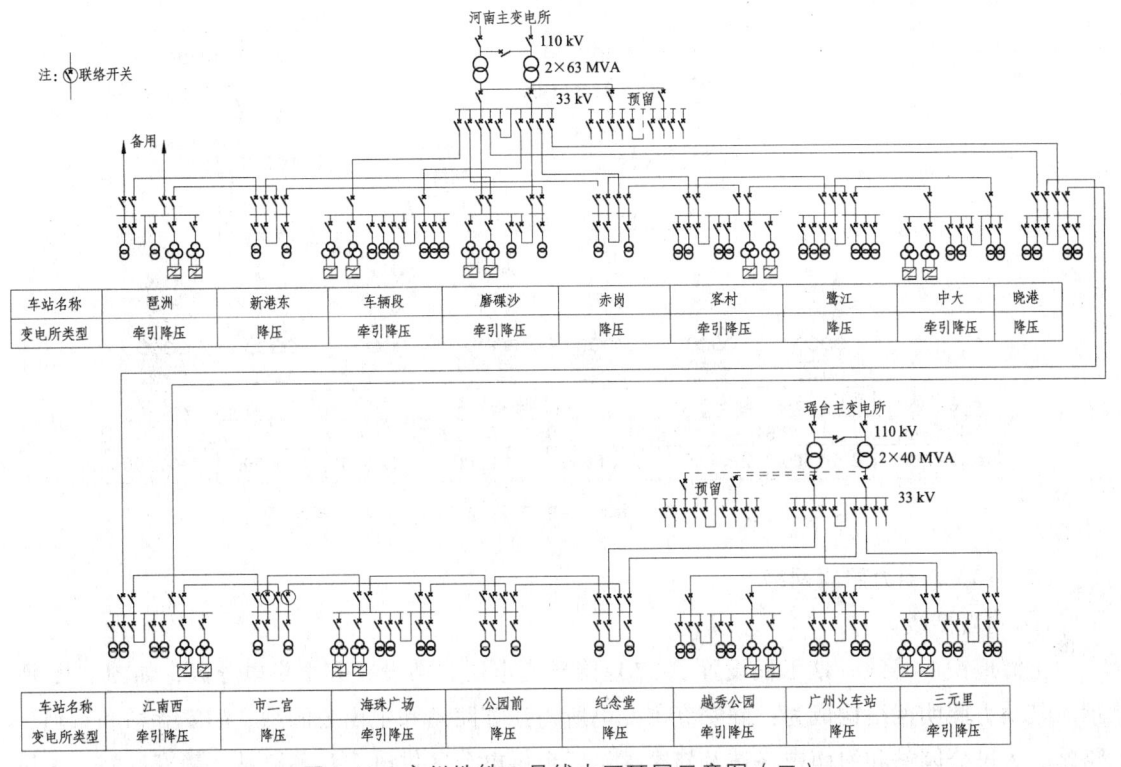

图 2.13　广州地铁 2 号线中压环网示意图（二）

2. 上海地铁 2 号线（一期工程）中压环网

（1）33 kV 牵引供电网络

① 网络接线。

上海地铁 2 号线一期工程设置了 7 座牵引变电所。如图 2.14 所示，其牵引网络构成为：中山公园站、静安寺站牵引变电所的两路 33 kV 电源分别来自静安寺主变电所的 33 kV Ⅰ、Ⅱ段母线；东方路站、中央公园站、停车场牵引变电所的两路 33 kV 电源分别来自中央公园主变电所的 33 kV Ⅰ、Ⅱ段母线；人民公园站牵引变电所的两路 33 kV 电源分别来自静安寺主变电所的 33 kV Ⅱ段母线和中央公园主变电所的 33 kV Ⅰ段母线；陆家嘴站牵引变电所的两路 33 kV 电源中分别引自静安寺站主变电所的 33 kV Ⅰ段母线和中央公园主变电所的 33 kV Ⅱ段母线。

静安寺主变电所的 33 kV Ⅱ段母线用 33 kV 电缆经人民公园站牵引变电所的 33 kV 母线与中央公园主变电所的 33 kV Ⅰ段母线联络；静安寺主变电所的 33 kV Ⅰ段母线用 33 kV 电缆经陆家嘴站牵引变电所的 33 kV 母线与中央公园主变电所的 33 kV Ⅰ段母线联络。

② 运行方式。

正常情况下，每座主变电所的两路 110 kV 电源和两台主变压器并列运行（两台主变压器同时运行，110 kV 及 33 kV 侧均不能并联）。主变电所 33 kV 母线分段开关打开，两段母线分列运行。主变电所 33 kV 馈线向牵引负荷供电。

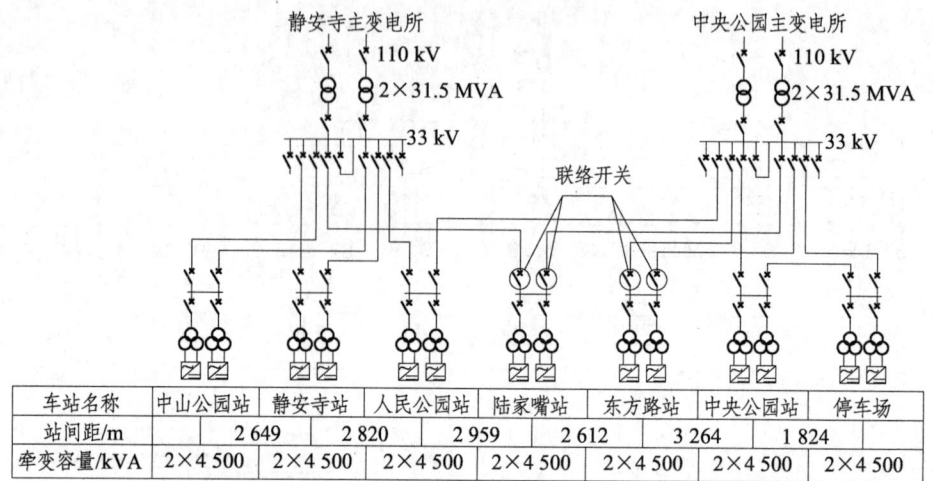

图 2.14 上海地铁 2 号线一期工程牵引网络供电系统图

（2）10 kV 动力照明网络

① 网络接线。

上海地铁 2 号线一期工程设置了 37 座降压变电所，共设有 6 个供电分区，如图 2.15 所示。其动力照明网络构成为：静安寺主变电所为江苏路站和中山公园站、静安寺站和石门一路站、人民公园站和河南中路站及陆家嘴站三个供电分区供电，江苏路站、静安寺站、人民

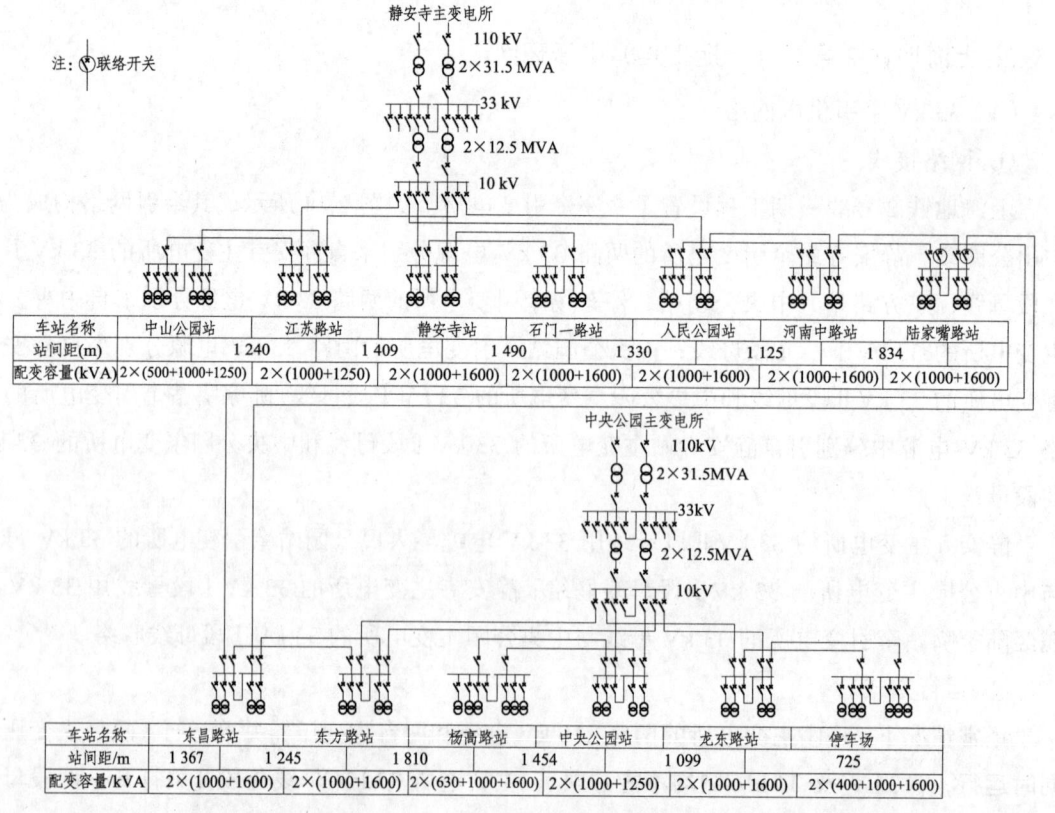

图 2.15 上海地铁 2 号线一期工程动力照明网络供电系统图

公园站的降压变电所两路 10 kV 电源分别来自静安寺主变电所的 10 kV Ⅰ、Ⅱ段母线，为电源引入点。中央公园主变电所为东方路站和东昌路站、中央公园站和杨高路站、龙东路站和停车场三个分区供电，东方路站、中央公园站、龙东路站的降压变电所两路 10 kV 电源分别来自中央公园主变电所的 10 kV Ⅰ、Ⅱ段母线，为电源引入点。陆家嘴站降压变电所的两路 10 kV 电源分别来自河南中路站降压变电所的 10 kV Ⅰ、Ⅱ段母线，并有两路 10 kV 电缆与相邻的东昌路站降压变电所的 10 kV Ⅰ、Ⅱ段母线进行联络。

② 运行方式。

正常情况下，每座主变电所的两路 110 kV 电源和两台总配电变压器分列运行。主变电所 10 kV 母线分段开关打开，两段母线分列运行。主变电所 10 kV 母线向动力照明负荷供电。

第三节　读识降压变电所电气主接线图

一、降压变电所结构与功能

城市轨道交通系统每个车站都应设降压变电所，它是保证旅客旅行中有良好秩序和良好环境的动力供应中心。降压变电所的位置应靠近负荷中心，尽量靠近大负荷空调设施的冷水机组，以缩短电缆长度及减小电缆截面，降低能耗。

微课：降压变电所

车站同时需要设置降压变电所和牵引变电所时，一般将降压变电所与牵引变电所合建成牵引降压混合变电所，在下节予以讲解；在没有牵引变电所的车站则单独建降压变电所。如为地面车站，则与地面站务用房合建。

地铁车站一般是中部为公共区（乘客活动区域），车站两端为设备区，主要电气设备多数集中在两端的设备区内。每座地铁车站降压变电所的设置方式一般有以下四种：一，设置 1 座降压变电所，位置选在车站低压负荷的重负荷端。二，当车站规模较大时，可以在车站 A 端设置 1 座降压变电所，车站 B 端设置 1 个低压配电室，低压配电室的电源引自降压变电所。车站 A 端（包括站内和临近区间）电气设备的电源引自降压变电所的低压开关柜，车站 B 端（包括站内和临近区间）电气设备的电源引自低压配电室的低压开关柜。三，车站 A 端设置 1 座降压变电所，车站 B 端设置 1 座跟随式降压变电所，跟随式降压变电所的进线电源采用交流 35 kV（或 10 kV），电源引自 A 端降压变电所。车站 A 端（包括站内和临近区间）电气设备的电源引自降压变电所的低压开关柜，车站 B 端（包括站内和临近区间）电气设备的电源引自跟随式降压变电所的低压开关柜。四，当车站两侧的负荷都比较重时，也可以分别在车站的两侧建立降压变电所 A 所和 B 所。

一个车站设置 1 座降压变电所时，降压变电所平面布置如图 2.16 所示。

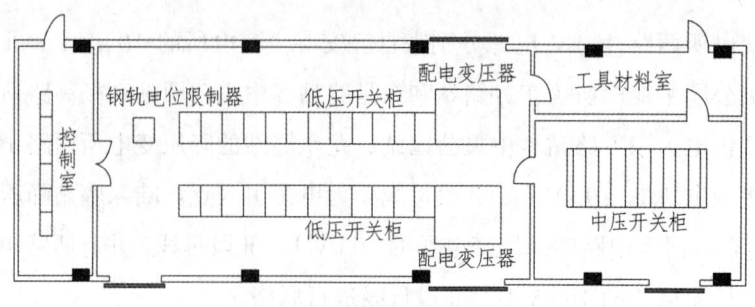

图 2.16 降压变电所平面布置图

地铁的降压变电所与城市电网的 10 kV（或 35 kV）变电所一样，都是将中压电能经变压器变为 380/220 V 电源供动力照明负荷用电，主要结构与设备和工业与民用建筑降压变电所一样，所不同的是地铁的降压变电所设有钢轨电位限制装置。在引入电源方面，每座降压变电所均从中压环网引入两路电源，有条件时还应从相邻变电所或市电引一路备用电源，对于特别重要的负荷如控制系统计算机设备等负荷还应设蓄电池作为备用电源。

二、降压变电所电气主接线及其运行方式

典型的降压变电所的电气主接线如图 2.17 所示。变电所的中压侧、低压侧均为单母线分段接线，设置母线分段断路器 103 和 803，正常运行时均处于分闸位。设两台动力变压器，其中性点直接接地，分别负责向本变电所所在的半个车站及半个区间内的动力照明负荷供电。正常运行时两台动力变压器分别运行同时供电，当任一台动力变压器因故障退出运行时，通过低压侧联络开关 803 闭合，由另一台动力变压器负担全所Ⅰ、Ⅱ级动力照明负荷。

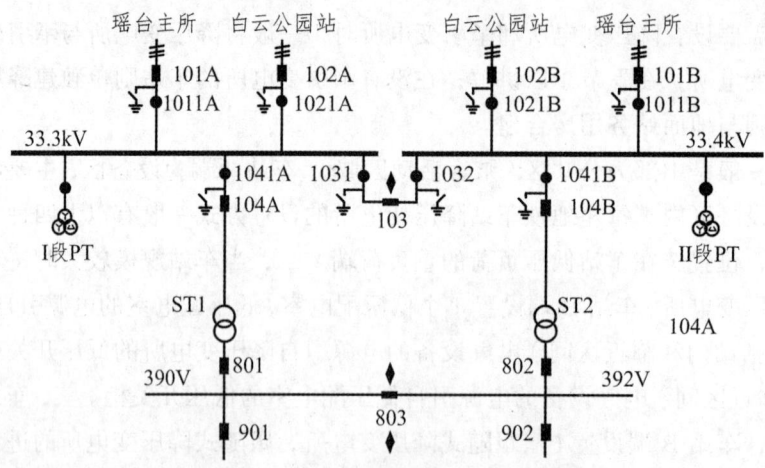

图 2.17 典型的降压变电所主接线图

分别在车站的两侧建立降压变电所 A 所和 B 所，其主接线图如图 2.18 所示。一个变电所设置 4 台动力变压器，其中两台动力变压器实施交叉供电，也就是 A 所母线的一个馈线柜给 B 所的一台动力变压器供电，而 B 所母线的一个馈线柜给 A 所的一台动力变压器供电，以此提高供电的可靠性。

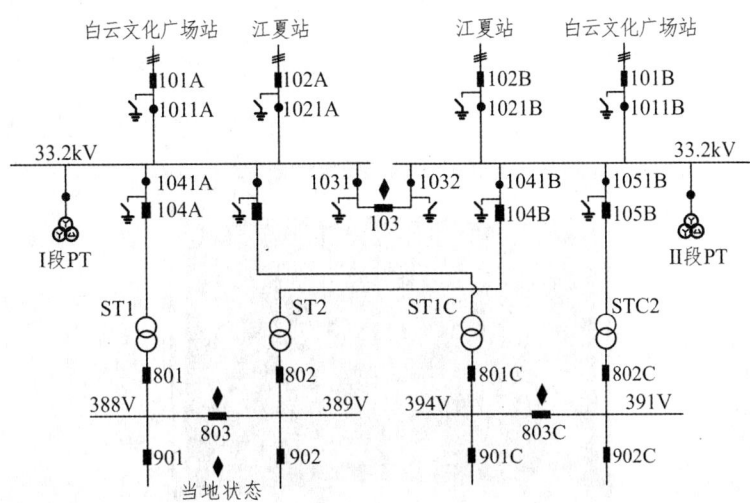

图 2.18　在车站两端分别设置 A 所和 B 所的降压变电所主接线图

三、降压变电所主要电气设备

如图 2.17 所示的降压变电所主要电气设备如下所述。

1. 中压交流开关柜

中压交流开关柜均采用 GIS 开关柜。开关柜中的断路器采用真空断路器配弹簧操动机构或弹簧液压操动机构；开关柜中的隔离开关一般为三工位开关（有分闸、合闸、接地三个工作位置）配用电动机操动机构。

① 进出线柜：负责与主变电所及相邻混合变电所、降压变电所联系的开关柜。如图 2.17 所示，断路器 101A（101B）、隔离开关 1011A（1011B）为主要设备的 101A（101B）开关柜，通过中压电缆与瑶台主变电所联络，而断路器 102A（102B）、隔离开关 1021A（1021B）为主要设备的 102A（102B）开关柜，通过中压电缆与瑶台主变电所联络。

② 馈线柜：变电所中压母线连至动力变压器的开关柜。如图 2.17 所示，断路器 104A（104B）、隔离开关 1041A（1041B）为主要设备的 104A（104B）开关柜，通过中压电缆实现中压母线与动力变压器 ST1（ST2）的联络。

③ 母联柜：连接变电所两段母线的开关柜，并配有避雷器及电压互感器。如图 2.17，断路器 103、隔离开关 1031 和 1032、电压互感器（PT）为主要设备的 103 开关柜。

④ 空柜：当变电所结构受到影响，在 35 kV 开关柜下方位置有结构梁，为了保证开关柜母排连通而增加的柜体。柜内只设有母线气室（SF_6 气体）。

详见本书第四章"城轨变电所交直流开关柜操作、巡视与维护"。

2. 动力变压器

动力变压器一般采用干式变压器，其外形图如图 2.19 所示。绕组连接组别采用 Dyn11（中压侧三角形绕组，低压侧星形绕组中性点接地）或者 Yyn0（中压侧星形绕组中性点不接地，低压侧星形绕组中性点接地）。

图 2.19　动力变压器外形图

3. 低压交流开关柜

低压交流开关柜电压等级均为 0.4 kV，一般采用抽屉式空气开关柜。其工作状态如图 2.20 所示。

图 2.20　0.4 kV 开关柜工作状态图

4. 控制室设备

控制室设备主要包括控制屏、信号屏、交直流屏，以及按照要求安装在控制室内的计量屏和保护屏。详见本书第八章"城轨变电所自用电系统巡视与维护"、第九章"城轨变电所二次接线读图与故障处理"。

第四节　读识牵引降压混合变电所电气主接线图

在城市轨道交通牵引供电系统中,电能从牵引变电所经馈电线、接触网输送给电动列车,再从电动列车经钢轨(称轨道回路)、回流线流回牵引变电所。牵引变电所是牵引供电系统的核心。牵引变电所的数量、容量和设置的距离是根据牵引计算的结果,经过经济技术比较后确定的。它们一般设置在城市轨道交通沿线若干车站及车辆段附近。每个牵引变电所按其所需容量设置两组牵引整流机组并列运行,沿线任一牵引变电所故障解列,由两侧相邻的牵引变电所共同承担该区段的全部牵引负荷。

牵引变电所的容量和设置的距离一般需考虑以下设计原则和技术条件:

① 正线任一牵引变电所故障时,其相邻牵引变电所应采用越区供电方式,负担起该区段的全部牵引负荷,此负荷应满足远期高峰小时负荷。

② 牵引变电所的数量及其在线路上的位置,应满足在事故情况下越区或单边供电时,接触网的电压水平。

③ 在任何运行方式下,接触网最高电压不得高于最高值,高峰小时负荷时,全线任一点的电压不得低于最低值,具体数值参见表1.1。

牵引变电所往往与降压变电所合建,成为牵引降压混合变电所。平面布置图如图2.21所示。

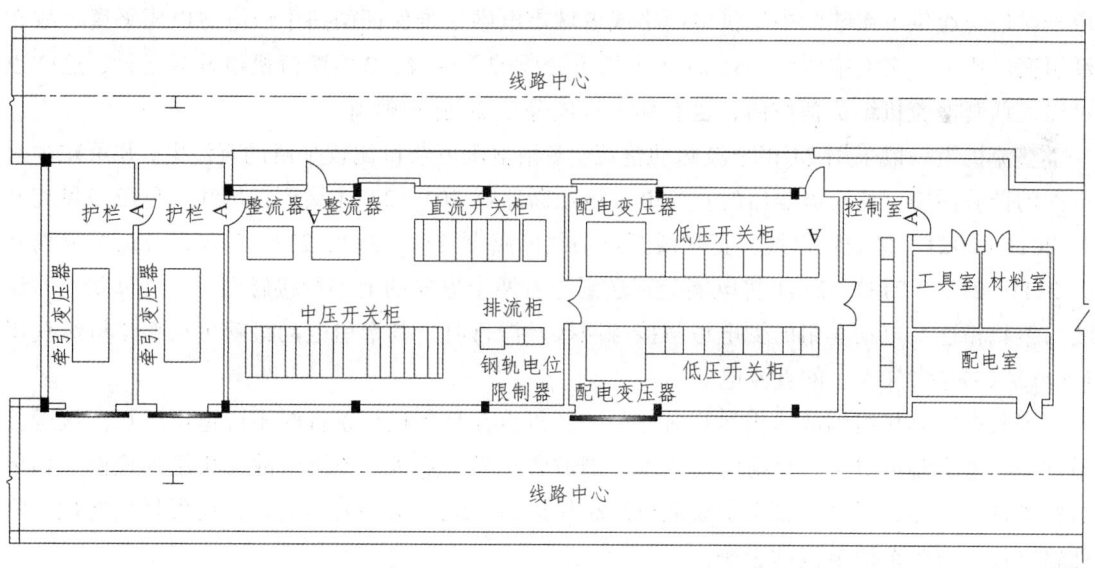

图 2.21　牵引降压混合变电所平面布置图

一、牵引降压混合变电所电气主接线及其运行方式

某牵引降压混合变电所的电气主接线如图2.22所示,交流中压侧和交流低压侧接线形式均为单母线分段接线。

微课:牵引降压混合变电所主接线

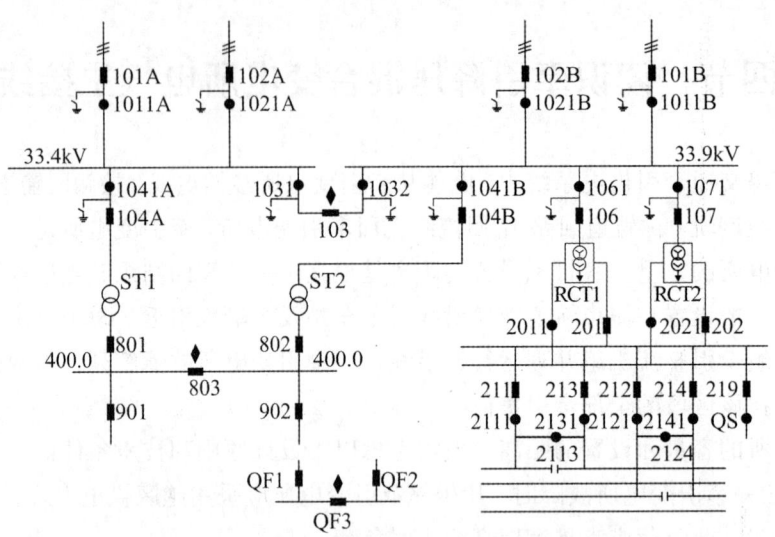

图 2.22　典型的牵引降压混合变电所主接线图

以动力（降压）变压器 ST1 和 ST2 为核心构成的降压部分，结构与运行方式同降压变电所一致，这里不再详述。

每个牵引降压混合变电所按其所需容量设置 2 组整流机组，如图 2.22 中的 RCT1、RCT2。2 组整流机组均由相同的整流变压器和整流器组成，它们的交流侧和直流侧均为并联工作。由于城轨交通供电系统的中压供电网络或者城市电网很难保证两路中压电源电压平衡，故在牵引变电所中，交流中压侧（35 kV）采用不分段的单母线，2 组整流机组并联运行，这样也可以使两套整流机组负荷均衡，也有利于构成等效 24 脉波整流。

整流机组一般采用 24 相全波脉动整流，多相整流可获得比较平滑的直流电，并可减少对电网的谐波污染。整流器输出的直流电正极经断路器 201（202）接到正母线，负极经隔离开关 2011（2021）接到负母线。正母线通过馈线断路器 211、212、213、214 以及馈线隔离开关 2111、2121、2131、2141 将电能分别送到左右两个方向的上下行接触网上；负母线经回流线与钢轨相连。电动车组的受电弓与接触网接触滑行时，其牵引电动机就可从整流机组获得 1 500 V（或者 750 V）的直流电。

当其中一套机组因故退出运行时，另一套机组在具备运行条件时不应退出运行。该运行条件指：牵引整流机组过负荷满足要求；谐波含量满足要求；不影响故障机组的检修。如果这些条件能满足，那么一套牵引整流机组维持运行，既可保持列车运行，还可降低能耗、降低轨电位、减少杂散电流的影响。

为简化接线，牵引变电所的直流馈线侧不设置备用的馈线断路器，纵向电动隔离开关 2113、2124 作为牵引变电所 4 路馈线断路器 211、212、213、214 的备用开关，正常运行时均处于分闸位。当某一台馈线断路器（如 211 断路器）故障或者检修时，可以通过闭合纵向电动隔离开关（2113）实现一台馈线断路器同时对车站两个方向的接触网供电。当两台馈线断路器（如 211、213）同时故障或者检修时，闭合纵向电动隔离开关（2113）可以构成大双边供电。当整座牵引变电所（含隧道开关柜）故障解列退出运行时，也可以由纵向电动隔离开关构成大双边供电，使地铁正常运行。当然，纵向电动隔离开关操作是有联锁条件的：一，只有当确认纵向电动隔离开关两侧的牵引网没有电压时，才可以进行操作；二，故障牵引变电所向上（下）行牵引网馈电的 2 路馈出开关与左右两侧相邻牵引变电所向同一馈电区供电的 2 路馈出开关皆处于分闸状态时，才可以操作；三，故障牵引变电所向上（下）行馈电的两路馈出开关处于分闸状态，由调度确定该区间无车辆运行时才可以进行操作。

二、牵引降压混合变电所主要电气设备

降压所部分的主要电气设备包括交流中压开关柜、交流低压开关柜、动力变压器等，上节已作讲解，这里不再重述。

1. 整流机组

整流机组是牵引降压混合变电所的重点设备，它包括整流变压器和整流器。整流变压器采用户内环氧树脂浇注变压器，无载调压。详见下节。

2. 直流开关柜

① 进线柜（正极柜）：进线柜是用于连接整流器正极与 1 500 V（或 750 V）正极母线间的开关设备，实现整流机组向 1 500 V（或 750 V）直流正极母线馈电的控制，如图 2.22 中的 201、202。

② 馈线柜：馈线柜是安装于 1 500 V（或 750 V）直流正极母线与接触网上网隔离开关之间的设备，柜体配置 1 500 V（或 750 V）正极母线、断路器及相关控制、保护设备，实现对 1 500 V（或 750 V）直流母线向接触网馈电的控制和保护。柜内装设手车式直流快速断路器，手车能方便地拉出和推入，且应具有"运行""试验""移开"三个明显的位置和标志。如图 2.22 中的 211 和 2111，212 和 2121，213 和 2131，214 和 2141。

③ 空柜：由于变电所结构影响，在 1 500 V（或 750 V）直流开关柜下方位置有结构梁，为了保证开关柜母排连通而增加的柜体。

④ 负极柜：负极柜是连接于整流器阀侧（负荷侧）负极与回流钢轨之间的开关设备，柜内装设手动隔离开关，开关柜前部设可挂锁的金属门，上部有一个低压组件室。

⑤ 端子柜：端子柜是专门用于放置双边联跳保护的联跳继电器及联跳端子排的柜体，接触网电动隔离开关与直流馈线开关的闭锁继电器、低阻抗框架保护装置及端子排也放置在本柜内，端子柜与馈线柜并排放置。

详见本书第四章"城轨变电所交直流开关柜操作、巡视与维护"。

3. 排流柜

排流柜是杂散电流腐蚀防护系统中的重要设备，当排流网中的杂散电流过大时，通过排流柜直接排入负极。

详见本书第六章"城轨供电系统杂散电流监测与维护"。

4. 钢轨电位限制装置柜

为了降低车体与地之间的接触电压和跨步电压，一般在设有牵引变电所的车站和车场设置钢轨电位限制装置，在走行轨对地电位超标时，可将走行轨和变电所接地母排连接起来，这是国际上通用的一种保护人身安全的防护措施。

三、再生制动能量吸收装置牵引降压混合变电所介绍

在城市轨道交通系统中，由于公交化的运输模式决定了其列车运行密度大、站间距小、起停频繁的特点。目前，轨道交通动车组列车制动模式为列车正常运行过程中以电气制动为主，辅之以空气制动。随着科技的进步和社会的发展，人们在节约能源、减少排放、环境保护方面意识逐渐增强，在城市轨道交通系统中，有效利用城市轨道电动车组再生制动所产生的电能以减少城市轨道交通运营的用电量，同时改善城市轨道交通线路环境（减少机械制动粉尘污染及车载电阻发热）的设计理念，在国内外的轨道交通建设运营中已经越来越受到重视，成为轨道交通牵引供电技术发展的方向。牵引降压混合变电所中开始设置再生制动能量吸收装置，其主接线图如图 2.23 所示。

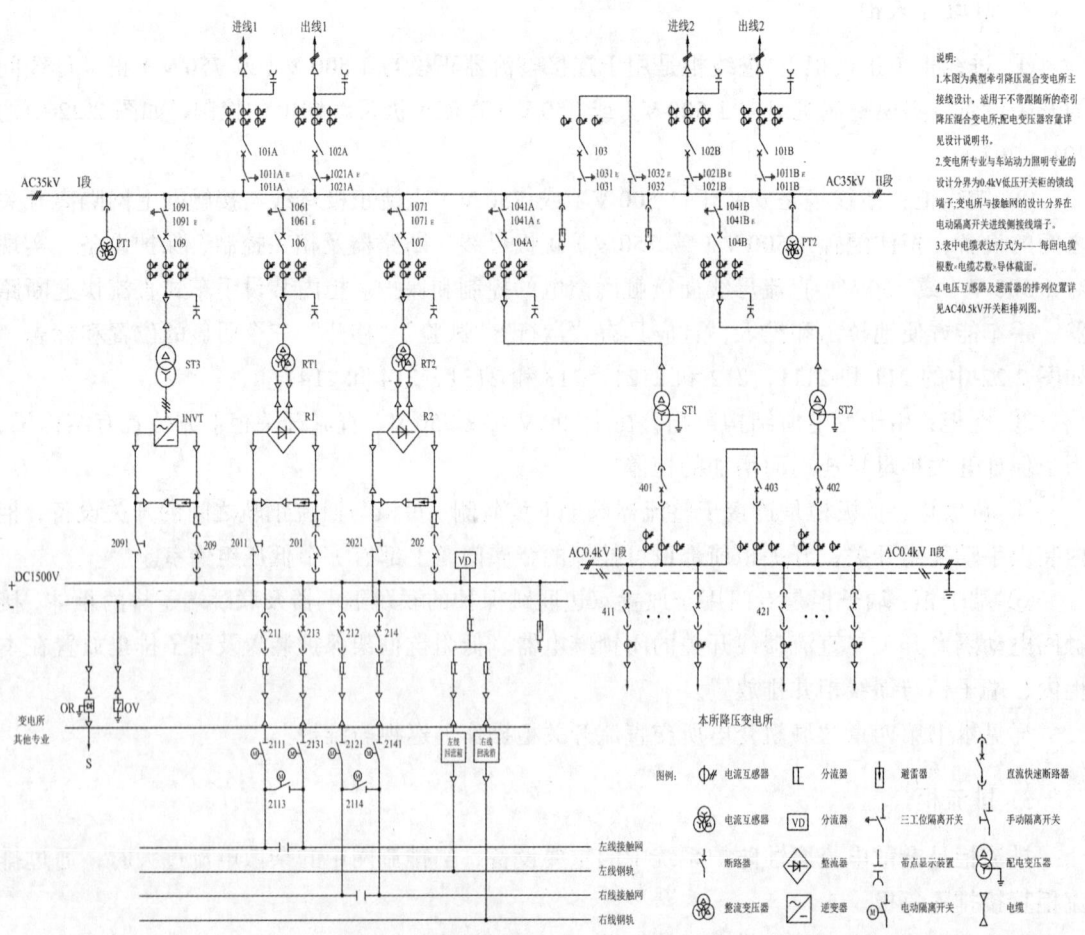

图 2.23 带有再生制动能量吸收装置的牵引降压混合变电所主接线图

1. 主接线结构及其主要电气设备

图 2.23 所示牵引降压混合变电所电气主接线结构与图 2.22 基本相同。不同之处是在牵引变电所部分增设了逆变器 INVT 和回馈变压器 ST3 组成的再生制动能量吸收装置。

图 2.23 所示牵引降压混合变电所的主要电气设备包括：交流进、出线开关柜 4 面（101A、102A、101B、102B）；交流母联断路器柜 1 面（103）；交流母联提升柜 1 面（1032）；交流馈线柜 5 面（104A、104B、106、107、109）；直流进线柜 2 面（201、202）；直流馈线柜 5 面（211、212、213、214、219）；负极柜 3 面（2011、2021、2091）；整流变压器 2 台（RT1、RT2）；整流器 2 台（R1、R2）；逆变器 INVT 和回馈变压器 ST3；排流柜 DR；轨电位限制装置 OV；配电变压器 ST1 和 ST2；交流 0.4 kV 开关柜 20 面。

2. 再生制动能量吸收装置工作原理

为了能够充分吸收利用机车制动电能，世界各轨道交通发达的国家都在积极探讨制动能量的利用模式，并陆续提出了电阻吸收、电容储能、飞轮储能、逆变（包括逆变至中压和逆变至低压）等各种方式。

逆变回馈型再生制动能量吸收装置主要采用电力电子器件构成大功率三相逆变器，该逆变器的直流侧与牵引变电所中的整流器直流母线相连，其交流进线接到交流电网上；当再生制动使直流电压超过规定值时，逆变器启动并从直流母线吸收电流，将再生直流电能逆变成工频交流电回馈至交流电网。

根据回馈路径和电压等级的不同，逆变回馈型方式又分为低压逆变型（逆变至 0.4 kV）和中压逆变型（逆变至 10 kV 或 35 kV）两类。

逆变至 AC 0.4 kV 网络的再生能量利用装置受容量限制须与电阻结合才能满足目前地铁再生能量利用的需求，因此，通常采用"逆变+电阻"的型式。该类型装置目前在我国重庆地铁 1 号线、3 号线及 6 号线，北京地铁 6 号线二期、7 号线、10 号线二期均得到了成功的应用。

图 2.23 带有逆变至中压的再生能量利用装置，由于将能量逆变至中压 35 kV 网络，设备容量较大，因此目前通常不再增加电阻设备。中压逆变型再生能量吸收利用装置在北京地铁、长沙地铁投入运行，节能效果比较明显，运行情况良好。该装置充分利用了列车再生制动能量，提高了再生能量的利用率，节能效果好，并可减少列车制动电阻的容量或取消列车车载制动电阻，代表了再生能量利用技术的发展方向。

第五节　变电所巡视及无人值守

一、城轨交通变电所的值守

1. 值守模式

变电所分为有人值守、无人值守两种模式。

（1）有人值守：有人值守变电所是指在供电调度的管辖范围内，具备接收并执行供电调度下发的遥控、遥调指令等功能，所内不设置固定运行维护值班人员岗位，仅设置值守人员岗位，控制操作主要由供电调度进行，设备采取定期巡检、状态检修的变电所。

（2）无人值守：无人值守变电所是指在供电调度的管辖范围内，能够向供电调度上传相关设备设施运行情况的遥测、遥信、遥视等信息，具备接收并执行供电调度下发的遥控、遥调指令等功能，所内不设置固定运行维护值班和值守人员岗位，控制操作和应急处置由供电调度进行，设备采取定期巡检、状态检修的变电所。

2. 一般规定

（1）有人值守的变电所每班宜设一名值守人员、一名助理值守人员，其安全等级不低于三级。值守人员负责监视设备运行状态、应急故障处理和安全保卫。

（2）变电所设备、设施技术条件满足要求时，可实行无人值守。

（3）无人值守的变电所，必要时（如当地倒闸或检修作业时）恢复有人值守模式，由安全等级不低于三级的运维、修试人员担任临时值守人员。有人值守的变电所发生设备故障时，值守人员应及时、准确向供电调度汇报现场故障信息，在供电调度的指挥下进行应急处置，尽快恢复送电。

（4）变电所发生设备故障时，供电调度应通过遥控操作切除故障点，尽快恢复送电。遥控操作不成功时，有人值守变电所由供电调度通知值守人员处理，无人值守变电所由供电调度通知设备管理单位处理，尽快恢复送电。

（5）变电所须配备必要的安全用具，有人值守的变电所还须配备必要的工器具、仪器仪表。

（6）当班值守人员不得签发工作票和参加检修工作。经当班值守人员同意，助理值守人员可在工作领导人的统一指挥下参与检修作业，但根据值守人员的要求能随时退出检修作业。

3. 工作内容

（1）有人值守变电所要按规定班制昼夜值守，值守人员当值期间要做好以下工作：掌握设备运行状态；及时、正确填写运行日志和有关记录；按规定进行应急倒闸作业；及时发现和准确、迅速处理故障，并将处理情况报告供电调度及有关部门；保持所内整洁，安全保卫，禁止无关人员进入控制室和设备区。

（2）值守人员要按时做好交接班工作，交接班规定如下：交班人员向接班人员详细介绍运行方式、设备运行状态及有关事项，接班人员要认真阅读运行日志及有关记录，熟悉上一班的情况；离开值守岗位时间较长的接班人员，还要注意了解离所期间发生的新情况；交接班人员共同巡视设备，检查核对运行日志及有关记录应与实际情况符合，信号装置、安全设施要完好；交接班人员共同检查作业有关的安全设施，核对接地线数量及编号；交接班人员共同检查工具、仪表、备品和安全用具；办完交接班手续时，由交接班人员分别在运行日志上签字，由接班人员向供电调度报告交接班情况；故障应急处理或进行倒闸作业时，值守人员不得进行交接班；未办完交接班手续时，交班人员不得擅离职守，应继续担当值守工作。

二、设备巡视检查

1. 一般规定

① 除有权单独巡视的人员外,其他人员无权单独巡视。有权单独巡视的人员是:变电所值守人员和工长,安全等级不低于四级的修试人员、技术人员和主管领导干部。

② 值守人员巡视时,要事先通知供电调度或另一名值守人员;其他人巡视时应经工长或值守人员同意。

③ 在巡视时不得进行其他工作,禁止移开、越过高压设备的防护栅,并与带电部分保持足够的安全距离。

④ 巡视室内、室外高压设备时,必须戴安全帽。在有雷、雨的情况下必须巡视室外高压设备和电缆夹层时,必须穿绝缘靴、戴安全帽,并不得靠近避雷针和避雷器。

⑤ 巡视室内设备,应随手关门。

2. 分 类

巡视检查是对变电所设备外观、电气性能、运行方式、外部环境等运行状态进行监视测量的过程,分为远程巡视和当地巡视两种方式。

① 远程巡视是利用远程通信技术,通过电力监控系统、辅助监控系统等,对远方设备的外观、运行方式及电气量、外部环境等进行集中监视和控制。远程巡视与当地一般巡视的项目和要求一致。

② 当地巡视是运维、修试人员在牵引变电所内,对设备电气性能进行连续或周期性地监视和检测。

3. 当地巡视

当地巡视分为一般巡视、巡检和特殊巡视。

(1)一般巡视

一般巡视主要由值守人员为掌握设备、设施运行状态,对设备及设施外观,异常声响,设备渗漏,监控系统、二次装置及辅助设施异常告警,运行环境,缺陷及隐患跟踪检查等方面的常规性巡查。根据巡视项目及要求,一般巡视分为值守巡视、夜间熄灯巡视和设备跳闸后巡视。辅助监控系统功能完备时,夜间熄灯巡视可通过辅助监控系统完成。

(2)巡 检

巡检主要由运维车间为深入掌握设备运行状态,在一般巡视项目的基础上,充分应用红外热像仪、在线监测及带电检测等手段对变电所内一次设备、二次设备、电力监控系统、辅助监控系统、备品备件、安全工器具等设备设施进行全面巡视和检查,判断设备运行状态。必要时,应同步安排缺陷处理。

(3)特殊巡视

特殊巡视在有外力破坏可能、恶劣气象条件、重要保电任务、运行方式改变、设备带缺陷运行或其他特殊情况下,主要由运维车间或修试车间组织开展的全部或部分巡视。特殊巡视应根据工作实际需求进行安排。遇有下列情况时,应适当增加巡视次数:设备过负荷,或负荷有显著增加时；设备经过大修、改造或长期停用后重新投入系统运行；新安装的设备加入系统运行；遇有雾、雪、大风、雷雨等恶劣天气，事故跳闸和设备运行中有异常和非正常运行时；对新装或大修后的变压器投入运行后 24 h 内，要每隔 2 h 巡视 1 次。

第六节　设备倒闸操作

一、变电所倒闸操作基本要求

1. 倒闸操作的定义

电气设备分为运行、备用（冷备用及热备用）、检修三种状态。将设备由一种状态转变为另一种状态的过程叫倒闸，所进行的操作叫倒闸操作。倒闸操作需要正确的操作顺序，通过操作隔离开关、断路器以及挂、拆接地线等方式，将电气设备从一种状态转换为另一种状态，促使系统改变运行方式，也称为倒闸作业。

2. 倒闸操作的基本要求

① 要有考试合格并经批准公布的操作人员名单。
② 要有明显的设备现场标志和相别色标。
③ 要有正确的一次系统模拟图（电气主接线图）。
④ 要有经批准的运行规程和典型操作票。
⑤ 要有确切的操作指令和合格的倒闸操作票。
⑥ 要有合格的操作工具和安全工器具。

3. 倒闸操作的步骤

第一步：发令接令。

操作前发令人要向操作人和监护人发令，当他们接令后要重复念接令内容，操作人要在操作票上正确填写发令时间、接令人姓名。

第二步：填写操作票。

根据实际情况填写完毕之后，交监护人进行审票同时签名。

第三步：模拟操作。

在进行正式操作之前要进行一次模拟操作，过程中必须认真严肃。

第四步：设备实操。

在进行正式的设备实操时，所有参与人员必须全程穿戴好安全防护用具，如绝缘鞋、绝缘手套等。此外，操作人监护人还需对要用到的安全用具进行检查。

第五步：工作汇报。

实际操作完后，监护人填写操作终止时间，同时在操作票"以下空白"章下面盖"已执行"章，操作完后操作人、监护人在操作票下面分别签名，同时向值班负责人汇报工作结束。

二、倒闸操作的注意事项及技术原则

1. 倒闸操作注意事项

① 不能违反相关安全工作规程。
② 调度的操作令由经调度许可的值班员接受，由当班最高岗位接受。
③ 不属本场调度的设备，没有上级调度命令不得擅自操作，但对人员设备安全有威胁者和经调度核准的现场规定者除外。
④ 对直接威胁人身设备安全的调度指令，运行人员有权拒绝执行，并将理由报告发令人和单位领导。
⑤ 未接到"发令时间"不得进行操作，结束时间是操作执行完毕的依据。
⑥ 调度直接发命令操作时，需明确操作目的。
⑦ 调度多个命令一起下发，允许全部操作完毕后统一汇报。
⑧ 操作人填写操作票，监护人、值班长审核合格并签名。
⑨ 票面字迹工整、清楚，严禁并项、倒项、漏项和随意涂改。非关键字涂改不得超过三处。
⑩ 设备名称、编号，压板插件，有关参数和终止符号及操作动词不得涂改。
⑪ 典型操作票不能代替操作票，拟票时需对系统和现场实际操作。
⑫ 操作箱或屏内设备，双方应认真核对箱名或屏名正确。
⑬ 操作人按规定手指设备操作。
⑭ 中断操作后恢复时重新核对设备名称编号。

2. 倒闸操作技术原则

（1）倒闸操作停送电顺序

变压器停电时，应先断开低压侧断路器，再断开高压侧断路器。主变压器隔离开关的操作应先拉开低压侧，后拉开高压侧，送电时顺序相反。线路停电时，先分闸断路器，再分闸线路侧隔离开关，最后分闸母线侧隔离开关。

（2）变压器中性点接地开关操作

断开和投入110 kV及以上的中性点直接接地的空载变压器时，应先合上变压器中性点接地开关，以防在拉合变压器时，因断路器三相不同期而产生的操作过电压危及设备绝缘，完成变压器送电或者停电后，再根据调度要求将隔离开关断开或保持合闸状态。

在倒换不同变压器的中性点接地开关时，应先合上不接地变压器的中性点接地开关，然后再拉开接地变压器的中性点接地开关，且两接地点的并列时间越短越好。

变压器中性点带消弧线圈运行，消弧线圈由一台切换至另一台变压器时应先拉后合，不得将消弧线圈同时并接在两台变压器中性点上。

中性点装设间隙保护的变压器，当间隙与零序保护共用电流互感器时，在合上中性点接地开关前，应投入变压器零序保护并停用其间隙保护，拉开中性点接地开关后再投入间隙保护，退出零序保护。

（3）断路器、隔离开关操作

在操作隔离开关前，必须先检查断路器是否在分闸位置。

在一个操作任务中允许几个断路器拉开后，再逐一检查开关是否在分闸位置，但不允许将几个开关都合上后再检查开关是否在合闸位置。

电动操作的隔离开关（GIS组合电器中的隔离开关除外），其操作电源只能在隔离开关操作时才合上，操作后随即拉开，以防运行中隔离开关误动。

在倒闸操作过程中，若发现带负荷误拉、合隔离开关，则误拉的隔离开关不得再合上，误合的隔离开关不得再拉开。

GIS组合电器等设备看不到隔离开关断口或无法验电的情况下，可用检查其机械指示器位置来代替。

封闭式开关柜由于机械联锁，合接地开关时无法验电，可用带电指示灯来代替，但断开断路器前必须检查带电指示灯正常，同时还应和开关柜上表盘指示的信息一同判断是否带电。

（4）电压互感器操作

停送电操作顺序：先停低压侧，再停高压侧；先送高压侧，再送低压侧。

两台电压互感器如果有一台停电备用，必须将停电备用互感器高低压侧断开，以防反送电。

（5）更换熔断器的操作

高压侧装有高压熔断器的电压互感器或自用电变压器，必须在停电采取安全措施后才能取下、给上。

在只有隔离开关和熔断器的低压回路，停电时应先拉开隔离开关，后取下熔断器。送电时与此相反。

（6）二次设备的操作

保护和自动装置的投入应先送交流电源、后送直流电源。检查正常后再投入有关压板。退出时与此相反。

继电保护装置的出口压板在投上前应测量两端确无电压。

若运行方式变化引起保护和自动装置的定值或保护范围变化时，应对保护和自动装置进行相应调整。

备自投、重合闸装置必须在所属主设备停运前退出运行，在所属主设备送电后投入运行。

接有保护、自动装置的电压互感器二次回路，运行中不得随意断开，如因工作需要断开时，应先将保护退出。

设备不允许无保护运行，送电前必须检查保护及自动装置的投入情况。

下列情况不允许调整变压器有载调压装置的分接开关：变压器过负荷运行时（特殊情况除外）；有载调压装置的轻瓦斯动作报警时；有载调压装置的油耐压不合格或油标中无油时；调压次数超过规定时；调压装置发生异常时。

三、倒闸操作票的填写

1. 倒闸操作票的填写规定

① 操作人员（包括监护人）应了解操作目的和操作顺序，有疑问时应立即向发令人询问清楚。

② 倒闸操作票主要应由受令人填写。

③ 倒闸操作票面应清楚整洁，不得随意涂改。手工填写时应使用钢笔或圆珠笔。

④ 发令人为电力调度，受令人和监护人可为同一人，操作人需另外安排人员不可由监护人或受令人兼任，所有倒闸作业均必须有2人同时进行。操作人操作，检修负责人或受令人监护。

⑤ 倒闸项目为：停电/送电。

⑥ 操作票中所有日期、时间、命令编号、设备编号均应为阿拉伯数字。

⑦ 倒闸作业完成后，受令人要立即向电调报告。

2. 倒闸操作票填写范例

倒闸操作票填写范例如图2.24所示。

（××××）线变电所（站）倒闸操作命令票

1. ××年××月××日，(　××　)线　××　变电所（站）。

2. 倒闸项目：送电，命令编号：×××，接令时间：××时××分，批准时间：××时××分。

3. 电力调度员：×××　受令人：×××　操作人：×××　监护人：×××

序号	设备室/地点	设备柜/间隔	实操工作内容	确认
1	高压室	106、107	断开106、107开关，确认分位	√
2	高压室	106、107	拉开1061E、1071E地刀，确认分位	√
3	直流室	DC 1 500 V开关	将201、202、211、212、213、214小车摇至运行位	√
4	直流室	负极柜	合上2011、2021、1061、1071刀闸，确认合位	√
5				
6				
7				

4. 现场完成操作相互确认：倒闸操作命令票共　4　条，已按顺序完成，操作人：×××　监护人：×××。

5. 向电调报告完成操作：(　××　)线　××　变电所，倒闸项目：送电，命令编号　××，倒闸操作已完成，报告人：×××，完成时间：×时×分，电力调度员：×××。

注：受令人、报告人由操作人负责兼任，操作人负责填写倒闸操作命令票。

图2.24　倒闸操作票填写范例

复习思考 >>>

1. 简述主变电所的功能及其主要电气设备。
2. 绘制主变电所的电气主接线图,分析其结构、运行方式。
3. 绘图并用文字叙述城轨供电系统中压环网的结构及其正常运行方式。
4. 绘图并用文字说明降压变电所的主接线结构及其正常运行方式、设备状况。
5. 绘图并用文字说明牵引降压混合变电所的主接线结构及其正常运行方式、设备状况。
6. 简述设备巡视的一般规定。
7. 当地巡视的主要内容有哪些?
8. 简述倒闸操作的概念及其注意事项。
9. 简述倒闸操作票填写的一般规定。

 阅读材料 >>>

阅读材料 2:岗位与证书

一、变电检修岗位

变电检修工是保障变电设备正常运行的"保安"和"医生"。他们每天都需要到各个地铁站的变电所,对设备进行巡查并记录数据,负责供电设备的运行、维护、抢修等工作,保证其正常运行。

二、城市轨道交通变电检修职业技能等级证书

城市轨道交通变电检修职业技能等级证书是教育部公布的第四批"1+X"证书。证书主要面向从事城市轨道交通变电设备巡检、维护保养、检修、调试、故障处理、施工管理、物资管理、资料管理工作的变电检修岗位。

城市轨道交通变电检修职业技能等级分为三个等级:初级、中级、高级,三个级别依次递进,高级别涵盖低级别职业技能要求。初级主要从事城市轨道交通变电设备巡检、维护保养、检修、调试。中级主要从事城市轨道交通变电设备巡检、维护保养、检修、调试、故障处理、施工管理、物资管理、资料管理。高级主要从事城市轨道交通变电设备巡检、维护保养、检修、调试、故障处理、施工管理、物资管理、资料管理、组织生产计划编排和实施。

职业技能等级要求如下:

① 变电基本技能包括:常用仪器仪表使用;常用工具使用;安全用电。

② 设备巡视、维护、检修、故障处理,主要针对以下设备:变压器、整流器柜、交流屏、直流屏、蓄电池屏、控制信号屏、保护测控柜、35 kV GIS 开关柜、直流 1 500 V 开关柜及负极柜、400 V 开关柜、SCADA 系统、主所 110 kV 开关、110 kV 保护测控屏、钢轨电位限制装置、电缆等。

③ 故障应急处理。

④ 设备倒闸操作。

⑤ 物资资料管理。

⑥ 检修作业计划编制及实施。

城市轨道交通变电检修职业技能等级考核主要分两种考核方式：理论考核、实操考核。理论考核60分通过，实操考核所有项目考核均通过，则本次职业技能等级考核通过。其中，任一考核不通过，则本次职业技能等级考核不通过，成绩不保留。

第三章　城轨变电所整流机组巡视与维护

课件：整流机组巡视与维护

第三章彩版插图

 问题导入 >>>

　　智能、专业、高效：优质的城市轨道交通供电系统。《地铁设计规范》（GB 50157—2013）指出"牵引网应采用直流双导线制，牵引变电所应设置两套牵引整流机组"。牵引整流机组由降压变压器（干式变压器）和整流器构成。牵引整流机组的结构和工作原理如何？怎样实现24脉波整流？运营维护要点有哪些？本章将予以介绍。

 学习目标 >>>

1. 熟悉并掌握干式变压器的结构特点。
2. 掌握干式变压器的日常巡检项目和维护项目。
3. 熟悉牵引变电所整流机组的工作特点。
4. 掌握整流机组的巡视项目和维护项目。

内容讲解 >>>

第一节　干式变压器

一、干式变压器结构与原理

　　干式变压器具有无油化的特点，在电压等级较低和容量较小的条件下，特别是地下变电所等安全防火等级要求较高的场合，得到了越来越广泛的应用。

　　城轨交通供电系统中，用于降压变电所的配电变压器和用于牵引变电所整流机组的降压变压器，一般采用干式变压器。干式变压器有浸渍式、气体绝缘式和包封绕组式。包封绕组干式变压器由于其绕组不易受潮、维护方便且体积较小，故在城市轨道交通变电所中得到了广泛的应用。鉴于此，以下介绍的内容以包封绕组干式变压器为主。

　　包封绕组干式变压器的绕组用固体绝缘包封，各个绕组可以分别装模后用环氧树脂浇注，也可以用浸树脂的玻璃纤维包绕来包封。前者称为浇注式，当环氧树脂中加填料，树脂层较厚时称厚绝缘浇注式；当绕组外面用玻璃纤维包绕再行浇注，树脂层较薄时称为薄绝缘浇注式，也称为绕包浇注式。这类干式变压器的主绝缘仍留有空气间隙，纵绝缘则多数情况下全由固体绝缘构成。除绕组外，其他方面与油浸式一样。

干式变压器外观结构如图 3.1 所示。

（a）工作图片

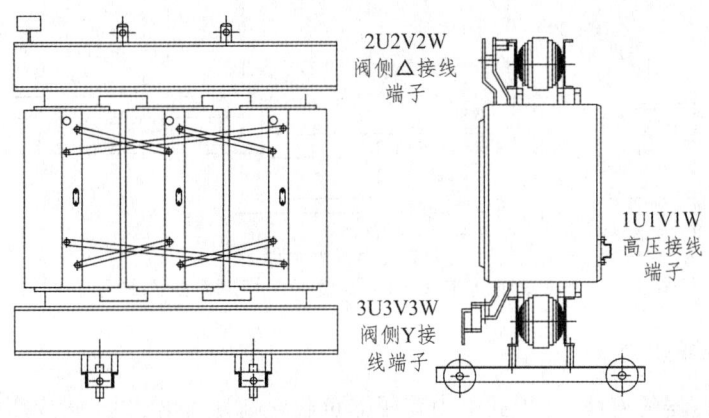

（b）牵引用干式变压器外形图

图 3.1　干式变压器

1. 结　构

干式变压器主要由线圈、铁心、器身和辅件构成，其基本工作原理与普通油浸变压器一样。绕组结构基本上与油浸式变压器相同，多采用圆筒式，较大容量的干式变压器绕组可采用饼式。干式变压器在绕组外加上非油绝缘介质，以增加线圈的绝缘性能。环氧树脂浇注干式变压器就是采用难燃、阻燃的环氧树脂作为绝缘材料，以浇注的方式与绕组一起固化，从而减少变压器线圈的体积。

微课：干式变压器结构

用于变压器线圈的电流导体主要有铜和铝两大类，其结构形式有线形导体和箔形导体两种。其中箔形导体在节省材料和降低成本方面有较大的优势，受到国内外厂家的青睐。

2. 温控、温显系统

温控系统通过温控箱和安装在低压绕组中的 PTC 测温元件实现对变压器的温度检测和控制。对于自冷变压器配置二温控制箱，若由于故障或超载运行而使变压器绕组温度超过安全值时，温控箱会发出报警信号直至发出超温跳闸信号。对于强迫风冷变压器配置四温控制箱，冷却风机的开停取决于绕组的温度，当温度高于某一数值时，风机启动，对变压器进行强迫风冷；若温度进一步升高，温控箱将会发出相应的超温报警信号或超温跳闸信号。温显系统可直观地显示变压器运行过程中绕组或铁心的温度，可与温控系统配合使用。TTC-300 温度显示控制系统如图 3.2 所示，其采用 PTC 非线性电阻和 Pt100 线性铂电阻双重保护测温，用 LED 作温度显示，单片机控制，可显示绕组和铁心温度，可校调控制温度、自动/手动启停风机，自动发出报警、跳闸信号，此信号同时送向变电所综合自动化系统。

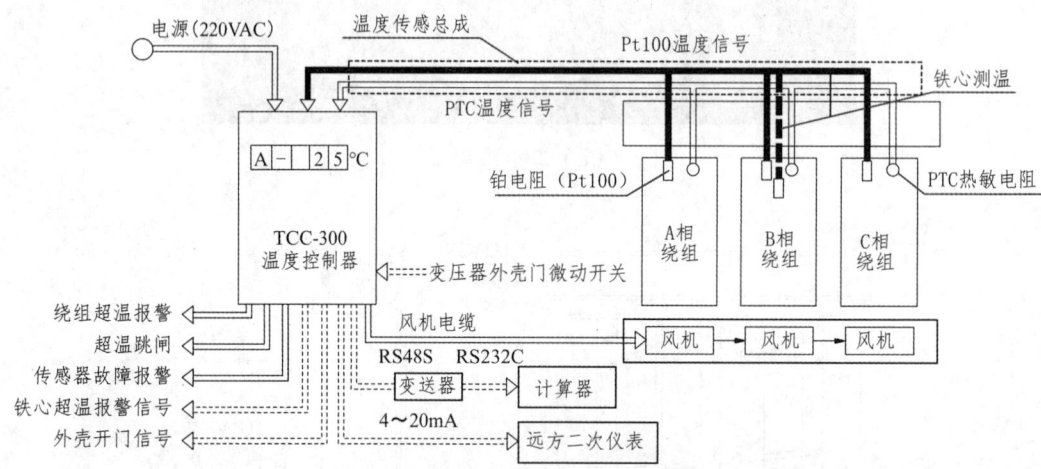

图 3.2　干式变压器 TTC-300 温度显示控制系统原理示意图

3. 温升及过载能力

对于干式变压器的寿命，《干式电力变压器负载导则》指出，"干式变压器的寿命与其绝缘因热老化引起的损坏有关。"对于计算干式变压器的负荷能力做出一定的规定：正常预期寿命是额定负荷电流和绕组绝缘额定热点温度的函数；把绕组热点温度的增加与绝缘损坏率的增加联系起来；对于因负荷周期、负荷电流及环境温度变化所引起的绕组热点温度变化，应规定计算方法，以计算绕组热点温度变化对变压器绝缘热老化的影响；将在负荷周期内各因素综合作用下的实际寿命损失与正常寿命加以对比，对负荷周期内任何参数都可进行调整，以得到变压器的正常使用寿命。

对于不同绝缘耐热等级干式变压器在额定使用条件下的温升限值如表 3.1 所示。

干式变压器事故过负荷的允许数值和时间应遵循制造厂的规定，若无制造厂的规定资料时，可参见表 3.2。对于 SC 系列环氧树脂浇注绝缘干式电力变压器的过负荷能力曲线如图 3.3 所示，图中分别给出了在不同环境温度（40 ℃ 或 20 ℃）和运行条件下，过载容量与过载时间的关系曲线。

表 3.1　不同绝缘耐热等级干式变压器在额定使用条件下的温升限值

绝缘等级	绝缘系统的温度等级/°C	绕组热点温度/°C		额定电流下绕组平均温升限值/K
		额定值	最高允许值	
A	105	95	140	60
E	120	110	155	75
B	130	120	165	80
F	155	145	190	100
H	180	175	220	125
C	220	210	250	150

表 3.2　非气体绝缘的干式变压器在事故情况下允许的最大短时过载时间

过载/%	20	30	40	50	60
允许时间/min	60	45	32	18	5

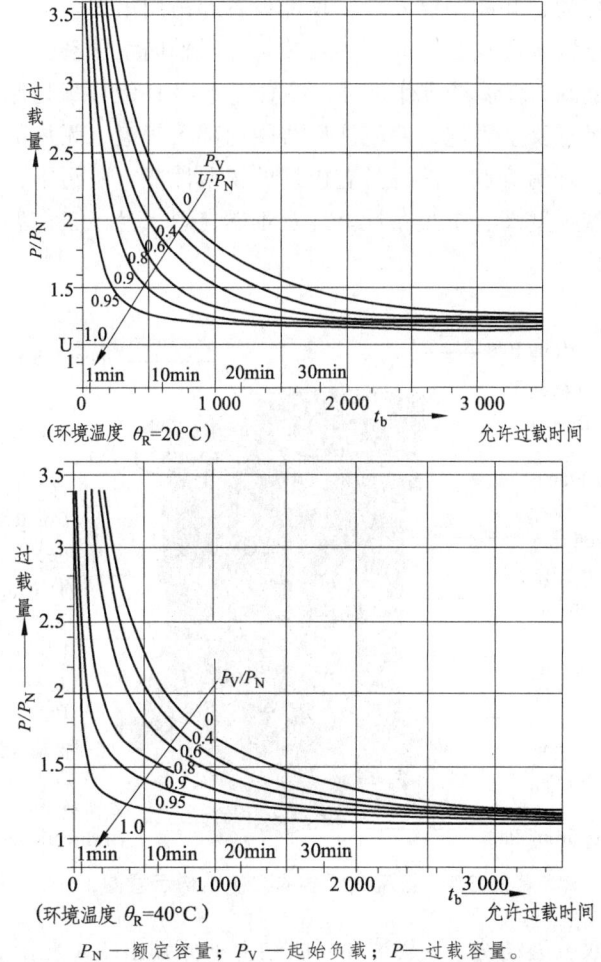

P_N—额定容量；P_V—起始负载；P—过载容量。

图 3.3　SC 系列环氧树脂浇注绝缘干式电力变压器的过负荷能力曲线

二、整流变压器的结构

整流变压器为干式变压器，外观如图 3.4 所示。

整流变压器的内部结构如图 3.5 所示。变压器每柱为四线圈结构，两两上下叠装，通过铁心夹件压板、绝缘垫块将绕组压紧。垫块与夹件间采用压钉结构，垫块与绕组间以硅橡胶板压紧，形成一个弹性缓冲结构。线圈的轴向采用螺栓压紧垫块，此种结构可保证每个垫块紧固无松动，可避免由于夹件或线圈端部不平整而造成受力不均的现象发生。为保证每个散热气道的有效利用，在线圈绕制时，即对气道、垫块位置进行计算，以保证上、中、下

图 3.4 整流变压器外观图

三层垫块压紧时，不堵住气道，保证风道保有最高效率。每个垫块上都附有硅橡胶板，对线圈起着缓冲防震的作用，降低绕组与铁心共振所产生的噪声。变压器下部装设小车，便于变压器整体纵向或横向移动，并能固定安装，顶部设置起吊用吊环。

高压线圈为多层分段圆筒式，两线圈（△接）并联轴向双分裂，网侧移相，中部出线结构。线圈采用铜导线绕制，玻璃纤维作加强，在真空下用 H 级环氧树脂浇注。环氧树脂是在严格的工艺条件下，经过真空脱泡，使浇注后线圈内部无气泡、无局部放电的材料。线圈具有外表美观、绝缘性能好的特点，并且具有极好的耐湿性能，防污染，可在恶劣环境中正常运行。线圈还具有机械强度高、抗短路性能好及难燃自熄，且当工作温度发生剧烈变化时，线包表面不会开裂等特点。

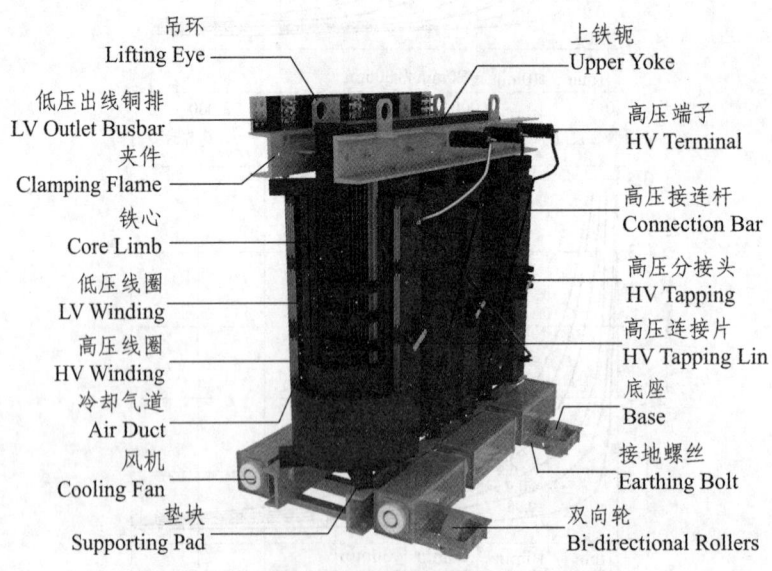

图 3.5 整流变压器的内部结构示意图

低压线圈为轴向双分裂结构，y 联结和 d 联结上下分别出线（在图 3.4 和 3.5 中，系统 1 为 y 联结，系统 2 为 d 联结），且各设一个散热气道，低压线圈利用同一内模分开绕制，使得

线圈内、外径尽量相同，气道内外尺寸相同，确保单组阻抗的平衡及散热要求。线圈采用铜导线绕制，玻璃纤维作加强，在真空下进行 H 级环氧树脂浇注，其工艺与高压线圈相同。

变压器的低压线圈中，上线圈温升会高于下线圈温升，因此在温升设计时以上线圈为准。由于两组低压线圈匝数不一致，在高压线圈上采取上、下线圈匝数不一致的方式，保证变压器的电压比，并在高压线圈上主绕组和移相线组上均设置分接头，以有效地保证各挡分接的电压比。在高压线圈首末端均加强绝缘，减小雷电冲击对变压器的损坏。

根据地铁潮湿的使用环境，变压器铁心表面使用黑色环氧树脂漆。该漆防锈能力强，能有效保证铁心不生锈。

第二节　牵引整流机组

整流机组是地铁牵引变电所最重要的设备，由整流变压器和整流器组成。其作用是将环网电缆 35 kV AC（或 33 kV AC、10 kV AC）电压降压为高频正弦波交流 1 180 V，再整流输出近似于直流的 1 500 V，经输电网上电动隔离开关给接触网供电，实现直流牵引。

一、整流机组工作原理

整流装置的高次谐波对电网、通信等系统都会产生较大影响，对于大功率整流装置，相数越多，产生的谐波量就越小。综合成本等因素考虑，目前

动画：整流机组工作原理

微课：牵引整流机组工作原理

常用的整流装置都是采用单柜 12 脉波整流（由两个三相 6 脉波全波整流桥并联组成），牵引变电所内一般由两套整流装置并联运行构成等效 24 脉波整流。通过计算结果可知：24 脉整流电流谐波总量比 12 脉整流谐波总量减少了 50% 以上；此外，24 脉整流的电流谐波频率高（23、25 次谐波以上），可以降低工程滤波费用。这种做法也有利于提高功率因数、降低输出直流电压的纹波系数。

我们知道，在正弦波 $0 \sim 2\pi$ 之间，如果是 24 相整流，就有 24 个脉波，每个脉波为 $\pi/12$。为了获得等效 24 相脉波的整流电压，就必须使两台整流变压器的二次侧输出之间移相 15°角。

实际产品中，两台整流变压器分别与 12 相整流器组成独立的 12 相整流系统。每一台整流变压器高压绕组都采用双绕组结构，并且采用三角形移相方法，使两台变压器分别移相 ± 7.5°角，其中一台整流变压器移相 + 7.5°角，绕组联结为 Dy7-d2，如图 3.6 所示；另一台则移相 − 7.5°角，绕组联结为 Dy5-d0，如图 3.7 所示。由此，两台整流变压器一次侧并联接在同一电网中，二次侧电压相同，相位相差 15°角。每台变压器二次侧分别连接两组三相全波桥式整流电路，如图 3.8 所示，输出等效直流 12 相脉波电压。两组等效 12 相整流输出并联，构成 24 相整流输出电压。

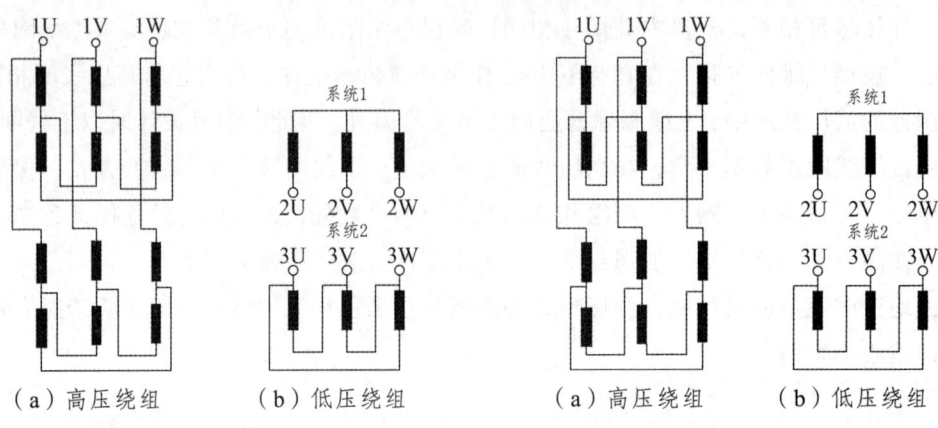

图 3.6 整流变压器绕组 Dy7-d2 联结图　　图 3.7 整流变压器绕组 Dy5-d0 联结图

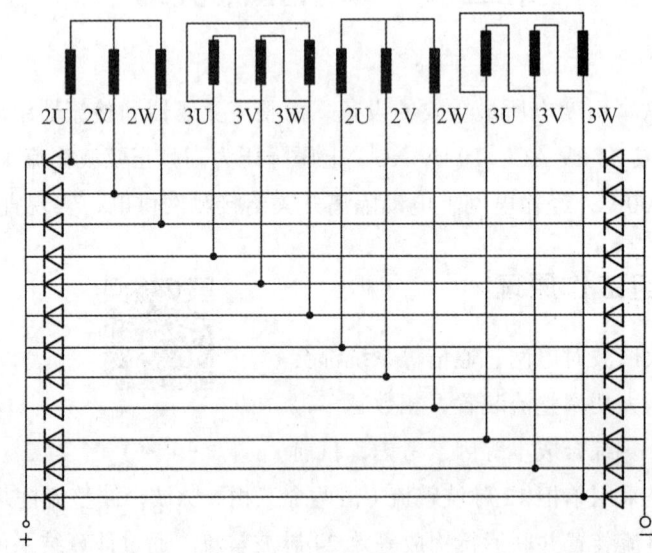

图 3.8 等效 24 相整流一次接线示意图

如果只考虑其中一个整流机组整流后输出的直流电压波形时，可得到其直流波形，如图 3.9 所示，其输出直流波形在一个周期中脉动 12 次，每个波动的间隔为 30°电角度。当两个整流机组并联运行后，输出的直流波形如图 3.10 所示，即在一个周期内为 24 脉波。图 3.8 可由图 3.7 的波形叠加其本身平移 15°后的波形处理后得到。

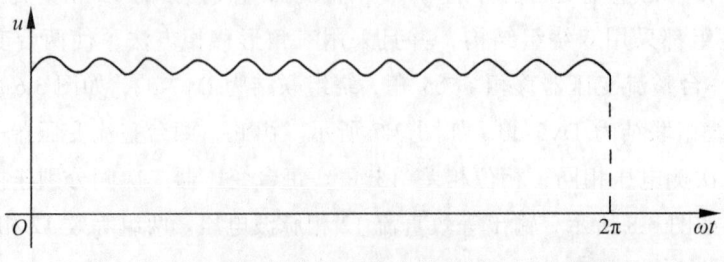

图 3.9 单台变压器整流后输出的波形（一个周期）

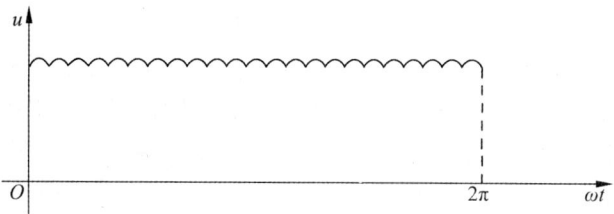

图 3.10　两台变压器整流后输出的波形（一个周期）

根据以上原理构建的整流器系统如图 3.11 所示。

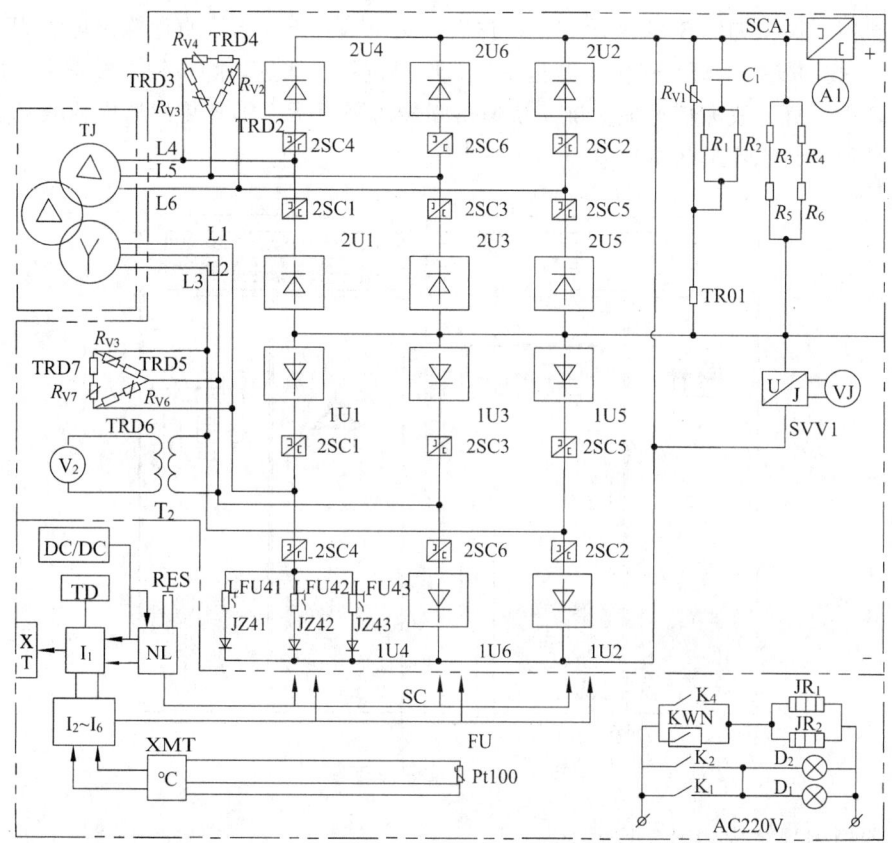

1Fu11~2Fu63—快速熔断器；$R_{v1} \sim R_{v7}$—压敏电阻；Pt100—温度传感器；XMT—温度控制器；
KWN—凝露控制器；R_1、R_2、C_1—直流侧吸收 RC；$R_3 \sim R_6$—负载电阻；V_1—直流电压表；
A_1—直流电流表；V_2—交流电压表；D_1、D_2—前后门照明灯；K_1、K_2—行程开关；
K_4—手动开关；JR_1、JR_2—电加热板；RES—复位按钮；$I_1 \sim I_6$—可编程控制器；
TD—液晶显示屏；DC/DC—电源板；XT—故障输出端子；NL—逆流保护。

图 3.11　整流器系统原理图

二、整流器的结构

在牵引变电所中，整流器实际上是由两面整流器柜来实现。整流器柜采用 1 200 mm × 1 200 mm × 2 300 mm（宽×深×高）的金属屏柜，柜体无焊接，全部采用螺栓连接。在柜体的前后门下部开有进气网孔，上部设有散热通风孔，两侧封盖。柜体经电镀锌处理，防腐性强，表面静电塑料喷粉。

两个三相整流桥分别装于两个屏柜内,整流器柜从前后开门可以清楚看到垂直排列的三列元件。其中一个柜内放置 4、6、2 桥臂,另一柜内放置 1、3、5 桥臂。两个三相桥的对应序号桥臂 1U1 和 2U1、1U3 和 2U3……并联在一起,共阳极或共阴极组成一组整流堆,每组整流堆由一个加工成条状的散热器和 6 个块状的散热器压装上二极管组成,每组整流堆有 6 只二极管,每柜共六组整流堆。

交流汇流母排 L1、L2、L3、L4、L5、L6 及直流输出母排 L_+、L_- 集中在屏柜的下方进、出线。快速熔断器一端接至交流母排上,另一端用铜排与块状(独立)散热器连接。柜体的防护等级为 IP20。柜前有模拟图,显示整流器的接线方式。

整流器柜屏面图如图 3.12 所示,包括仪表(交流输入电压表、直流输出电流表、直流输出电压表)、按钮及指示灯、保护电源指示灯、加热按钮、加热切除按钮、凝露指示灯、复位按钮、故障指示灯、故障信息显示屏(快速熔断器熔断显示、霍耳传感器电源故障显示、整流器超温显示、整流器最热点温度显示)。

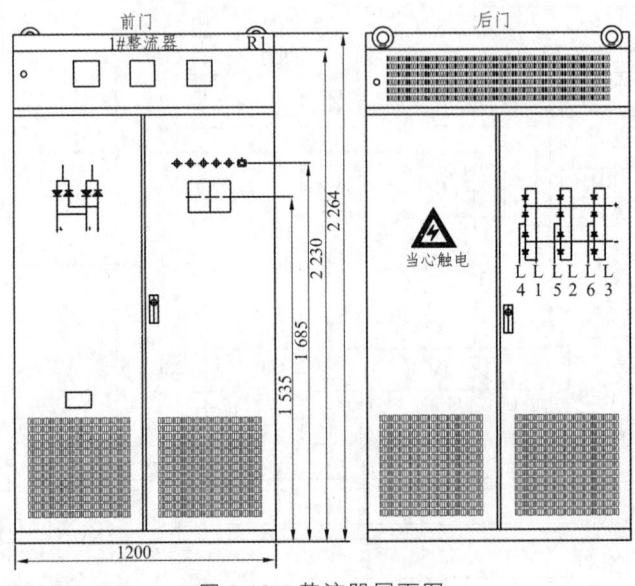

图 3.12 整流器屏面图

整流器柜内部结构如图 3.13 所示。

图 3.13 整流器柜内部结构图

第三节　干式变压器的运行与维护

干式变压器包括降压变电所中的动力变压器和牵引变电所中的整流变压器。干式变压器的使用条件、绝缘材料和冷却方式均与油浸式变压器有差异，因此，干式变压器具有其本身自有的运行特点。

一、干式变压器的使用条件

干式变压器的使用条件：环境温度不高于 40 ℃，海拔不超过 1 000 m；若环境温度高于 40 ℃ 或海拔超过 1 000 m 时，应按 GB 6450 的有关规定做适当的定额调整。

对于防护等级为 IP00 的无外壳的变压器，应在变压器的周围安装隔离栏栅，以防止误碰变压器。在城市轨道交通变电所中使用的保护等级一般为 IP20，即外壳可防止大于 12 mm 的固体异物进入。

冷却方式有空气自冷（AN）和强迫风冷（AF）两种。对空气自冷（AN）和强迫风冷（AF）的变压器，均需保证变压器有良好的通风能力。当变压器安装在地下室或其他通风能力较差的环境时，需增设散热通风装置，通风量按每 1 kW 损耗（$P_0 + P_K$）需 2~4 m^3/min 风量选取。

二、干式变压器的检修

干式变压器的检修分为日常巡检、周期检修及试验、故障维修三种。

1. 日常巡检

日常巡检由变电所值班员或巡检人员操作（列入交接班巡视内容）。主要内容如表 3.3 所示。

表 3.3　干式变压器日常巡检项目

序号	项　目	周　期
1	变压器负荷检查，电流、电压无异常，表计指示无摆动现象	每天
2	电气连接部分应连接牢固，接触良好	每天
3	设备的音响正常，无异味	每天
4	设备安装牢固，无倾斜、外壳无严重锈蚀、接地良好，基础、支架应无严重破损剥落	每月
5	变压器温度检查（采用红外测温技术，不用停电）	每月（对负荷较重的变压器可适当缩短）
6	外壳外观检查	每天
7	变压器柜体外壳螺丝检查，柜顶检查	每月

维修人员根据实际生产情况安排好检查计划，在检查的同时要做好记录并保存好。重点检查变压器电缆接头、负荷分接开关等连接部位，对怀疑有问题的设备要及时报告。例如，一个变压器的三相负荷分接开关都比环境温度高 10 ℃，则可以认为是正常的。但是如果其中一相的温度比其他两相的温度高 5 ℃，那维修人员就要引起注意了。

巡视检查还应注意下述各点：设备安装牢固，无倾斜；外壳无严重锈蚀，接地良好；基础、支架应无严重破损剥落；变压器本体清洁；是否放电；是否有凝露水珠；电气连接部分应连接牢固，接触良好；设备的音响正常，无异味；变压器室通风良好；通过温控箱检查变压器运行温度。

2. 周期检修及试验

干式变压器的检修周期一般为半年，对于运行环境较恶劣的可以适当缩短。它的维护项目如表 3.4 所示。

表 3.4　干式变压器维护项目

序号	维护项目	质量标准
1	清扫一次侧电缆头	无尘，无污渍
2	清扫二次侧连接端	无尘
3	清扫绝缘支撑件	无尘
4	清扫变压器保护外壳	无尘
5	清扫一、二次绕组间的风道	无尘
6	一次绕组表面	无尘，无污渍
7	检查一次侧电缆头	紧固，无松动
8	检查二次侧连接处（含中性线）	紧固，无松动
9	检查接地线	紧固，无松动
10	检查 PTC 及引出端子	无松动
11	检查分接头连接	无松动
12	检查绝缘支撑件	各支撑件安装牢固，没有发生移动；无破损
13	检查低压侧铜铝过渡处	无腐蚀
14	检查高压绕组	无破损、裂纹、放电
15	检查铁心	无破裂变形
16	绝缘子	绝缘子安装牢固，无破损、放电痕迹

3. 故障维修

干式变压器的使用寿命长，正常情况 20 年（见《电力变压器选用导则》），在寿命周期内基本不用考虑故障维修。但是受城市轨道交通环境影响，特别是地下变电所，例如鼠害、冷凝水、潮气等很可能会进入变压器内部导致闪络、放电，甚至短路从而损坏变压器。因此，备品备件，例如绝缘漆、绝缘子、高低压线圈、硅钢片等变压器零部件必须备足（或者能方便从市场上购买）。对于由于潮气或冷凝水引起的闪络、放电，只要进行除潮和加涂绝缘漆即可。而对于拆装线圈等工作，设备维修人员必须经过专门的培训，掌握变压器拆卸及安装技能。

三、整流变压器的维护要点

为了保证变压器能正常运行，需对它进行定期监视和维护。

① 应经常监视温控仪温度显示值，及时掌握变压器的运行情况，并注意有无异常声音及振动。

② 变压器三相负载不平衡时，应监视最大一相的电流和最高一相的温度。接线为 Yyn0 的变压器允许的最大中性线电流为低压线电流的 25%，Dyn11 变压器允许的最大中性线电流可与低压线电流相同。

③ 当变压器有以下情况时，如风机运转不正常、温度显示异常、绕组树脂绝缘外观有微小裂纹等现象时，不准超铭牌运行，应查找原因或与制造单位联系确认。

④ 干燥清洁的场所，每年或更长一点时间进行一次检查；在其他场合，例如：在有灰尘或混浊的空气中运行时，每 3~6 个月进行一次检查；重污秽地区，每月须进行停电维护检查。

⑤ 检查时，如果发现灰尘聚集过多，则必须清除以保证空气流通和防止绝缘击穿，但不得使用挥发性的清洁剂。要特别注意清洁变压器的绝缘子、绕组装配的顶部和底部，并使用压缩空气吹净通风气道中的灰尘。压缩空气的流动方向与变压器运行时冷却空气的流动方向相反。

⑥ 检查紧固件、连接件是否松动，导电零件以及其他零部件有无生锈、腐蚀的痕迹，还要观察绝缘表面有无碳化和电蚀痕迹。如发现，要采取相应的措施进行处理。

整流变压器的安全注意事项如下。

① 变压器、变压器外壳或变压器隔离围栏应接地良好，并有安全警告标志。

② 变压器投入运行以后，禁止触摸变压器主体，以防止事故发生；无励磁调压变压器严禁带电调压。

③ 变压器进行高压试验前，应将温度传感器电缆从温控箱上卸下，以防损坏温控箱。所有温度传感器、传感线、二次控制线均不得与变压器的带电部分接触。

第四节　整流器柜的巡视与维护

对于整流器组来说，由于其工作电压不是很高，故对绝缘水平的要求相对较低。检修时，一些高压试验项目如交、直流耐压试验、局部放电试验等一般都可以不做，只要用摇表测试其绝缘合格后就可以送电投入运行。但是由于受整流器的负荷特性影响，其内部一次元件容易松动，因此平时对设备的巡视维护工作很重要，特别是对整流器、熔断器、RC 回路等一次元件的紧固、过热监测等工作。

牵引整流器的维修分为日常巡视、周期性维护检修。

一、日常巡视

日常巡视由变电所值班员或巡检人员操作（列入交接班巡视内容），巡视内容如表 3.5 所示。

表 3.5　整流器巡视项目

序号	项　目	周　期
1	外壳、接地部分良好	每月
2	设备无异常声响，无异常气味	每天
3	设备无过热现象（采用红外测温量）	每月，重点检查 RC 回路中的各个元件有无过热现象
4	电压、电流各表运行正常，各个表计的读数无异常	每天
5	二次端子连接紧固，整齐	每月，目视检查
6	检查二极管的保险有无熔断	每天
7	散热器散热正常，RC 回路工作正常	每天
8	整流器柜体外壳螺丝检查，柜顶检查	每月

二、周期性维护检修

整流器的维护检修周期一般为一年，对于运行环境较恶劣（特别是灰尘较大）的整流器应该适当缩短。其维护项目如表 3.6 所示。

表 3.6　整流器维护项目

序号	检修项目	标　准	采用方法
1	清扫二极管、散热器、熔断器	无积尘	用纯棉布或吸尘器或不大于 1 bar 干燥的压缩空气清洁
2	清扫绝缘件	无积尘、无污垢	
3	清扫电阻电容	无积尘	
4	清扫母排	无积尘、无污垢、表面无氧化	
5	清扫电流互感器	无积尘	
6	清扫逆流保护模块	无积尘	不大于 1 bar 干燥的压缩空气清洁
7	检查母排连接	无松动	目视、力矩扳手
8	检查电缆进出线连接	紧固、无松动	
9	二极管与熔断器连接	用 24 N·m 力矩扳手紧固无松动	
10	检查熔断器	无熔断	目视检查
11	检查绝缘件	无破损、裂痕	
12	检查电容器	有无放电现象	
13	检查 CT 二次线	无松动	目视、手摇检查
14	检查逆流保护模块连接	无松动	
15	主回路绝缘测量（正、负母排）	>1.5 MΩ（用保护模块进线、表计线后测）	用 2 500 MΩ 兆欧表测量

注：1 bar = 0.1 MPa。

复习思考 >>>

1. 干式变压器的结构特点是什么？
2. 简述干式变压器的日常巡检项目和维护项目。
3. 简述整流机组的巡视项目和维护项目。
4. 简述牵引变电所整流机组的工作特点。

第四章　城轨变电所开关柜操作、巡视与维护

课件：交直流开关柜　　第四章彩版插图

问题导入 >>>

开关柜因其结构紧凑、性能完备、占用空间小、易于维护等优点，在城市轨道交通供电系统中得到广泛应用。交流开关柜的主要作用是在电力系统进行发电、输电、配电和电能转换的过程中，进行开合、控制和保护用电设备。交流开关柜内的部件主要由断路器、隔离开关、负荷开关、操作机构、互感器以及各种保护装置等组成。直流开关柜是城轨交通直流供电系统中的核心设备，安装在牵引变电所或者牵引降压混合变电所中，完成直流电能的控制与分配，实现对馈线、接触网或者接触轨等设备的测控、保护。

 学习目标 >>>

1. 了解开关电弧形成的过程及其熄灭的原理，理解开关电器采用的熄灭电弧方法。
2. 掌握开关柜的结构及其运营维护要点，能够进行开关柜的操作、巡视、检查。
3. 熟悉高压开关电器的现场应用与发展概况。
4. 熟悉城轨供电系统中常见断路器的类型、结构，掌握真空、SF_6、直流断路器的结构与工作原理。
5. 熟悉城轨供电系统中常见隔离开关的类型、结构，掌握其操作原则与运营维护要点。
6. 熟悉互感器的现场应用与发展概况，掌握电压、电流互感器的结构、工作特点、技术参数、接线方式、使用注意事项，能够正确使用电压、电流互感器。
7. 熟悉操动机构的作用、类型、技术参数，理解液压、弹簧、弹簧液压、电动等类型操动机构的工作原理及工作特点。

 内容讲解 >>>

第一节　开关电弧理论基础

一、开关电弧的形成

产生电弧的根本原因是开关触头在分断电流时，触头间电场强度很大，使触头本身的电子及触头周围介质中的电子被游离。电弧的温度极高，它能发出强光，使空气分子电离，并且具有很高的电导，弧柱呈圆柱形，电弧是电气设备开断过程中不可避免的现象。

1. 产生电弧的游离方式

（1）阴极在强电场作用下发射电子

开关电器的触头开始分离时，触头间隙很小，触头间会形成很高的电场强度。当电场强度超过一定值后，阴极触头表面的电子就会在强电场作用下被拉出，成为存在于触头间隙中的自由电子，这种现象称为强电场发射。

（2）阴极在高温下发生热电子发射

开关电器的触头是由金属材料制成的，在常温下金属内部存在大量的自由电子，当触头开始分离时，由于动静触头间的接触压力不断下降，接触面积不断减少，使接触电阻迅速增大，在电流的作用下接触处的温度急剧升高，在阴极上出现强烈的炽热点，从而使电子从阴极表面向四周发射，这种现象称为热电子发射。发射电子的多少与阴极材料及表面温度有关。

（3）弧柱区产生碰撞游离

从阴极表面发射出来的电子，在电场力的作用下向阳极作加速运动。在运动过程中，质点就会在电场作用下获得能量，并不断地与其他质点发生碰撞，相互间就会发生能量的交换。当带电质点的运动速度足够高时，它的动能就可能超过原子或分子的游离能，当它和中性质点相碰撞时，就可能使束缚在原子内部的电子释放出来，形成新的自由电子和正离子，这种现象称为碰撞游离。

游离出来的正离子向阴极运动，速度很慢，而从阴极表面发射出来和碰撞游离出来的自由电子一起以极高的速度向阳极运动，当它们与其他中性质点碰撞时，又会再次发生碰撞游离。碰撞游离连续进行的结果就会使触头间充满自由电子和正离子，具有很大的电导。在外加电压作用下，带电粒子作定向运动形成电流，使介质被击穿从而形成电弧。

（4）弧柱区产生热游离

电弧形成后，弧隙的温度极高，处于高温下的中性质点由于高温而产生强烈的热运动。当那些具有足够动能的中性质点互相碰撞时，又可游离出自由电子和正离子，这种现象称为热游离。热游离也会产生大量的带电粒子，因此，电弧形成后维持电弧稳定燃烧的电压不需要很高，热游离足以维持电弧的燃烧。

2. 断路器断开过程中电弧的形成

触头刚分离时会突然解除接触压力，阴极表面立即出现高温炽热点，产生热电子发射；同时，由于触头的间隙很小，电压强度很高，产生强电场发射。从阴极表面逸出的电子在强电场作用下，加速向阳极运动，发生碰撞游离，导致触头间隙中带电质点急剧增加，温度骤然升高，产生热游离并且成为游离的主要因素，因此，在外加电压作用下，间隙被击穿，形成电弧。

二、电弧的特点及危害

1. 电弧的特点

电弧具有以下特点：

① 起弧电压、电流的数值很低。

② 电弧中含有大量的电子、离子，因此电弧有良好的导电性能，具有很高的电导。弧柱电流密度可达 10 kA/cm²。电弧存在时，尽管开关电器的触头是断开的，电路中仍然有电流流通，并且电路将继续导通。只有当电弧熄灭后，电路中才无电流通过而真正断开。

③ 电弧能量集中，温度很高。电弧放电时，能量高度集中，弧心温度可达 10 000 ℃，电弧表面的温度也可达到 3 000 ~ 4 000 ℃。

④ 电弧是一束质量很轻的游离状态的气体，在外力的作用下，能迅速移动、伸长、弯曲、变形。

2. 电弧的危害

当开关电器的触头间产生电弧时，它的存在延长了电器开断故障电路的时间，加重了系统短路故障的危害；电弧产生的高温，将使触头表面熔化和汽化，烧坏绝缘材料，对充油电气设备还可能引起着火、爆炸等事故；由于电弧在电动力、热力作用下能移动，很容易造成飞弧短路，甚至引发伤人事故，在最严重情况下甚至可能引起相间短路，或使开关电器爆炸，形成火灾，影响电力系统安全运行。

三、电弧的熄灭

电弧中发生游离的同时，还存在着相反的过程，即去游离。若去游离作用始终大于游离作用，则电弧电流减少，直至电弧熄灭。因此，要熄灭电弧，就必须加强去游离作用。

1. 电弧的去游离过程

电弧的去游离过程包括复合和扩散两种形式。

（1）复　合

两种带异性电荷的质点互相接触而形成中性质点的过程称为复合。复合可以在电极的表面上发生，称为表面复合；也可在间隙的空间中发生，称为空间复合。

电弧弧柱中存在大量的自由电子和正离子，它们的复合（称直接复合）似乎是最直接且有利的。但实验表明，自由电子和正离子直接复合的可能性很小，这是因为电子运动速度很快，几乎是正离子速度的一千倍，而交换能量需要有一定的作用时间。空间复合一般是在正负离子间进行的（称为间接空间复合），即在适当的条件下，电子先附着在中性质点上形成带负电荷的粒子（负离子），然后再与正离子复合。由于负离子的体积和质量都较大，运动速度也较慢，因此复合就容易实现。复合过程伴随着能量的释放，释放出的能量以热和光的形式发散向周围空间。

复合使弧柱中带电质点减少，游离作用降低。复合的速度与离子的浓度、温度、压力、电场强度等因素有关，其中最主要的影响因素是温度。温度下降时，复合的速度迅速增加，去游离作用强烈。

（2）扩　散

扩散是弧柱内带电粒子逸出弧柱并进入周围介质的一种现象。扩散是由于带电粒子不规则的热运动以及电弧内带电粒子的密度远大于电弧外带电粒子的密度,电弧中的温度远高于周围介质的温度造成的。它可使弧柱中带电粒子减少,游离程度降低。

扩散的速度与离子浓度、正离子运动速度、弧柱直径、温度及压力等有关,其中弧柱直径的影响最大,弧柱直径愈小扩散愈强烈。

上述带电质点的复合和扩散,都使电弧中间离子数减少,即去游离作用增强,从而有助于电弧的熄灭。

2. 影响去游离的因素

(1)电弧温度

电弧是由热游离维持的,降低电弧温度就可以减弱热游离作用,减少新的带电质点的产生。同时,也减小了带电质点的运动速度,加强了复合作用。

(2)介质的特性

介质的特性包括:导热系数、热容量、热游离温度、介电强度等。若这些参数值越大,则去游离作用就越强,电弧就越容易熄灭。

(3)气体介质的压力

气体的压力越大,电弧中质点的浓度就越大,质点间的距离就越小,复合作用越强,电弧就越容易熄灭。

(4)触头材料

当触头采用熔点高、导热能力强和热容量大的耐高温金属时,会减少热电子发射和电弧中的金属蒸气,有利于电弧熄灭。

除了上述因素以外,去游离还受电场电压等因素的影响。

四、交流电弧的特性和熄灭的条件

1. 交流电弧的物理特性

交流电弧的电流变化速度很快,不可能建立稳定平衡状态,因此它的伏安特性具有动态特性,如图4.1(a)所示。交流电流每半个周期经过一次零值,称为自然过零。电流过零时,交流电弧电流通过零点时,由于电源停止供给电弧能量,热游离迅速下降,电弧自动熄灭。如果电弧是稳定燃烧的,则电弧电流过零熄灭后,在另半周又会重新燃烧。如果电弧过零后,电弧不发生重燃,电弧就会熄灭。

由电流的波形及伏安特性得到的电弧电压随时间的变化波形呈马鞍形,电流小时,电弧电压高,电流大时,电弧电压减小且接近于常数,如图4.1(b)所示。其中 A 点为电弧产生时的电压,称为燃弧电压;C 点为电弧熄灭时的电压,称为熄弧电压。

2. 交流电弧的熄灭

交流电流过零的时刻是熄灭电弧的良好时机,如果在电流过零时采取有效措施使电弧不再重燃,则电弧最终熄灭。

在交流电弧电流过零前后,弧隙中发生的现象是很复杂的,存在着两个作用相反的过程:一是弧隙介质介电强度的增大;二是加于弧隙的电压(称恢复电压)的增大。

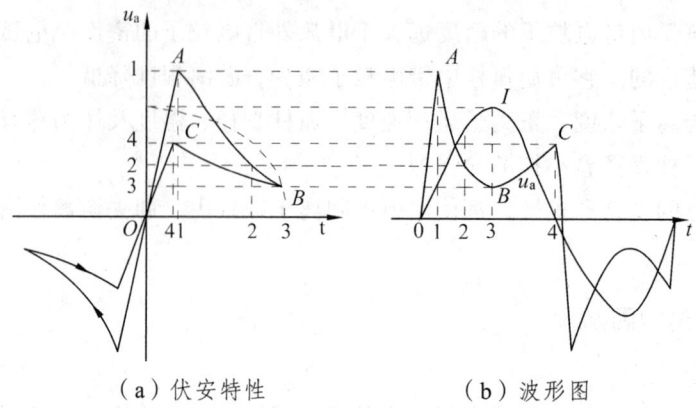

(a)伏安特性　　　　　(b)波形图

图 4.1　交流电弧的伏安特性和电流、电压波形图

弧隙介质介电强度是指弧隙介质能够承受外加电压作用而不致使弧隙击穿的电压。当电弧电流过零时电弧熄灭，弧隙中去游离作用继续进行，弧隙电阻不断增大，而弧隙的介电强度要恢复到正常状态值需要有一个过程，此恢复过程称为弧隙介质介电强度的恢复过程，以能耐受的电压 $u_d(t)$ 表示。

介质介电强度的恢复速度与冷却条件、电流大小、开关电器灭弧装置的结构和灭弧介质的性质有关。

恢复电压是指电流过零使电弧熄灭后，在电路施加于弧隙的电压将从较小的电弧电压逐渐增长，一直恢复到电源电压的过程中加在弧隙上的电压。

电弧电流过零前，弧隙电压值很低，电源电压的绝大部分降落在线路和负载阻抗上。电流过零时，弧隙电压等于熄弧电压，正处于马鞍形的后峰值处[图 4.1（b）的 C 点]，电流过零后，弧隙电压从后峰值逐渐增长，一直恢复到电源电压，这也需要有一个过程，把弧隙电压从熄弧电压变成电源电压的这一过程称为弧隙电压恢复过程。

电压恢复过程与电路参数、负荷性质等有关。受电路参数等因素的影响，电压恢复过程可能是周期性的变化过程，也可能是非周期性变化过程。这里用 $u_r(t)$ 表示电压恢复过程。

电弧电流过零时是熄灭电弧的有利时机，但电弧是否能熄灭，取决于上述两相反作用竞争的结果。

3. 交流电弧的熄灭条件

为了使电流过零后电弧熄灭不发生重燃，就必须使弧隙介质介电强度的恢复速度始终大于电压的恢复速度；反之，如果弧隙电压的恢复速度大于介质介电强度的恢复速度，弧隙就被击穿，电弧重燃。若为如图 4.2（b）所示情况时，电弧则熄灭；否则，若为如图 4.2（a）所示情况时，在曲线交点处，电弧重燃。因此，交流电弧熄灭的条件为

$$u_d(t) > u_r(t) \tag{4.1}$$

式中　$u_d(t)$——弧隙介质介电强度；
　　　$u_r(t)$——弧隙恢复电压。

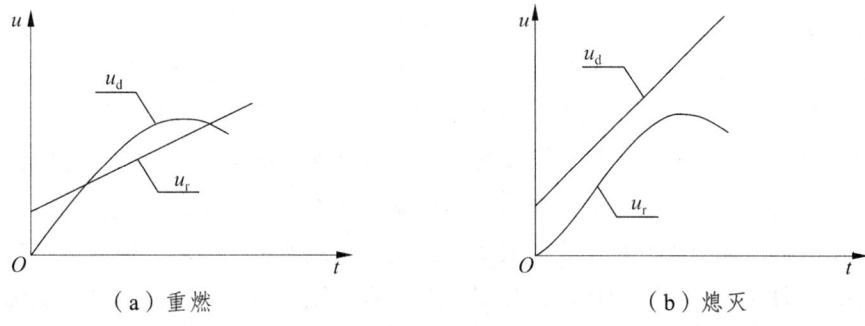

图 4.2 交流电弧在电流过零值后的重燃和熄灭

综上所述,在开断交流电弧时,应充分利用交流电流的自然过零点,采取有效的措施,加强对弧隙的冷却,抑制热游离,加大弧隙间去游离的强度,使电弧不再重燃,最终熄灭。为此,在开关设备中均装设了灭弧装置,称为灭弧室,灭弧室的不断改进,大大提高了开关的灭弧能力。另一方面,为了进一步提高灭弧能力,还可以采用性能更为优越的新型灭弧介质(如 SF_6 等)。

五、熄灭交流电弧的基本方法

1. 采用灭弧能力强的灭弧介质

电弧中的去游离强度,在很大程度上取决于电弧周围介质的特性。高压电器中广泛采用以下几种灭弧介质:

① 压缩空气:压缩空气的压强约为 20×10^5 Pa,由于其分子密度大,质点的自由行程小,能量不易积累,不易发生游离,所以有良好的绝缘和灭弧能力。

② SF_6 气体:SF_6 是良好的负电性气体,其氟原子具有很强的吸附电子的能力,能迅速捕捉自由电子而形成稳定的负离子,为复合创造了有利条件,因而具有很强的灭弧能力,灭弧能力比空气强 100 倍。

③ 真空:真空气体压强低于 133.3×10^{-4} Pa,气体稀薄,弧隙中的自由电子和中性质点都很少,碰撞游离的可能性大大减少,而且,弧柱与真空的带电质点的浓度差很大,有利于扩散。其绝缘能力比变压器油、1 个大气压力下的 SF_6 和空气都强。

2. 采用特殊金属材料作灭弧触头

电弧中的去游离强度,在很大程度上与触头材料有关。用熔点高、导热系数和热容量大的耐高温金属制作触头,如铜、钨合金和银、钨合金等,在电弧高温下不容易融化和蒸发,从而有较高的抗电弧、抗熔焊能力,可以减少热电子发射和金属蒸气,抑制游离作用,有利于熄灭电弧。

3. 吹 弧

吹弧是一种利用气体或油吹动电弧的方式,广泛应用于各种电压的开关电器,特别是高压断路器中。

温度对灭弧的影响很大。气体热游离的基本条件是需要有一定的温度，温度愈低，热游离愈不易发生。降低弧隙温度便能加速去游离，而且介质的绝缘强度随温度的降低而增加。介质强度恢复得快慢，在很大程度上取决于弧隙温度降低的速率。所以，冷却电弧是熄灭电弧的重要方法之一。用气体或液体介质吹弧，既能起到对流散热、强烈冷却弧隙，也有部分取代原弧隙中游离气体或高温气体的作用，气体流速愈大，对弧隙的冷却作用愈强。

在高压开关中，常制成各种形式的灭弧室，使气体或液体产生较高的压力，有力地吹向电弧。吹动电弧的方式有纵吹和横吹，如图 4.3 所示。纵吹主要是使电弧冷却变细，加大介质压强，加强去游离，使电弧熄灭。而横吹还能把电弧拉长，使其表面积增大并加强冷却，灭弧效果较好。纵吹和横吹的方式各有特点，不少高压开关是采用纵横混合吹弧的方式，灭弧效果更好。在大电流时主要靠横吹，小电流时主要靠纵吹。

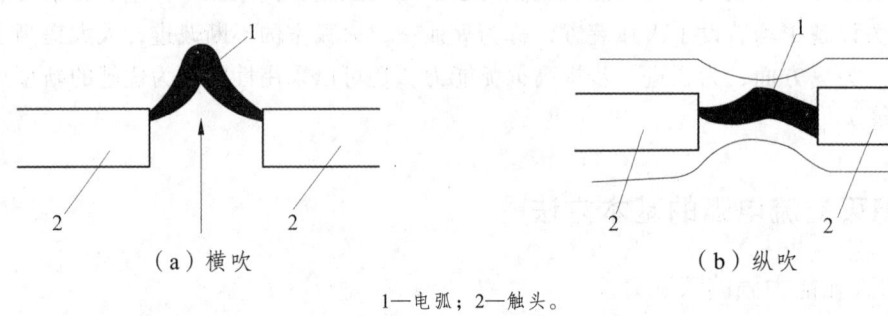

1—电弧；2—触头。

图 4.3 吹弧方式

4. 采用多断口熄弧

高压开关设备常采用每相有两个或多个串联断口的灭弧方式，图 4.4 为双断口示意图。采用双断口是把电弧分割成两个小弧段，在相等的触头行程下，双断口比单断口的电弧拉长了，从而增大弧隙电阻。而且电弧被拉长的速度也增加，加速了弧隙电阻的增大，增大了介质强度的恢复速率，缩短了灭弧时间。由于加在每个断口上的电压降低，弧隙的恢复电压降低，也有利于电弧的熄灭，因此灭弧性能更好。在要求将电弧拉到相同的长度时，采用多断口结构成倍减小了触头行程，也就减小了开关电器的尺寸。

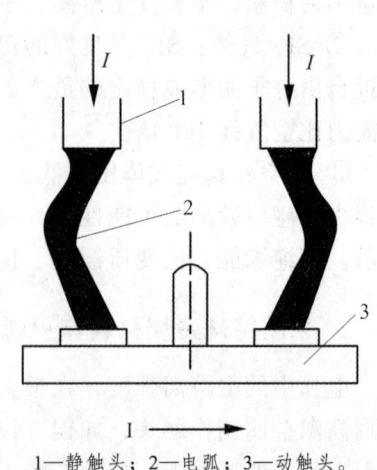

1—静触头；2—电弧；3—动触头。

图 4.4 双断口示意图

采用多断口的结构后，每一个断口在开断时电压分布不均匀，这是由两断口之间的导电部分对地电容的影响引起的。为了使两个灭弧室的工作条件接近，通常采用断口并联电容的方法，即一般在每个灭弧室的外边并联一个比对地电容大得多的均压电容，其容量一般为 1 000 ~ 2 000 pF。接了均压电容后，只要电容容量足够大，两断口上的电压分布就接近相等，从而提高了断路器的灭弧能力。

5. 提高触头的分离速度

在高压开关电器中都装有强力分闸弹簧，以加快触头的分离速度，迅速拉长电弧，使弧隙的电场强度骤降，同时使电弧的表面积增大，有利于电弧的冷却及带电质点的扩散和复合，削弱游离而加强去游离，从而加速电弧的熄灭。

6. 金属栅片灭弧装置

这种灭弧装置的构造原理如图 4.5 所示。灭弧室内装有很多由钢板冲成的金属灭弧栅片，栅片为铁磁性材料。当触头间发生电弧后，由于电弧电流产生的磁场与铁磁物质间产生的相互作用力，电弧被吸引到栅片内，将一束长弧分割成多个串联的短弧。如果所有串联短弧阴极区的起始介质强度或阴极区的电压降的总和永远大于触头间的外施电压，电弧就不再重燃而必将熄灭。

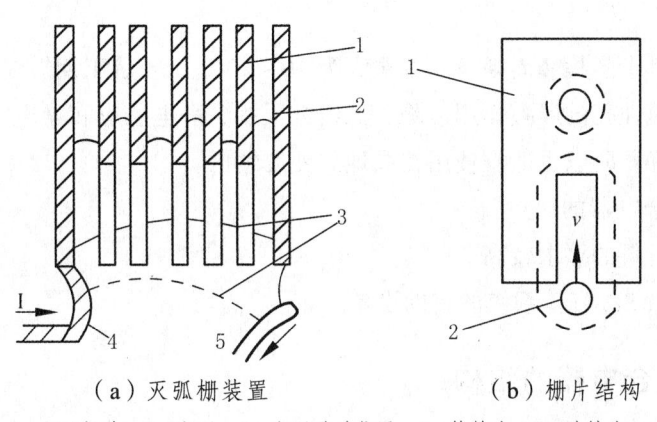

(a) 灭弧栅装置　　(b) 栅片结构

1—灭弧栅片；2—电弧；3—电弧移动位置；4—静触头；5—动触头。

图 4.5　电弧在金属栅片内熄灭

第二节　六氟化硫组合电器（GIS）

一、GIS 组合电器概述

GIS 组合电器又称气体绝缘全封闭组合电器，它是以 SF_6 气体作为绝缘和灭弧介质，以优质环氧树脂绝缘子作支撑的一种新型成套高压电器。

从 1965 年世界上第一台 GIS 投运以来，GIS 已广泛应用到 72.5～800 kV 电压等级的电力系统中。我国自行研制的第一套 126 kV GIS 自 1973 投入运行以来，特别是最近一二十年来，GIS 在电网中的应用越来越广泛。目前，我国新建的 500 kV 的变电站及不少新建的 110～220 kV 变电站都采用 GIS。

GIS 与一般配电装置相比，具有下列特点：

① 缩小了配电装置的尺寸，减少了变配电站的占地面积和空间。

由 GIS 组成的变电所的占地面积和空间体积远比由常规电器组成的变电所小，电压等级愈高，效果愈显著。60 kV GIS 组成的变电站户内布置所占面积和体积，分别只有 60 kV 由常规电器组成的变电站户内布置所占面积和体积的 22%和 25.4%；110 kV 时只有 7.6%和 6.1%；220 kV 只有 3.7% ~ 4%和 1.8% ~ 2.1%；500 kV GIS 变电站占地面积仅为常规变电站的 1.2% ~ 2%。

因此，GIS 特别适合于变电站征地特别困难的场所，如水电站、城市轨道交通变电所等。

② 运行可靠性高。

GIS 由于带电部分封闭在金属筒外壳内，故不会因污秽、潮湿、各种恶劣气候和小动物等造成接地和短路事故。SF_6 气体为不燃的惰性气体，不会导致火灾的发生，一般不会发生爆炸事故。因此，GIS 适用于污染严重的重工业区域和沿海盐污区域，如钢铁厂、水泥厂、炼油厂等。

③ 维护工作量小，检修周期长，普遍定为 10 ~ 20 年，安装工期短。

④ 封闭金属筒外壳的屏蔽作用消除了无线电干扰、静电感应和噪声。

⑤ 抗震性能好，所以也适宜使用在高地震烈度地区。

SF_6全封闭组合电器的缺点：

① 对工艺与材料的要求较高。

② 需要有专门 SF_6 气体系统的辅助设备。

二、GIS 组合电器的结构

GIS 组合电器是把各种独立机构的元件，如母线、断路器、隔离开关、接地开关、电压及电流互感器、避雷器、电缆终端（或进出线套管）等一次元件，按电气主接线的要求依次连接，组合成一个整体，并且全部元件封闭在接地的金属（钢或铝）外壳中。壳体内充以 SF_6 气体，作为绝缘和灭弧介质。由于内部气体压力较高，为提高机械强度多采用圆筒式结构，即所有电器元件都放置在圆筒形外壳中。元件的外壳在互相连接时再辅以一些过渡元件，如三通、弯头、伸缩节等，组成成套配电装置。

1. 110 kV GIS 组合电器

图 4.6 为 110 kV 单母线 GIS 组合电器结构示意图，图中主要设备如母线、高压断路器布置在下层或靠外侧，电流互感器、电压互感器、接地开关等轻型设备布置在上层。母线和断路器通过伸缩节头波纹管连接，以减少由温度和安装误差所引起的附加应力。组合电器装置外壳设有检查孔、窥测孔和其他辅助设备。这样，整个电气设备的布置比较紧凑，对主要设备的支撑和检修也较方便。根据图 4.6（a）所示接线图要求，将电器元件依次连接，构成图 4.6（b）所示的整体布置形式。

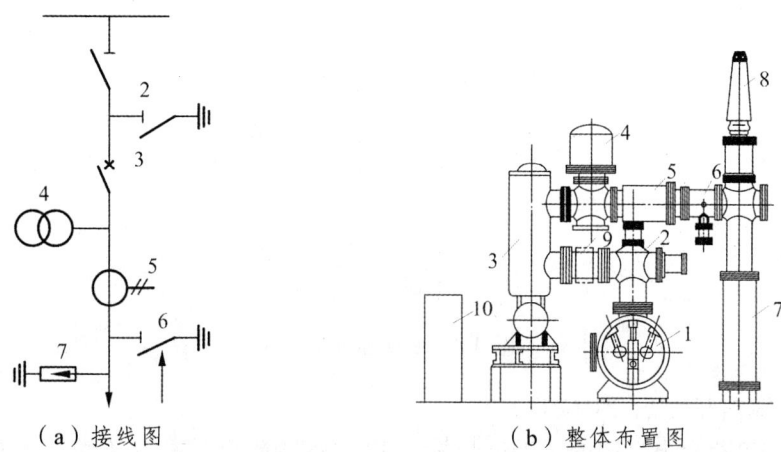

（a）接线图　　　　　　　　（b）整体布置图

1—母线；2—隔离开关/接地开关；3—断路器；4—电压互感器；5—电流互感器；
6—快速接地开关；7—避雷器；8—引线套管；9—波纹管；10—操动机构。

图 4.6　110 kV GIS 组合电器结构示意图

现代重工电气有限公司的 110 kV GIS，其外形如图 4.7（a）所示。其主要构成包括：断路器、接地/隔离开关、电流互感器、电压互感器、避雷器及相连的导体和绝缘支撑件等，构成目前地铁系统主变电所常见的 110 kV 线路变压器组接线（单元接线），如图 4.7（b）所示。这个组合电器还配备了控制柜，是监视、控制、测量一次主电路的二次设备。

下面以现代重工电气有限公司的 110 kV GIS 为例分述一下 GIS 组合电器中的主要电气设备。

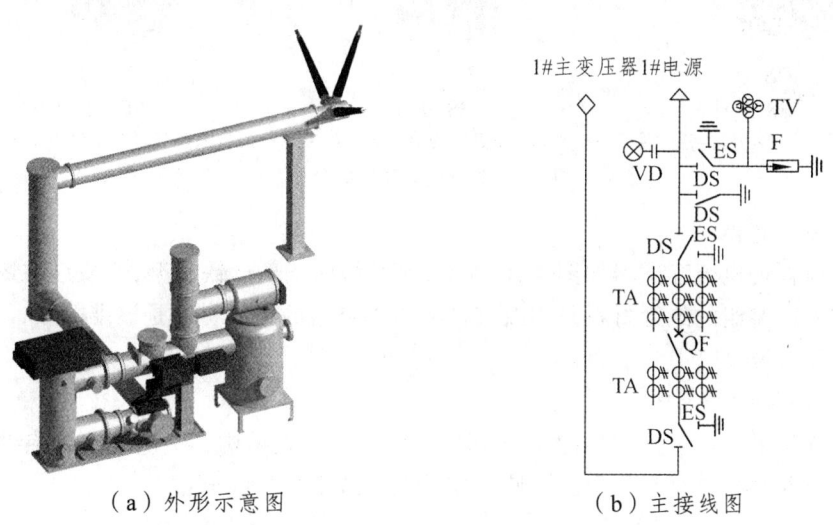

（a）外形示意图　　　　　　　　（b）主接线图

DS—隔离开关；ES—接地开关；QF—断路器；TV—电压互感器；
TA—电流互感器；VD—带电显示装置；F—避雷器。

图 4.7　110 kV GIS 组合电器外形及主接线图

（1）断路器

图 4.8 为该组合电器中的断路器，即 SF_6 断路器，采用垂直（立式）布置结构，配用模块化设计的弹簧操动机构。该断路器结构简单，维修方便，操作可靠，机械寿命可达到 10 000 次以上。

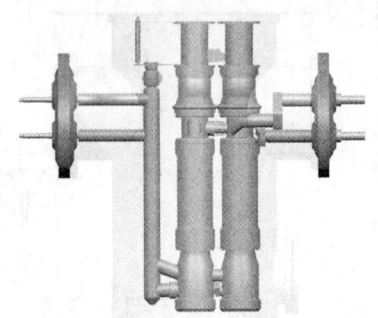

图 4.8 断路器外形图

（2）接地/隔离开关（三工位开关）

图 4.9 是 GIS 组合电器中的三工位开关，其中 DS 为隔离开关，ES 为接地开关。三工位开关实质上是隔离开关和接地开关的功能组合，两者共用一个电动操动机构、一个动触头和一个中间触头，可实现电气和机械联锁，防止误操作。中间的这个移动触头只能停留在三个位置：中间绝缘的位置、与隔离开关相连、与接地开关相连。该开关操作机构紧凑、精巧、操作简单，机构运行可靠性高，机械寿命可达 5 000 次以上。

DS 分闸　　　　　　　　DS 合闸　　　　　　　　DS 分闸
ES 分闸　　　　　　　　ES 分闸　　　　　　　　ES 合闸

接地开关/隔离开关共用一个壳体，共用一个操作机构，可电气、机械联锁，防止误操作。

图 4.9 接地/隔离开关外形图

（3）电流互感器

该组合电器的电流互感器如图 4.10 所示，其结构属于环形铁心型，它安装在断路器旁边。电流互感器一次绕组的绝缘材料是 SF_6 气体，二次绕组的绝缘材料是聚酯薄膜，且抽头全部引出接至端子。

（4）电压互感器

该组合电器的电压互感器如图 4.11 所示，它为电磁式结构，一次绕组的绝缘材料是 SF_6 气体，二次绕组的绝缘材料是聚酯薄膜，安装在母线上或进线部位。

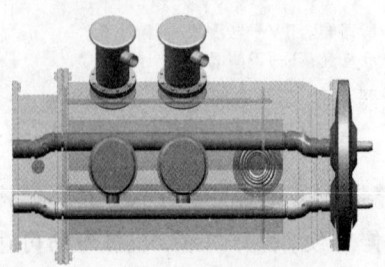 

图 4.10 电流互感器外形图　　　　图 4.11 电压互感器外形图

（5）避雷器

该组合电器的避雷器采用氧化锌避雷器，如图 4.12 所示。其绝缘材料是 SF_6 气体。氧化锌避雷器具有体积小、保护性能优良的特点，很适合全封闭组合电器。

（6）三相共箱母线

母线用于 GIS 内部间隔之间和各种元件间的连接，母线可通过连续额定电流及耐受电流、热稳定电流。该 GIS 组合电器的母线布置形式采用了三相共箱式，如图 4.13 所示，将三相母线封闭于一个金属箱内，壳体材料和导体材料均为铝合金。与每相母线单独一个箱子的"三相分箱式"相比，这种"三相共箱式"占地面积小，得到更普遍的应用。

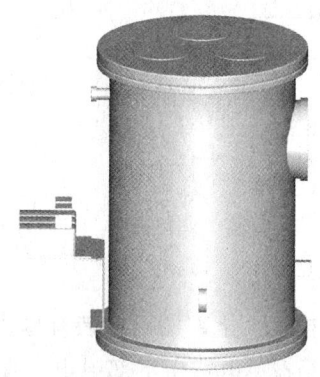

图 4.12 避雷器外形图

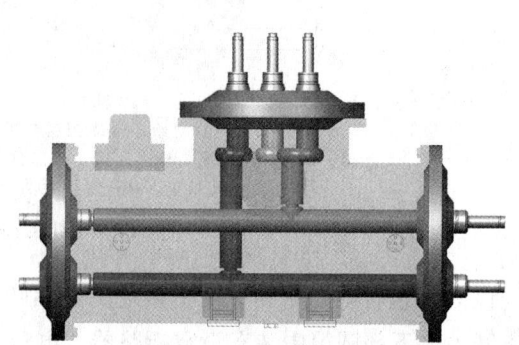

图 4.13 三相共箱母线外形图

（7）电缆终端

在 GIS 组合电器中，电缆终端作为 GIS 与进、出线或者变压器的连接元件，称为 GIS 组合电器的终端元件。电缆终端用于 GIS 组合电器与电缆的连接，当输送电力采用电力电缆时，电缆通过电缆密封终端与 GIS 本体连在一起。电缆终端一般采用干式电缆头，与 GIS 连接采用插接结构。该组合电器的电缆终端外形如图 4.14 所示。

当 GIS 组合电器进行交流工频耐压试验和对电缆头进行直流试验时，GIS 本体也需要与电缆分离。因此，电缆终端单元的结构，既可方便地接入交流耐压试验套管，又可容易地接入直流试验电缆。

2. 35 kV GIS 组合电器

城市轨道交通供电系统中，常见的 35 kV GIS 组合电器的结构有两种：圆筒形和柜形。

（1）圆筒形 GIS 组合电器

圆筒形结构的主回路高压元件均安装在密封的圆

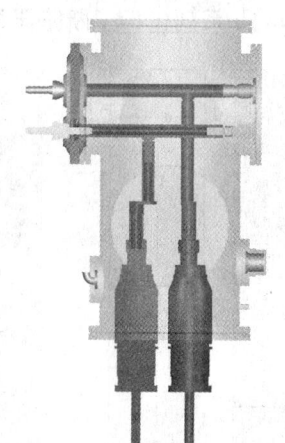

图 4.14 电缆终端外形图

筒形金属外壳中，西门子公司生产的 8DA10 型结构的外形如图 4.15 所示，它是一种将免维护真空开关管（真空灭弧室）封闭在充有 SF_6 绝缘气体的金属外壳内的开关设备。该设备由若干标准化单元组成，包括柜体、高压室、低压室、电缆室、柜间连接、操动机构等模块单元。模块单元中设有主母线、断路器、三工位开关、电压（流）互感器、避雷器、微机保护测控单元、电缆插头等主要元器件。开关柜还包括断路器/三工位开关操作手柄、钥匙、主母线连接装置、插头堵头、边盘、地脚螺栓等设备附件。

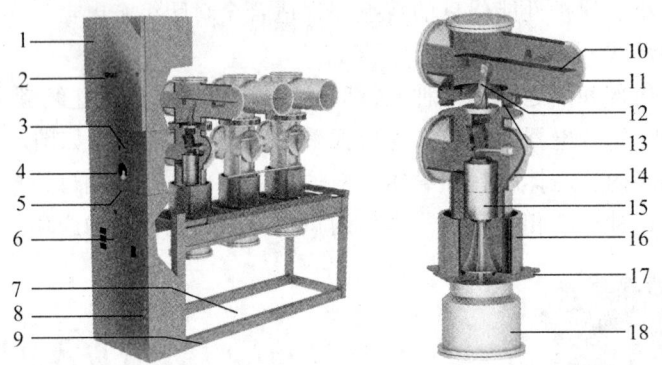

1—低压室；2—微机保护装置；3—操动机构，三工位开关联锁机构；4—馈线气室的气体压力指示器；
5—气体灌充阀；6—真空断路器的控制与指示板；7—电缆隔室；8—插孔；9—框架；
10—母线；11—母线外壳；12—三工位开关；13—上套管；14—断路器外壳；
15—真空灭弧室；16—电流互感器；17—下套管；18—连接外壳。

图 4.15　8DA10 型 GIS 结构图

该 GIS 组合电器每相有两个接地的铸铝圆筒外壳，呈 T 型排列。上部圆筒中装有母线、隔离开关，下部圆筒中装有真空断路器，电流互感器放在圆筒下方，电缆由下部引出。真空断路器为免维护，其操动机构为弹簧储能，三工位隔离开关为紧凑式。

8DA10 型 GIS 采用单极金属外壳，采用逻辑机械联锁的完整开关柜联锁系统，为气密性一次外壳，不受污物、湿气和小动物等环境因素的影响，具有较高的人员安全性和设备安全性。

8DA10 系列包括了断路器柜、隔离开关柜、母联柜等形式，其典型接线如图 4.16 所示。

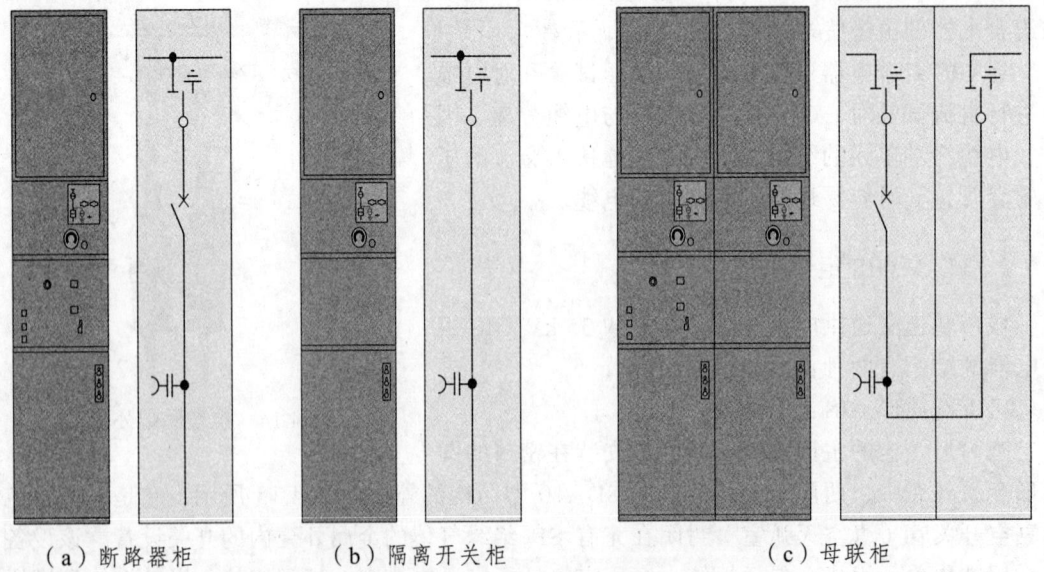

（a）断路器柜　　　　（b）隔离开关柜　　　　（c）母联柜

图 4.16　8DA10 的典型接线方案

（2）柜形 GIS 组合电器

柜形 GIS 组合电器产品的主回路高压元件的三相集中安装在柜形密封壳体内，外部配装常规开关设备外壳，其结构的外形如图 4.17 所示，该设备采用全金属进行封闭。外壳采用不锈钢板制成，柜体焊接采用先进的激光技术，绝缘材料采用抗氧化耐温升的材料，保证了设备气室具有极高的气密性。柜形 GIS 分为母线室、断路器室、电缆室和二次接线及断路器操动机构室。这种 GIS 最大特点就是使用 SF_6 气体绝缘，其绝缘性能好，令开关柜更为紧凑，体积小，更适合于城市轨道交通变电所这种受到环境限制的地方。

图 4.17　柜形 GIS 外形图

柜形 GIS 结构如图 4.18 所示，基本配置有：真空断路器、三工位开关、传感器系统、智能型控制和保护单元、电缆插座等。

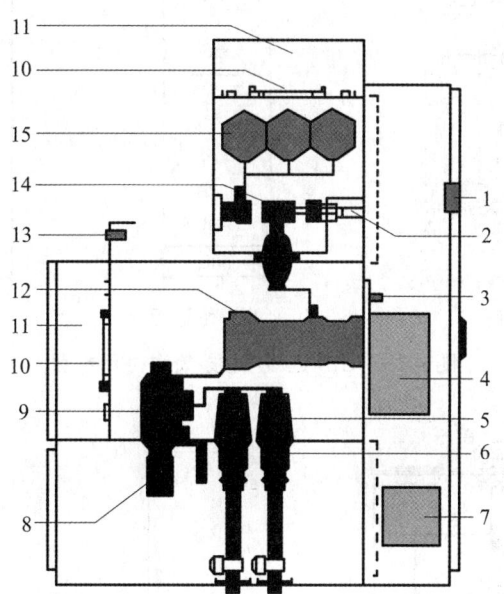

1—人机界面；2—三工位开关操动机构；3—压力传感器；4—断路器操动机构；5—电缆插座；
6—插接式电缆头；7—智能型控制和保护单元；8—电压互感器；9—电流互感器；
10—压力释放盘；11—压力释放通道；12—真空断路器；
13—电容分压装置测试接口；14—三工位开关；15—主母线。

图 4.18　柜形 GIS 结构图

柜形 GIS 的高压室分为上、下两个独立隔离的密封气室，内充 SF_6 气体。上气室为三工位开关单元及主母线进出端，下气室为真空断路器单元、传感器及电缆进出端；主母线采用固定绝缘母线，装在柜的侧面；柜体前半部为操作机构和二次控制部分；柜体下部为电缆室，电流互感器安装在电缆室内。如图 4.18 所示，图中灰色区域为密闭空间，充满 SF_6 气体；图中白色区域为非密闭空间，与大气环境相通；图中 10 为压力释放盘，当 SF_6 气体压力过大时可以冲开压力释放盘泄放压力，防止事故的扩大。

断路器单元和三工位开关单元与主回路为插拔式柔性连接，施工和维护极为方便。

图 4.19、图 4.20、图 4.21 介绍的是某公司生产的 35 kV 柜形 GIS 开关柜。图 4.19 是进线/出线/馈线柜的结构、外形、主接线，图中 BUS 为母线，DS 为隔离开关，ES 为接地开关，VCB 为断路器，VD 为带电显示器，CH 为电缆接头，CT 为电流互感器。图 4.20 是电压互感器柜结构、外形、接线，图中 LA 为避雷器，PT 为电压互感器。图 4.21 是母联柜的结构、外形、主接线。

本书第九章将讲述图 4.19 所示开关柜的二次回路工作原理。

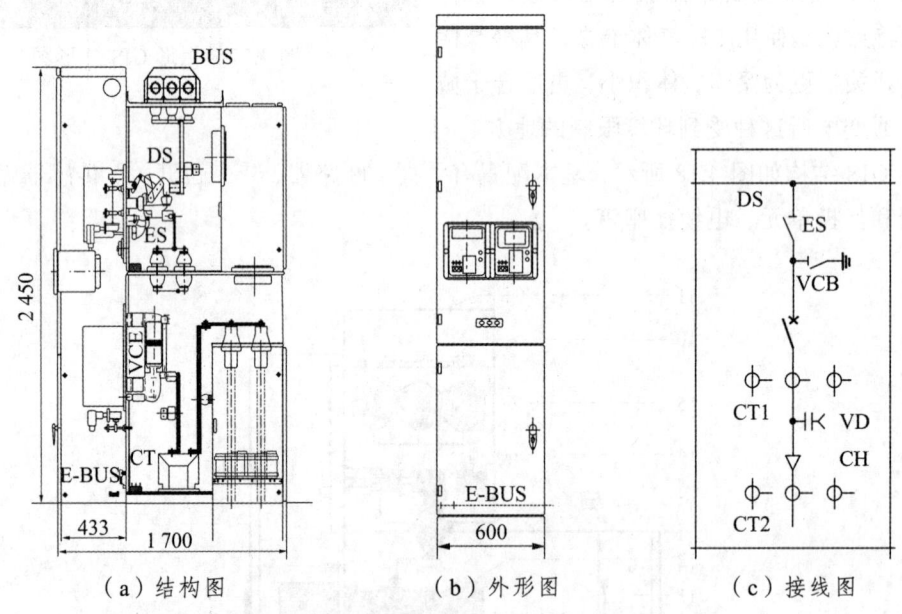

图 4.19 GIS 进线/出线/馈线柜示意图

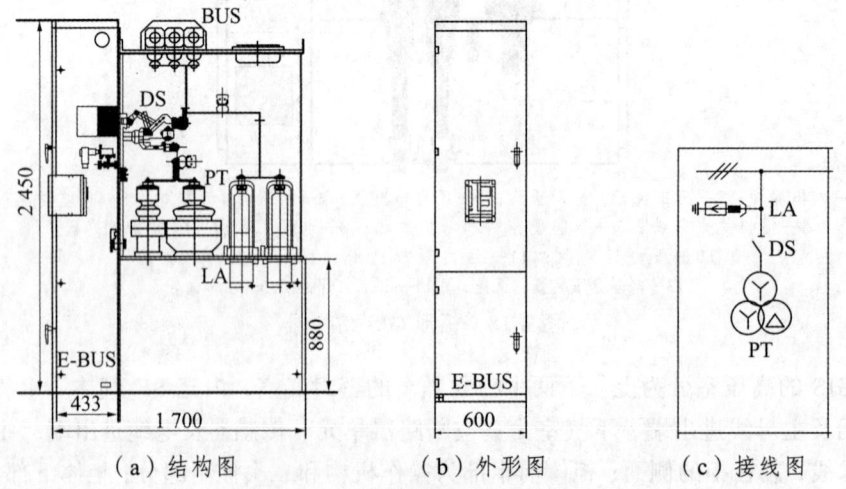

图 4.20 GIS 电压互感器柜示意图

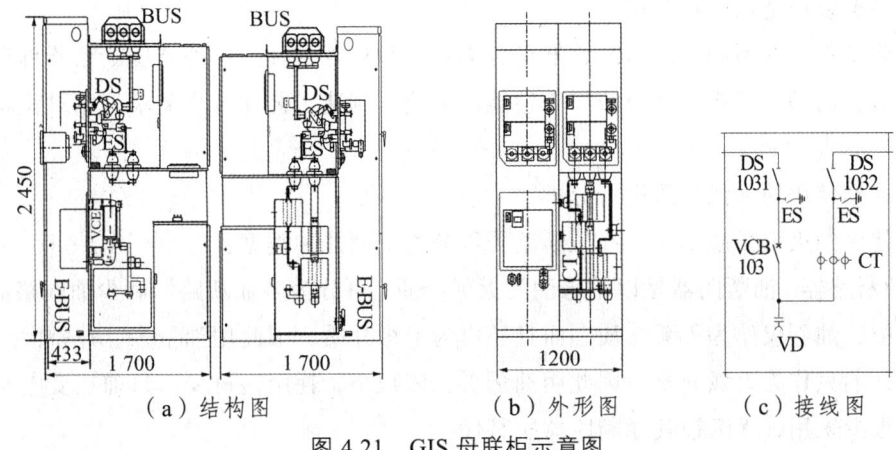

(a) 结构图　　　　(b) 外形图　　　(c) 接线图

图 4.21　GIS 母联柜示意图

第三节　交流开关柜中的断路器

一、高压断路器概述

1. 用　途

高压断路器是高压电气设备中最重要的设备，是一次系统中控制和保护电路的关键设备。断路器在正常运行时，用来接通或断开电路的负荷电流；当系统故障时，在继电保护装置的作用下，用来迅速断开短路电流，切除故障电路，以保障系统中非故障部分的正常运行。

2. 对高压断路器的基本要求

① 在合闸状态时应为良好的导体，不但能通过正常的负荷电流，即使通过短路电流时，也不应因热和电动力的作用而损坏。

② 在分闸状态时应具有良好的绝缘性，在规定的环境条件下，能承受相对地的电压，以及一相内断口间的电压。

③ 在开断规定的短路电流时，应有足够的开断能力和尽可能短的开断时间，一般在开断临时性故障后，要求能进行自动重合闸。

④ 在接通规定短路电流时，短时间内断路器的触头不能产生熔焊等情况。

⑤ 在制造厂家给定的技术条件下，高压断路器要能长期可靠地工作，有一定的机械寿命和电气寿命。

此外，高压断路器还应具有结构简单、体积小、质量小、安装和检修方便等优点。

3. 高压断路器的类型

按照不同的标准，高压断路器有不同的分类方法。

（1）根据装设地点进行分类

根据装设地点的不同，高压断路器可分为户内和户外两种。户外高压断路器具有能承受风、雨、雪、污秽、凝露、冰及浓霜等性能，为此，制造工艺和技术要求等相对较高，价格较贵。

（2）根据使用的灭弧介质进行分类

根据使用的灭弧介质不同，高压断路器可分为下列几种类型：

① 油断路器。油断路器是以绝缘油为灭弧介质，可分为多油断路器和少油断路器。在多油断路器中，油不仅作为灭弧介质，而且还作为绝缘介质，因此用油量多、体积大。在少油断路器中，油只作为灭弧介质，因此用油量少、体积小、耗用钢材少。目前在变电所中，油断路器已很少采用，逐渐被其他断路器所替代。

② 空气断路器。空气断路器以压缩空气作为灭弧介质，具有灭弧能力强、动作迅速等优点，但结构复杂、工艺要求高、有色金属消耗多。因此，空气断路器一般应用在110 kV及以上的系统中。

③ SF_6断路器。SF_6断路器采用具有优良灭弧能力和绝缘能力的SF_6气体作为灭弧介质，具有开断能力强、动作快、体积小等优点，但金属消耗多、价格较贵。SF_6断路器在我国发展很快，在高压和超高压系统中得到了广泛的应用，以SF_6断路器为主体的封闭式组合电器是高压和超高压电器的重要发展方向。

④ 真空断路器。真空断路器是在高度真空中灭弧，利用真空作为绝缘介质和灭弧介质。这种断路器具有开断能力强、灭弧迅速、触头不易氧化、运行维护简单、灭弧室不需检修、结构简单、体积小、质量轻、噪声低、寿命长、无火灾和爆炸危险等优点；但对制造工艺、材料和密封性要求高，开断电流和断口电压不能很高。

城市轨道交通中，在110 kV及以上的GIS组合电器中大多采用SF_6断路器，而中压（35 kV或者10 kV）开关柜大多采用真空断路器。

4. 高压断路器的基本结构

高压断路器的结构很多，型式各异，但基本上都是由开断元件、绝缘支撑元件、操动机构、中间传动机构和基座等几部分组成，如图4.22所示。开断元件是断路器用来进行关合、承载和开断正常工作电流和故障电流的执行元件，它包括触头、导电部分和灭弧室等。操动机构（也称为操作机构）向开断元件提供分、合闸操作的能量，实现各种规定的顺序操作，并维持开关的合闸状态，触头的分合动作是靠操动机构来带动的，常用的操动机构有手动操动机构、电磁操动机构、弹簧操动机构、气动操动机构和液压操动机构等。绝缘支撑元件起着固定开断元件的作用，并使其带电部分与地绝缘。中间传动机构把操动机构提供的操作能量及发出的操作命令传递给开断元件。基座用于支撑、固定和安装开关电器的各结构部分，使之成为一个整体。

断路器在电路中的图形符号如图4.23所示，文字符号用QF表示。

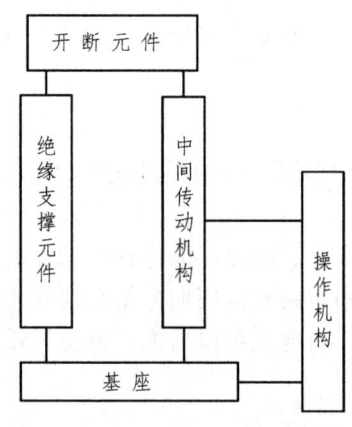
图 4.22 高压断路器结构示意图

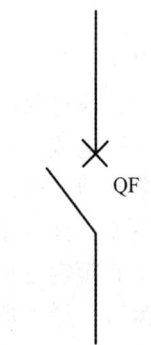
图 4.23 断路器图形符号

5. 高压断路器的型号

高压断路器类型很多，目前我国断路器的型号根据国家技术标准的规定，一般由文字符号和数字按以下方式组成：

$$[1][2][3][4]—[5][6][7]/[8][9]—[10][11]$$

其代表意义为：

[1] 产品名称，用下列字母表示：S—少油断路器；D—多油断路器；K—空气断路器；L—六氟化硫断路器；Z—真空断路器。

[2] 装置地点代号：N—户内；W—户外。

[3] 设计序号：以数字 1、2、3 表示。

[4] 改进顺序号：以 A、B、C 表示。

[5] 额定电压，单位 kV。

[6] 其他补充工作特性标志：G—手车式；C—改进型；F—分相操作。

[7] 特殊使用条件标志：W—污秽；TH—湿热；G—高海拔。

[8] 操动机构类别：CS—手动；CD—电磁；CY—液压；CT—弹簧。

[9] 额定电流，单位 A。

[10] 额定开断电流，单位 kA。

[11] 企业自定义符号。

6. 高压断路器的基本技术参数

（1）额定电压（kV）

高压断路器在规定的正常使用和性能条件下，能够连续运行的最高电压称为断路器的额定电压。根据《高压开关设备和控制设备标准的共用技术要求》(GB/T 11022—2011)的规定，高压断路器的额定电压有：3.6 kV、7.2 kV、12 kV、24 kV、31.5 kV、40.5 kV、63 kV、72.5 kV、126 kV、252 kV、363 kV、550 kV、800 kV、1 100 kV 等。

断路器工作时还应耐受高于额定电压的各种过电压作用而不会导致绝缘的损坏。标志这方面性能的参数有：短时工频耐受电压、雷电冲击耐受电压和操作冲击耐受电压。具体数值与断路器的额定电压有关，可参考交流断路器有关国家标准，如《高压交流断路器》（GB 1984—2014）。

（2）额定电流（A）

额定电流指在规定的正常使用和性能条件下，断路器主回路能够连续承载的电流有效值。

（3）额定开断电流（kA）

它是表征断路器开断能力的参数。在额定电压下，断路器能保证可靠开断的最大电流，称为额定开断电流，其单位用断路器触头分离瞬间短路电流周期分量有效值的千安数表示。当断路器在低于其额定电压的电网中工作时，其开断电流可以增大。但受灭弧室机械强度的限制，开断电流有一最大值，称为极限开断电流。

（4）动稳定电流（kA）

它是表征断路器通过短时电流能力的参数，反映断路器承受短路电流电动力效应的能力。断路器在合闸状态下或关合瞬间，允许通过的电流最大峰值，称为动稳定电流，又称为极限通过电流。断路器通过动稳定电流时，不能因电动力作用而损坏。

（5）关合电流（kA）

关合电流是表征断路器关合电流能力的参数。因为断路器在接通电路时，电路中可能预伏有短路故障，此时断路器将关合很大的短路电流。这样，一方面由于短路电流的电动力减弱了合闸的操作力，另一方面由于触头在尚未接触前发生击穿而产生电弧，可能使触头熔焊，从而使断路器造成损伤。断路器能够可靠关合的电流最大峰值，称为额定关合电流。额定关合电流和动稳定电流在数值上是相等的，两者都等于额定开断电流的 2.55 倍。

（6）热稳定电流和热稳定电流的持续时间（kA，s）

热稳定电流也是表征断路器通过短时电流能力的参数，但它反映的是断路器承受短路电流热效应的能力。热稳定电流是指断路器处于合闸状态下，在一定的持续时间内，所允许通过电流的最大周期分量有效值，此时断路器不应因短时发热而损坏。国家标准规定：断路器的额定热稳定电流等于额定开断电流。额定热稳定电流的持续时间为 2 s，需要大于 2 s 时，推荐 4 s。

（7）合闸时间与分闸时间

这是表征断路器操作性能的参数。各种不同类型的断路器的分、合闸时间不同，但都要求动作迅速。合闸时间是指从断路器操动机构合闸线圈接通到主触头接触的这段时间，断路器的分闸时间包括固有分闸时间和熄弧时间两部分。固有分闸时间是指从操动机构分闸线圈接通到触头分离的这段时间，熄弧时间是指从触头分离到各相电弧熄灭为止的这段时间。

（8）操作循环

操作循环也是表征断路器操作性能的指标。架空输电线路的短路故障，大多数是雷害、鸟害等临时性故障。因此，为了提高供电的可靠性并增加电力系统的稳定性，线路保护多采用快速自动重合操作的方式，即输电线路发生短路故障时，根据继电保护发出的信号，断路器开断短路故障，然后经很短时间又再次自动关合。断路器重合后，如故障并未消除，断路器必须再次开断短路故障。在有些情况下，由运行人员在断路器第二次开断短路故障后经过一定时间（例如 180 s），再令断路器关合电路，称作"强送电"。强送电后，故障如仍未消除，断路器还需第三次开断短路故障。上述操作顺序称为快速自动重合闸断路器的额定操作顺序，操作顺序为：

$$\text{分} — \theta — \text{合分} — t — \text{合分}$$

式中　分——分闸操作。

　　　合分——断路器合闸后无任何有意延时就立即进行分闸操作。

　　　θ——无电流间隔时间，即断路器开断时从所有相中电弧均已熄灭起到重新关合时任意一相中开始通过电流时的时间间隔，对快速自动重合闸的断路器，取 0.3 s。

　　　t——运行人员"强送电"时间，一般时间为 180 s；采用快速自动重合闸的断路器，在上述很短的时间内应该能可靠地多次连续关合、开断短路故障。

对于断路器来说，这种连续多次开合短路电流比只开断一次短路电流的负担要沉重得多。

二、真空断路器的结构、原理

微课：真空断路器

真空一般是指气体稀薄的空间，凡是绝对压力低于正常大气压力的状态都可称为真空状态。绝对压力等于零的空间称为绝对真空，即真正的真空或理想的真空。真空度顾名思义就是真空的程度，即气体稀薄的程度。真空度以气体的绝对压力值来表示，压力越低则真空度越高。在国际单位制中，压力以帕（Pa）为单位，即 1 N/m² 的作用力。一个标准大气压约为 0.1 MPa，即 $1.013\,25 \times 10^5$ Pa。真空断路器中动静触头封装在一个密闭的空间，这个空间的真空度为 $1.33 \times 10^{-5} \sim 1.33 \times 10^{-2}$ Pa。

1. 真空中的电弧

真空间隙的气体稀薄，分子的自由行程大，发生碰撞的概率小，因此，碰撞游离不是真空间隙击穿产生电弧的主要因素。真空中电弧是在触头电极蒸发出来的金属蒸气中形成的。

不管触头表面如何平整，微观上看总是凸凹不平的。两触头接触时，只有表面突起的部分相接触，接触点的多少和接触面积的大小、接触压力等有关。当触头在真空中开断电流时，随着触头分离，接触压力减小，接触点的数量和接触面积也随之减少。电流集中在越来越少的少数接触点上，损耗增加，接触点温度急剧升高，出现熔化。随着触头继续分开，熔化的金属桥被拉长变细并最终断裂产生金属蒸气。金属蒸气的温度很高，部分原子可能产生热电离，加上触头刚分离时，间隙距离很短，电场强度很高，阴极表面在高温、强电场的作用下又会发射出大量电子，并很快发展成温度很高的阴极斑点。而阴极斑点又会蒸发出新的金属蒸气和发射电子，这样触头间的放电将转变为自持的真空电弧。由此可见，维持真空电弧的是金属蒸气而不是气体分子。金属蒸气来自触头材料的蒸发，因此，影响真空间隙击穿的主要因素除真空度外，还与电极材料、电极表面状况、真空间隙长度等有关。

电弧中的离子与周围高真空相比而言，有着局部的高压力和高密度，因而电弧中的离子迅速向周围扩散。当电弧电流到达零值时，由于电流减小，从而向电弧供给的能量减少，电极的温度随之降低，当触头间的离子因扩散而消失的数量超过产生的数量时，电弧便不能维持而熄灭。

2. 真空灭弧室结构

真空灭弧室的结构示意图如图 4.24 所示。它主要由绝缘外壳、波纹管、动静触头和屏蔽罩等组成。外壳是由绝缘筒 1、静端盖板 2、动端盖板 7 和波纹管 8 所组成的真空密封容器。灭弧室内的静触头 3 固定在静导电杆 9 上，静导电杆穿过静端盖板 2 并与之焊成一体。动触头 4 固定在动导电杆 10 的一端，动导电杆的中部与波纹管 8 的一个端口焊在一起，波纹管的另一端口与动端盖板 7 的中孔焊接，动导电杆从中孔穿出外壳。在动、静触头和波纹管周围分别装有屏蔽罩 5 和 6。由于波纹管在轴向上可以伸缩，因而这种结构既能实现从灭弧室外操动动触头的分合运动，又能保证外壳的密封性。

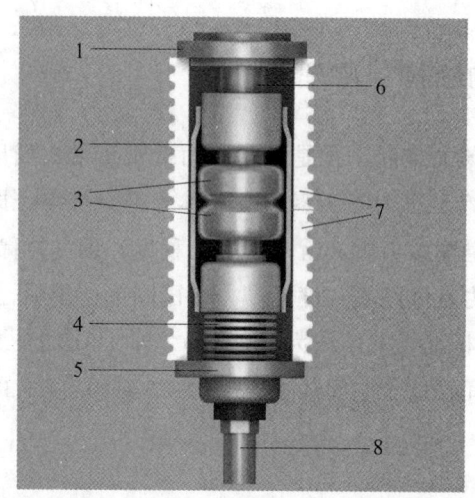

1—静端盖板；2—主屏蔽罩；3—触头；4—波纹管；5—动端盖板；
6—静导电杆；7—绝缘外壳；8—动导电杆。

图 4.24　真空灭弧室结构示意图

由于大气压力的作用，灭弧室在无机械外力作用时，其动静触头始终保持闭合位置，当外力使动导电杆向外运动时，触头才分离。

（1）绝缘外壳

绝缘外壳的作用是构成一个真空密封容器，同时容纳和支持真空灭弧室内的各个零件。为保证真空灭弧室工作的可靠性，对外壳的密封性要求很高，其次是要有一定的机械强度。

绝缘筒用硬质玻璃、高氧化铝陶瓷或微晶玻璃等绝缘材料制成。外壳的端盖常用不锈钢、无氧铜等金属制成。

（2）波纹管

波纹管的功能是用来保证灭弧室完全密封，同时使操动机构的运动得以传到动触头上。波纹管常用的材料有不锈钢、磷青铜等，其中不锈钢性能最好，有液压成形和膜片焊接两种形式。波纹管允许伸缩量应能满足触头最大开距的要求。触头每分合一次，波纹管的波状薄壁就要产生一次大幅度的机械变形，很容易使波纹管因疲劳而损伤。通常，波纹管的疲劳寿命也决定了真空灭弧室的机械寿命。

（3）屏蔽罩

真空灭弧室中的屏蔽罩有主屏蔽罩、波纹管屏蔽罩、盖板屏蔽罩三种。

主屏蔽罩的作用是：防止燃弧过程中电弧生成物喷溅到绝缘外壳的内壁上，引起其绝缘强度降低；冷凝电弧生成物，吸收部分电弧能量，以利于弧隙介质强度的快速恢复；改善灭弧室内部电场分布的均匀性，降低局部场强，促进真空灭弧室小型化。

波纹管屏蔽罩用以保护波纹管免遭电弧生成物的烧损，防止电弧生成物凝结在其表面上。

盖板屏蔽罩安装在两个盖板的内侧，用以均匀局部电场。

屏蔽罩采用导热性能好的材料制成，常用的材料有无氧铜、不锈钢和玻璃，其中铜是最常用的。在一定范围内，金属屏蔽罩厚度的增加可以提高灭弧室的开断能力。

（4）触 头

一般断路器的触头只是用来承载和开、合电流，电弧的熄灭由专门的灭弧装置来完成。真空断路器则不同，为了保持由玻璃、陶瓷或微晶玻璃制成的绝缘外壳内高的真空度，外壳内除了必要的动静触头外，不能再配置结构复杂的灭弧装置。

触头是真空灭弧室最为重要的元件，真空灭弧室的开断能力和电气寿命主要取决于触头状况。真空触头具有三种典型的结构型式：平板触头［见图 4.25（a）］、横磁场触头［见图 4.25（b）、（c）］、纵磁场触头［见图 4.25（d）、（e）］。

   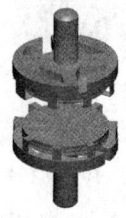 

（a）平板触头（b）杯状触头（横磁场）（c）螺旋触头（横磁场）（d）纵磁场触头（一）（e）纵磁场触头（二）

图 4.25　各种触头结构形状

① 平板触头。最初的真空灭弧室采用简单的平板触头。要增大开断电流，就得增大触头截面积。当电流超过 10 kA 时，真空电弧聚集，并停滞在局部地方，随着电弧温度的上升，产生严重熔焊的斑点。因此，平板触头一般用于开断 8 000 A 以下电流。

② 横磁场触头。为了防止触头局部熔焊，利用电弧沿特殊路径流过触头产生横磁场而驱动电弧在触头表面上运动。这种横磁场触头可分为螺旋触头和杯状触头两种。其开断能力可达 40 kA。

③ 纵磁场触头。纵磁场触头沿正极性真空弧柱的轴向施加一磁场，使之熄弧更为强烈。其开断电流在实验室已高达 200 kA。

3. 真空断路器的结构

城市轨道交通供电系统中，35 kV、10 kV 中压开关柜中的断路器通常采用真空断路器，具体情况可参阅 4.2 节中相关内容。

真空断路器的结构主要由操动机构、支撑用的绝缘子和真空灭弧室、支持套管、支架等构成，其基本结构如图 4.26 所示。

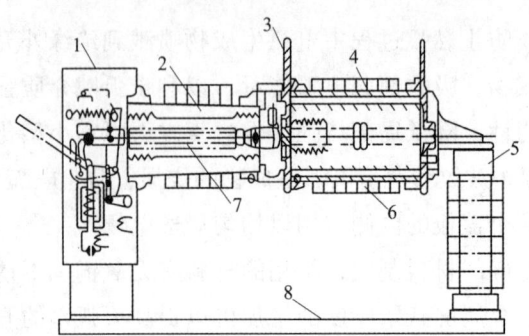

1—操动机构；2—支持套管；3—隔离插头；4—灭弧室；5—支持绝缘子；
6—保护套管；7—绝缘拉杆；8—底座。

图 4.26 真空断路器的基本结构

图 4.27 为某种型号的真空断路器产品外形图。

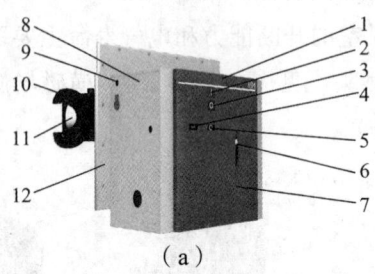
(a)

(b)

1—面板；2—机械式 ON 按钮；3—机械式 OFF 按钮；4—机械式操作次数计数器；5—机械式位置指示器；
6—储能杆传动件；7—机械式储能状态指示器；8—断路器操动机构；9—两侧的吊孔；
10—电极绝缘套管；11—断路器电极；12—安装板。

图 4.27 真空断路器的外形图

真空断路器的结构如图 4.28 所示，断路器本体呈圆柱状，垂直安装在做成托架状的断路器操动机构外壳 1 的后部。断路器本体为组装式，导电部分设置在用绝缘材料制成的极柱套筒 4 内，使得真空灭弧室免受外界影响和机械的伤害。

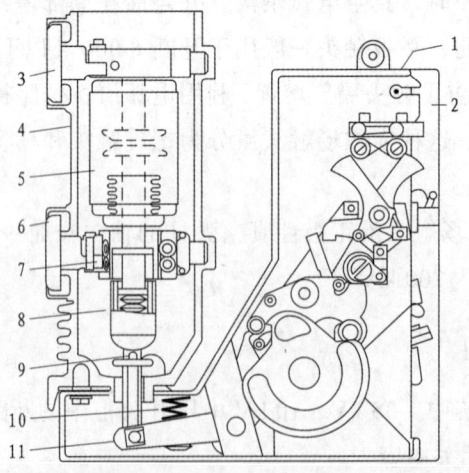

1—断路器操动机构外壳；2—可拆卸的面板；3—上部接线端子；4—极柱绝缘套筒；5—真空灭弧室；
6—下部接线端子；7—滚子触头；8—触头压力弹簧；9—绝缘拉杆；10—分闸弹簧；11—拨叉。

图 4.28 真空断路器结构图

断路器在合闸位置时主回路的电流路径是：从上出线端子 3 经固定在极柱套筒 4 上的灭弧室支撑座，到位于真空灭弧室 5 内部的静触头，而后经过动触头及滚子触头 7，至下部接线端子 6。真空灭弧室的开合是由绝缘拉杆 9 与触头压力弹簧 8 推动的。

4. 真空断路器的特点

真空断路器具有体积小、占地面积小、使用安全、维护简单的特点。真空灭弧室是密封的，工作状态与外界大气条件无关，真空灭弧室开断性能不受外部环境的影响，在开断短路电流时不会产生喷油、排气，不会给外界带来污染。

真空断路器在使用中，灭弧室无须检修；开断过程中不会产生很高的压力，爆炸危险性小；开断短路电流时也没有很大的噪声，可以频繁操作，因此特别适合配电系统使用。

三、SF_6 断路器的结构、原理

SF_6 断路器是以 SF_6 气体作为灭弧介质和绝缘介质的一种断路器。SF_6 气体具有良好的绝缘性能和灭弧能力，因此其在断路器中的应用得到迅速发展。

1. SF_6 气体的性能

SF_6 气体是无色、无臭、无毒、不燃的惰性气体，并且容易液化。SF_6 气体具有热容量大、负电性强的特点。SF_6 气体环境下的电弧能量小，弧柱温度较低。SF_6 气体负电性强，加强了去游离，降低导电率。在电弧电流过零后，弧柱温度将急剧下降，分解物急速复合。因此，SF_6 气体弧隙的介电性能恢复速度很高，能耐受很高恢复电压，电弧在电流过零后难重燃。

SF_6 气体化学性质非常稳定，在允许运行温度范围内，SF_6 气体本身对设备中常用的铜、钢、铝等金属材料不起化学作用。在 200 ℃ 以上时，对铜和铝的腐蚀也是极微弱的。一般来说，SF_6 气体对断路器的材料没有腐蚀作用，因此断路器的检修周期长，检修工作量少。

SF_6 的危害主要体现在两个方面：一是高温电弧分解产物和其本身（或分解产物）与接触介质发生化学反应生成物对生物的毒性作用；二是六氟化硫（SF_6）作为一种温室气体对环境的危害。

电气设备内的 SF_6 气体在高温电弧发生作用时而产生的某些有毒产物，这种物质对绝缘材料、金属材料、玻璃、电瓷等含硅材料有很强的腐蚀性。例如：SF_6 气体分解物与水的继发性反应；与电极（Cu-W 合金）及金属材料（Al、Cu）反应而生成某些有毒产物。因此，在制造、运用和检修 SF_6 断路器时，应该注意以下几个方面：

① 必须严格控制 SF_6 气体中的水分。现在通常从以下几个方面采取措施：加强断路器的密封；组装断路器时，要先对零部件进行彻底烘干；严格控制 SF_6 气体中含水量；严格控制断路器充气前的含水量；在 SF_6 断路器内部加装吸附剂。

② 由于 SF_6 气体在灭弧时会产生有毒气体和粉尘，在排放废气和拆开断路器灭弧部件时，应戴防毒面具、防护手套、长袖工作服，尽量不露出皮肤，处理有毒废料时应戴防护手套。

③ 排出的 SF_6 废气时，应通过滤罐过滤有毒粉尘后才排放到大气中。

④ 断路器部件的拆装、检修一般应在干燥、清洁的室内进行，现场检修时天气应稳定无雨且空气湿度不得大于 80%。

⑤ 为防止断路器内部进入潮气和灰尘，拆卸处理过的部件应马上用塑料布（袋）包好并系紧。

2. SF_6 断路器灭弧室工作原理

SF_6 断路器灭弧室有双压式和单压式两种结构。双压式灭弧室设有高压和低压两个气压系统。低压系统主要用作灭弧室的绝缘介质，高压系统只在灭弧过程中才起作用。这种灭弧室具有吹弧能力强、开断容量大、动作快、燃弧时间短等优点。所以，早期的 SF_6 断路器都采用这种灭弧室。但其存在结构复杂、所用辅助设备多、维护不方便等明显缺点，已逐渐被单压式灭弧室所取代。

单压式灭弧室是根据活塞压气原理工作的，又称压气式灭弧室。平时灭弧室中只有一种压力的 SF_6 气体，起绝缘作用。开断过程中，灭弧室所需的吹气压力由动触头系统带动压气缸对固定活塞做相对运动，产生短时高压气体，从而吹弧并熄弧。其 SF_6 气体同样是在封闭系统中循环使用，不能排向大气。这种灭弧室结构简单、动作可靠。我国研制的 SF_6 断路器均采用单压式灭弧室，其按电弧是否被拉长可分为定开距和变开距两种。定开距是指开关在灭弧过程中弧触指位置始终不变，而变开距的弧触指是移动的，电弧随触指的运动改变长度。两者共同的特点是都要通过压气缸预压缩，在电弧形成后对电弧进行吹弧。

（1）定开距灭弧室

图 4.29 为定开距灭弧室结构示意图（合闸状态）。断路器的触头由两个带喷嘴的空心静触头 3、5 和动触头 2 组成。断路器弧隙由两个静触头保持固定的开距，故称为定开距灭弧室。由于 SF_6 的灭弧和绝缘能力强，所以开距一般不大。动触头与压气缸 1 连成一体，并与拉杆 7 连接，操动机构可通过拉杆带动动触头和压气缸左右运动。固定活塞由绝缘材料制成，它与动触头、压气缸之间围成压气室 4。

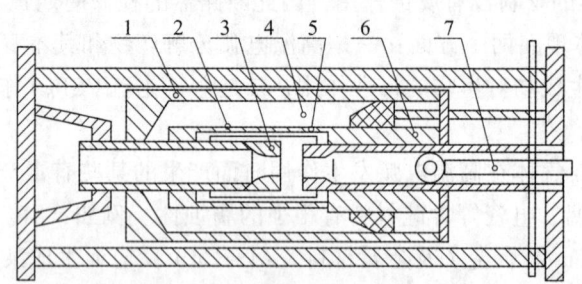

1—压气缸；2—动触头；3、5—静触头；4—压气室；6—固定活塞；7—拉杆。

图 4.29 定开距灭弧室结构示意图

定开距灭弧室动作过程示意图如图 4.30 所示，图 4.30（a）为断路器处于合闸位置，这时动触头跨接于两个静触头之间，构成电流通路；分闸时，操动机构可通过拉杆带动动触头和压气缸向右运动，使压气室内的 SF_6 气体被压缩，压力提高 1 倍左右，这一过程被称为压气过程或预压缩过程，如图 4.30（b）所示；当动触头离开静触头时，产生电弧，同时将原来被动触头所封闭的压气缸打开，高压 SF_6 气体迅速向两静触头内腔喷射，对电弧进行强烈的双向纵吹，如图 4.30（c）所示；当电弧熄灭后，触头处在分闸位置，如图 4.30（d）所示。

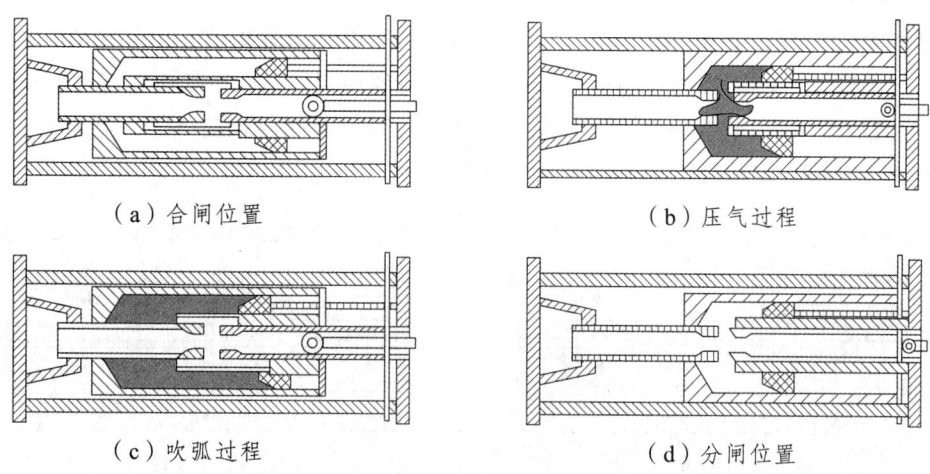

(a) 合闸位置　　　　　　　　（b) 压气过程

(c) 吹弧过程　　　　　　　　（d) 分闸位置

图 4.30　定开距灭弧室动作过程示意图

这种灭弧室的特点：开距较短，电弧长度短，能量小易熄灭，开断电流大，电场的分布比较均匀，气流状态好，喷口可以用耐弧的合金做成，烧损轻微，但压气室的气体利用率较低，行程大，动作时间长。

（2）变开距灭弧室

变开距灭弧室结构示意图（分闸状态）如图 4.31 所示，其触头系统包括主静触头 1、弧静触头 2、主动触头 5、弧动触头 4 及中间触头 10，主触头（即工作触头）和中间触头装在外侧，以改善散热条件，提高断路器的热稳定性。喷嘴 3 由耐高温的绝缘材料制成，并与弧动触头 4、主动触头 5 及压气缸 6 连成一体，构成灭弧室的可动部分。压气室 8 由通道通向喷嘴 3，在固定活塞 9 上有逆止阀 7。合闸时操动机构通过拉杆使可动部分向左运动，压气室压力降低，逆止阀打开，SF_6 气体从活塞上的小孔经逆止阀冲入压气室，不致使压气室内形成负压，影响合闸速度。

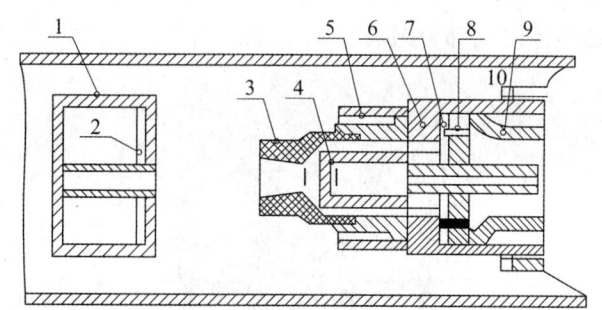

1—主静触头；2—弧静触头；3—喷嘴；4—弧动触头；5—主动触头；6—压气缸；
7—逆止阀；8—压气室；9—固定活塞；10—中间触头。

图 4.31　变开距灭弧室结构示意图

变开距灭弧室动作过程示意图如图 4.32 所示，图 4.32（a）断路器处于合闸位置，这时由主静触头、主动触头、压气缸、中间触头构成电流通路；分闸时，操动机构通过拉杆带着可动部分向右运动，使压气室内的 SF_6 气体被压缩，逆止阀关闭，压气室压力增加，主动触头、静触头首先分离，如图 4.32（b）所示；当弧动、静触头分离时，产生电弧，同时压气室高压气流向弧动、静触头内腔喷射，对电弧进行强烈的双向纵吹，如图 4.32（c）所示；当电弧过零时熄灭，触头处在分闸位置，弧柱的热能被排入灭弧室钢筒外壳，新鲜冷态的 SF_6 气体重新充入弧隙，保证断口的绝缘，如图 4.32（d）所示。

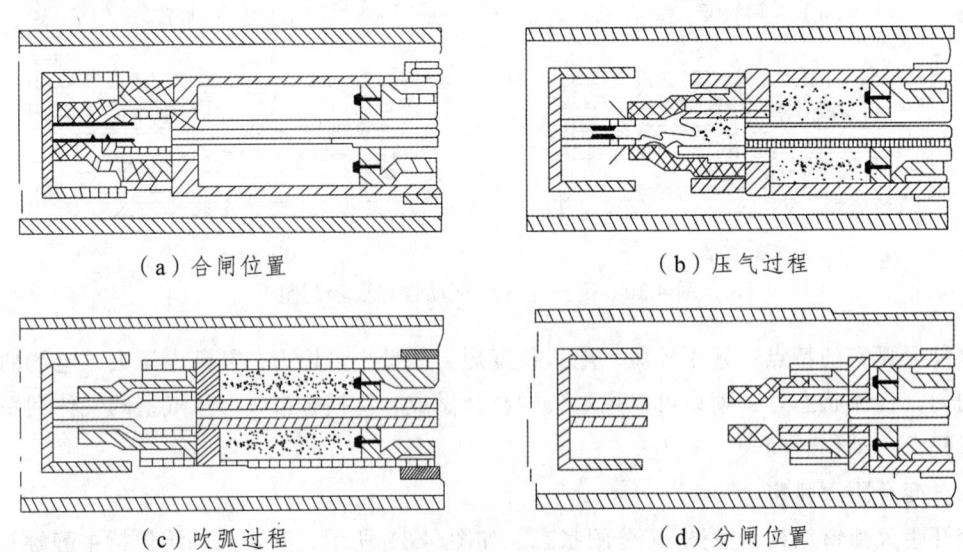

（a）合闸位置　　　　　　　　　　（b）压气过程

（c）吹弧过程　　　　　　　　　　（d）分闸位置

图 4.32　变开距灭弧室动作过程示意图

这种灭弧室的特点：气吹时间长，气体利用率较高，可利用弧柱对弧道的堵塞效应加强电弧过零前后的气流量，但开距较长，弧压高弧能大，不易提高开断容量。

3. 开关柜中断路器的类型

高压开关柜通常采用 SF_6 断路器，其结构如图 4.33 所示，断路器由装于上部的弹簧操动机构 1 和下部的断路器本体两大部分组成。

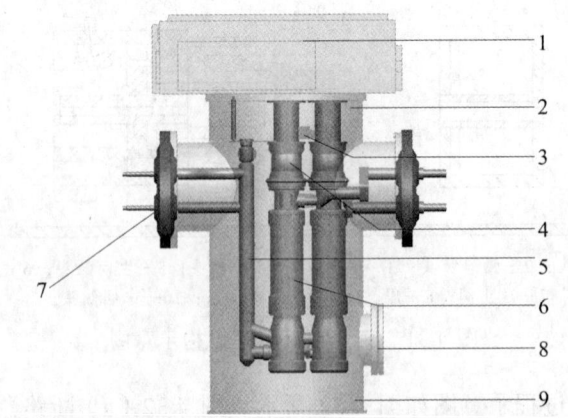

1—弹簧机构；2—支持件；3—连动杆；4—支持绝缘件；5—导体；
6—灭弧室；7—盆式绝缘子；8—吸附剂；9—壳体。

图 4.33　SF_6 断路器的结构

断路器本体由支持件 2、连动杆 3、支持绝缘件 4、导体 5、灭弧室 6 等组成，主导电回路通过盆式绝缘子 7 引入（引出）并固定在壳体 9 上；弹簧机构的操作能通过连动杆转化为三个灭弧室的操作能，灭弧室与壳体之间通过支持绝缘件绝缘，断路器的壳体在工作状态始终处于低电位，壳体内部充额定压力的 SF_6 气体用于灭弧和相间、导电部位与接地的壳体之间的绝缘。

吸附剂 8 用来吸收 SF_6 气体中的微量水分和断路器开断时 SF_6 气体的分解物，是 SF_6 气体的重要组成部分，也是保证断路器的绝缘性能和开断能力的重要材料。

第四节 交流开关柜中的隔离开关

一、隔离开关的概述

1. 高压隔离开关的特点

隔离开关又称刀闸，是一种没有灭弧装置的开关电器，敞开式隔离开关的触头全部敞露在空气中。在分闸状态下，有明显可见的断口；在合闸状态下能可靠地通过正常工作电流，并能在规定的时间内承受故障短路电流和相应电动力的冲击。隔离开关没有灭弧装置，仅能用来分、合只有电压没有负荷电流的电路，否则会在隔离开关的触头间形成强大电弧，危及设备和人身安全，造成重大事故。因此，在电路中隔离开关一般只能在断路器已将电路断开的情况下才能接通或断开。

隔离开关的动触头和静触头断开后，两者之间的距离应大于被击穿时所需的距离，避免在电路中发生过电压时断开点发生击穿，以保证检修人员的安全。必要时可在隔离开关上附设接地开关，以供检修时接地用。

为了满足不同接线和不同场地条件下达到合理布置、缩小空间和占地面积以及适应不同用途和工作条件的要求，隔离开关已发展成了较多品种和规格的系列化产品。

2. 高压隔离开关的用途

隔离开关是变电所中用量最多的高压电器，它的主要用途是保证高压电气设备检修时的安全。用隔离开关将需要检修的部分与其他带电部分可靠地断开隔离，工作人员可以安全地检修电气设备，不致影响其余部分的工作，隔离开关的主要用途为：

（1）检修与分段隔离

利用隔离开关断口的可靠绝缘能力，使需要检修的电气设备与带电系统相互隔离，以保证被隔离的设备能安全地进行检修。

（2）改变运行方式

在断口两端接近等电位的条件下，带电进行分、合闸，变换母线或其他不长的并联线路的接线方式，例如双母线电路中的倒换母线操作等。

（3）接通和断开小电流电路

利用隔离开关断口在分开时的电弧拉长和空气的自然熄弧能力，分、合一定长度的母线、电缆或架空线路的电容电流；分、合电压互感器、避雷器或分、合变压器的接地中性点；分、合励磁电流不超过2A的空载变压器；分、合电容电流不超过5A的空载线路等。

（4）自动快速隔离

快速隔离开关具有自动快速分开断口的性能。这类隔离开关在一定的条件下能迅速隔离开已发生故障的设备和线路，达到节省断路器用量的目的。

3. 隔离开关基本要求

① 应有明显的断开点，运行人员能清楚看出隔离开关的分、合状态，易于区别电器是否与电网隔离。

② 断开点间应具有可靠的绝缘。即要求断开点间有足够的安全距离，能保证在过电压和相间击穿的情况下，确保检修、运行人员安全。

③ 具有足够的热稳定性和动稳定性。即受到允许范围内电流的热效应和电动力作用时，其触头不能熔焊，也不能因电动力的作用而断开或损坏。

④ 对于用在气候寒冷地区的户外型隔离开关，应具有设计要求的破冰能力，在冰冻的环境里应能可靠地分、合闸。

⑤ 带有接地刀闸的隔离开关，隔离开关的主刀闸与接地刀闸之间要有机械的和电气的联锁机构，以保证分闸时先断开隔离开关的主刀闸，后闭合接地刀闸；合闸时，先断开接地刀闸，后闭合隔离开关的主刀闸。

⑥ 隔离开关与断路器配合使用时，要有机械的或者电气的联锁装置，保证断路器分闸后隔离开关才能分闸，隔离开关合闸后断路器才能合闸。

⑦ 结构简单，动作准确可靠。

4. 高压隔离开关的分类

隔离开关类型很多，一般按下列方法进行分类：

① 按安装地点的不同，可分为户内式和户外式两种。

② 按支柱绝缘子的数目，可分为单柱式、双柱式和三柱式三种。

③ 按隔离开关的运动方式，可分为水平旋转式、垂直旋转式、摆动式和插入式四种。

④ 按有无接地装置及装设接地开关数量的不同，分为不接地（无接地刀闸）、单接地（有一个接地刀闸）和双接地（有两个接地刀闸）三种。

⑤ 按极数，可分为单极和三极两种。

⑥ 按操动机构的不同，可分为手动、电动等类型。

⑦ 按使用性质不同，分为一般用、快分用和变压器中性点接地用三种。

5. 高压隔离开关的型号

隔离开关型号、规格一般由文字符号和数字表示：

$$[1][2][3]—[4][5]/[6]$$

[1] 产品字母代号：隔离开关用G。

[2] 安装场所代号：户内用N；户外用W。

[3] 设计序列顺序号：用数字1、2、3…表示。

[4] 额定电压，kV。
[5] 其他标志：如 T 表示统一设计；G 表示改进型；D 表示带接地刀闸；K 表示快分型等。
[6] 额定电流，A。

二、隔离开关的典型结构

隔离开关由导电部分、绝缘部分、操动机构、传动机构、支持底座五部分组成，各组成部分的功能如下：

① 导电部分：包括触头、闸刀、接线座。主要起传导电路中的电流、关合和开断电路的作用。

② 绝缘部分：包括支持绝缘子和操作绝缘子。实现带电部分和接地部分的绝缘。

③ 操动机构：通过手动、电动、气动、液压向隔离开关的动作提供能源。

隔离开关的操动机构，常用的有手动和电动两类。采用手动操动机构时，必须在隔离开关安装地点就地操作。手动操动机构结构简单、价格低廉、维护工作量少，而且，在合闸操作后能及时检查触头的接触情况，因此被广泛应用；电动操动机构操作隔离开关时，操作方便、省力和安全，且便于在隔离开关和断路器间实现闭锁，以防止误操作。电动操动机构结构复杂、价格贵、维护工作量大，但可以实现远方操作，主要用于户内式重型隔离开关。

④ 传动机构：由拐臂、联杆、轴齿或操作绝缘子组成。接受操动机构的力矩，将运动传动给触头，以完成隔离开关的分、合闸动作。

⑤ 支持底座：将导电部分、绝缘部分、传动机构、操动机构等固定为一体，并使其固定在安装基础上。

三、三工位隔离开关

1. 概　述

动画：三工位隔离开关

三工位隔离开关通常用于 GIS 中，其有三个工作位置：隔离开关主断口接通的合闸位置、主断口分开的隔离位置、接地侧的接地位置。

三工位开关整合了隔离开关和接地开关两者的功能，即可由一把刀闸来完成，这样就可以实现机械闭锁，防止主回路带电时接通接地刀闸。因为三工位隔离开关用的是一把刀闸，其工作位置在某一时刻是唯一的，即主刀闸不是在合闸位置，就是在隔离位置或接地位置。而不像传统的隔离开关，主刀闸和接地刀闸是独立的，两把刀闸之间可能出现误操作。

三工位隔离开关外形图如图 4.34 所示，其采用母线穿墙式整块绝缘底

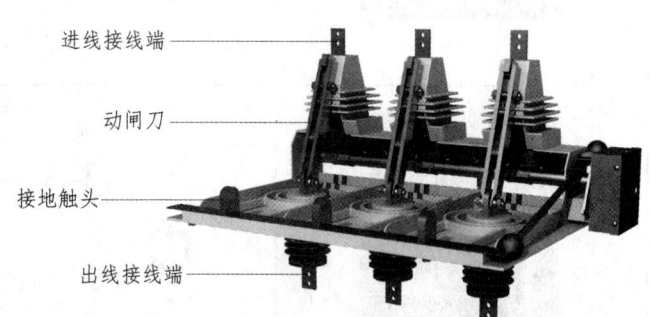

图 4.34　三工位隔离开关外形图

板，三工位结构确保隔离开关合闸时不能接地，接地时不能合闸，配有同轴手动操动机构和位置定位装置与断路器，具有机械联锁以确保隔离开关不会带负荷分合闸，配置带电显示功能。

2. 三工位隔离开关位置

三工位隔离开关位置如表 4.1 所示。

表 4.1 三工位隔离开关位置表

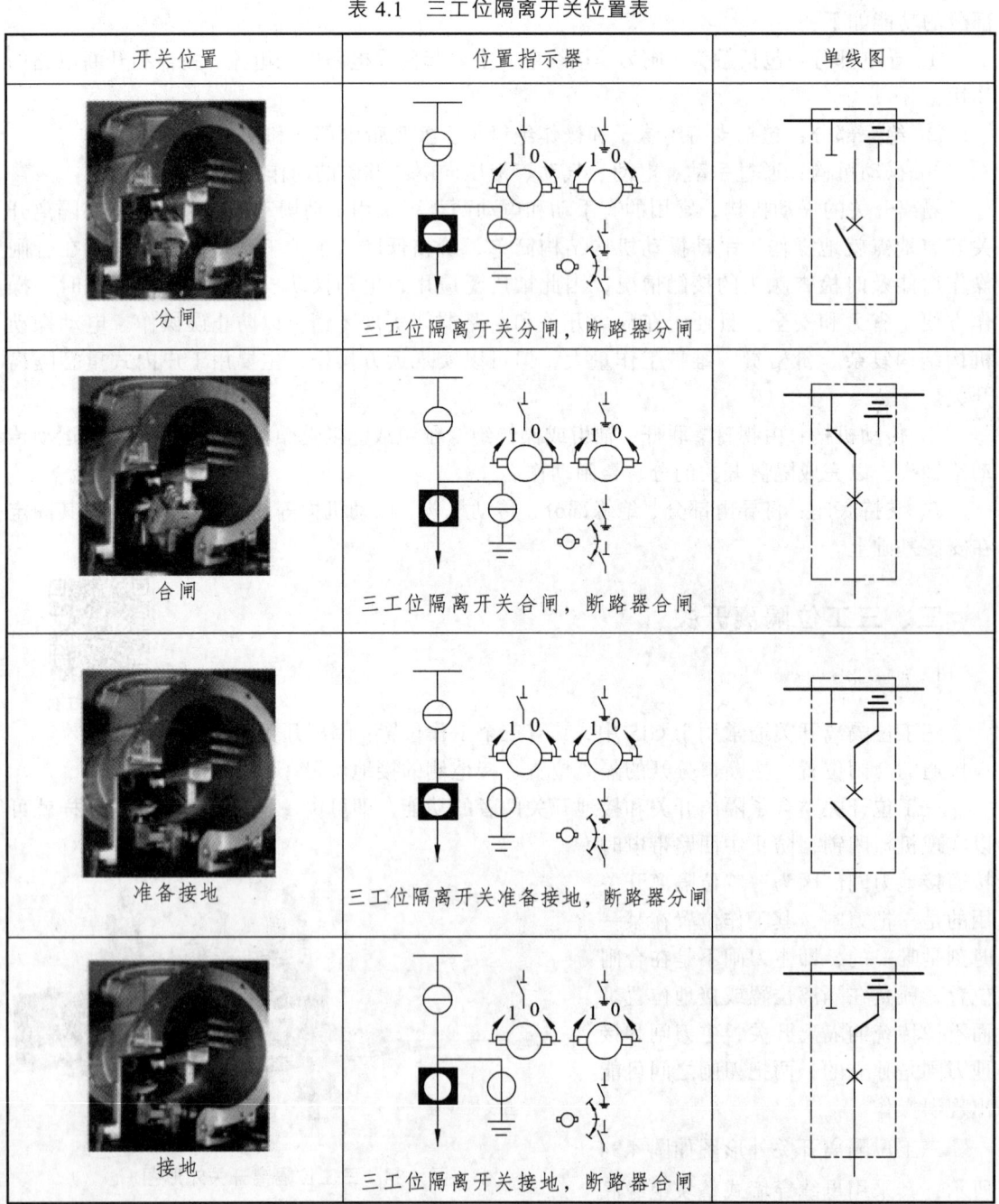

3. 三位置开关操作的注意事项

① 手动合隔离开关时机械联锁可防止三工位开关带负荷操作。
② 带负荷接地会损坏三工位开关。
③ 只有断路器合闸后,接地过程才结束。
④ 在装有马达操作三工位开关的开关柜中,如果马达电源出现故障,三工位开关在非特定的位置,必须用紧急操作杆手动操作三工位开关。
⑤ 紧急操作杆没有停止位置。操作超过了停止位置会损坏三工位开关。
⑥ 操作紧急操作杆时一定要一次操作到位,严禁来回搬动,以防止误操作。
⑦ 馈线接地应遵守五项安全守则:
  a. 与开关柜绝缘;
  b. 确保不会重合闸;
  c. 检查供电侧的安全绝缘;
  d. 接地和短路;
  e. 覆盖或隔离附近的带电体。
⑧ 要确保断路器不会打开,应:
  a. 向上拉锁定装置;
  b. 装上挂锁。
⑨ 解除接地时应:
  a. 取下挂锁;
  b. 锁定装置的杆自动向下回位;
  c. 操作断路器到"分开"位置;
  d. 操作接地开关到"分开"位置。

四、户内隔离开关

户内隔离开关分为单极式和三级式两种。一般为闸刀式结构并多采用线接触触头,图 4.35 为户内隔离开关的典型结构图。

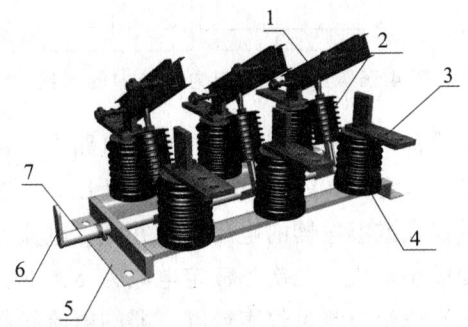

1—闸刀;2—操作绝缘子;3—静触头;4—支持绝缘子;5—底座;6—拐臂;7—转轴。

图 4.35 户内隔离开关典型结构

户内隔离开关导电部分包括闸刀 1(动触头)、静触头 3。闸刀及静触头采用铜导体制成,一般额定电流为 3 000 A 及以下的隔离开关采用矩形截面的铜导体,额定电流为 3 000 A 以上则采用槽形截面的铜导体。闸刀由两片平行刀片组成,电流平均流过两刀片且方向相同,产生相互吸引的电动力,使接触压力增加。支持绝缘子 4 固定在角钢底座 5 上,承担导电部分的对地绝缘。操作绝缘子 2 与闸刀 1 及转轴 7 上对应的拐臂铰接,操动机构则与轴端拐臂 6 连接,各拐臂均与轴硬性连接。当操动机构动作时,带动转轴转动,从而驱动闸刀转动而实现分、合闸。

第五节　交流开关柜中的互感器

一、互感器概述

互感器是电力系统中一次系统和二次系统之间的联络元件,用以变换电压或电流,分别为测量仪表、保护装置和控制装置提供电压或电流信号,反映电气设备的正常运行和故障情况。电力系统中互感器有电感型、电容型、光电式等,广泛使用的是电磁式互感器,它分为电压互感器(TV)和电流互感器(TA)两种,其一次绕组接入电网,二次绕组分别与测量仪表、保护装置等相互连接,如图 4.36 所示。

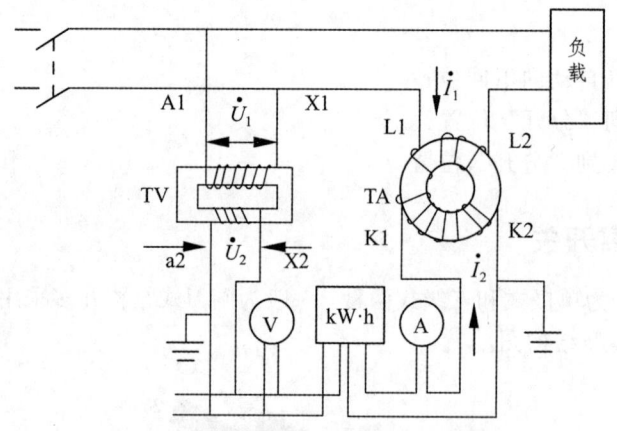

图 4.36　互感器在电力系统中的连接

电压互感器的一次侧(简称一次)绕组并接在高压电路中,将高电压变成低电压,二次侧(简称二次)绕组的额定电压为 100 V 或 100/$\sqrt{3}$ V,所以,一次侧绕组匝数大于二次侧绕组匝数,二次侧绕组与测量仪表或继电器的电压线圈并联。电流互感器的一次侧绕组串联在一次侧电路内,将大电流变成小电流,二次侧额定电流为 5 A 或 1 A,所以一次侧绕组匝数小于二次侧绕组匝数,二次侧绕组与测量仪表或继电器的电流线圈串联。互感器性能的好坏直接影响到系统测量、计量的准确性和继电保护、自动装置动作的可靠性。此外,互感器的作用体现在以下几个方面:

① 二次设备的绝缘水平可按低压设计,使测量仪表和继电保护装置标准化、小型化、结构轻巧、价格便宜。

② 所有二次设备可用低电压、小电流的控制电缆来连接，使配电屏内布线简单、安装方便、便于集中管理，可以实现远距离控制和测量。

③ 二次回路不受一次回路的限制，接线灵活、方便。对二次设备进行维护、调换以及调整试验时，不需中断一次系统的运行，仅改变二次接线即可。

④ 使一次设备和二次设备实现电气隔离。一方面互感器二次绕组接地，保证了二次设备和人身安全。另外，二次系统不受一次系统的限制，接线灵活，维护、调试、检修方便，便于实现远距离集中控制、保护、测量。

二、电压互感器

1. 电压互感器工作原理

工作时，电磁式电压互感器一次绕组与一次被测电力网并联，二次绕组与二次测量仪表和继电器的电压线圈并联，如图4.37（a）所示。

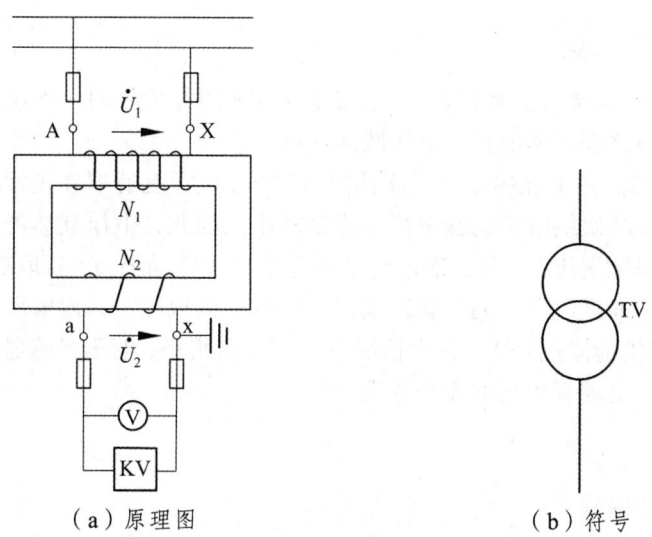

（a）原理图　　　　　　　（b）符号

图4.37　电磁式电压互感器的原理图和图形符号

电磁式电压互感器二次电压 U_2 近似与一次电压 U_1 成正比，测出二次电压，便可确定一次电压。

电动势平衡方程：

$$\dot{U}_1 = -\dot{E}_1 + \dot{I}_1 Z_1 \tag{4.2}$$

$$\dot{U}_2 = \dot{E}_2 - \dot{I}_2 Z_2 \tag{4.3}$$

忽略绕组漏阻抗压降：

$$\dot{U}_1 \approx -\dot{E}_1 \tag{4.4}$$

$$\dot{U}_2 \approx \dot{E}_2 \tag{4.5}$$

即

$$\frac{U_1}{U_2} \approx \frac{E_1}{E_2} = \frac{N_1}{N_2} = k_u \quad (4.6)$$

式中 k_u——电压互感器的变压比，一般表示为其额定一、二次电压比。

电压互感器在电路图中的图形符号如图 4.37（b）所示，文字符号用 TV 表示。

2. 电压互感器的电压误差和相位差

由于电压互感器存在励磁电流和内阻抗，使二次电压和一次电压大小不等，相位差也不等于 180°，即电压互感器测量结果会存在误差，通常用电压误差和相位误差表示。

① 电压误差为：$f_u = \dfrac{k_u U_2 - U_1}{U_1} \times 100\%$。

② 相位差：指互感器二次侧电压相量与一次侧电压相量的相角之差，以分为单位，并规定二次侧相量超前于一次侧相量时角误差为正，反之为负。

角误差对功率型测量仪表和继电器以及反映相位的保护装置有影响。

影响电压互感器误差的运行工况是二次负荷、功率因数和一次电压的数值等。

3. 电压互感器的特点

① 电压互感器一次绕组匝数较多，二次绕组匝数较少，使用时一次绕组与被测量电路并联，二次绕组与测量仪表或继电器等电压线圈并联。

② 由于测量仪表、继电器等电压线圈的阻抗很大，电压互感器在正常运行时二次绕组中的电流很小，一次、二次绕组中的漏阻抗压降都较小。因此，电压互感器在正常运行时相当于一个空载运行的降压变压器，其二次电压基本等于二次电动势值，且取决于一次的电压值，所以电压互感器在准确度所允许的负载范围内，能够准确地测量一次电压。

③ 二次侧所接负荷阻抗较大，正常情况下二次电流很小，电压互感器在接近于开路状态下运行，容量较小，要求有较高的安全系数。

4. 电压互感器的种类和型号

（1）电压互感器的种类

电压互感器按安装地点分为：户内式（35 kV 电压等级以下）和户外式（35 kV 及以上）。

电压互感器按绝缘方式分为：干式（低压）、浇注式（3~35 kV）、油浸式（35 kV 及以上）和气体绝缘式等。

电压互感器按绕组数分为：双绕组、三绕组和四绕组式。

电压互感器按相数分为：单相式（35 kV 及以上）和三相式（20 kV 以下）。

电压互感器按结构原理分为：电磁式和电容式。电磁式又可分为单级式（35 kV 以下）和串级式（63 kV 以上）。

（2）电压互感器的型号

电压互感器的型号用汉语拼音字母表示，其中包括产品型号符号和设计序号，短斜线后为电压等级。电压互感器的型号如下：

[1][2][3][4][5]/[6]

[1] 产品名称：J—电压互感器。

[2] 相数：D—单相，S—三相。

[3] 绝缘形式：J—油浸式，G—干式，Z—树脂浇注式，Q—气体，C—油瓷绝缘，R—电容分压式。

[4] 结构形式：B—三柱带补偿绕组，W—五柱三绕组，J—接地保护。

[5] 设计序号：用数字 1、2、3 表示。

[6] 额定电压：单位取 kV。

5. 电压互感器的接线方式

（1）单相电压互感器接线

一个单相电压互感器接入电路，如图 4.38（a）所示，左侧图用于测量某相对地电压，用于 35 kV 及以下的中性点非直接接地电网中；右侧图用于测量相间（线）电压，用于 110 kV 及以上中性点有效接地系统中。为安全起见，二次绕组有一端（通常取 x 端）接地。

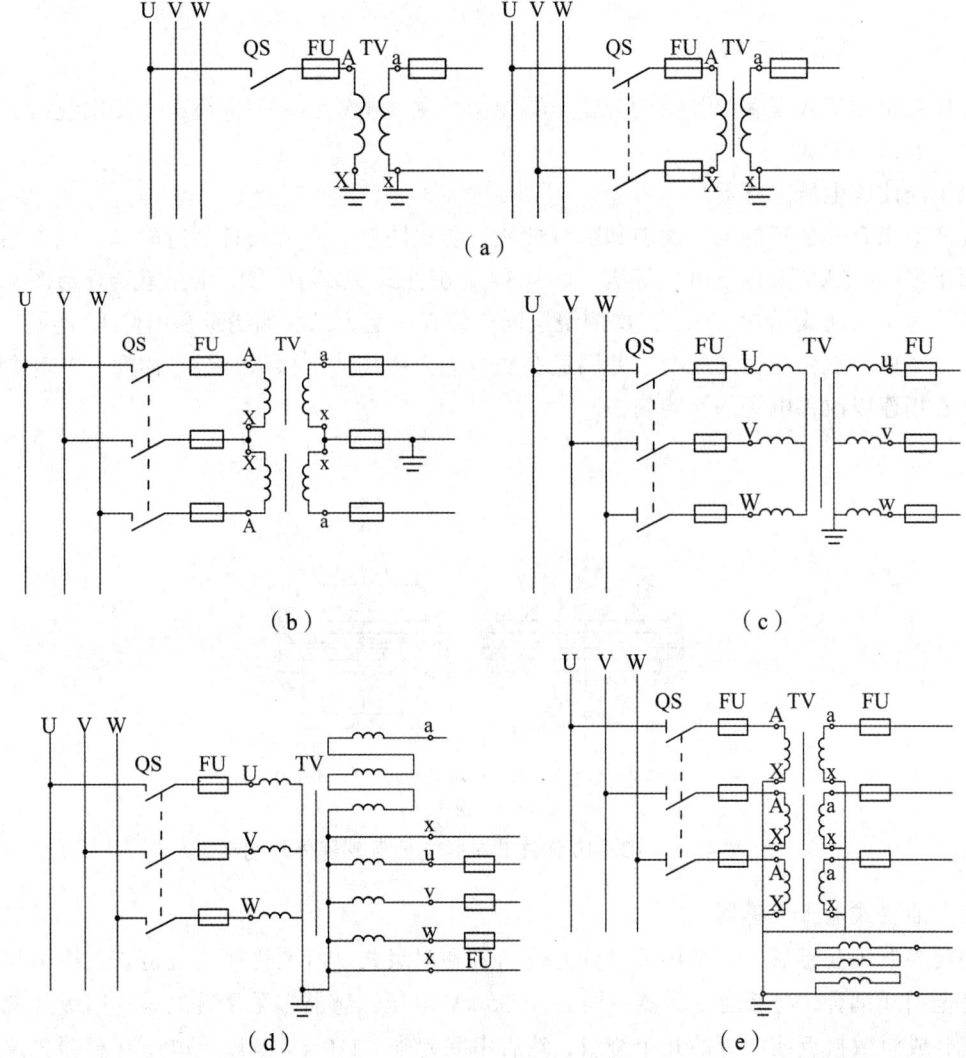

图 4.38 电压互感器的接线方式

（2）V，v形接线

V，v形接线又叫不完全星形接线，可以由两台单相高压侧无接地的电压互感器构成如图4.38（b）所示；也可以由一台高压侧无接地的三相电压互感器构成，如图4.38（c）所示。可以用来测量三相中任意相间（线）电压，应用于20 kV及以下中性点不接地或经消弧线圈接地的电网中。此接线特点是接线简单、经济，缺点是不能测量相电压。

（3）一台三相五柱式电压互感器YN，yn，d0接线

这种接线方式中互感器的一次侧、基本二次侧绕组均接成星形，且中性点共同接地，辅助二次侧绕组接成开口三角形。它既能测量线电压和相电压，又可以测量零序电压用作绝缘监察装置，广泛应用于小接地电流电网中，如图4.38（d）所示。

（4）三个单相三绕组电压互感器接成的YN，yn，d0接线

这种接线方式主要应用于3 kV及以上电网中，用于测量线电压、相电压和零序电压，如图4.38（e）所示。

6. 电压互感器的结构类型

电压互感器型式很多，其结构与变压器相似，主要由铁心、一次绕组、二次绕组、绝缘等几个主要部分构成。

（1）浇注式电压互感器

浇注绝缘有其独特的电气性能和机械性能，防火防潮、寿命长且制造简单，该类结构广泛应用于户内35 kV及以下电压等级。图4.39为浇注式JDZ-10型电压互感器外形图，该电压互感器为半封闭式结构，一、二次侧绕组同心绕在一起（二次侧绕组在内侧），连同一、二次侧引出线用环氧树脂浇注成型，并固定在底板上。浇注体下面涂有半导体漆，并与金属底板及铁心相连以改善电场的不均匀性。

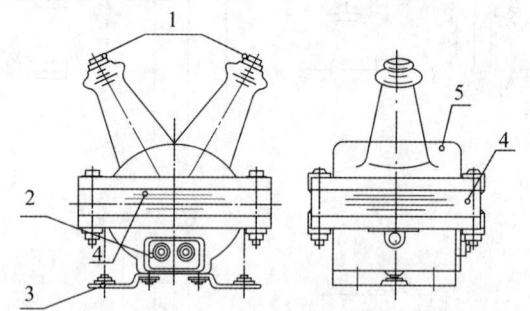

1——次绕组引出端；2—二次绕组引出端；3—接地螺栓；
4—铁心；5—浇注体。

图4.39 JDZ-10浇注式单相电压互感器外形图

（2）油浸式电压互感器

油浸式电压互感器按其结构又可分为普通式和串级式。所谓普通式就是二次绕组与一次绕组完全相互耦合，与普通变压器一样，3～35 kV电压互感器多采用普通式；串级式就是一次绕组分成匝数接近或相等的几个绕组，然后串联起来。110 kV及以上电压互感器普遍制成串级式结构，其特点是铁心和绕组采用分级绝缘，可简化绝缘结构，减小质量和体积。

如图 4.40 所示，单相户内油浸式 JDJ-35 型电压互感器的外形结构图。电压互感器的器身固定在油箱盖上并浸在油箱内，一、二次绕组的引出线分别经固定在箱盖上的高、低压瓷套管引出。

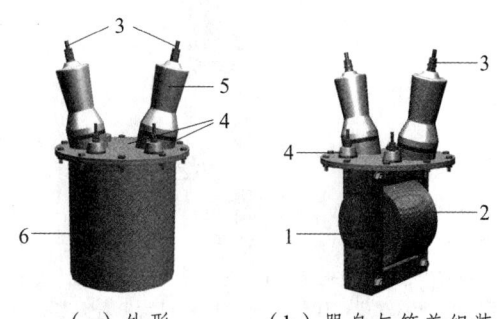

（a）外形　　（b）器身与箱盖组装

1—铁心；2—一次绕组；3—一次绕组引出端；4—二次绕组引出端及低压套管；
5—高压套管；6—油箱。

图 4.40　JDJ-35 型油浸式单相电压互感器的外形结构图

如图 4.41 所示，单相串级 JCC1-110 型电压互感器结构图。电压互感器的铁心和绕组装在充油的瓷外壳内，铁心带电位，用支撑电木板固定在底座上。贮油柜工作时带电，一次绕组首端从贮油柜上引出，一次绕组末端和二次绕组出线端从底座引出。

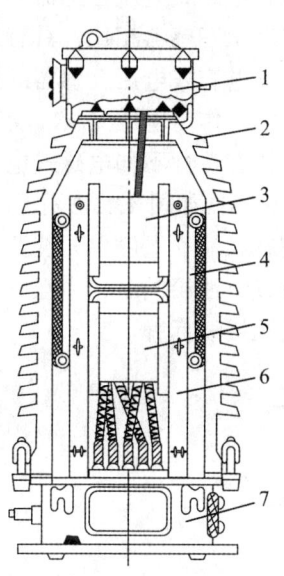

1—贮油柜；2—瓷外套；3—上柱绕组；4—铁心；5—下柱绕组；
6—支撑电木板；7—底座。

图 4.41　JCC1-110 型单相串级式电压互感器结构图

（3）SF_6 气体绝缘电压互感器

SF_6 气体绝缘电压互感器有两种结构形式：一种是 GIS 配套使用的组合式，另一种是独立式。与前者相比，后者主要是增加了高压引出线部分，它包括一次绕组高压引出线、高压瓷套等。如图 4.42 所示，SF_6 气体绝缘电压互感器结构示意图。

(a) 独立式电压互感器结构图　(b) 独立式电压互感器外形图　(c) GIS 配套式电压互感器

1—防爆片；2——次出线端子；3—高压引线；4—瓷套；5—器身；6—二次出线；7—盆式绝缘子；
8—外壳；9——次绕组；10—二次绕组；11—电屏；12—铁心。

图 4.42　SF_6 气体绝缘电压互感器图

SF_6 气体绝缘电压互感器的器身由一次绕组、二次绕组、辅助二次绕组和铁心组成。低压绕组为层式结构，一次绕组为宝塔形，绕组层绝缘采用聚酯薄膜。一次绕组在出线端有静电屏，在超高压产品中，其中部还设有中间屏蔽电极。一次绕组的铁心内侧还设有屏蔽电极以改善绕组与铁心间的电场。

（4）电容式电压互感器

随着电力系统电压等级的增高，电磁式电压互感器的体积和质量越来越大，成本也随之增加。电容式电压互感器与电磁式电压互感器相比，具有结构简单、质量轻、体积小、成本低的优点，且电压愈高效果愈明显，电容式电压互感器的运行维护也较方便，因此广泛用于 110～500 kV 中性点直接接地系统中，作为电压测量、功率测量、继电防护及载波通信用。其缺点是输出容量小，误差较大时暂态特性不如电磁式电压互感器。

TYD220 系列单柱叠装型电容互感器如图 4.43 所示。电容分压器由上、下节串联组合而成，装在瓷套管中，瓷管套内充满绝缘油；电磁单元装置由装在同一油箱中的中压互感器、补偿电抗器、保护间隙和阻尼器组成，油箱同时作为互感器的底座；二次接线盒在电磁单元装置侧面，盒内有二次端子接线板及接线标牌。

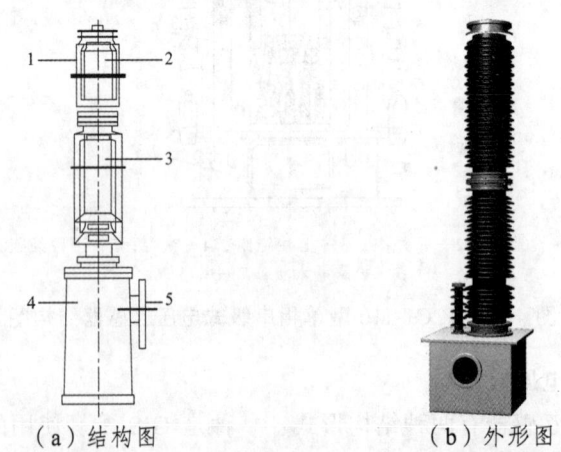

(a) 结构图　　　(b) 外形图

1—瓷套管；2—上节电容分压器；3—下节电容分压器；4—电磁单元装置；5—二次接线盒。

图 4.43　TYD220 系列单柱叠装型电容式电压互感器

7. 电压互感器使用注意事项

① 电压互感器二次侧不得短路,电压互感器的一、二次侧都应装设熔断器;
② 电压互感器铁心及二次绕组一端必须接地;
③ 电压互感器在接线时要注意端子极性的正确,接线时应保证一、二次绕组的首尾标号及同名端的正确;
④ 电压互感器的负载容量应不大于准确级相对应的额定容量。

三、电流互感器

1. 电流互感器工作原理

电力系统中广泛采用电磁式电流互感器,其原理接线如图 4.44(a)所示。其一次绕组串联于被测量电路内,二次绕组与二次回路串联。

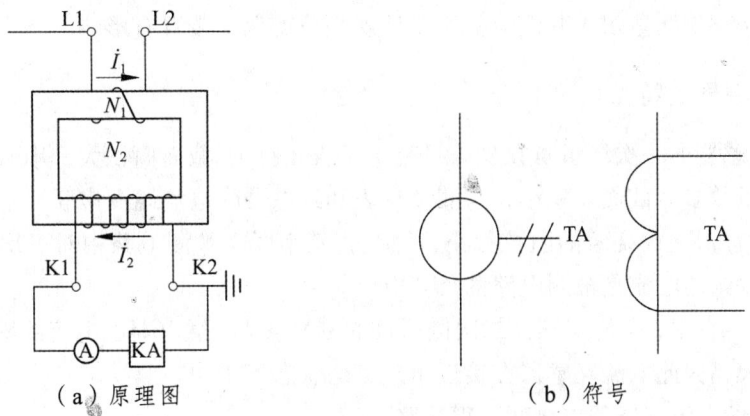

图 4.44 电流互感器的原理图和符号

当电流互感器一次侧流过电流 I_1 时,在铁心中产生交变磁通,此磁通穿过二次绕组,产生电动势,在二次回路中产生电流 I_2。

磁势平衡方程为

$$\dot{I}_1 N_1 = -\dot{I}_2 N_2 \tag{4.7}$$

忽略很小的励磁电流

$$I_0: \dot{I}_1 N_1 + \dot{I}_2 N_2 = \dot{I}_0 N_1 \tag{4.8}$$

只考虑电流数值,得

$$I_{1N} N_1 = I_{2N} N_2 \tag{4.9}$$

电流互感器的额定电流比:

$$\frac{I_1}{I_2} = \frac{N_2}{N_1} = k_I \tag{4.10}$$

式中　N_1——一次侧绕组匝数；
　　　N_2——二次侧绕组匝数；
　　　k_I——电流互感器的变流比。

电流互感器在电路图中的图形符号有 2 种，表示如图 4.44（b）所示，文字符号用 TA 表示。

2. 电流互感器的电流误差和相位差

由于励磁电流的存在，电流互感器有误差产生。

① 电流误差：$f_i = \dfrac{k_I I_2 - I_1}{I_1} \times 100\%$。

测量值大于实际值时，互感器幅值误差为正，反之为负。

电流误差会引起所有仪表和继电器产生误差。

② 相位差：旋转的二次侧电流相量与一次电流相量的相角之差，以分为单位，并规定二次侧相量超前于一次侧相量时角误差为正，反之为负。

角误差对功率型测量仪表和继电器以及反映相位的保护装置有影响。

3. 电流互感器的特点

① 电流互感器的一次绕组匝数少（只有 1 匝或几匝）、截面面积大，串联于被测量电路内；二次绕组匝数多、截面面积小，与测量仪表和继电器的电流线圈串联。

② 电流互感器一次绕组的阻抗很小，因此将其串联在被测电路中对一次绕组的电流没有影响。一次绕组的电流是被测电路的负载电流。

③ 在正常运行中，电流互感器二次侧所接的测量仪表、继电器的电流线圈阻抗很小，通过的电流非常大，因此电流互感器在接近于短路的状态下工作。

④ 运行中的电流互感器二次侧不得开路。

运行中的电流互感器一旦二次侧开路，铁心将处于高度饱和状态。一方面导致铁心损耗加剧、过热而损坏互感器绝缘；另一方面导致磁通波形畸变为平顶波。

由于二次绕组感应的电动势与磁通的大小和变化率成正比，因此在磁通过零时，将产生很高的尖顶波电势，其峰值可达几千伏甚至上万伏，这将危及工作人员、二次回路及设备的安全。

此外，电流互感器二次侧开路，铁心中的剩磁还会影响互感器的准确度。

4. 电流互感器的种类和型号

（1）电流互感器的种类

电流互感器按照安装地点分为：户内式（35 kV 及以下）和户外式（35 kV 及以上）。

电流互感器按照安装方式分为：穿墙式、支持式和装入式。

电流互感器按照绝缘方式分为：干式、浇注式、油浸式、瓷绝缘、气体绝缘、电容式。

电流互感器按照原绕组匝数分为：单匝式和多匝式，单匝式又分为贯穿型和母线型两种。

电流互感器按用途分为：测量用和保护用。

(2)电流互感器的型号

电流互感器的型号以汉语拼音字母表示,由两部分组成,斜线以前部分包括产品型号符号和设计序号,电流互感器的型号如下所示:

[1][2][3][4][5]—[6]/[7][8]

[1] 产品名称:L—电流互感器。

[2] 一次绕组安装形式:A—穿墙式,B—支持式,Z—支柱式,R—装入式。

[3] 绝缘形式:Z—浇注绝缘,C—瓷绝缘,J—树脂绝缘,K—塑料外壳。

[4] 结构形式:W—户外式,M—母线式,G—改进式,Q—加强式。

[5] 设计序号:以数字1、2、3表示。

[6] 额定电压:单位为kV。

[7] 准确度等级:用数字表示。

[8] 额定电流:单位为A。

5. 电流互感器的技术参数

(1)额定电压(kV)

它指一次绕组对二次绕组和地的绝缘额定电压,它不是原绕组两端的电压,正常运行时,原绕组的电压很小。

(2)额定电流(A)

在制造厂规定的运行状态下,通过一、二次绕组的额定电流称为电流互感器的额定电流。

(3)额定电流比

电流互感器一、二次侧额定电流的比值称为电流互感器的额定电流比,也称额定互感比。

(4)额定二次负荷

额定二次负荷是指在二次电流为额定值,二次负载为额定阻抗时,二次侧输出的视在功率。通常额定二次负荷值为2.5~100 V·A,共有12个额定值。同一台电流互感器在不同的准确级下工作时,有不同的额定容量和额定负载阻抗。

(5)准确级

准确级是指在规定的二次负荷范围内,一次电流为额定值时的电流误差限值。

测量用电流互感器的准确级有:0.1、0.2、0.5、1、3和5级;保护用电流互感器按用途分为稳态保护用(P)和暂态保护(TP)两类,其中稳态保护用电流互感器规定有5P和10P两种准确级。

6. 电流互感器接线方式

(1)单相接线

电流互感器单相接线如图4.45(a)所示,主要用来测量单相负荷电流或三相系统中平衡负荷的某一相电流。它的特点是接线简单、造价低。

微课:电流互感器
接线方式

(2)两相V形接线

两相V形接线又称不完全星形接线,在三相系统中只需测量两相电流时使用,流过公共导线的相电流相量和等于未接入相电流的反相量,如图4.45(b)所示。特点是接线简单、较经济。在6~10 kV中性点不接地系统中应用较广泛。

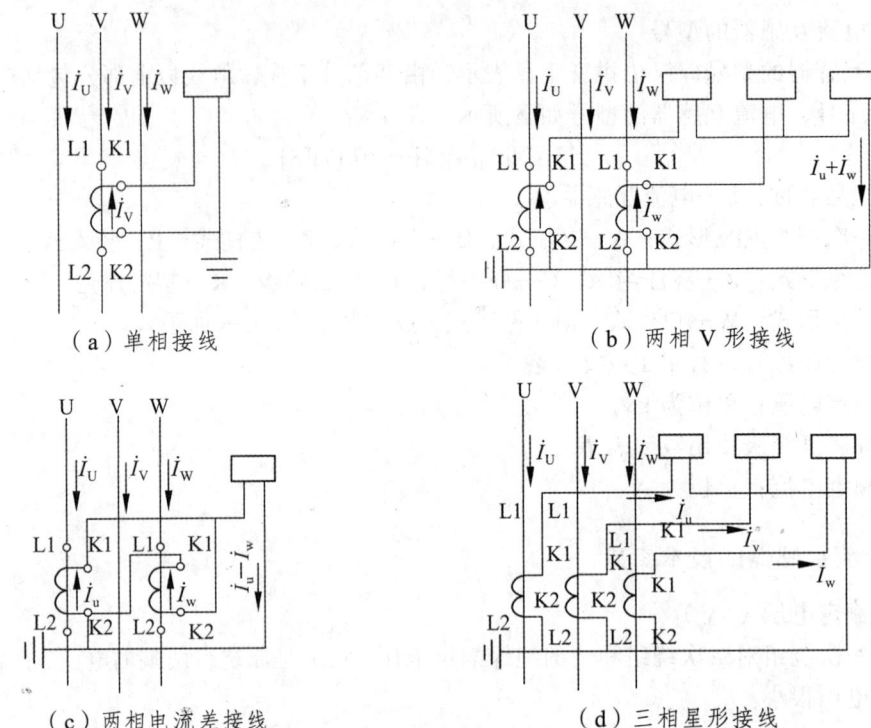

图 4.45　电流互感器的接线方式

（3）两相电流差接线

两相电流差接线通常应用于中性点不接地的过电流继电保护线路中，反映的是两相电流之差，值为相电流的 $\sqrt{3}$ 倍，如图 4.45（c）所示。

（4）三相星形接线

三相星形接线以三个电流互感器按星形接法接入，用来测量负荷平衡或不平衡的三相电力系统中的三相电流，如图 4.45（d）所示。特点是功能全，但经济性差。

7. 电流互感器的结构类型

电流互感器的结构与双绕组变压器相似，其类型很多。按一次绕组的主绝缘不同，电流互感器可分为干式、树脂浇注式、油浸式和 SF_6 气体绝缘式等多种。

（1）干式电流互感器

干式电流互感器按结构型式分套管式、贯穿式、母线式和支柱式。根据使用要求，可制成单变比、多变比、单个二次绕组和多个二次绕组。

干式电流互感器主要适用于户内，一、二次绕组之间及绕组与铁心之间的绝缘介质是由绝缘纸、玻璃丝带、聚酯薄膜带等固体材料构成，并经浸渍绝缘漆烘干处理。多匝式的一次绕组和二次绕组为矩形筒式，绕在骨架上，绕组间用纸板绝缘，浸漆处理后套在叠积式铁心上。单匝母线式采用环形铁心，经浸漆后装在支架或装在塑料壳内，也有采用环氧混合胶浇注的。干式电流互感器结构简单、制造方便，但绝缘强度低，且受气候影响大、防火性能差，故只宜用于 0.5 kV 及以下低压产品。

（2）树脂浇注式电流互感器

树脂浇注式电流互感器广泛应用于 10～20 kV 电压等级。由合成树脂、填料、固化剂等组成的混合胶固化后形成的固体绝缘介质，具有绝缘强度高、机械性能好、防火、防潮等特点。混合胶在一定温度条件下，具有良好的流动性，可以填充细小的间隙，并可浇注成各种需要的形状。一次绕组为单匝式或母线型时，铁心为圆环形，二次绕组均匀绕在铁心上，一次导电杆和二次绕组均浇注成一整体。一次绕组为多匝时，铁心多为叠积式，先将一、二次绕组浇注成一体，然后再叠装铁心。如图 4.46 所示，浇注绝缘多匝贯穿式电流互感器的结构。

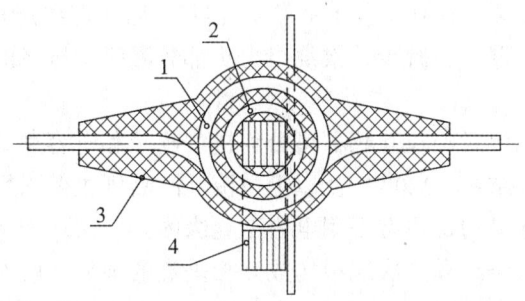

1——一次绕组；2——二次绕组；3——铁心；4——树脂混合料。

图 4.46 浇注绝缘电流互感器结构（多匝贯穿式）

根据浇注所用树脂不同，10 kV 户内浇注式电流互感器分为两种：一种是环氧树脂浇注绝缘，即采用环氧树脂和石英粉的混合胶浇注热固化成型；另一种是不饱和树脂浇注绝缘，即采用不饱和树脂浇注在常温下固化成型。这两种电流互感器的结构相似，但型号不同。

环氧树脂浇注绝缘的电流互感器，一次额定电流在 400 A 以下时，制成多匝式。图 4.47 为 LFZJ-10 型电流互感器的外形（Z—浇注绝缘；J—加大容量）。该型电流互感器为半封闭结构，一次侧绕组为多匝贯穿式，二次侧绕组绕在骨架上，二者在模具中定位后，用环氧树脂混合胶浇注成浇注体。铁心为叠片式，插入浇注体上预留孔内，然后将铁心和安装板夹装在浇注体上。安装板上有铭牌和安装孔等，互感器可以垂直或水平安装。一次额定电流在 400～1 500 A 时制成单匝式，图 4.48 为 LDZ-10、LDZJ-10 型电流互感器的外形，该型电流互感器为全封闭结构，一次侧绕组为一根铜棒或铜管，铁心为优质硅钢带卷成环形，二次绕组沿环形铁心径向均匀绕制。每台互感器都有两个铁心，对称地扎在金属支持件上，一次导电杆穿过铁心在模具中定位后与二次绕组一起用环氧树脂混合胶浇注加热固化成型，浇注体装在安装板上。因为绕组和铁心都浇注在绝缘体内，可避免受潮而降低绝缘强度。

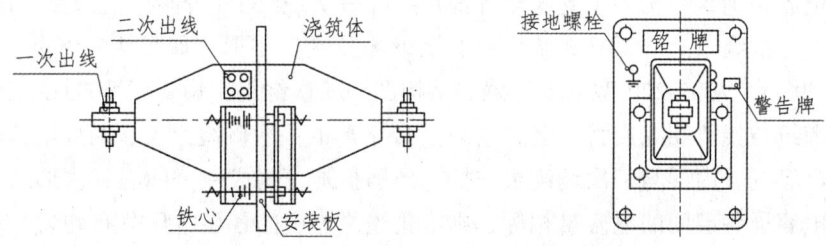

图 4.47 LFZJ-10 型电流互感器外形

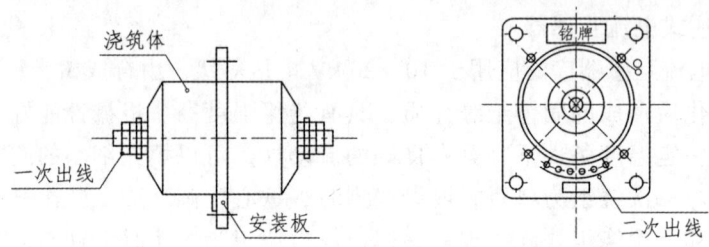

图 4.48 LDZ-10、LDZJ-10 型电流互感器外形

（3）油浸式电流互感器

油浸式电流互感器主要由底座（或下油箱）、器身、储油柜和瓷套等组成。瓷套是互感器的外绝缘，并兼作油的容器。为减少一次绕组出头部分漏磁所造成的结构损耗，储油柜多用铝合金铸成。

按绝缘结构不同，油浸式电流互感器可分为链型绝缘和电容型绝缘两种。63 kV 以下电流互感器多采用链型绝缘结构；220 kV 及以上电流互感器则主要采用电容型绝缘；110 kV 的电流互感器有采用链型绝缘的，也有采用电容型绝缘的。

链型绝缘结构的一次绕组和二次绕组构成互相垂直的圆环，就像两个链环。其中，各个二次绕组分别绕在不同的圆形铁心上，将几个二次绕组合在一起，装好支架，用电缆纸带包扎绝缘，之后再绕一次绕组，如图 4.49 所示。

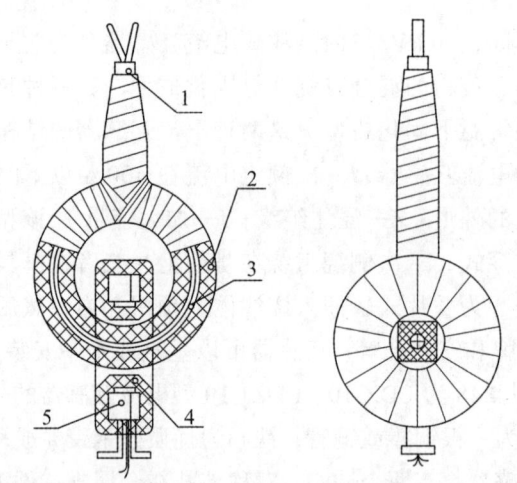

1—一次引线支架；2、4—主绝缘；3—一次绕组；5—二次绕组。

图 4.49 链形绝缘结构图

正立式电容型绝缘结构的主绝缘全部都包扎在一次绕组上，若为倒立式结构，则主绝缘全部都包扎在二次绕组上。正立式结构一次绕组常采用 U 字形，如图 4.50 所示。

图 4.51 为 LCLWD3-220 型电流互感器结构图。一次绕组由扁铝线弯成 U 字形，主绝缘采用多层电缆纸与铝箔相互交替，全部包绕在 U 字形的一次侧绕组上，制成电容型绝缘，铝箔形成层间电容屏，内屏与一次侧绕组连接，外屏接地，构成一个同心圆柱形的电容器串。这样，如果电容屏各层间的电容量相等，则沿主绝缘厚度的各层电压分布均匀，从而使绝缘得到充分利用，减小了绝缘的厚度。

第五节 交流开关柜中的互感器

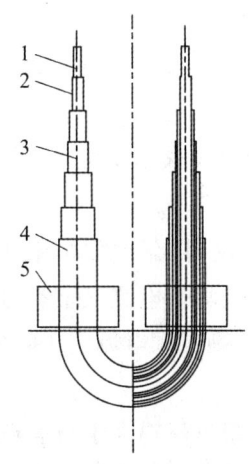

1—一次绕组；2—高压电屏；3—中间电屏；
4—地电屏；5—二次绕组。

图 4.50 U 字形电容型绝缘结构图

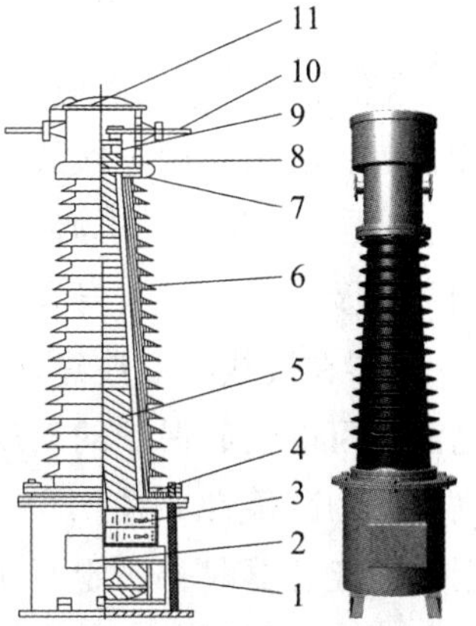

（a）结构图　（b）外形图

1—油箱；2—二次接线盒；3—环形铁心及二次绕组；
4—压圈式卡接装置；5—U 形一次绕组；6—磁套；
7—均压护罩；8—贮油柜；9—一次绕组切换装置；
10—一次出线端子；11—呼吸器。

图 4.51 LCLWD3-220 型电流互感器结构图

（4）SF_6 气体绝缘电流互感器

SF_6 气体绝缘电流互感器适用于 110 kV、50 Hz 的系统中，主要用于电流、电能的测量及继电保护中。它有两种结构形式：一种是与 SF_6 组合电器配套用的；另一种是可单独使用的，通常称为独立式 SF_6 电流互感器，这种独立式互感器多做成倒立式结构。

SF_6 气体绝缘电流互感器有 SAS、LVQB 等系列，电压为 110 kV 以上。LVQB-220 型 SF_6 气体绝缘电流互感器如图 4.52 所示，其主要由躯壳、器身、瓷套、底座、一次导电杆、二次绕组等部分组成。互感器器身固定在壳体内，置于顶部；二次绕组用绝缘件固定在壳体上，一、二次绕组间用 SF_6 气体绝缘；壳体上方装有压力释放装置，以避免突发性事故的发生，底部一般装有 SF_6 压力表、密度继电器及二次端子盒等。

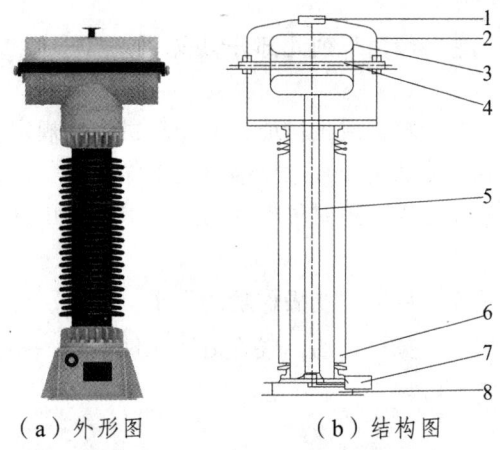

（a）外形图　（b）结构图

1—防爆片；2—壳体；3—二次绕组及屏蔽筒；4—一次绕组；
5—二次出线管；6—套管；7—二次端子盒；8—底座。

图 4.52 LVQB-220 型 SF_6 气体绝缘电流互感器外形及结构图

8. 电流互感器使用注意事项

① 电流互感器在工作中二次侧不得开路。规定电流互感器二次侧不允许装设熔断器，如需拆除二次设备时，必须先用导线或短路压板将二次回路短接。

② 电流互感器二次侧有一点必须接地，防止一、二次绕组的绝缘击穿时，一次侧的高电压窜入二次侧，危及工作人员人身和二次设备的安全。

③ 电流互感器在接线时要注意其端子的极性，否则其二次仪表、继电器中流过的电流就不是预期的电流，可能引起保护的误动作、测量不准确或仪表烧坏。电流互感器的一次绕组和二次绕组之间应为减极性关系，即一次电流若从同名端流入，则二次电流应从同名端流出。在安装和使用电流互感器时，一定要注意端子的极性。

④ 电流互感器必须保证一定的准确度，电流互感器的负载阻抗不得大于与准确级相对应的额定阻抗的大小。因为若负载阻抗过大，则电流互感器的准确度不能满足要求。电流互感器一次侧的额定电流应小于或等于一次回路的负荷电流，且不宜小得太多，否则，电流互感器的准确度不能满足要求。

第六节 交流开关柜中的操动机构

一、操动机构概述

操动机构是用来驱使高压开关进行分合闸，并使高压开关合闸后维持在合闸状态的电气设备，简称机构。由于相同的机构可配用不同型号的高压开关，因此机构一般独立于高压开关本体，有独立的型号。

1. 操动机构的组成部分

根据操动机构的作用，它一般由下列几部分组成。

（1）能量转换装置

其作用是把其他形式的能量转换成机械能，使操动机构按规定目的发生机械运动。这种装置如电磁铁、电动机、液压传动工作缸、压缩空气工作缸等。该装置应能提供足够的操作功用以克服高压开关的机械静力矩和短时的电动力矩，保证高压开关的分、合闸速度。

（2）传动机构

它是操动机构的执行元件，用以改变操作功的大小、方向、位置，使高压开关改变工作状态。它多由连杆机构、拐臂、拉杆、油、气管道等元件组成。要求机械惯性小，传动速度大，能量损失少，动作准确、可靠。

（3）保持与脱扣机构

既可使高压开关可靠地保持在合闸位置，又可迅速解除合闸位置，使高压开关进入自由分闸状态的装置称为保持与脱扣机构。

保持机构多由动作灵活的机械卡销组成。脱扣机构多由连杆机构组成，如四连杆等。不同的操动机构有不同形式的保持与脱扣装置，但都应稳定可靠、动作灵活。脱扣机构的失灵将使高压开关拒绝分闸或误分闸，并造成严重后果。

脱扣机构的自由脱扣是指不论合闸做功元件处在何种位置（如断路器处在合闸过程中），只要分闸做功元件起动，机构都应使断路器可靠分闸。

（4）控制系统

控制系统有电控、气控、油控等类型，用于实现对高压开关的远距离控制，保持或释放操作功。

（5）缓冲装置

缓冲装置用于吸收做功元件完成分、合闸操作后剩余的操作功，使机构免受机械冲击。缓冲装置应有较短的复位时间，以便为下次动作做好准备。如弹簧缓冲器、橡皮缓冲器、油、气缓冲器等。

（6）闭锁装置

其作用在于防止高压开关的误操作和误动作。如位置闭锁（弹簧储能不合要求时机构拒动）、高压力与低压力闭锁（指油、气压力不合要求时机构拒动）等。

操动机构的类型及特点如表4.2所示。

表4.2 常见操动机构的类型及特点

类型	基本特点	使用场合
手动机构	用人力合闸，用已贮能的弹簧分闸；不能遥控合闸操作及自动重合闸。结构简单，须有自由脱扣机构；关合能力决定于操作者，不易保证	可用于电压10 kV，开断电流6 kA以下的断路器或负荷开关
弹簧机构	用合闸弹簧（用电动机或手力储能）合闸，靠已储能的分闸弹簧分闸；动作快，能快速自动重合闸；能源功率小。结构较复杂，冲击力大，构件强度要求较高；输出力特性与本体反力特性配合较差	35 kV及以下断路器配用的操动机构的主要品种
液压机构	以高压油推动活塞实现合闸与分闸。动作快，能快速自动重合闸。结构较复杂，密封要求高、工艺要求高。操作力大、冲击力小、动作平稳	适用于110 kV及以上的断路器，是超高压断路器配用的操动机构的主要品种
弹簧储能液压机构	以碟状弹簧组压缩储能，高压油推动活塞实现合闸与分闸。动作快。综合了弹簧机构、液压机构的优点	适用于中压、高压断路器
气动机构	以压缩空气推动活塞往复运动，使断路器分、合闸，或仅用压缩空气推动活塞合闸（或分闸），而以已储能的弹簧分闸（或合闸）。动作快，能快速自动重合闸；合闸力容易调整。制造工艺要求较高；需压缩空气源，操作噪声大	适用于有压缩空气源的开关站
电动机机构	通过二级齿轮变速和蜗轮蜗杆减速，将电动机的连续旋转变换为主传动轴的一定角度的偏转	一般用来驱动隔离开关

2. 操动机构的型号

根据国家技术标准的规定，我国操动机构型号一般由文字符号和数字按以下方式组成：

[1][2][3]—[4][5]

其代表意义为：

[1] 产品名称：用操动机构汉语拼音首位字母 C 表示。

[2] 操动方式，用下列字母表示：S—手动，D—电磁，J—电动，T—弹簧，Q—气动，Y—液压。

[3] 设计系列顺序号：以数字 1、2、3 表示。

[4] 其他标志，用下列字母表示：G—改进型，X—操动机构带箱子。

[5] 特征数字：一般电磁、液压、弹簧、手动等机构以其能保证的最大合闸力矩为特征数字；气动机构以其活塞直径（mm）为特征数字。

二、液压型操动机构的结构与原理

液压型操动机构是利用高压压缩气体（氮气）作为能源，液压油作为传递能量的介质，注入带有活塞的工作缸内，推动活塞做功，驱动开关进行合闸和分闸操作。在城市轨道交通供电系统中，高压（110 kV）SF_6 断路器一般装配液压型操动机构。

1. 结　构

液压型操动机构主要结构有：储能元件、控制元件、操动（执行）元件、辅助元件、电气元件等。

储能元件：贮压筒、油泵及其电动机等。贮压筒是充有高压气体的容器，由功率较小的油泵及其电动机组成。

控制元件：阀门。它用来实现合闸和分闸动作的控制以及联锁、保护等要求。

操动元件：工作缸。它把贮压筒中压缩氮气的能量通过液压油的传递，在工作缸中转变为机械能，驱动开关合闸和分闸。

辅助元件：低压油箱、连接管路、油过滤器、压力表、继电器、辅助开关等。

2. 工作原理

液压型操动机构采用压力差动原理使活塞运动来驱动断路器进行分合闸操作。

如图 4.53 所示的工作缸中，活塞在最右侧位置，通过活塞杆的作用使所配用的断路器处于合闸状态。分闸时，关闭阀门 8，打开阀门 7，活塞左边通向低压的低压油箱 6，使得工作缸中活塞右侧为高压油，活塞左侧为低压油，在压力差的作用下活塞向左移动，活塞杆 5 带动断路器分闸，最后活塞处在工作缸的左侧。合闸时，阀门 7 关闭，阀门 8 打开，高压油 2 通过油路分别进入工作缸活塞的左右两侧，活塞右侧比左侧少了一个活塞杆的面积，所以活塞左侧受力面积大于右侧，右侧面上受的力小于左侧，使活塞向右运动，带动断路器合闸，活塞处于工作缸的右端。当高压油压力下降时，可以自动启动油泵（含电动机）将油自低压油箱加压后压入贮压筒内，使预压缩的氮气进一步压缩，获得高压力和高能量。

第六节　交流开关柜中的操动机构　　123

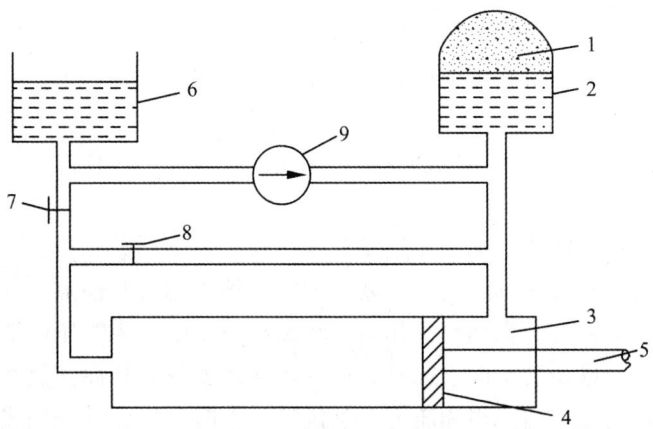

1—贮压筒；2—高压油；3—工作缸；4—活塞；5—活塞杆（接断路器动触头的连杆）；
6—低（常）压油箱（低压油）；7、8—分、合闸阀门；9—油泵（含电动机）。

图 4.53　液压型操动机构的基本工作原理图

3. CY3 型液压型操动机构

CY3 型液压型操动机构是一种简易型液压操动机构，采用液压、连杆混合传动，控制部分采用一个主控阀和两个分合闸控制阀，元件少、结构简单，它通过伸出机构箱的活塞杆与断路器本体的水平拉杆相连，其余部件均封闭在机构箱内部。其结构如图 4.54 所示。

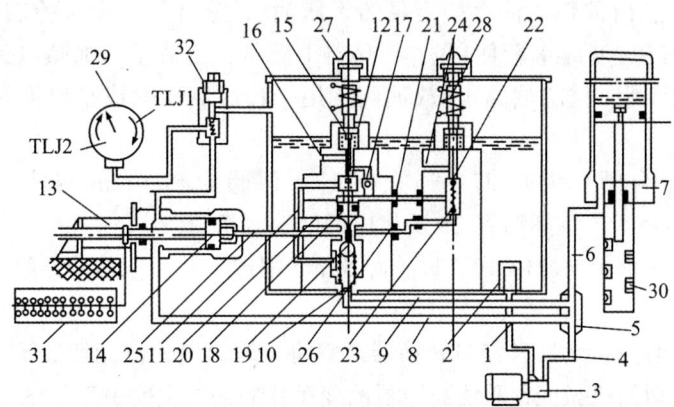

1—合闸按钮；2—分闸按钮；3—密封圈；4—活塞；5—贮压筒；6—活塞杆；7—密封圈；8—油泵；9—滤油器；
10、11—球阀；12—分闸电磁阀；13—油；14—分闸电磁铁；15—推动杆；16—泄油孔；17—逆止阀；
18—油道；19—节流接头；20、21—油道；22—接头；23—合闸二级阀；24—泄油孔；
25—合闸二级阀活塞；26—油管道；27—合闸一级阀；28—泄油孔；29—推杆；
30—合闸电磁铁；31—合闸电磁阀；32—工作缸；33—合闸管道；34—活塞杆；
35—放油阀；36—传动拉杆；37—导向支架；38—电接点压力表。

图 4.54　CY3 型操动机构的液压系统

（1）CY3 型液压机构的基本结构及各部分的作用

① 油泵。

电动油泵 8 是机构的能量转换装置，它将电能转换成油的位能，为液压系统提供一定数量和一定压力的高压油。根据技术要求升高液压系统的压力和补充高压油，以满足正常操作断路器的需要。

油泵采用双柱塞式结构。通过靠背轮与电动机作刚性连接。油泵的低压端用一根塑料软管和油箱中的滤油器 9 连接组成吸油回路。低压油经单向阀进入油泵，经油泵升压变为高压油后通过油泵出口的单向阀进入高压油管（一般为铜管），高压油管经单向阀与四通接头相连，高压油经从四通接头引出的高压油管，分别送入贮压筒、工作缸、电磁阀中。

② 贮压筒。

贮压筒是液压机构的能源，属于充气活塞式结构，由钢制贮压筒 5、活塞 4、活塞杆 6、充气逆止阀、帽盖和密封圈 7 等组成。活塞 4 把贮压筒内的气和油隔离开。在贮压筒活塞上方预先充入一定压力的氮气。当油泵工作时，将高压油不断打入贮压筒活塞下方，当油压高于氮气压力时，高压油推动活塞向上运动，进一步压缩氮气，从而使氮气贮备了能量，并在贮压筒内积存了足够的高压油。当油压上升到规定压力时，贮能过程完成。活塞杆上升脱离微动开关 ST，将油泵电机电源切断，此时贮压筒内油、气压力相等。由于活塞将氮气与油隔开，故对活塞的密封要求很高，一般采用 O 形、V 形两道油封，以防止油、气互相渗透。活塞上表面一般有 20 mm 深的液压油，起密封和润滑作用。活塞杆经油封伸出贮压筒外并与基座上的 5 个微动开关 ST 相配合，用于控制油泵电机、监视油压（油压异常时发出信号）、实现断路器在油压异常时的分合闸闭锁等。

③ 阀系统。

阀系统是机构的控制、传动系统，使高压油经特制的油路和阀门进入工作缸，以驱动工作缸中活塞运动。它由油箱（储存一定量的常压油）、分合闸按钮（控制分合闸电磁阀）、滤油器（使液压油经过滤后重新使用）、加热器（低温时给液压油加热以保证液压油的工作性能）、分合闸电磁阀（控制油路）、放油阀（用于释放高压油或检修换油时释放低压油）等部分组成。

合闸电磁阀由合闸一级阀 27、逆止阀 17（两阀为 ϕ5.5 mm 钢球）、合闸二级阀 23（ϕ17 mm 钢球）和合闸二级阀活塞 25 及相应的油路等组成。

分闸电磁阀由两个单向球阀 10、11（ϕ5.5 mm 钢球）及相应的油路组成。

④ 工作缸系统。

工作缸是机构的执行元件和能量转换器。它将压缩氮气的位能经液压油的传递变换为工作活塞直线往复运动的机械能，驱使断路器改变工作状态。主要由工作缸、活塞及杆、油封、导向支架、辅助转换开关等组成。

工作活塞根据压差原理往复运动。工作活塞左侧装有活塞杆，致使活塞左右两侧面积不等（右侧大，左侧小），根据压差原理，当活塞两侧压强相等时，因受力面积不等，两侧接受压力不等，使活塞向左运动，断路器合闸。当活塞右侧高压油经泄油道放入油箱中时，右侧为常压，左侧为高压，则活塞向右运动，断路器分闸。

⑤ 控制板。

控制板上装有起动器（接触器）、中间继电器、辅助开关、电接点压力表、接线端子排及控制线路等。用于监视、控制系统的油压，保证机构可靠动作。

K_1、K_2 是电接点压力表的触点，其主要作用是当油压异常升高或异常降低时接通电路以控制油压。其中 K_1 的作用是液压系统发生油压异常升高时，K_1 接通电路，中间继电器动作，切断油泵电机电源，油泵电机自动停止。K_2 的作用是液压系统发生油压异常降低时，K_2 接通电路,中间继电器动作,切断油泵电机电源,油泵电机自动停止。

(2) CY3 型液压操动机构工作原理

① 分闸状态。

如图 4.54 所示,贮压筒内的氮气已贮压到额定值。此时,高压油经油道 21 进入合闸二级阀 23,使其关闭,堵塞油道 33;高压油经油道 26 进入合闸一级阀 27,使其关闭,堵塞油道 18;高压油经另一油路送入工作缸左侧,使活塞 34 移至最右位置,断路器处于分闸状态。同时高压油经工作缸左侧进入放油阀 35,使其关闭,堵塞放油回路。高压油经放油阀 35 进入电接点压力表 38,使其显示正常油压。由于阀系统中的放油回路均被堵死,高压油的压力状态就能得到维持,为断路器合闸准备好条件。断路器辅助开关中一对接点闭合,送出分闸位置信号。

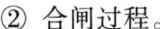

动画:液压操动机构工作原理

② 合闸过程。

按下合闸按钮 1,电磁铁线圈 YC 通电,电磁铁铁心 30 向下冲击,推动杆 29 向下运动,堵塞泄油孔 28,同时打开合闸一级阀 27,从油道 26 来的高压油经合闸一级阀 27 进入逆止阀 17,并经过逆止阀 17 进入油道 18。从油道 18 来的高压油使合闸二级阀活塞 25 向下运动,堵塞放油回路 24,同时打开合闸二级阀 23,使从油道 21 来的高压油经合闸二级阀 23 进入油道 33,并经其进入工作缸右侧,根据压差原理,推动活塞 34 迅速向左运动,使断路器合闸(此时活塞两侧均有高压油)。同时油路 18 中的高压油进入分闸电磁阀 12,使球阀 11 堵塞放油回路 16。此时合闸按钮返回,YC 失电,合闸电磁铁 30、推杆 29 返回,打开泄油孔 28。压力差使合闸一级阀 27 关闭,逆止阀 17 也复位关闭。油道 18 中保持正常工作压力,使合闸二级阀活塞 25 不能复位,断路器维持在合闸状态。当二级阀活塞 25 上部的油有所泄漏、油压降低时,高压油经已打开的合闸二级阀 23、油道 20、补油孔 19(ϕ0.5 mm),打开球阀 10 向油道 18 中补油,可使断路器维持在合闸状态。

③ 分闸过程。

按下分闸按钮 2,分闸电磁铁线圈 YT 通电,分闸电磁铁 14 向下运动,推动杆 15 打开球阀 11,使油道 18 中的高压油经球阀 11、泄油孔 16 放入油箱。活塞 25 上部的高压力消失,变为常压。由于压力差的存在,活塞 25 上升复位,打开泄油孔 24,使合闸二级阀 23 上升关闭;合闸油道 33、工作缸右侧的高压油变为常压油,根据压差原理,工作活塞左侧的高压油推动活塞杆 34 迅速向右运动,使断路器分闸。分闸时,节流孔的作用是限制高压油经管道 20 从分闸电磁阀泄掉,以缩短分闸电磁阀动作的时间。

CY3 型液压机构的分、合闸都是利用液压油传递能量来实现的,因此,它所操纵的断路器中不再装设分闸弹簧。但在底架部分装有合闸保持弹簧,以免在断路器正常运行时,由于某种原因机构工作压力降低引起断路器缓慢分闸。

4. 结构特点

液压操动机构优点:输出功率大,操作平稳,冲击振动小,传动快,动作准确,负载特性配合好,速度易调整,可靠性高,维修方便,不需要直流电源,暂时失去电源时仍可操作多次等。

缺点：结构复杂，价格较贵，加工工艺要求高，如果制造或装配不良，容易渗漏油，速度特性易受环境温度的影响。

三、弹簧型操动机构的结构与原理

弹簧型操动机构是一种通过弹簧储能、机械杆件传递操作功的机构。在城市轨道交通供电系统中，中压（35 kV 或 10 kV）真空断路器一般配用弹簧操动机构。

1. 结　构

图 4.55 为弹簧型操动机构结构图，它主要包括：储能机构、锁定机构、合闸弹簧、分闸弹簧、主传动轴、缓冲器和控制装置等。弹簧型操动机构的外形如图 4.56 所示。

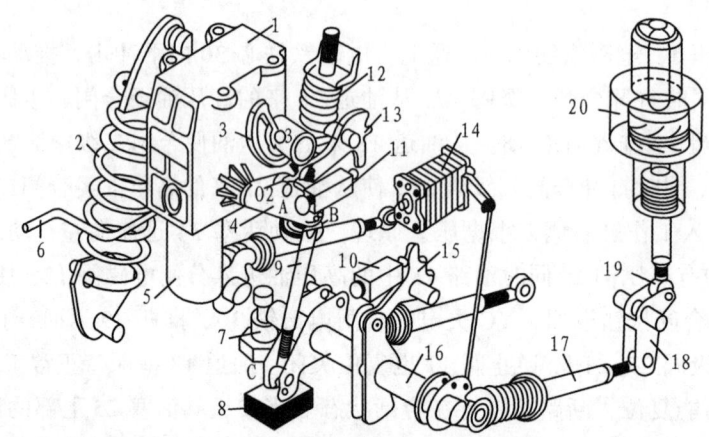

1—减速箱；2—合闸弹簧；3—凸轮；4—三角形杠杆；5—电动机；6—手摇把；7—分闸油缓冲器；8—合闸橡皮缓冲器；9—连杆；10—分闸电磁铁；11—合闸电磁铁；12—分闸弹簧；13—合闸锁扣；14—辅助开关；15—分闸锁扣；16—主轴；17—绝缘拉杆；18—转向杠杆；19—万向接头；20—真空灭弧室。

图 4.55　弹簧型操动机构结构图

2. 工作原理

如图 4.57 所示为弹簧型操动机构动作原理图。

动画：弹簧型操纵机构工作原理

（1）储　能

利用电动机对合闸弹簧储能，储能完毕后通过合闸锁扣装置使弹簧保持在储能状态，然后切断电动机电源。

（2）合　闸

在断路器的合闸信号到来时，合闸锁扣解锁，利用合闸弹簧释放的能量通过传动机构使断路器合闸，当合闸弹簧能量释放完毕后，电动机立即启动，通过储能机构使合闸弹簧重新储能，为下一次合闸做准备，与此同时，对分闸弹簧储能，为分闸做准备。

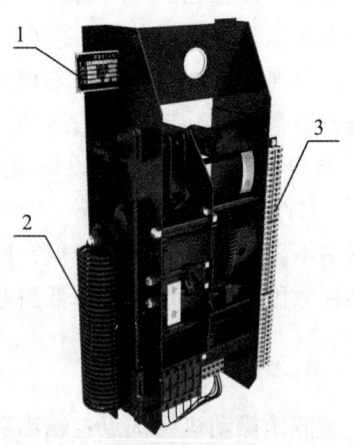

1—铭牌；2—弹簧；3—接线端子排。

图 4.56　弹簧型操动机构外形图

(3) 分　闸

在断路器的分闸信号到来时，自由脱扣机构解锁，利用分闸弹簧释放的能量操动断路器分闸。

3. 结构特点

弹簧操动机构优点：成套性强，性能稳定，运行可靠；不需大功率的储能源，可手动储能；动作时间快，缩短合闸时间；结构紧凑，体积小，可靠性高，维护工作量少；安装方便，操作灵活。

缺点是结构复杂，机械工艺高，合闸冲击力大，需要有缓冲装置。

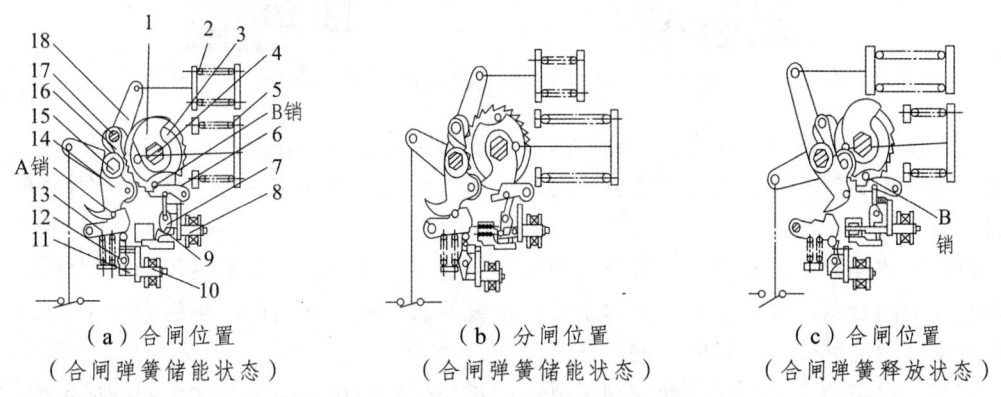

1—凸轮；2—分闸弹簧；3—棘轮；4—棘轮轴；5—合闸弹簧；6—储能保持掣子；7—合闸掣子；
8—合闸电磁铁；9—掣子；10—分闸电磁铁；11—铁心；12—分闸掣子；13—合闸保持掣子；
14—拐臂；15—拐臂轴；16—棘爪；17—棘爪轴；18—拐臂。

图 4.57　弹簧型操动机构动作原理图

四、弹簧液压型操动机构的结构与原理

弹簧液压型操动机构是将弹簧作为储能部件，液压油作为传动载体的机构，它综合了弹簧储能和液压机构的优点，避免了温度变化对氮气储能效果的影响，简化了管路连接使结构紧凑不易泄压，维护工作量小。HMB 系列弹簧液压机构是 ABB 公司在其 AHMA 型液压弹簧机构的基础上完善改进发展起来的产品，用于多个电压等级、多种形式的断路器中。

1. 结构组成

HMB 型在结构设计上采用集装板块结构（见图 4.58），操动机构的主要元件按功能分成以下模块：充压模块、储能模块、工作模块、控制模块、适配模块和监测模块。这样设计的优点是结构紧凑，减少了漏点，检修更换方便。

2. 模块功能简介

充压模块主要由电动机、液压油泵和一对锥齿轮组成，将电能转变成机械能再转换成液压能带动储能模块（储压器及储压活塞等）压缩碟簧储能。

工作模块主要由工作缸和活塞杆组成，采用常充压差动式结构，高压油恒作用于有工作活塞杆的一侧。

图 4.58 HMB 型弹簧液压操动机构结构图

储能模块主要由储能活塞缸、储能活塞、碟形弹簧组成,在液压油的作用下通过储能器活塞压缩碟形弹簧并将液压能长期存储在储能活塞缸内,为断路器分、合闸操作做好必要的能量储备。

监测模块主要由行程开关、安全阀组成,通过对碟簧压缩量的监测带动行程开关凸轮旋转来断开或闭合微动开关触点达到为主控室报警及自动闭锁的目的。当压力高于规定值时泄压阀自动开启达到保护机构的目的。

控制模块主要由电磁阀、换向阀组成,通过主控室给出的电信号命令使相应电磁阀打开阀口,使换向阀换向,从而达到分闸或合闸的目的。

适配模块由连杆装置、辅助联动接点等组成,实现与断路器本体的可靠连接以及提供断路器、操动机构的分合闸位置状态监视。

3. 动作原理

(1)储能过程

如图 4.59(a)、(b)所示,电动液压泵把油从低压油缸打到高压储能活塞 3 的上方高压油腔 4 处,储能活塞 3 环绕主圆筒布置(共有 3 个),高压油推动储能活塞 3 向下运动对碟形弹簧柱进行压缩储能。储能到位后,弹簧行程开关切断液压泵电动机,液压泵停转,储能过程结束。电动液压泵停止运转后,一个逆止阀可防止高压油回流。在操作范围内,碟簧的弹簧力特性曲线十分平缓,这个特性对断路器操作十分有利。与单个弹簧相比,碟簧柱由若干弹簧组成,即使某个弹簧故障也不会影响断路器的操作。弹簧组的储能状态由行程开关来持续监控。当操作后或泄漏到一定值时,弹簧行程开关接通液压泵电动机再次补压到液压泵停转位置。

动画:弹簧液压型操纵机构动作原理

(2)合闸操作

如图 4.59(b)、(c)所示,断路器在分闸位置时,接到合闸命令,接通合闸电磁阀 11,换向阀 14 切换至合闸状态,使高压油进入工作活塞杆 5 的底部,此时在工作活塞顶部和底部均为高压油,因为活塞顶部比活塞底部少了一个活塞杆的受力面积,所以这个油压差就推动工作活塞及活塞杆 5 向上运动,带动断路器主触头完成合闸。在合闸行程的末端,内部阻尼能终止移动且液压支持力能把工作活塞保持在其动作结束位置。快速向上的工作活塞杆 5 带动辅助开关切换,断开合闸控制回路,为分闸做好准备。

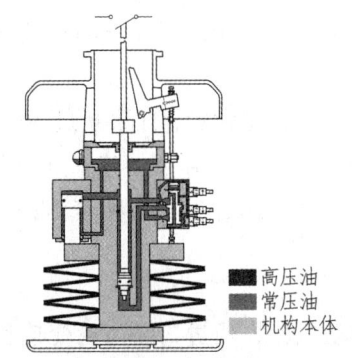
(a) 碟形弹簧未储能，断路器分闸

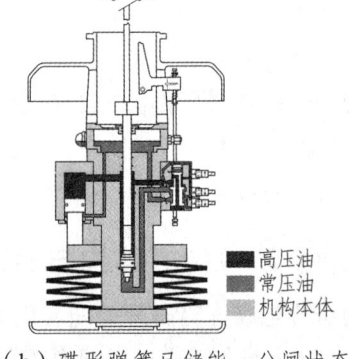
(b) 碟形弹簧已储能，分闸状态

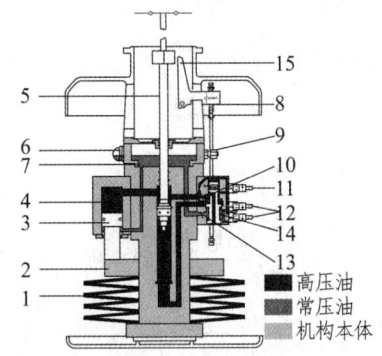
(c) 碟形弹簧已储能，合闸状态

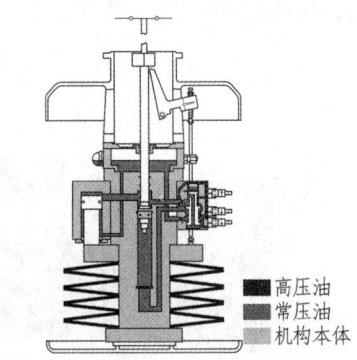
(d) 碟形弹簧未储能，合闸状态

1—碟形弹簧；2—支撑环；3—储能活塞；4—高压油腔；5—工作活塞杆；6—油位指示器；7—低压油箱；8—辅助开关；9—注油孔；10—合闸节流阀；11—合闸电磁阀；12—分闸电磁阀；13—分闸节流阀；14—换向阀；15—闭锁杆。

图 4.59　HMB 型弹簧液压操动机构结构及工作原理示意图

(3) 分闸操作

如图 4.59 (b)、(c) 所示，断路器在合闸位置时，接到分闸命令，接通分闸电磁阀 12，换向阀 14 切换至分闸位置，工作活塞杆 5 的底部的高压油通过换向阀连通至低压油箱，这样就把工作活塞底部的高压油释放为低压油，工作活塞顶部仍然是高压油，在压力差的作用下工作活塞及活塞杆 5 快速向下运动，带动断路器主触头分闸，并带动辅助开关切换，切断分闸控制回路，为下次合闸做好准备。工作活塞下落到达断路器分闸位置并在行程的末端受到阻尼，液压支持力能把活塞保持在其动作结束位置。

分合闸电磁阀中的分合闸线圈得电均会驱动换向阀 14 变位。当分闸线圈得电时，换向阀 14 相应动作，将工作活塞杆 5 底部触头底面油路中油由高压油切换至低压油路，实现分闸；当合闸线圈得电时，换向阀 14 相应动作，将工作活塞杆 5 底部触头底面油路中油由低压油切换至高压油路，从而实现合闸。

如图 4.59 (d) 所示，在合闸状态下，当系统压力降低到一定程度时，闭锁杆 15 上的弹簧推动其向里运动，顶住传动杆上的沟槽，使传动杆不能向下运动，闭锁分闸，避免储能不到位油压过低情况下的慢分闸。

电气报警和闭锁行程开关上共有 8 对接点，分别控制电机的启动停止、零压闭锁、分合闸闭锁、油压报警等（见本教材第八章第五节）。当弹簧储能或卸压时，行程开关的夹板随着弹簧的运动而上下移动，到达一定的位置时，夹板上的凸起触动开关上的小轮顶起接点使之动作或释放接点使之复归。

操动机构在1天之内油泵电机自启动打压10次以内是正常的，如果超过10次，需对机构进行进一步的观察，如果打压次数在发展，说明泄漏点在发展，需要维修。判断泄漏是否合格也可用以下方法：关闭电机电源，在24小时内弹簧下降不超过15 mm则未泄漏，反之泄漏。

五、电动操动机构的结构与原理

电动操动机构是高压隔离开关配套用的一种操动机构，通过二级齿轮变速和涡轮蜗杆减速，在无载流情况下操作开关，以切换线路，并对电气设备与带电的高压线路进行电气隔离，操动机构的外形如图4.60（a）所示，内部结构如图4.60（b）所示。

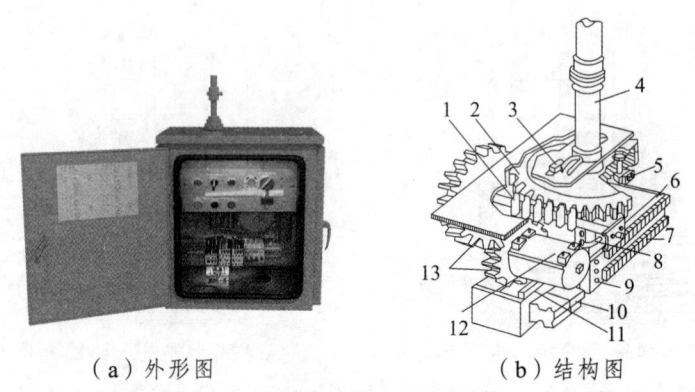

（a）外形图　　　　　（b）结构图

1—蜗杆；2—涡轮；3—微动开关；4—主轴；5—橡皮定位杆；6—分合指示；7—接线座；
8—辅助开关；9—按钮；10—交流接触器；11—热继电器；12—电动机；13—齿轮。

图4.60　电动操动机构的外形结构图

1. 结　构

电动操动机构主要由电动机、齿轮、蜗轮、蜗杆、减速装置、定位装置、辅助开关、控制电器和保护电器等组成，装于密封金属箱内，可以在现场控制或者远方遥控。

CJ6型电动操动机构是常用的操动机构，该机构主要由电动机、机械减变传递系统、电气控制系统和箱壳组成。

电动机为单相交流异步电动机或直流电机；机械减速传动系统包括齿轮、蜗轮、蜗杆机构及输出转轴；在蜗杆端部设有方轴，以便于手动摇柄插入进行手动操作，当手动摇柄插入时，自动切断电源，从而保证了安全。

电气控制部分包括控制按钮、交流接触器、电源转换开关、行程开关、热继电器及辅助开关等。

箱壳由钢板制成，起支撑及保护作用，在正面及侧面各有一个门。

2. 原　理

电动机采用交直流两用电动机驱动，通过机械变速传动系统，将动力传递给机械输出轴，安装时借助钢管等与隔离开关相连接，以实现驱动隔离开关合闸与分闸。

3. 机构特点

电动操动机构操作隔离开关时，可以使操作更加方便、省力和安全，且便于在隔离开关和断路器间实现闭锁,以防止误操作。电动操动机构结构复杂、价格贵、维护工作量大,但可以实现远方操作,主要用于户内式重型隔离开关。

微课:直流开关柜

第七节　直流开关柜

地铁变电所中的直流开关柜包括 750 V、1 500 V 两种电压等级,基本形式包括断路器柜、隔离开关柜两种。从功能上来划分,大多数地铁工程所需直流开关柜设备主要由以下 5 种柜体或箱体组成:进线柜、馈线柜、负极柜、端子柜及钢轨电位限制装置。本章以镇江大全赛雪龙牵引电气有限公司生产的 KMB 金属封闭式直流开关柜(断路器柜)、天津保富电气有限公司生产的 TracFeed TdX 直流开关柜(断路器柜)为例进行介绍。开关柜柜体按顺序立于平坦地面上。操作仅可从前面进行,因此设备可以带后板及侧板放置于设备空间墙体前,工作状态如图 4.61 所示。

图 4.61　直流开关柜工作状态图

一、直流开关柜的基本结构

直流开关柜是一种空气绝缘、金属封闭式、户内成套的设备,由一系列标准化单元组成,以断路器柜为例,主要有低压室、断路器(手车)室、母线室、电缆室等,如图 4.62 所示(左侧为正面、右侧为背面)。

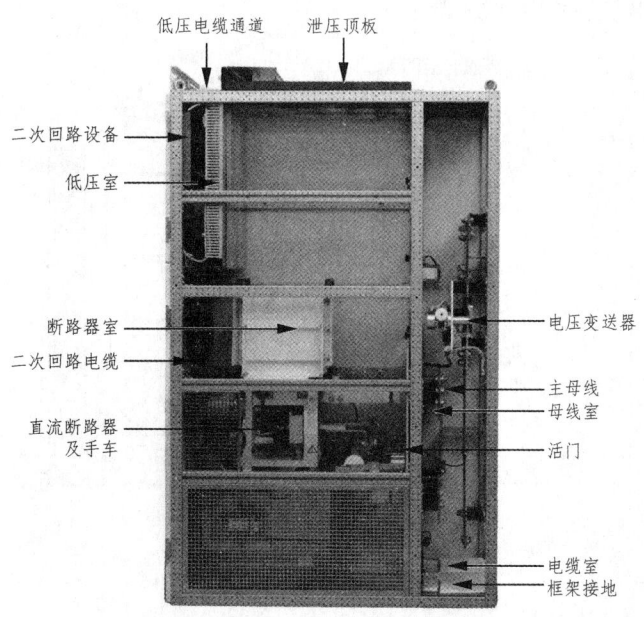

图 4.62　KMB 直流开关柜柜体结构图

1. 断路器室

断路器室中的主要设备是直流断路器，它安装在抽出式断路器手车上，手车配置了机械闭锁机构、手车导轨、手车接地触点等部件，使得直流断路器及其手车可以很方便地拉出到试验位、隔离位，也可以方便地推入工作位。

抽出式断路器手车上除了安装有直流断路器，还有分流器、线路测试装置（仅安装于馈线柜）、断路器控制装置等设备，通过标准的航空插头、二次回路电缆与柜体左上方低压室中的二次回路连通，用于实现对断路器的控制监视以及相应直流一次主电路的继电保护功能。该手车上的断路器移动触头与母线室的固定触头可以实现一次主电路的断开或接通。

直流断路器小车有三个位置，分别是工作位、试验位和隔离位。在"工作"位置，无论是一次主电路电缆还是二次回路电缆都与相应的接口完全连接，并且断路器处于正常工作状态；在"试验"位置，一次电缆断开，并与相应的母排保持一个特定的安全距离，活门被关闭，只有二次回路仍然接通；在"隔离"位置，手车、断路器及其控制线路被完全从手车室中拉出来，所有线路均被切断。当断路器处于合闸位置时禁止断路器手车被移出"工作"位置，这是通过电气及机械互锁来实现的。活门是置于断路器手车间隔与母线间隔和电缆间隔结合体间的可活动的隔板。它不属于手车配件，可在操作断路器时自动打开及闭合，当手车处于"试验"位置时，活门关闭并闭锁，使直流断路器（HSCB）手车触头不能插入，防止活门因误操作而从柜前碰到断开的电缆室固定触头。

断路器手车在"工作"位置和"试验"位置的变换是通过一个机械机构实现的。断路器室门是手车抽出（进入）断路器室的出入口，与手车位置联锁。当手车在"工作"位置或在"工作"位置和"试验"位置之间的中间位置时，门将被闭锁在关闭位；当断路器处于"试验"位置时，柜门可打开并可抽出手车（这里必须强调，只有当断路器处于分闸状态时，才可将手车拉出至柜体外部）。移出的手车再推入开关柜时，首先移动至"试验"位置，此时须关闭柜门才能旋转手车操作手柄移动手车，使之到达"工作"位置。

断路器手车推出状态如图 4.63 所示。

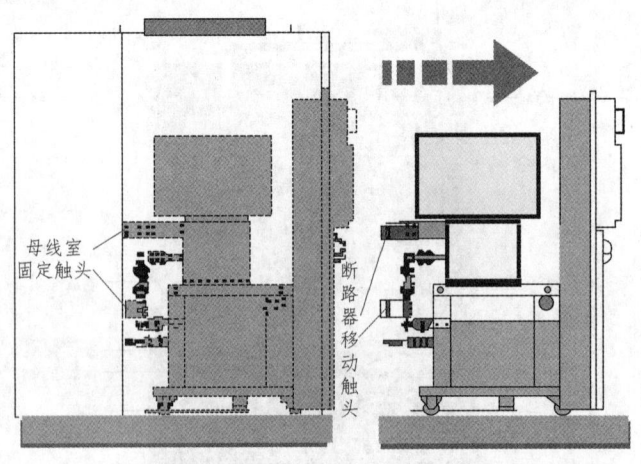

图 4.63 断路器手车推出示意图

2. 母线室

母线室位于柜体后部，母线室包含有与手车上部动触头相接触的静触头和母排。

母线室与断路器室之间用绝缘隔板隔开,为了方便维护人员进入母线室维护,绝缘隔板都配有手柄。

测量线路馈线电压的电压变送器装置安装在柜体的固定部分,与手车是分离状态,便于手车抽出时能继续保持测量。

3. 低压室

低压室位于直流开关柜上部,安装有控制设备(二次系统,包括测量、控制电路等)。低压室有一个单独的隔离门,测量电路后面也安装有绝缘板,实现与 1 500 V(或 750 V)主电路的隔离,保护操作人员安全;低压室不包含任何潜在的主电路(无馈线电压/无负回流电压);一次主回路电压总是通过适当的额定电压变换器与二次回路隔离;就地控制装置(分合闸控制开关等)安装在低压室门板上。

4. 电缆室

电缆室位于柜体后部,它包括主回路的电缆连接排、固定触头(与可抽出的手车下部触头相接触)、馈线电缆接地固定点。电缆室通过绝缘板与断路器室隔开,为了方便维护人员进入电缆室维护,绝缘隔板都装配有手柄。

直流开关柜的正面布置情况如图 4.64 所示。这是一台馈线柜,有断路器和隔离开关两台

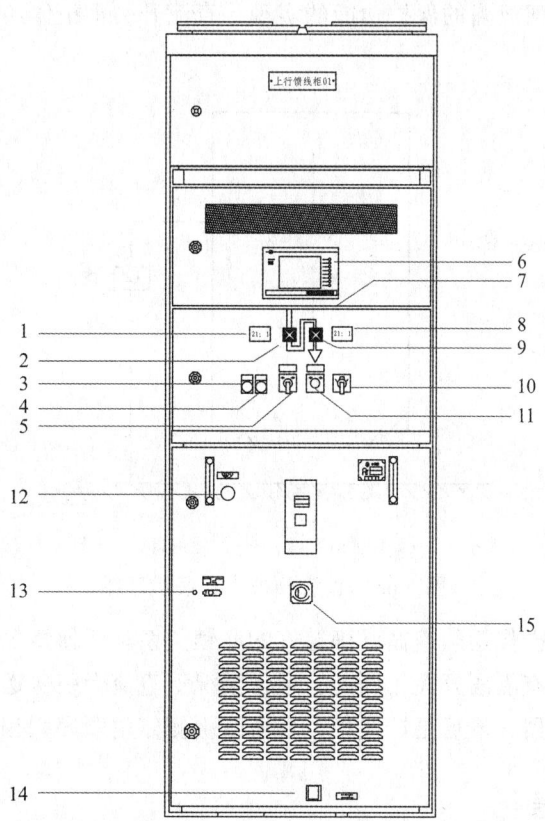

1—直流断路器代号;2—直流断路器位置指示器;3—手车解锁按钮;4—故障复位按钮;5—直流断路器分合闸控制开关;6—显示单元;7—正极母线(示意图);8—直流隔离开关代号;9—直流隔离开关位置指示器;10—控制模式选择开关;11—直流隔离开关分合闸控制开关;12—紧急分闸按钮;13—手柄解锁;14—机械解锁;15—手柄操作孔。

图 4.64 直流开关柜正面视图

高压设备。在直流开关柜的正面,位置指示器"ON"(红)或"OFF"(绿)表明了断路器的状态。在柜子正前方既可以对直流断路器(HSCB)进行各种电气控制操作,也可进行手动分闸操作。通过断路器室门上的观察窗可清楚地看到断路器手车的位置。直流断路器、直流隔离开关代号(如"201、202、211、2111、212、2121"等)是该断路器、隔离开关在电气主接线中的代码;直流断路器、隔离开关位置指示器"ON"(红)或"OFF"(绿)表明了其工作位置为合闸或者分闸;电气及机械互锁用来防止当断路器合闸时断路器手车被移出"工作"位置;直流断路器、隔离开关的分合闸控制开关可以实现就地电动控制;控制模式的选择开关提供"远方""当地"两种控制模式;在"手柄解锁"允许的情况下,通过"手柄操作孔"可以实现对直流断路器的手动控制;安装在断路器手车上的脉冲计数器装置(不可复位)能记录断路器的合闸次数。

直流开关柜的安装如图4.65所示。作为杂散电流防护的一种重要措施,直流开关柜必须绝缘安装,推荐最小绝缘阻值为1 MΩ(1 000 V)。具体措施包括:在将直流开关柜固定在地面期间,务必避免框架和属于电气接地部分的任何接触;在直流开关柜与变电所地坪之间,通过厚度为2~5 mm的绝缘垫来确保绝缘;为便于断路器手车自由进出柜体,绝缘垫一般伸出直流开关柜周围2 cm;同时,若直流开关柜中设有避雷器,则避雷器应与大地或负极直接相连。此外,为保证框架泄漏的保护功能的实现,直流开关柜柜体还要通过一个低阻抗继电器接地。

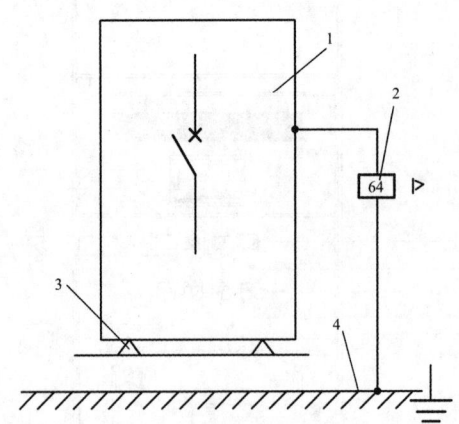

1—直流开关柜;2—低阻抗继电器;3—对地绝缘;4—大地或接地网。

图4.65 直流开关柜安装示意图

各个直流开关柜的操作均须遵循已确定好的联锁关系。任何情况下隔离开关不能带负荷操作,由于负极柜中仅有隔离开关,因此,通常情况下直流牵引侧送电先后顺序依次为负极柜、正极柜、交流断路器,最后是馈线柜,直流牵引侧停电顺序则相反。

二、直流断路器

断路器手车上安装的直流断路器,其外观结构如图4.66、图4.67所示,原理如图4.68所示。它是一种双向、单极单元电器元件,采用了电磁吹弧、

微课:直流断路器

电动操作系统、直接瞬时过流脱扣、间接快速脱扣（用户可选项）和空气自然冷却方式等技术。间接脱扣器由一个线圈和一个电子控制装置组成，线圈固定在断路器上，电子控制装置（由放电电容和电子开关组成）单独安装。1 000~6 000 A 的断路器，其响应时间仅为几毫秒。

图 4.66　HPB45 系列断路器和 HPB60 系列断路器

图 4.67　UR26/36/40 系列断路器

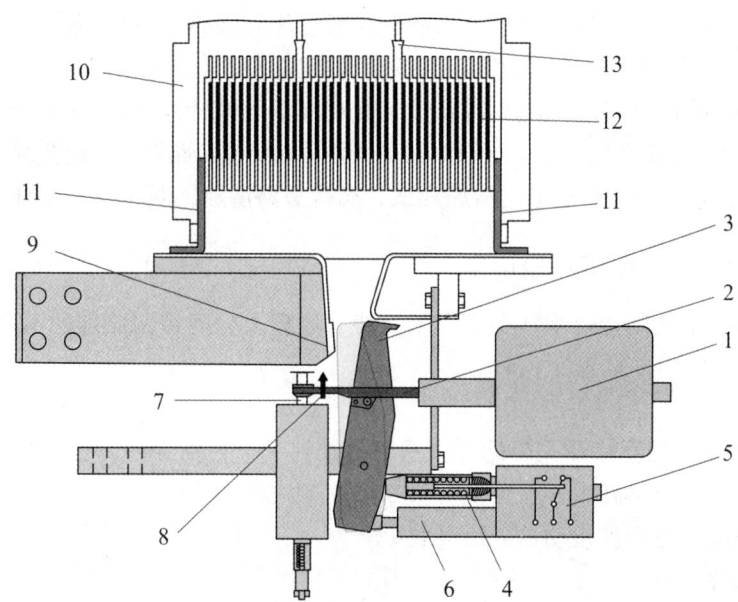

1—合闸装置；2—拨叉；3—动触头（主触头）；4—动推杆；5—辅助触头；6—止动器；7—过流释放杆；
8—举起力；9—静触头（主触头）；10—灭弧室；11—角板；12、13—灭弧栅。

图 4.68　直流断路器 UR36 原理图

1. 直流电弧熄灭原理

与有自然过零点的交流电弧不同，直流电弧只能靠强制使电流为零来熄灭，在电弧能量不变的前提下，促使电弧电流接近零，意味着必须提高电弧电压，使之高于断路器的工作电压。可以通过合理的措施迅速提高电弧电压，如在中、低压直流回路中使用电磁吹弧断路器，从而达到灭弧的目的。对高压直流回路，必须相应地降低电压和电流，对要求分闸更快的断路器，通过加接 LC 谐振电路产生人工电流零点来灭弧，如图 4.69 所示，这需要非常精确和可靠的电子技术。

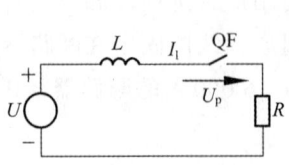 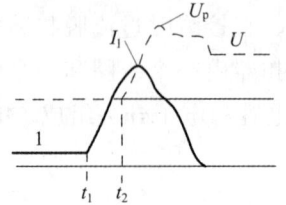

（a）简化后等效回路　　　　　（b）电流 I_1 曲线和电弧电压 U_p 曲线

t_1—短路发生时刻；t_2—触头分离时刻。

图 4.69　直流灭弧原理

以瑞士赛雪龙公司生产的 UR 系列直流断路器为例，当断路器跳闸后，主回路磁场将动、静触头之间产生的电弧吹入灭弧室，灭弧室采用冷阴极设计，由许多相互绝缘的灭弧板（金属栅片）组成，一旦电弧进入灭弧室，就被金属栅片分裂为许多串联的小弧段。因为每两块灭弧板之间的电压降约为 40 V，所以总的电弧电压便大大增加（电弧电压取决于灭弧板的数量，一般不超过额定电压的 2 倍），电弧电流大大减少，从而使电弧得以迅速熄灭。燃烧的气体从上端逸出，并在位于金属灭弧板上部的绝缘板之间被强化去游离而熄灭。

鉴于直流电弧熄灭比较困难，应当尽量避免直流断路器盲目合闸。当直流断路器合闸送电时，必须预先进行线路测试，即首先通过线路测试装置对将要合闸送电的线路进行绝缘性能测试，绝缘合格，则给断路器送出合闸命令；绝缘测试不合格，则闭锁断路器，禁止合闸。当运行的线路跳闸后，禁止盲目重合闸，只有通过线路测试，确认短路清除，断路器才能自动重合闸。

2. 直流断路器分合闸工作原理

直流断路器根据其维持合闸状态（合闸保持）原理及分闸控制原理的不同，分为电保持型（E 型）和磁保持型（M 型）两种。

（1）合　闸

如图 4.68 所示，当直流开关柜的二次系统接收到一个合闸脉冲，合闸装置 1 推动拨叉 2 使动触头 3 合上并且使动触头 3 压紧主触头 3 和 9。动触头 3 带动推杆 4 移动并使辅助触头 5 变位。合闸时的震动力会被止动器 6 所吸收。

（2）合闸保持

一旦主触头合上，动触头压紧触头的压力将由合闸装置 1 提供。电保持型（E 型）断路器通过在合闸线圈所在的回路中串入电阻以使合闸电流降低 5%，该电流足以维持动触头压紧触头的合闸状态；磁保持型（M 型）断路器依靠永久电磁铁维持动触头压紧触头的合闸状态。

（3）分　闸

断路器分闸可通过两种方式实现。

其一，通过安装于断路器本体上的大电流脱扣保护装置的过流脱扣命令。过流脱扣命令的实现方法是：某个电流超过了最大电流设定值，过流释放杆 7 产生一个向上的举起力 8 举起拨叉 2，从而释放动触头 3。

其二，常规分闸命令。实现方法是：电保持型（E 型）断路器是通过分闸命令切断合闸装置的保持电流；磁保持型（M 型）断路器是施加一个逆向脉冲电流（分闸电流是合闸电流的 20%）导致拨叉 2 缩回来，于是推杆 4 打开动触头 3 并使辅助触头 5 变位。产生在主触头间 3 和 9 的电弧通过角板 11 向上移动至灭弧室 10 内,并被灭弧栅 12 分割,电离气体在灭弧栅 13 间被中和,直流电弧熄灭。

第八节　交流高、中压开关柜的操作、巡视与维护

一、交流开关柜的操作

1. 开关柜送电操作程序

① 下门关闭,接地开关分闸,断路器处于分闸状态(接地开关或断路器如果合闸,则手车无法操作),将手车上的二次插头插入柜体上的二次插座,把手车推进操作手柄插入手车操作孔(用力推,听到"嗒咔"声,即插好),然后顺时针转动手柄,手车就会缓慢进入,待听到"嗒咔"声后,手车就到"工作位置"(此时手柄无法再转动),将手车推进手柄取下(手车开关在推入的过程中,"远方/就地"开关上的绿灯灭,到位后,绿灯才亮)。手车推进"工作位置"程序结束。

② 正常情况下,开关应使用电动储能和电动合闸。当控制回路故障或失去电源但又十分紧急时,可按以下步骤进行手动储能和手动合闸:断路器储能手柄插入断路器面板储能六方向轴,然后逆时针转动手柄,弹簧开始储能,储能到位后,可听到"嗒咔"声,若继续转动手柄,则无受力感,手柄空转,面板指示已储能。取下储能手柄,用拇指用力压下断路器面板上绿色合闸按钮,听到开关合闸声,然后将中门锁紧,送电操作程序结束。

注:若手车在"工作位置"和"试验位置"之间,则断路器可以储能,但无法合闸(合闸按钮压不动;电动也无法合闸,因为二次尚未接通)。

2. 停电(检修)操作程序

① 检查要操作开关柜上的带电显示器确有电压指示。

② 正常情况下,开关应使用电动分闸。当控制回路故障或失去电源又十分紧急时,可将中门打开,然后用拇指用力压下断路器面板上分闸按钮。

③ 检查断路器确在"断开位置"后,将手车推进手柄插入手车操作孔(用力推,听到"嗒咔"声,即插好),然后逆时针转动手柄,手车就会慢慢推出(断路器若合闸,手车无法操作,手车开关在拉出的过程中,"远方/就地"开关上的绿灯灭,到位后,绿灯才亮),待听到"嗒咔"声后,手车就到试验位置,取下手车推进手柄。检查该开关柜上的带电显示器确无电压指示,将接地开关手柄插入操作孔内,顺时针方向转动手柄 90°,听到接地开关合闸声,接地开关即完成合闸操作。此时,下门可打开,柜后封板可拆下,进入维修状态或停电状态。

3. 手车的操作流程

(1)手车位置

断路器手车或其他元件手车在柜内有三个位置:"断开/试验位置""工作位置""中间位

置"("试验位置"到"工作位置"之间的任意位置)。

（2）进车操作

手车由柜外推进柜内时，应使用专用的转运车。进车时柜门开启应大于 90°，将装有断路器的转运车推至柜前，使转运车定位杆对准开关柜上的定位孔，推动转运车靠近柜体，使转运车上锁钩钩在柜体上，调节转运车托盘下的调节螺母，使转运车轨道与柜体轨道相连接。进车前确认断路器已分闸。进柜时需先用人力将手车推到"试验位置"。在配通用型底盘车时，离开"断开/试验位置"前，右手将进出车摇把插入操作孔顺时针旋转，当断路器走完规定行程后，摇把转不动时，完成进车操作。

（3）从"工作位置"抽出手车

从"工作位置"抽出手车前，必须确认断路器已处于分闸状态。如果断路器未分闸，抽出手车之前必须先将断路器分闸。

配通用型底盘车时，离开"工作位置"前，右手将进出车摇把插入操作孔，逆时针旋转手车至"试验位置"，摇把转不动时，完成出车操作。

（4）从柜内抽出手车

由柜内抽出手车时，应使用专用的转运车。出车时柜门开启应大于 90°，将未装断路器的转运车推至柜前，使转运车定位杆对准开关柜上的定位孔，推动转运车靠近柜体，使转运车上锁钩勾在柜体上，调节转运车托盘下的调节螺母，使转运车轨道与柜体轨道相连接。出车前确认活门已完全关闭，拔下二次插头，用人力将手车抽出柜外。

4. 操作手车开关的注意事项

① 操作手车前，应检查手车本体有无灰尘、杂物等，小车开关传动机构是否灵活，触头有无过热和烧灼现象。并戴好绝缘手套，穿上绝缘靴，并按规定在柜前铺上绝缘垫。

② 10 kV 母分手车推入柜内的程序为：先推入隔离手车，后推入断路器手车。

③ 将隔离手车由"试验位置"推入"工作位置"，或由"工作位置"拉至"试验位置"时，操作手车的动作应匀速，但在操作前一定要确认该间隔的开关和接地刀闸在断开位置。

④ 手车在从"试验位置"拉至柜外之前，应先将二次插头拔下，并挂置于门内挂钩上，以免损坏。

⑤ 将手车摇入或摇离"运行位置"时，应动作迅速，中途不得停顿。

⑥ 开关在进出开关柜操作过程中，发生任何卡住现象时，不得强行推、拉、摇动敲打，应查明原因，消除机械障碍，方可继续操作。

⑦ 手车开关推入"运行位置"后，应检查是否已推到底并锁定；手车开关拉出在"试验位置"时应完全锁定；任何时候均不准将手车开关置于"试验"与"运行位置"之间的自由位置上；手车开关拉出后，活门隔板应完全关闭。对于手车式开关柜，每次推入手车之前，必须检查相应的断路器的位置，严禁在"合闸位置"推入手车。

5. 断路器的分、合闸

一般情况下，不需要人直接进行断路器的合、分闸操作。手车面板上设有手动按钮，供调试人员在调试断路器时使用。断路器手车面板上仅设有手动分闸按钮（电保持没有），断路器的合闸需靠电动，供调试人员在调试断路器时使用。

开关柜面板上设有供操作者在紧急情况下对断路器进行分闸操作的紧急分闸装置。紧急情况下直接按动分闸按钮，就可使断路器分闸。

6. 分、合接地开关

接地开关的操作轴端在柜体右前部，接地开关的操作应使用厂家提供的专用操作手把。

进行接地开关合闸操作前应首先确认手车已退到"试验位置"或移出柜外，查看带电显示器的指示确认电缆不带电，确认柜体的后盖板没有打开，确认接地开关处于分闸状态。将专用操作手把插入接地开关的操作轴轴端，顺时针转动操作手把约90°，就可完成接地开关的合闸操作。接地开关合闸后，挡板操作孔的弯板将被锁住不复归。

进行接地开关分闸操作前应首先确认柜体的后盖板已经完全盖好，确认接地开关处于合闸状态。将专用操作手把插入接地开关的操作轴轴端，逆时针旋转操作手把约90°，就可完成接地开关的分闸操作。此时挡板操作孔的弯板复归挡住操作孔。

7. 手车位置与断路器的联锁

只有当手车上的断路器（接触器）处于分闸状态时，手车底盘车内阻止手车移动的联锁才能解锁，手车才能离开"断开/试验位置"或"工作位置"。

只有当手车锁定在"断开/试验位置"或"工作位置"时，手车上的电气控制回路才能接通，同时手车底盘车内阻止断路器（接触器）合闸的联锁才能解锁，断路器（接触器）才能合闸。

当手车处于中间位置时，断路器（接触器）的电气合闸回路和合闸机械传动系统均被闭锁，断路器（接触器）不能合闸。

8. 手车位置与接地开关的联锁

只有当手车处于"断开/试验位置"或"移开位置"时，手车阻止开关柜接地开关关合的联锁才能解锁，这时开关柜的接地开关才能合闸。

接地开关处于合闸状态时，接地开关操作轴上的联锁结构将阻挡手车移动，以使手车不能向"工作位置"推进。

二、交流开关柜的巡视

1. 开关柜巡视的一般检查项目

① 设备安装牢固、无倾斜、外壳无严重锈蚀、接地良好，基础支架应无严重破损和剥落。

② 开关柜屏上的指示灯、带电显示器指示应正常，操作方式选择开关、机械操作把手投切位置应正确，控制电源及电压回路电源分合闸指示正确。

③ 检查开关柜中各电气设备如断路器、隔离开关的位置指示器是否与实际运行方式相符。

④ 检查液压操动机构的压力表的显示是否在正常范围之内，以判断是否有漏油、漏气现

象；弹簧操动机构的储能弹簧是否在储能位置。检查操动机构是否有锈蚀，传动装置是否有脱位、变形现象。

⑤ 检查屏面表计、继电器工作是否正常，柜内是否有放电声、异味、不均匀机械噪声及过热现象；正常运行时，"当地/远方"操作方式切换开关应在"远方"位置。

⑥ 正常运行时，相关的联锁不应解锁，电磁锁、机械锁、带电显示装置正常。

⑦ 检查各测控、保护装置运行是否正常，有无异常的信号显示或弹出警告栏。

⑧ 真空断路器灭弧室应无漏气，灭弧室内的屏蔽罩如为玻璃材料，其表面应呈金黄色光泽，无氧化、发黑迹象；SF_6 断路器气体压力应正常，其瓷质部分及绝缘隔板应完好，无闪络放电痕迹，接头及设备无发热。

⑨ 检查各类继电器、接触器运行是否正常。

⑩ 检查开关柜外壳接地部分是否良好。

⑪ 检查柜内照明是否正常，通过观察窗观察柜内设备是否正常；绝缘子应完好、无破损。

⑫ 柜体、母线槽应无过热、变形、下沉现象，各封闭板螺丝应齐全、无松动、锈蚀，接地应牢固。

⑬ 检查用于防潮、防凝露的加热器工作是否正常。

2. 开关柜巡视的特殊项目

① 开关柜在接近额定负荷的情况下运行时，应加强对开关柜的测温。无法直接进行测温的封闭式开关柜，巡视时可用手触摸各开关柜的柜体，以确认开关柜是否发热，必要时应通知调度转移部分负荷。

② 开关柜室内的温度较高时，应开启室内所有的通风设备，若此时温度还不断升高，应通知调度降低负荷。

③ 开关柜内部有不正常的声响时，运行人员应密切观察该异常声响的变化情况，必要时上报调度，将此开关柜停运检查。

④ 开关柜柜体或母线槽因电磁场谐振发出异常声响时，运行人员应通知调度，改变母线电流或加强巡视和对设备的测温工作。

⑤ 高压开关柜投运后的巡视，应特别注意接头（柜体外表）有无过热现象、柜内有无异常声响等。

三、交流开关柜的维护

交流开关柜的维护应注意以下几点：

① 开关柜应防潮、防尘、防止小动物钻入。

② 所有金属器件应防锈蚀（涂上清漆或色漆），运动部件应注意润滑，检查螺钉是否有松动，积灰需及时清除。

③ 观察各元件的状态，是否有过热变色、异常声响、接触不良等现象。

④ 对于真空断路器应：

a. 有条件时应进行工频耐压，可间接检查真空度。

b. 对于玻璃泡灭弧室,应观察其内部金属表面有无发乌,有无辉光放电等现象。

c. 更换灭弧室时,应将导电杆卡住,不能让波纹管承受扭转力矩,导电夹与导电杆应夹紧连接。

d. 合闸回路保险丝规格不能过大,保险丝的熔化特性须可靠。

e. 合闸失灵时,须检查的故障有:电气方面,电源电压过低(压降太大或电源容量不够),合闸线圈受潮致使匝间短路,熔丝已断;机构方面,合闸锁扣扣接量过小,辅助开关角度调得不好,断电过早。

f. 分闸失灵时,须检查的故障有:电气方面,电源电压过低,转换开关接触不良,分闸回路断线等问题;机械方面,分闸线圈行程未调好,铁心被卡滞,锁扣扣接量过大,螺丝松脱等问题。

g. 辅助开关接点转换的时刻须精心调整,切换过早可能不到底,切换过慢会使分闸线圈长时带电而烧毁。正确位置是在低电压下合闸,刚好能合上。

⑤ 对于隔离开关应:

a. 注意刀片、触头有无扭歪,合闸时是否合闸到位和接触良好。

b. 分闸时断口距离是否大于等于 150 mm。

c. 支持及推杆瓷瓶是否有开裂或胶装件松动。

d. 其操动机构与断路器的联锁装置是否正常、可靠。

⑥ 对于手车隔离应:

a. 插头咬合面应涂敷防护剂(导电膏、凡士林等)。

b. 注意插头有无明显的偏摆变形。

c. 检修时应注意插头咬合面有无熔焊现象。

⑦ 对于电流互感器应:

a. 注意接头有无过热,有无响声和异味。

b. 绝缘部分有无开裂或放电。

c. 引线螺丝有无松动。(绝不能使之开路,以免产生感应高压,对操作人员及设备安全造成损害。)

⑧ 开关柜长期未投入运行时,投运前主要一次元件间隔(如手车室及电缆室)应进行加热除湿,以防止产生凝露而影响设备的外绝缘。

四、交流开关柜的安全技术措施

开关柜应设置相应的安全技术措施,即设有完善的联锁结构,以保证操作程序本身的正确性和操作者的人身安全。开关柜的"五防"联锁功能:防止带负荷分合隔离开关,防止误分误合断路器,防止带接地线或接地开关合闸,防止带电挂接地线或合接地开关,防止误入带电间隔等。其目的在于防止误操作和误并列,防误联锁装置实现闭锁的方式应是强制性的,装设联锁后,就可以保证必须按规定的操作顺序进行操作,否则就无法进行,从而有效地防止了误操作。

1. 开关柜五防之一：防止带负荷分合隔离开关

带负荷分合隔离开关是电力生产中恶性事故之一，由于开关柜隔离开关没有灭弧装置，在线路断路器没有断开时，误拉隔离开关会造成电弧伤人烧坏设备及相间飞弧短路，直接影响到操作人员的生命安全，严重时将引起重大事故。为了减少误操作，杜绝此类恶性事故的发生，操作中必须采取以下具体措施：

① 严格执行倒闸操作流程，加强操作监护。

② 对号检查，防止走错间隔、动错设备、错误分合隔离开关。同时，隔离开关应加装防误操作闭锁装置。

③ 分合隔离开关前，必须现场检查断路器确在分断位置。隔离开关操作后，操作机构的定位销一定要销好，防止机构滑脱。

④ 假如是单独一台隔离开关，可安装程序锁，或同时配隔离开关辅助接点，实现跟下一级的电气联锁。

⑤ 如果有断路器和隔离开关，就要与断路器实现电气联锁，或者装两把锁，或者机械联锁也可。

2. 开关柜五防之二：防止误分误合断路器

断路器手车必须处于工作位置或试验位置时，才能分合断路器。在开关柜二次电气控制回路中加装防跳功能，在紧急分闸按钮上加装防误罩，以防止误操作。

3. 开关柜五防之三：防止带接地线或接地开关合闸

防止带接地线或接地开关合闸有以下预防措施：

① 开关柜使用中应加强接地线的管理。按编号使用地线，拆、挂地线要做记录并登记。

② 防止在设备系统上遗留地线。拆、挂地线或拉合接地刀闸，要在"电气模拟图"上做好标记，并与现场的实际位置相符。交接班检查设备时，同时要查对现场地线的位置、数量是否正确，与"电气模拟图"是否一致。

③ 禁止任何人不经值班人员同意，在设备系统上私自拆、挂地线，挪动地线的位置，或增加地线的数量。

④ 设备第一次送电或检修后送电，值班人员应到现场进行检查，掌握地线的实际情况；调度人员下令送电前，先应与变电所的值班人员核对地线，防止漏拆接地线。

4. 开关柜五防之四：防止带电挂接地线或合接地开关

挂接地线是保护检修人员的一道安全屏障，可防止突然来电对人体的伤害。如果没有断电就挂接地线，高电压就会直接转接到操作者，造成触电危险。

防止带电挂接地线或合接地开关的措施如下：

① 先断电，需要有明显断开点。

② 验电。

③ 挂警示牌。

④ 挂接地线时，先挂接地端，后挂设备线路端。

5. 开关柜五防之五：防止误入带电间隔

造成误入带电间隔的原因如下：

① 人的因素：在工作中安全责任心不强，思想及注意力分散且在操作中或工作中监护不到位，在操作或工作中未严格按照安全技术规范进行操作或工作，总是容易走进相邻的带着电的间隔，这样就会发生触电事故。

② 设备因素：设备标示不清、设备无可靠闭锁、无安全警示及可靠的隔离措施。

高压开关柜在使用和操作过程中，防止误入带电间隔的措施如下：

① 购买高压开关设备，必须选用具有性能和质量符合要求的防误装置，对不符合要求的不得选购。

② 新设计的防误装置和操作程序，应经运行部门审查。

③ 新设计的防误装置，应做到与主设备同时投运。

第九节　0.4 kV 低压开关柜的操作、巡视与维护

一、0.4 kV 低压开关柜概述

低压开关柜是将低压电路中的开关电器、测量仪表、保护装置和辅助设备等，按照一定的接线方案安装在金属柜内，用来接受和分配电能的设备。

低压开关柜主要有固定式和抽出式两大类。

1. 固定式低压开关柜

GGD 型固定式低压开关柜有单面操作和双面操作两种。双面操作式为离墙安装，柜前柜后均可维修，占地面积较大，在盘数较多或二次接线较复杂需经常维修时，可选用此种形式。单面操作式为靠墙安装，柜前维护，占地面积小，适宜在面积小的地方选用。

GGD 型低压开关柜具有分断能力高，动热稳定性好，结构新颖、合理，电气方案切合实际，系列性、适用性强，防护等级高等特点，可作为更新换代的产品使用。

2. 抽屉式低压开关柜

抽屉式低压开关柜主要电器安装在抽屉或手车内，当遇到单元回路故障或检修时，将备用抽屉或小车换上便可迅速恢复供电。目前常用的抽屉式低压开关柜有 GCK 型、GCS 型、MNS 型、BFC 型等。其特点是馈电回路多、体积小、检修方便、恢复供电迅速，价格较贵。

① GCK 型低压开关柜的基本特点是柜体基本结构是组合装配式，母线在柜体上部，各个功能室之间相互隔离，分别为功能单元室（柜前）、母线室（柜顶部）、电缆室（柜后）。由动力配电中心柜和电动机中心控制柜组成。

② GCS 型开关柜为密封式结构、正面操作、双面维护。其电气方案灵活，组合方便，防护等级高。

③ MNS 型低压抽出式开关柜是用标准模件组装的组合装配式结构，此开关柜可分为动

力配电中心柜（PC）和电动机控制中心柜（MCC）两种类型。该类开关柜设计紧凑，组装灵活，通用性强。

二、低压开关柜结构

0.4 kV 低压开关柜大多采用 MNS3.0 型抽屉（抽出）式低开关柜，其包括进线柜、馈线柜、母联柜和电容补偿柜。该产品是模块化低压成套系统生产的主流产品，其性能、安全性等在实际应用中得到了很好的验证。

0.4 kV 低压开关柜采用 8E 和 8E/2（在 8E 高度空间组装 2 个抽屉单元）两种形式的抽屉单元。为便于维护和检修，最小单元为 8E/2，所有开关均为抽出式，检修时可方便地从开关柜中摇出或抽出，抽屉单元发生故障时，可用备用抽屉进行及时更换，其结构如图 4.70 所示。

MNS3.0 开关柜的组成结构：框架、母线小室、装置小室、抽屉单元、电容补偿单元、电缆小室、功能单元。

开关柜小室的分布图如图 4.71 所示。

图 4.70　MNS3.0 结构外形图

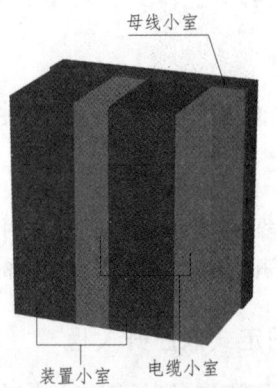

图 4.71　开关柜小室的分布图

1. 框　架

开关柜体标准高度为 2 200 mm，宽度为 600 mm，深度为 400 mm，开关柜框架的外形如图 4.72 所示。

图 4.72　MNS3.0 框架外形图

框架选用覆铝锌钢，由不同的 C 型骨架、横梁、螺板、螺栓、金属支持件和吊环组成。框架结构的连接采用自攻螺钉，所有框架零件均为免维修型。

骨架均有 25 mm 的模数孔 E，任意两孔间的误差小于 0.1 mm，不易生锈。接地连续性较好，保证了设备在运行过程中的强度及安全性，最大限度地防止故障电弧的发生，一旦发生电弧，能在短时间内熄灭。

在大电流的情况下（主母线 3 200 A 以上），采用防磁骨架和隔板，有效防止涡流发热和干扰。

2. 母线小室

母线系统分为主母线（柜后水平布置）、分支母线（柜侧垂直布置）和 PE/N 排系统，母线小室内装主母线，母线均采用铜排，导电率高达 99%，易于安装与连接，免维护。母线小室外形如图 4.73 所示。

图 4.73　MNS3.0 母线小室外形图

主母线额定电流可达 6 300 A，分支母线额定电流可达 2 000 A。

3. 装置小室

设备模块安装在装置小室内，其外形如图 4.74 所示。

装置小室有效安装空间为 72E，单柜最多可安装 36 个回路，柜内元器件、断路器等均为抽出式，便于检修和维护。

母线小室和装置小室之间采用多功能板进行分隔，其外形如图 4.75 所示。有效隔离故障电弧，防止手指误插入，具有绝缘、隔离、自熄、阻燃、熄弧和灭弧的作用。

图 4.74　MNS3.0 装置小室外形图　　　　图 4.75　MNS3.0 多功能板外形图

4. 抽屉单元

单元由塑壳断路器、接触器、电流互感器、熔断器、操作手柄和数字测量仪表组成，其外形如图 4.76 所示。

对于一些较重要的负荷，采用 EM 进行运行电参量（包括电压、电流、功率因数、有功功率、无功功率、有功电度和无功电度）的采集与显示，其余均为数码显示管，只显示馈线电压和电流。

（a）

（b）

图 4.76　MNS3.0 8E/2 抽屉单元外形图

抽屉单元带有导轨和推进机构，设有合闸、分闸、测试、抽出和隔离几个位置。且同类型抽屉具有互换性，一旦发生故障，可以在系统供电情况下更换故障开关，迅速恢复供电。

5. 电容补偿单元

柜体面板上设置隔离开关，正常情况下处于投入位。

5 组支路并联而成，每一支路由电抗器、电容器和熔断器并联组成。

正常运行时，由安装在柜面板上的功率因数控制器根据实际电网的运行状态控制电容补偿柜的自动投入和切除。

内部采用过压保护系统，具有过温度、过压力和过电流保护，三相角接，采用三相共补方式。每组电容器回路中有限制合闸涌流的措施，分组电容器的投切不得发生震荡。

6. 电缆小室

电缆小室是安装进出线电缆和组件间的连接线及附件的结构，电缆小室包含：进出线电缆、功能单元之间的连接线和附件（电缆夹、电缆连接件、线槽等），其外形如图 4.77 所示。

7. 功能单元

每个功能单元使用绝缘塑料隔板实现进线与出线之间、相序之间、一次与二次之间的隔离功能，当回路发生短路故障时，防止电弧的传播，确保断路器在分断时，不影响相邻隔室的功能单元的正常工作。

设有可靠的机械联锁，通过操作手柄控制，具有明显的位置指示，操作手柄定位后可加挂锁。

第九节 0.4 kV 低压开关柜的操作、巡视与维护

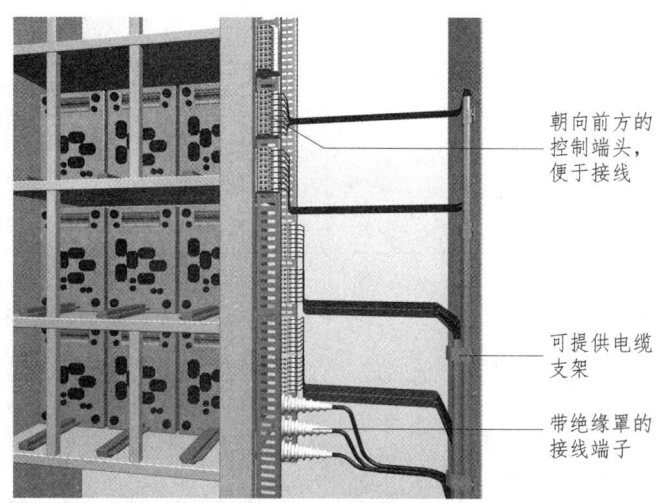

图 4.77 MNS3.0 电缆小室外形图

三、低压开关柜内的设备

低压开关柜的主要组成为断路器、智能控制单元、数字仪表、智能接口模块、按钮/信号灯、智能电力测控仪表等。为便于开关电器的上下级保护配合和管理，低压开关柜内的框架断路器一般选用 Emax 系列，塑壳断路器一般选用 T（电子式）及 S 系列（热磁式）断路器，接触器用一般选用 A 系列接触器。

四、开关柜的操作

1. 抽屉的操作

抽屉的操作由安装在仪表板上的手柄来实现，该手柄有五个位置功能（见表 4.3），具有电气及机械联锁，电气联锁采用带一个常开、一个常闭触点的微动开关来完成，如图 4.78 所示。

操作手柄向里按动后，方能从"○"位置向"｜"位置转换，操作手柄向上可给主开关分闸、试验和隔离三个位置加挂锁以作为安全保护，最多可加 3 把锁。

表 4.3 操作手柄位置说明

图形	符号	开关位置	抽屉位置	回路状态
	｜	工作位置	在柜中	主开关合闸，控制回路接通，组件锁定组
	○	分闸位置	在柜中	主开关断开，控制回路断开，组件锁定

续表

图形	符号	开关位置	抽屉位置	回路状态
	↓↑ (带弧)	试验位置	在柜中	主开关分闸,控制回路接通,组件锁定
	↓↑	抽出位置	在柜中	主回路及控制回路均断开
	↓↑ (带弧)	隔离位置	在抽屉抽出开关柜 30 mm 处	主回路及控制回路均断开,达到隔离距离

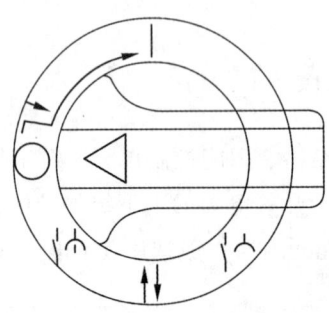

图 4.78 抽屉操作手柄位置图

2. 电气机械联锁

为了防止抽屉和断路器误操作,抽屉设置联锁装置,联锁装置使抽屉和断路器之间的操作具备联锁功能。联锁装置动作正确,闭锁或解除可靠,具有明显的运行、试验、抽出和隔离位置,并有相应的符合标志。具体功能如下:

① 当抽屉没有完全插入或联锁机构没有转到合闸位置时,断路器不能合闸。
② 当抽屉完全插入,联锁手柄旋转到合闸位置后,断路器才能合闸。
③ 当断路器处于合闸位置时,联锁手柄无法旋转到抽出位置,抽屉无法抽出。
④ 当断路器分闸后,联锁手柄才能转到抽出位置,抽屉才能抽出。
⑤ 当处于隔离位置时,抽屉主触头接插被隔开 25 mm 的安全位置状态,同时,抽屉不能插入,也不能抽出。
⑥ 联锁装置的每一种状态都有明显的操作标记。根据需要可以挂锁,锁死联锁装置而不能转动,使抽屉的机械和电气操作处于锁死状态。另外抽屉还设置了一套紧急解锁机构,以防特殊情况发生。

五、开关柜的巡视

低压抽出式开关柜日常巡视项目如下:

① 仪表信号和开关位置状态的指示应对应，三相负荷和三相电压指示应正确。
② 整个装置的各部位有无异常声响或异味、焦煳味；装置和电器的表面是否清洁完整。
③ 易受外力震动和多尘场所，应检查电气设备的保护罩、灭弧罩有无松动，是否清洁。
④ 开关柜所在的配电室的门窗是否完整，通风、室内温度和湿度应满足电器设备的要求；下雨时，屋顶是否渗漏雨水或是否有渗漏痕迹；室内外的维护通道是否畅通，室外道路是否被雨水冲断。
⑤ 室内照明是否完好，备品备件是否满足运行检修的要求，安全用具及携带式仪表是否符合使用要求。
⑥ 断路器、接触器的电磁线圈吸合是否正常，有无过大噪声或线圈过热等现象。
⑦ 异常天气或发生故障及过负荷运行时应加强检查和巡视。
⑧ 设备发生故障后，重点检查保护装置的动作情况，以及事故范围内的设备有无烧伤或毁坏情况，有无其他异常情况等。
⑨ 检查端子排有无损坏，是否固定牢固并绝缘良好。
⑩ 回路电压若超过 400 V，端子板应有足够的绝缘并涂以红色标志。
⑪ 电流回路应经过试验端子，试验端子应接触良好。
⑫ 二次回路导线与电气元件间采用螺栓连接、插接、焊接或压接等部位，均应牢固可靠。
⑬ 电缆芯线和所配导线的端部均应标明其回路编号，编号应正确，字迹清晰且不易脱色。
⑭ 柜内配线应整齐、清晰、美观，导线绝缘应良好，无损伤。
⑮ 可动部位两端的卡子应固定牢靠。
⑯ 铠装电缆在进入柜后，应将钢带切断，切断处的端部应扎紧，并将钢带接地。
⑰ 检查引入柜的电缆编号是否清晰，有无交叉，固定是否牢固，不得使所接的端子排受到机械应力。
⑱ 柜内电器之间连接处的终端附件或搪锡，不得松散或断股。

六、开关柜的维护

1. 目　测

主要包括柜体的外观检查、环境状况、通风系统、框架状况等。重点检查房间温度是否合适、通风是否顺畅、框架有无损伤及腐蚀、柜内抽屉位置是否正确等。

2. 内部检查

主要检查母排室运输连接处、母排支撑及母排绝缘等螺栓连接处是否变色、隔板安装是否正确、导体绝缘是否良好、电气设备触头是否被腐蚀等。

3. 维护注意事项

① 在抽屉从设备区向外移出至一半的时候，操作者必须从抽屉底部两边抓紧抽屉。
② 严禁在抽屉处于"隔离位置"和"安全停止位置"时把它当作攀扶工具使用，以防止人身伤害。操作手柄在"OFF"和"TEST"位置时，用三把挂锁锁住，可防止误操作。对未使用的抽屉，手柄一定要置于"OFF"位置。

③ 在测量绝缘电阻时，必须将保护单元及电子元器件脱离一次部分，防止高电压对设备造成损伤。

4. 常见故障与处理

① 故障跳闸时，抽屉开关手柄将处于合闸与分闸的中间，即"故障位置"，此时不能进行直接合闸。处理方法是将手柄先转至分闸位，进而旋转 2~3 圈进行复位，方可重新合闸。

② 抽屉单元合不上。处理方法：应检查面板操作手柄的位置与塑壳断路器的实际位置是否相符。

③ 断路器无法分断。可能的原因是：辅助回路的电压过低、开关电路故障、接线螺钉松脱、电源回路的电气连接不正确、线圈断开、操动机构卡住等。处理方法：测量电压，检查电气连接、保险丝、互锁机构、保护功能和动作触点，上紧接线螺钉，根据电路图检查电气连接，更换相应线圈，检查操动机构。

④ 保护模块损坏。处理方法：用专用的电池盒为新的保护模块提供电源，根据保护模块上液晶显示屏的提示进行操作。

第十节 直流馈线柜的操作、巡视与维护

一、直流断路器手车的操作

依照操作规程完成直流断路器分闸操作并确认其处于分闸位后才能进行手车的摇进或摇出。

1. 摇进手车步骤

图 4.79 为直流断路器手车摇进的操作示意图，摇进手车步骤为：

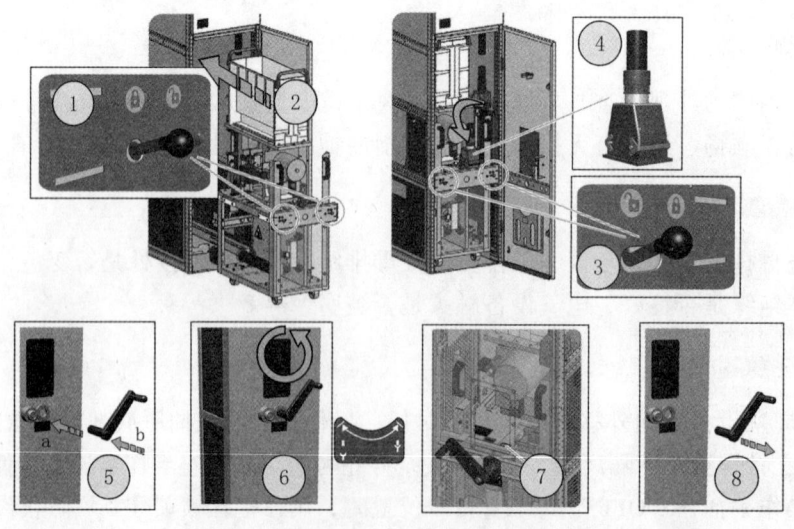

图 4.79 直流断路器手车摇进的操作示意图

第一步,检查所有的电源回路是否是关断的。

第二步,检查断路器手车有无异常(没有其他物体或工具遗留在手车内,活门可以自由开合)。

第三步,检查联锁机构(①)是否在解锁位置。

第四步,推动手车进入柜体直至停止位置(②)。

第五步,通过两边的闭锁位(③)锁定闭锁机构;

第六步,插上断路器航空插头(④)。

第七步,关闭并锁上断路器柜门。

第八步,持续按压红色手动分闸按钮(⑤a),将手柄插入操作孔(⑤b),之后释放手动分闸按钮。

第九步,逆时针旋转手柄(⑥)直到停止(无强加压力)。

第十步,通过控制窗(⑦)检查手车的正确位置(工作位)。

第十一步,从操作孔中(⑧)拿走手柄。

此时手车位于"工作"位置且柜门不能打开,允许对断路器进行分合闸操作。

2. 摇出手车步骤

当需要将直流断路器手车从开关柜内移出到柜外,即从"工作"位移至"试验"位,再移至"检修"位时,可以采用如图4.80所示的操作方法,具体程序简述如下:

第一步,在摇出直流断路器手车前,依据操作规程实施断路器分闸或确认断路器已处于分闸位。

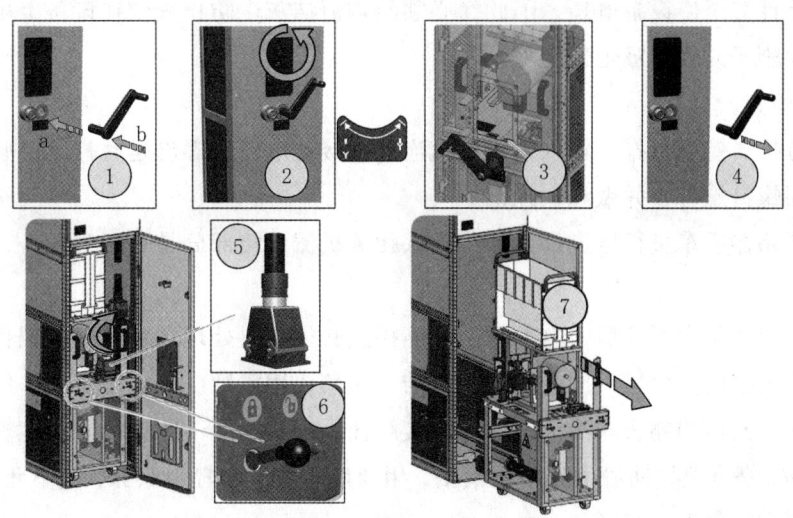

图 4.80 直流断路器手车摇出的操作示意图

第二步,持续按压红色手动分闸按钮(①a),将手柄插入操作孔(①b),之后释放红色手动分闸按钮。

第三步，顺时针旋转手柄（②）直到停止（无强加压力）。
第四步，通过控制窗（③）检查手车的正确位置（"试验"位）。
第五步，从操作孔中（④）拿走手柄，此时手车位于"试验"位置并且柜门能打开。
第六步，打开门锁开门。
第七步，拔下断路器航空插头（⑤）。
第八步，通过两边的解锁位（⑥）打开闭锁机构。
第九步，将手车拉出至柜体外部（⑦）。

二、直流馈线柜的维护

（1）维护前的准备

断开设备电源，使之与电源完全隔离。不要使用产生高压电的仪器来检测含半导体设备的绝缘件，特别是转换电路，因为它们可能损坏半导体元件。

（2）防护性维护的主要内容

防护性维护主要包括定期清洁以及对可能破碎或损坏的部件进行检测。

（3）柜体防护的主要步骤

① 目测。

找出所有损坏的元件，仔细检查是否有导致严重的烧毁事故或发霉的痕迹。

② 清洗。

尘土堆积在元件上会作为绝缘涂层阻止热量散发，电路板和电线上的灰尘会导致弧光和短路，损坏元件甚至使设备瘫痪，因此，必须经常清洁灰尘防止灰尘在设备上堆积，灰尘可用干抹布、软刷子或真空吸尘器清除。

③ 机械检查。

检查主母排、备用母排、输入输出电缆连接、接地电路等螺母是否拧紧，必要时用特殊力矩扳手紧固螺钉螺母，并做红色标记。

通过对断路器手车进行摇进摇出操作确认相关机械连接部分是否正常。

④ 润滑。

开始连接前和每次断开后，电源的两个连接点必须都要处理。对光亮的铜排表面，用软抹布和油清洁搭接面，也可以用金属刷子清洁，但禁止用砂纸。对铜排涂层，用布沾湿溶剂擦拭铜排表面，然后用触头润滑油轻轻涂抹接触面，铜排涂层不能损坏。热性塑料（尼龙、树脂玻璃、PVC等）要用防静电布沾湿清洁，用亚麻布沾硅油轻轻涂抹，绝不允许用洗衣粉、四氯化碳溶剂和三氯乙烯溶剂。

手车各部位加润滑油，在如图4.81所示的标识上加少量油润滑。柜体部件润滑在如图4.82所示的标识上加少量油润滑。运动机械部件、螺钉螺母用轴承油，电气动触头表面用触头油。

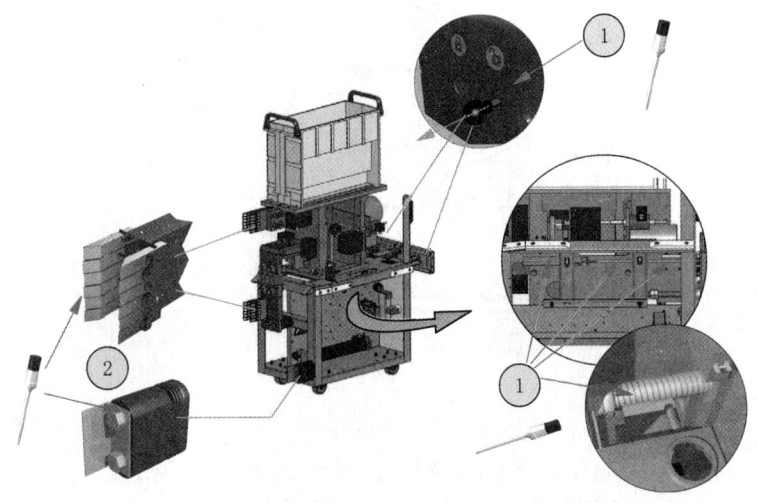

图4.81 直流断路器手车各部位加润滑油示意图

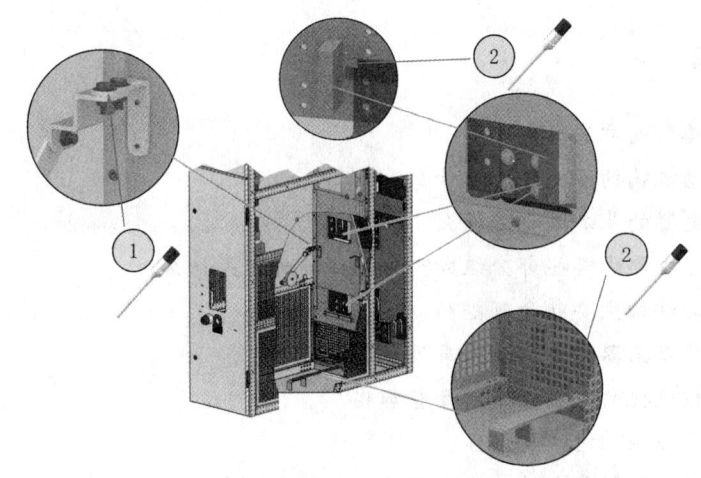

图4.82 直流开关柜柜体部件加润滑油示意图

⑤ 电气检查。

参照电气图纸检查设备功能。

检查设备和地之间的绝缘。如图4.83所示,在低阻抗继电器输出端断开主变电所地和直流柜地之间的连接。在直流柜地和系统地之间接入一兆欧表(通过低阻抗继电器)。检查绝缘值(最大DC 3 000 V),推荐绝缘值1 MΩ。如阻值低于推荐值,检查泄漏原因,并再次进行测试。

设备和地之间绝缘不良的原因:面板其他部件连接到地;地面安装不正确(检查绝缘垫圈是否在正确位置);柜周围有液体;检查直流柜与地面间是否通过绝缘垫的导电部分。

⑥ 终检。

清洁后,检查设备并且正确操作。工作完成后,确保无工具、金属、电线头等遗留在设备内。离开工作地点前,根据指示牌指示,保证设备在合适的位置。

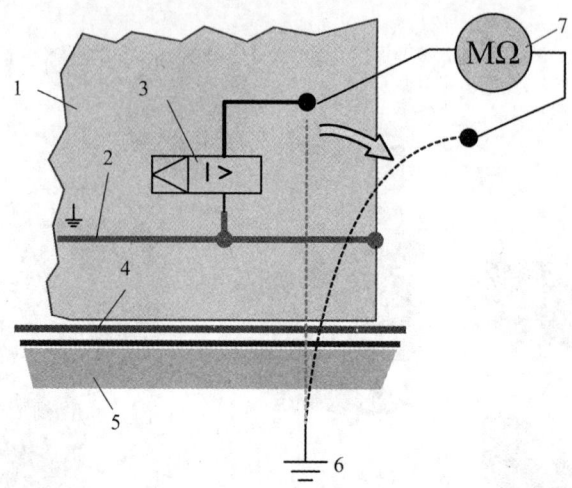

1—直流柜；2—直流柜接地排；3—低阻抗继电器；4—绝缘垫；
5—地面；6—变电所地；7—兆欧表（高阻表）。

图 4.83　直流开关柜对地绝缘情况测试示意图

 复习思考 >>>

1. 交流电弧熄灭的方法有哪些？
2. 对弹簧操动机构的基本要求是什么？
3. GIS 组合电器的基本结构是什么？
4. 真空灭弧室主要由哪些部分组成？各部分的作用是什么？
5. 隔离开关的结构主要包含哪些？
6. 电流、电压互感器的使用注意事项分别是什么？
7. 交流开关柜巡视的一般检查项目有哪些？
8. 简述直流开关柜的结构与设备。
9. 直流开关柜断路器手车的位置有哪些？如何实现手车位置的变换及其联锁？
10. 直流断路器采取了哪些措施熄灭直流电弧？
11. 简述直流开关柜的断路器手车推进和推出的操作步骤及注意事项。

 阅读材料 >>>

阅读材料 3：事故案例

违章作业是事故发生的根源，杜绝违章是安全生产的基础

一、触电身亡

1. 事故概况

检修人员××在进行巡视作业时，违规打开某高压开关柜的五防门锁，锁闭时发现锁闭不严，叫值守人员去拿平口螺丝刀。值守人员离开高压室时，听见高压室内跳闸声，返回高

压室查看,发现检修人员××倒在高压开关柜柜内母排上触电,经抢救无效死亡。构成电击伤害一般B类事故。

2. 事故原因

(1) 检修人员××违反《变电所安全工作规程》中:"其他人员巡视时要经值守人员同意,在巡视时不得进行其他工作,禁止移开、越过高压设备的防护栅,并与带电部分保持足够的安全距离",未经值守人员的同意、未采取安全措施,强行打开高压开关柜柜门,违章蛮干。

(2) 检修人员××打开高压开关柜柜门前,未按照《变电所安全工作规程》办理高压设备停电作业手续。

(3) 牵引变电所值守人员未随时巡视作业地点,了解作业情况,未及时发现并制止检修人员××危险操作,在检修人员××意图违章作业时,未及时采取有效的制止措施。

3. 经验教训

① 其他人员巡视时要经值守人员同意,在巡视时不得进行其他工作,禁止移开、越过高压设备的防护栅,并与带电部分保持足够的安全距离。

② 当设备的带电部分距离作业人员小于规定的安全距离时均需停电。

③ 变电所值守人员要随时巡视作业地点,了解作业情况,发现不安全情况要及时提出,若属危及人身、行车、设备安全的紧急情况时,有权制止其作业,收回工作票,令其撤出作业地点。

二、作业人员触电伤害事故

1. 事故概况

某日,作业人员××在巡视时发现计量柜电压互感器熔断器的熔管有问题,在没有向调度汇报要令,没有填写倒闸作业票的情况下,与另一位作业人员××进行处理。右手戴绝缘手套伸入高压柜取电压互感器熔断器的熔管时,身体触及本柜内高压带电母线,被电击死亡。

2. 错误做法

(1) 作业人员没有向调度汇报要令,没有填写倒闸作业票。

(2) 作业人员处理设备故障既不请示,也不按标作业。

(3) 邻近带电作业时,与带电体安全距离不足。

3. 正确做法

(1) 应将信息及时汇报调度并要令,开具停电作业倒闸作业票。

(2) 认真执行标准化作业程序,采取完备的安全措施后进行作业。

(3) 邻近带电作业时,保持与带电体足够的安全距离。

三、作业人员电弧烧伤

1. 事故概况

某日,电力工××在处理箱式变电站故障时,只断开603负荷开关,未断开箱式变电站601电源开关,在负荷开关柜未完全断电的情况下,进入柜内检查高压负荷开关熔断器时,万用表的测试线掉到下方带电母排上,造成带电设备相间短路,该作业人员被电弧烧伤。

2. 错误做法

（1）停电时只断开馈出线开关，未断开箱式变电站电源开关。

（2）未落实"一人操作、一人监护"制度。

3. 正确做法

（1）停电要彻底。停电范围大于封线范围，封线范围大于作业范围。

（2）落实监护制度。严格落实"一人操作、一人监护"。

第五章　城轨变电所限流限压接地装置巡视与维护

课件：限流限压与接地装置　　第五章彩版插图

 问题导入 >>>

"质量安全为先，人文和谐共享。"为了确保乘客、工作人员以及地铁运营设备的安全，必须将电流和电压限制在一定的范围之内。这就需要在城市轨道交通的供电系统中设置电抗器、避雷器等限流和限压的设备，也需要敷设可靠的接地装置，将需要接地的设备或设备的某一部分可靠接地。本章将从基本概念、设备结构和工作原理入手，结合运营维护常识，介绍城市轨道交通供电系统中限流、限压与接地装置的结构、原理与维护。

学习目标 >>>

1. 熟悉避雷器、电抗器的类型及其结构特点。
2. 理解并掌握的避雷器、电抗器作用、工作原理。
3. 学会避雷器、电抗器日常巡视、维护检修的项目，掌握其工作标准。
4. 熟悉电力系统特别是低压配电系统的接地状况。
5. 理解并掌握接地、接地装置、接地电阻、接地方式等概念。
6. 理解并掌握城市轨道交通接地系统的结构，能够识读变电所室内、室外接地装置布置图，学会接地装置定期维护和检查的项目。

 内容讲解 >>>

第一节　避雷器

一、避雷器的作用与原理

避雷器是一种防止雷击，保护电力设备免受瞬时过电压危害，不致引起系统接地短路的电气设备，其通常接于带电导线与大地之间，与被保护设备并联，如图 5.1（a）所示。当被保护设备在正常工作电压（额定电压）下运行时，流过避雷器阀片的电流仅为 4～10A，避雷器相当于绝缘体，它不会产生作用，对地面来说视为断路；一旦出现高电压且危及保护设备绝缘，作用在避雷器上的电压超过定值（起动电压），阀片"导通"将大电流通过阀片泄入地中，此时其残压不会超过被保护设备的耐压值，从而限制电压幅值，保护电气设备绝缘，达到保护目的。过电压消失后，作用电压降到动作电压以下时，避雷器迅速恢复原状，使系统能够正常供电，如图 5.1（b）所示。当作用电压降到动作电压以下时，阀片自动终止"导通"状态，恢复绝缘状态，因此，整个过程不存在电弧燃烧与熄灭的问题。

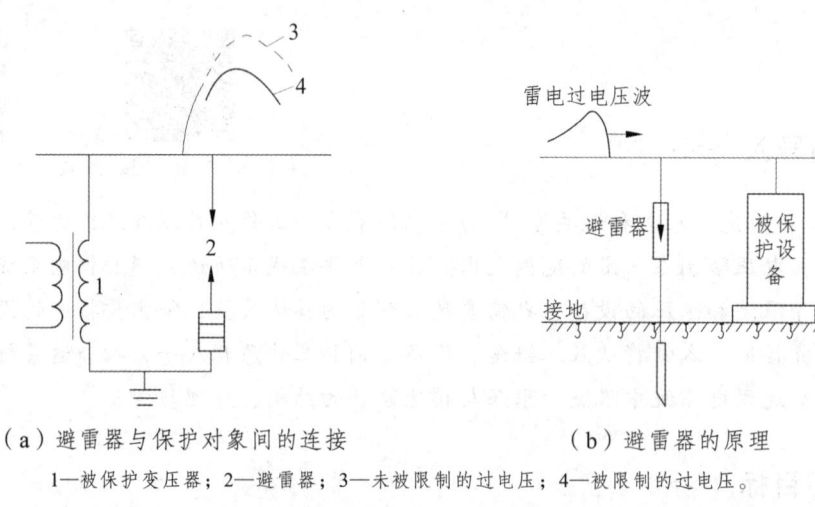

（a）避雷器与保护对象间的连接　　　　　（b）避雷器的原理

1—被保护变压器；2—避雷器；3—未被限制的过电压；4—被限制的过电压。

图 5.1　避雷器工作原理示意图

二、避雷器的类型

避雷器按发展历史可分四种基本类型：保护间隙、管型避雷器、阀式避雷器及金属氧化物避雷器，分别如图 5.2 所示。

　　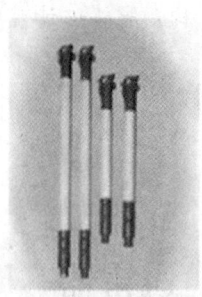　　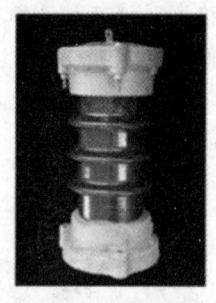　　

（a）保护间隙　　　（b）管型避雷器　　　（c）阀式避雷器　　（d）金属氧化物避雷器

图 5.2　各种避雷器外形图

1. 保护间隙

保护间隙有角形、棒形、球形，常用角形形式，角形保护间隙结构如图 5.3 所示。它简单经济，维修方便，但保护性能差，灭弧能力小，容易造成接地或短路故障，引起线路开关跳闸或熔断器熔断，使线路停电。因此对于装有保护间隙的线路，一般要求装设自动重合闸装置，以提高供电可靠性。保护间隙只用于室外且负荷不重要的线路上，目前除用于变压器中性点外，已经很少被使用了。

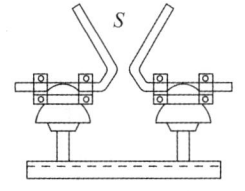 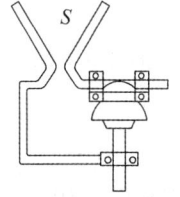 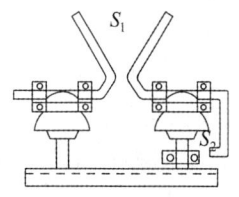

（a）双支持绝缘子单间隙　　（b）单支持绝缘子单间隙　　（c）双支持绝缘子双间隙

S—保护间隙；S_1—主间隙；S_2—辅助间隙。

图 5.3　角形保护间隙结构

保护间隙的安装方式是一个电极接线路，另一个电极接地。但为了防止间隙被外物（如鼠、树枝等）短接而造成接地或短路故障，必须在其公共接地引下线中间串入一个辅助间隙。这样即使主间隙被外物短接，也不致造成接地或短路故障。

2. 管型避雷器

管型避雷器也称为排气式避雷器，是一种具有较高熄弧能力的保护间隙，由产气管、内部间隙和外部间隙等几部分组成，如图 5.4 所示。产气管内层由绝缘的产气材料纤维、有机玻璃或塑料制成。内部间隙装在产气管内，一个电极为棒形，另一个电极为环形。由于产气材料在泄漏电流作用下会分解，因此管子不能长时间接在工作电压上，需用外间隙把避雷器与工作电压隔开。

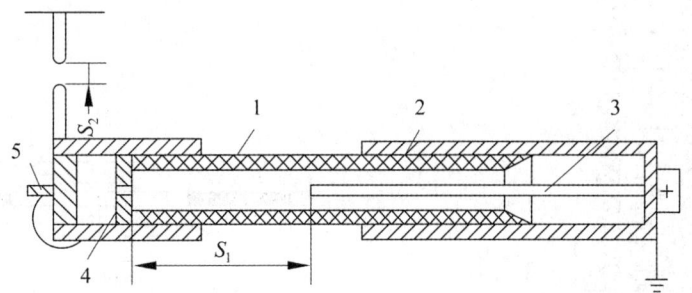

1—产气管；2—胶木管；3—棒形电极；4—圆环形电极；5—动作指示器；
6—动作指示器；S_1—内部间隙；S_2—外部间隙。

图 5.4　管型避雷器

当线路遭到雷击或感应雷时，雷电过电压使管型避雷器的内、外间隙被击穿，强大的雷电流通过接地装置。由于避雷器放电时内阻接近于零，所以其残压极小，但工频续流极大。雷电流和工频续流使管子内壁材料燃烧而产生大量灭弧气体，由管口喷出进行强烈吹弧，使电弧迅速熄灭，全部灭弧时间最多持续 0.01 s（半个周期）。这时外部间隙的空气恢复绝缘，使避雷器与系统隔离，系统恢复正常运行。

管型避雷器具有简单经济、残压很小的优点，但它熄弧能力低、易使断路器跳闸、与被保护设备伏秒特性不易配合、动作时有电弧和气体从管中喷出的缺点，因此它仅安装在输电线路上绝缘比较薄弱的地方和用于变电所、发电厂的进线段保护中。

管型避雷器型号的表示和含义如下：

$$[1][2][3]\frac{[4]}{[5]-[6]}$$

其代表意义为：

[1] 产品名称：G 表示管型避雷器。

[2] 用途代号：S—变配电所用，X—线路用。

[3] 设计序号：用数字 1、2、3 表示。

[4] 额定电压：用 kV 表示。

[5] 开断电流下限：用 kA 表示。

[6] 开断电流上限：用 kA 表示。

3. 阀式避雷器

（1）阀式避雷器概述

阀式避雷器又称为阀型避雷器，它由火花间隙和阀片串联组成，装在密封的磁套内。如图 5.5（a）所示。每一个火花间隙都由一对黄铜电极、加厚 0.5~1 mm 的云母垫圈构成，如图 5.5（b）所示。避雷器间隙就是由多个这样的接近均匀电场的火花间隙串联而成，目的是使间隙电场接近均匀电场。

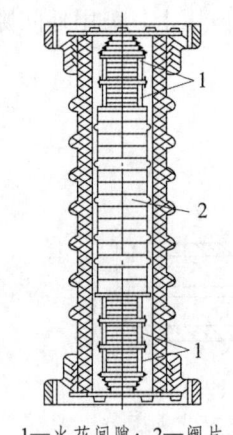

1—火花间隙；2—阀片。

（a）阀式避雷器结构图

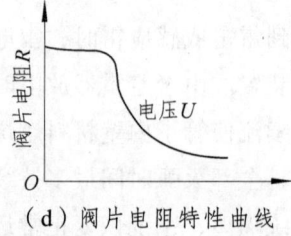

1—黄铜电极；2—云母垫圈。

（b）单个火花间隙结构

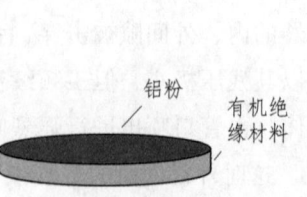

（c）阀片

（d）阀片电阻特性曲线

图 5.5　阀式避雷器的结构、组成部件及特性

阀片（非线性电阻）是用陶料黏固的电工用金刚砂（SiC）加结合剂在 300~500 °C 烧结成 ϕ55~100 mm 圆饼状，如图 5.5（c）所示。这种阀片阻值不是常数，具有非线性特性。正常电压时，阀片电阻很大；过电压时，阀片电阻变得很小，如图 5.5（d）所示。

正常情况下，火花间隙将阀片和工作导线分开，避免阀片长期受热；但在雷电过电压作用下，火花间隙被击穿放电，冲击电流通过阀片流入大地。由于阀片的非线性，残压得到限制，有利于设备保护；当雷电过电压消失、线路上恢复工频电压时，阀片呈现很大的电阻，使火花间隙绝缘迅速恢复而切断工频续流，有利于熄弧，从而保证线路恢复正常运行。必须注意：雷电流流过阀片电阻要形成电压降，即线路在泄放雷电流时有一定的残压加在被保护设备上，残压不能超过设备绝缘允许的耐压值，否则设备绝缘仍要被击穿。

阀式避雷器中火花间隙和阀片的多少，与工作电压高低成比例。高压阀式避雷器串联很多单元火花间隙，目的是将长弧分割成多段短弧，以加速电弧的熄灭。

阀式避雷器除普通型高压阀式避雷器和低压阀式避雷器外，还有一种类型，即磁吹式避雷器，它的主要区别在于采用了灭弧能力较强的磁吹火花间隙和通流能力较大的高温阀片，专用来保护重要的或绝缘较为薄弱的设备。

（2）阀式避雷器主要电气参数

阀式避雷器主要电气参数如下：

① 额定电压：正常工作时加在避雷器上的工频工作电压。

② 灭弧电压：保证避雷器能在工频续流第一次过零时灭弧的条件下，允许加在避雷器上的最高工频电压。该值应该大于避雷器工作母线上可能出现的最高工频电压，否则可能难以熄弧而爆炸。

发生单相接地时，非故障相电压在中性点直接接地系统中可达线电压的 80%；在中性点不接地系统中分别可达线电压的 100%~110%。所以 110 kV 以上中性点直接接地系统的灭弧电压可取为系统最大工作线电压的 80%；不接地系统的灭弧电压可取为最大工作线电压的 100%~110%。

③ 工频放电电压：工频电压下避雷器发生放电的电压，一般给出上、下限值。

由于普通阀型避雷器的灭弧能力和通流容量都是有限的，一般不允许它们在内部过电压作用下动作，因此通常规定其工频放电电压的下限应不低于该系统可能出现的内部过电压值。35 kV 及以下系统和 110 kV 及以上系统，此值分别取 3.5 倍和 3.0 倍的相电压。

④ 冲击放电电压：冲击电压下避雷器放电的电压幅值，常给出上限值。对于我国生产的避雷器，该值与 5 kA（330 kV 及以上电网为 10 kA）下的残压基本相同。

⑤ 残压：当波形为 8/20 μs，5 kA 或 10 kA 的冲击电流流过避雷器时避雷器两端的电压降，以幅值表示。此残压为避雷器雷电放电时加于并接的被保护设备上的电压。

⑥ 保护水平：避雷器上可能出现的最大冲击电压幅值。

⑦ 保护比：残压与灭弧电压之比，越小表明残压越低或灭弧电压越高，绝缘上承受的过压越低而使工频续流能很快切断，因而避雷器的保护性能越好。

（3）阀式避雷器的型号表示及含义

阀式避雷器型号的表示和含义如下：

$$[1][2][3]—[4][5][6]$$

其代表意义为：

[1] 产品名称：F—阀式，FC—磁吹阀式。

[2] 用途：S—小型变、配电所用，Z—电站用，X—线路用，D—电机用。

[3] 设计序号：用数字1、2、3表示。

[4] 额定电压：用kV表示。

[5] 接地：J—中性点接地。

[6] 其他标志：G—高原，TH—湿热带（一般不标），DT—多雷湿热带。

4. 金属氧化物避雷器（MOA）

金属氧化物避雷器又称为压敏避雷器，出现于20世纪70年代，因其性能比阀式避雷器更好，现在已在全世界得到广泛应用。金属氧化物避雷器的结构非常简单，它是一种没有火花间隙只有压敏电阻片的阀式避雷器。压敏电阻片是由氧化锌或氧化铋等金属氧化物烧结而成的多晶半导体陶瓷元件，具有理想的阀特性。在工频电压下，它呈现极大的电阻，能迅速有效地阻断工频续流，因此无须火花间隙来熄灭由工频续流引起的电弧，而且在雷电过电压作用下，其电阻又变得很小，能很好地泄放雷电流。

（1）氧化锌（ZnO）避雷器性能特点

① 无火花间隙：结构简化，体积缩小，造价降低；适合于大规模生产，没有放电延时，有良好的陡波响应特性，不存在间隙放电随雷电波陡度增加而增大的问题，提高了对设备保护的可靠性，特别适合于伏秒特性平坦的 SF_6 组合电器和GIS的保护；放电电压不会随避雷器内部气压变化而变化，放电特性分散性小，尤其适合在高原和 SF_6 组合电器中使用。

② 无续流：不需吸收过电流能量，只需吸收过电压能量，动作负载轻；其阀片通流能力强，所以具有耐多重雷击和重复发生的操作过电压的能力，适用于多雷区和重雷击区。

③ 降低了电气设备所承受的过电压：阀式避雷器只在间隙放电后才将电流泄放，而ZnO避雷器在整个电压作用过程中都有电流流过，降低了作用在设备上的过电压。

④ 通流容量大：提高了避雷器的动作负载能力，可用来限制内部过电压；还可以采用多阀片柱并联的办法进一步增大通流容量，制造出用于特殊保护的重载避雷器，解决了长电缆系统、大容量电容器组的保护问题。

⑤ 特别适用于直流系统保护：因直流续流没有自然过零点，串联间隙型直流避雷器难以熄弧，而ZnO避雷器无此问题。

⑥ 运行维护方便，使用寿命长。

⑦ 缺点：长期工作易老化，需长期监测。

（2）ZnO避雷器特性参数

① 额定电压：避雷器两端允许施加的最大工频电压有效值。

② 持续运行电压：允许长期施加在避雷器的工频电压有效值，一般等于系统最高工作相电压。

③ 起始动作电压：位于伏安特性曲线由小电流区上升到非线性平坦区的转折处，也称为转折电压。通常把1 mA直流电流或工频电流阻性分量幅值时的避雷器两端电压幅值定义为起始动作电压。

④ 残压：放电电流流过ZnO避雷器时，其端子间出现的电压峰值。

⑤ 保护比：额定冲击放电电流下残压与持续运行电压之比。

（3）ZnO 避雷器全型号的表示和含义

ZnO 避雷器全型号的表示和含义如下：

$$[1][2][3][4][5]—[6]/[7][8]$$

其代表意义为：

[1] 产品名称：Y—金属氧化物避雷器。
[2] 额定放电电流：kA。
[3] 结构特征：W—无火花间隙，C—串有火花间隙，B—并有火花间隙。
[4] 用途：S—变配电所用，Z—电站用，D—保护电机用。
[5] 设计序号：用数字 1、2、3 表示。
[6] 额定电压：用 kV 表示。
[7] 额定放电电流下的最大残压值：用 kV 表示。
[8] 特殊性能：GY—高原型，W—防污型。

三、城轨交通变电所的过电压防护

为防止系统内部操作过电压及大气过电压的冲击，变电所采取了如下过电压保护措施：

① 变电所 35 kV 两段母线各设置一组避雷器。
② DC 1 500 V 正负母线间设置避雷器。
③ DC 1 500 V 正母线对地间设置避雷器，车辆段负母线对地间设置避雷器。
④ 地面牵引变电所及与地面相邻的地下牵引变电所内直流馈线设置避雷器。
⑤ 变电所两段 0.4 kV 母线各设置一组浪涌保护器。
⑥ 车辆段地面变电所房屋考虑建筑防雷，由建筑专业实施。
⑦ 地下变电所设置综合接地网，设置 1 组强电设备接地引上线、1 组弱电设备接地引上线。强、弱电设备接地引上线之间沿接地体的地中距离应不小于 20 m。
⑧ 邻近地面段的变电所设置综合接地网，设置 1 组强电设备接地引上线、1 组弱电设备接地引上线、1 组防雷接地引上线。防雷接地引上线、强电设备接地引上线、弱电设备接地引上线三者间沿接地体的地中距离尽可能远，且不应小于 20 m。

第二节 电抗器

一、电抗器概述

1. 电抗器的作用

在电力系统发生短路时，会产生数值很大的短路电流，如果不加以限制，要保持电气设备的动态稳定和热稳定是非常困难的。因此，为了满足某些断路器遮断容量的要求，常在出线断路器处串联电抗器，以增大短路阻抗，起限制短路电流的作用。由于采用了电抗器，在发生短路时，电抗器上的电压降较大，所以也起到了维持母线电压水平的作用，使母线上的电压波动较小，保证了非故障线路上的用户电气设备运行的稳定性。

2. 电抗器的分类

电抗器实质上是一个无导磁材料的空心线圈，它可以根据需要布置为垂直、水平和品字形三种装配形式。

① 按相数分：单相、三相。
② 按冷却装置种类分：干式、油浸。
③ 按结构特征分：空心式、铁心式。
④ 按安装地点分：户内型、户外型。
⑤ 按用途分：限流电抗器、并联电抗器、平波电抗器、功率因数补偿电抗器、串联电抗器、平衡电抗器、接地电抗器、消弧线圈电抗器、饱和电抗器、自饱和电抗器、可变电抗器等。在供电系统中所采用的电抗器常见的有并联电抗器和串联电抗器。

3. 电抗器的基本结构类型

（1）空心式电抗器

空心式电抗器只有绕组，没有铁心，其外形如图 5.6 所示。空心式电抗器多数是干式，当电抗较大时，根据需要可制成油浸式。干式空心式电抗器的绕组可采用包封式，也可用电缆绕制后用水泥浇注的方式。

（2）铁心式电抗器

电抗器芯柱由铁心饼和气隙垫块组成。铁心饼为辐射形叠片结构，铁心饼与铁轭由压紧装置通过非磁性材料制成的螺杆拉紧形成一个整体，外形如图 5.7 所示。

（3）干式半芯电抗器

干式半芯电抗器在线圈中放入了由高导磁材料做成的芯柱，磁路中磁导率大大增加，与空芯电抗器相比较，在同等容量下，线圈直径大幅度缩小，导线用量大大减小，损耗大幅度降低。绕组选用小截面圆导线多股平行绕制，铁心结构为多层绕组并联的筒形结构，形状十分简单，其外形如图 5.8 所示。铁心柱经整体真空环氧浇注成型后，其密封性、整体性较好，运行时振动极小，噪声很低，不受任何环境条件的限制。

图 5.6 空心式电抗器

图 5.7 铁心式电抗器

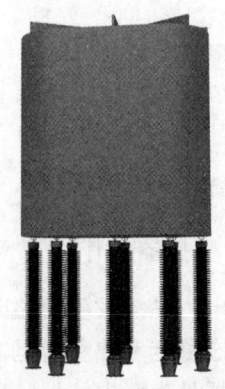
图 5.8 干式半芯电抗器

二、并联电抗器

1. 并联电抗器的作用

（1）在中压系统中

并联电抗器一般并联于大型发电厂或 110～500 kV 变电站的 6～63 kV 母线上，用来吸收电缆线路的充电容性无功。通过调整并联电抗器的数量，向电网提供可阶梯调节的感性无功，补偿电网剩余容性无功，调整运行电压，保证电压稳定在允许范围内。

（2）在超高压系统中

并联电抗器一般并联接于 330 kV 及以上的超高压线路上，其主要作用如下：
① 降低工频过电压。
② 降低操作过电压。
③ 避免出现自励磁谐振。
④ 有利于单相自动重合闸。

2. 并联电抗器型号

并联电抗器的型号表示方法如下：

$$[1]—[2]/[3]$$

其代表意义为：
[1] 产品名称：BK—并联电抗器。
[2] 额定容量：用 kvar 表示。
[3] 电压等级：用 kV 表示。

三、串联电抗器

1. 串联电抗器作用

串联电抗器与并联电容补偿装置或交流滤波装置回路中的电容器串联，组成谐振回路，滤除指定的高次谐波，减少电力系统电压波形的畸变，提高电能质量，它有以下几种作用：
① 降低涌流倍数和频率。
② 吸收谐波，降低谐波电压值，减少系统电压波形畸变，提高供电质量。
③ 限制谐波电流流入电容器组，保护电容器组。
④ 内部短路时，减少系统提供的短路电流；外部短路时，减少对短路电流的助增作用。
⑤ 减少健全电容器组向故障电容器组的放电电流值。
⑥ 当电容器组的断路器处于分闸过程时，降低操作过电压。

2. 串联电抗器型号

串联电抗器的型号表示方法如下：

$$[1][2][3][4]—[5]/[6]$$

其代表意义为：

[1] 产品名称：CK—串联电抗器。

[2] 相数：S—三相，D—单相。

[3] 冷却方式：G—干式空气自冷。

[4] 导线材料：L—铝线，铜线不表示。

[5] 电抗器容量：用 kvar 表示。

[6] 电压等级：用 kV 表示。

四、限流电抗器

1. 限流电抗器的作用

在电力系统中，限流电抗器的主要作用是当电力系统发生短路故障时，利用其电感特性，限制系统的短路电流，降低短路电流对系统的冲击，同时降低断路器选择的额定开断容量，节省投资费用，同时提高系统的残压。限流电抗器串联连接在系统母线上，一般用于配电线路。按照使用的场所差异，限流电抗器包括以下几种类型：

（1）线路电抗器

线路电抗器串接在线路或电缆馈线上，使出线能选用轻型断路器以及减小馈线电缆的截面。当发生短路后，线路电抗器不仅限制了短路电流，还能维持较高的母线剩余电压，提高了供电的可靠性。

（2）母线电抗器

母线电抗器串接在发电机电压母线的分段处或主变压器的低压侧，用来限制厂内、外短路时的短路电流，也称为母线分段电抗器。当线路上或一段母线上发生短路时，它能限制另一段母线提供的短路电流。

（3）变压器回路电抗器

变压器回路电抗器安装在变压器回路中，用于限制短路电流，以便变压器回路能选用轻型断路器。

2. 限流电抗器型号

[1]K[2]—/[3][4]—[5]

其代表意义为：

[1] 结构特点：N—水泥柱式，F—分裂式。

[2] 导线材料：L—铝线，铜线不表示。

[3] 额定电压：用 kV 表示。

[4] 额定电流：用 A 表示。

[5] 电抗百分数：用%表示。

3. 限流电抗器的结构

（1）混凝土柱式限流电抗器

混凝土柱式限流电抗器的构成：绕组、水泥支柱及支持绝缘子。

（2）分裂电抗器

分裂电抗器每相线圈有中间抽头，一般中间抽头接电源侧，两端头接负荷侧，现被广泛应用。

（3）干式空心限流电抗器

干式空心限流电抗器能承受户外恶劣的气象条件，可在户内及户外使用。

第三节　城轨交通供电系统的接地装置

一、接地的基本概念与分类

1. 接　地

接地是指供电系统中将电气设备或电气装置的某些金属部分用导体（接地线）与埋设在土壤中的金属导体（接地体）相连，并与大地做可靠的电气连接。它的主要作用是防止人身受到电击、保证电力系统的正常运行、保护线路和设备免遭损坏、预防电气火灾、防止雷击和防止静电损害等。接地的正确处理，对供电系统安全运行、保护设备绝缘免受异常过电压破坏、防止人身遭受电击具有极其重要的作用。

在供电系统中，接地的范围非常广，凡是电气系统和设备都涉及接地的问题。这里"地"的概念包括大地或指范围更加广泛、能用来代替大地的等效导体，比如飞机、轮船的金属外壳等。

在城轨交通供电系统中，"地"的种类也很多，比如：大地、结构地、牵引系统地等，其中牵引系统地即为直流牵引供电系统回流用的走行轨。

在供电系统接地中，接地一般指与变电所接地母排直接连接，或通过设备中的接地排与变电所接地母排连接，而不是指与埋在大地内的接地极直接相连接。

2. 接地装置

接地体是指埋入土壤内并与大地直接接触的金属导体或导体组，也叫接地极；接地线是连接于接地体与电气设备接地部分之间的金属导线；接地线与接地体合称接地装置。

接地装置是完成系统、设备接地功能的材料和设备的总称，包括接地母排、接地线和接地极等，其材料一般多选用扁钢或圆钢。表征接地装置的重要参数之一是接地电阻，接地装置的接地电阻值应始终满足各接地系统接地电阻最小值的要求，接地装置的各个组成部分应有足够的截面，满足在接地故障的条件下的动热稳定，接地装置的材质和规格在其所处环境内应具备抗机械损伤、腐蚀和其他有害影响的能力。装置本身就是安全装置，对于防止触电事故的发生有十分重要的意义。

凡从带电体流入地下的电流即属于接地电流。接地电流有正常接地电流和故障接地电流。正常接地电流指正常工作时通过接地装置流入地下，借大地形成工作回路的电流；故障接地电流指系统发生故障时出现的接地电流。

系统一相接地可能导致系统发生短路，这时的接地电流叫作接地短路电流，如接地的 380/220 V 系统的单相接地短路电流。在高压系统中，接地短路电流可能很大，接地短路电流在 200 A 及以下的称为小接地短路电流系统；接地短路电流大于 500 A 的称为大接地短路电流系统。

如图 5.9 所示，接地电流流入地下以后，就通过接地体向大地作半球形散开，这一接地电流就叫作流散电流。流散电流在土壤中遇到的全部电阻叫作流散电阻。

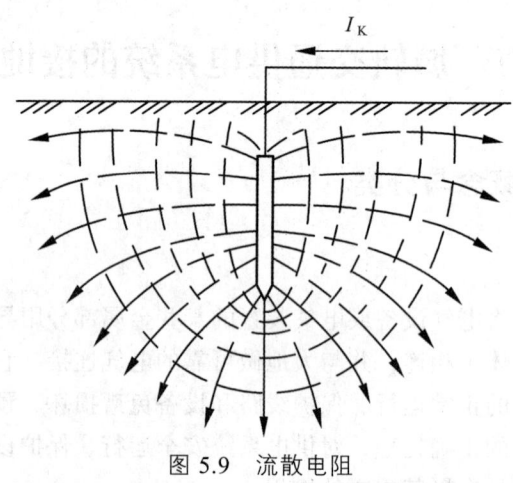

图 5.9　流散电阻

接地电阻是接地体的流散电阻与接地线的电阻之和。接地线电阻一般很小，可以忽略不计。因此，可以认为流散电阻就是接地电阻。

电流通过接地体向大地作半球形流散。在距接地体越远的地方球面越大，所以流散电阻越小。一般认为在距离接地体 20 m 以上，电流就不再产生电压降了。或者说，至距离接地体 20 m 处，电压已降为 0。

电工上通常所说"地"就是这里的地。通常所说的对地电压，即带电体同大地之间的电位差，也是对离接地体 20 m 以外的大地而言的。简单而言，对地电压就是带电体与电位为 0 的大地之间的电位差。显然对地电压等于接地电流与接地电阻的乘积。如果接地体由多根钢管组成，则当电流自接地体流散时，至电位为 0 处的距离可能超过 20 m。

从以上的讨论可以知道，当电流通过接地体流入大地时，接地体具有最高的电压。离开接地体，电压逐渐下降，并且电压降落的速度逐渐降低。对于简单接地体，至离开接地体 20 m 处，电压降为 0。

接触电势是指接地电流自接地体流散，在大地表面形成不同电位时，设备外壳、构架或墙壁与水平距离 0.8 m 处之间的电位差。

接触电压是指设备绝缘损坏时，在身体可同时触及的两部分之间出现的电位差。如人在发生接地故障的设备旁边，手触及设备的金属外壳，则人手与脚之间所呈现的电位差，即为接触电压，接触电压通常按人体离开设备 0.8 m 考虑。如图 5.10 所示，a 的接触电压为 U_c，故障设备对地电压为 U_d。

跨步电势是指地面上水平距离为 0.8 m（人两脚跨开的距离）的两点之间的电位差。跨步电压是指人站立在流过电流的大地上，加于人的两脚之间的电压，如图 5.10 中的 U_{b1}、U_{b2}。

图 5.10 中，紧靠接地体位置，承受的跨步电压最大；离开了接地体，承受的跨步电压小一些，对于垂直埋设的单一接地体，离开接地体 20 m 以外，跨步电压接近于零。考虑人脚底下的流散电阻，实际跨步电压应低一些。

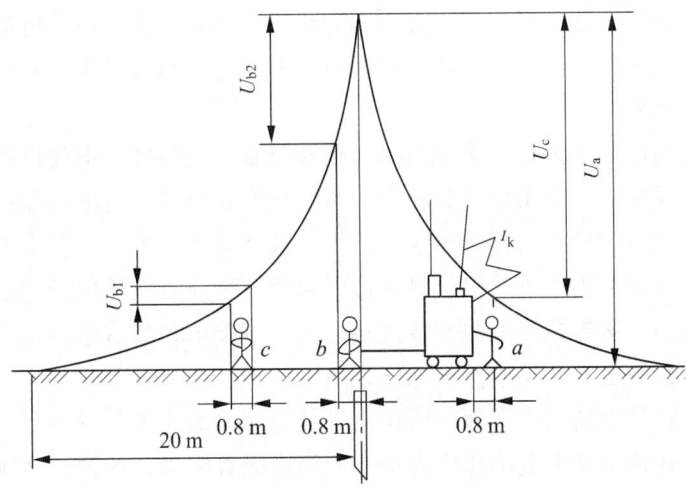

图 5.10 接触电压和跨步电压

3. 接地的分类

按照供电系统电流制式和频率可分为交流供电系统的工频接地、直流牵引供电系统的接地和雷电及过电压的冲击接地。

按照供电系统电压等级可划分为高压系统的接地、中压系统的接地和低压系统的接地。

按照接地的作用可分功能性接地和保护性接地。

（1）功能性接地

功能性接地是为了系统正常运行的可靠性及异常情况下保障系统的稳定性而设置的，分为工作接地、逻辑接地、屏蔽接地、信号接地四种。如电力系统（发电机或变压器）的中性点直接（或经消弧线圈）接地、电压互感器一次侧中性点的接地、两线一地制供电方式中接地相的接地等，都属于工作接地。

工作接地是为了保证供电系统的正常运行，防止系统振荡，保证继电保护的可靠性。如采用直接接地方式的工作接地，在系统发生接地故障时，可产生较大的接地故障电流，使继电保护迅速动作，切除故障回路。在交流系统中，此点一般为中性点（具体内容见本书第一章第一节）。

逻辑接地是为了获得稳定的参考电位，将电子设备中的金属件作为参考零电位，但要求需获得零电位的电子器件接在此金属件上。

屏蔽接地是将金属壳或金属网接地，保护壳内或网内的电子设备不受外界的电气干扰，或者使壳内或网内的电子设备不对外部电子设备引起干扰。

信号接地是为保证信号具有稳定的基准电位而设置的接地。

（2）保护性接地

保护性接地是以人身和设备安全为目的而设置的，分为保护接地、防雷接地、防静电接地、防电蚀接地四种。

为了防止电气设备绝缘被损坏，或漏电时使正常运行不带电的电气设备、外露可导电部分或电气装置外露可导电部带电而导致的电击危险，将设备的外露导体部分接地，称为保护接地。保护接地能够在设备绝缘被破坏时，降低电气设备外露可导电部分对地的电压，从而降低人身接触该可导电部分对地的接触电压。保护接地还为接地故障电流提供了返回电源的通路，但只有系统接地为直接接地或小电阻接地时，才会形成较大的故障电流，保护装置快速动作切除故障回路。

防雷接地是将雷电导入大地，防止雷电流使建筑物、构筑物、电气设备等遭受雷电流的破坏，防止人身遭受雷击。防雷接地分为直击雷接地和雷电感应过电压保护装置的接地。直击雷通过防雷装置进行防护，由接闪器、防雷引下线和接地极组成，直击雷的接地就是将接闪器引导的雷电流经过防雷引下线引至接地极。对雷电感应过电压应设置避雷器保护，避雷器安装在配电装置内，避雷器一端与相线连接，另一端接地，当雷电感应过电压超过避雷器的放电值时，避雷器被击穿，从而保护电气设备绝缘不被损坏。

防静电接地是将静电荷引入大地，防止由于静电积聚对人体和设备造成危害。

防电蚀接地是在地下埋设金属体作为牺牲阳极或牺牲阴极，保护与之连接的金属体。

二、综合接地体及接地原则

1. 综合接地体概述

在供电系统中，同时存在多个用于不同目的、不同用途的接地系统。比如，在交流系统中，任一电压等级都同时存在工作接地和保护接地，110/35 kV 主变电所中存在 110 kV 设备的保护接地、35 kV 系统的工作接地和 35 kV 设备的保护接地；车站 35/0.4 kV 降压变电所中存在 35 kV 设备的保护接地、0.4 kV 系统的工作接地和 0.4 kV 设备的保护接地。

城轨供电系统中的通信等其他设备系统也需要设置用于设备正常工作以及设备和人身安全的工作接地、防雷接地和保护接地，因此，一个车站内要求接地的系统和设备有很多。在对接地装置的要求上，可以共用接地装置，也可以分设接地装置，但分设接地装置时强电和弱电接地装置需要相距 20 m 以上。在分开设置不同的接地装置时，若距离不能满足要求，将导致由于接地装置电位不同所带来的安全问题，而且不同接地导体之间的耦合影响也难以避免，会引起相互干扰。因此，目前城轨交通供电系统中多采用综合接地系统。

综合接地系统是指供电系统和需要接地的其他设备系统的工作接地、保护接地和防雷接地等采用共同的接地装置，并实施等电位联结措施。各类接地可以采用单独的接地线，但接地极和"等电位面"是共用的，不存在不同接地系统接地导体之间的耦合问题，也避免了采用不同接地导体时产生的电位不同的问题。综合接地装置的接地电阻值按照接入设备的要求和人身安全防护的要求等几方面综合确定，不能大于接入设备所要求的最小接地电阻值。

综合接地系统一般由共用接地极引出两个接地母排：一是强电接地母排，二是弱电接地母排，分别用于供电系统和通信信号等弱电系统的各类接地，如图 5.11 所示。

2. 城轨交通接地系统的接地原则

城轨交通接地系统的接地原则有以下几点：

① 全线接地按综合接地系统的概念进行设计，使全线形成统一的高低压兼容、强弱电统一的接地系统。

② 满足沿线接触导线和馈电线断线可能搭触到设备的安全接地要求。

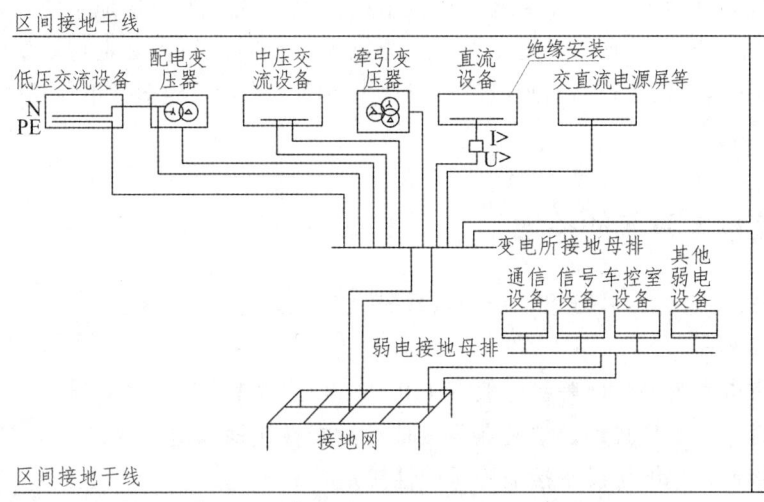

图 5.11 城轨交通供电系统的综合接地系统

③ 满足各类通信、信号、计算机等弱电设备的工作接地与安全接地要求。
④ 满足其他车站设备工作接地与安全接地要求。
⑤ 满足接触网系统工作接地与防雷接地要求。
⑥ 当杂散电流防护设计与安全接地发生矛盾时，优先考虑安全接地。

3. 城轨交通接地系统的构成

城轨交通接地系统的构成：

① 每个车站、区间跟随所、车辆段变电所设置一综合接地网，供各种设备的工作接地、安全接地用。接地电阻满足强弱电设备共用接地网的接地电阻要求。车站变电所接地装置的接地电阻按不大于 1 Ω 考虑；区间跟随所接地装置的接地电阻按 $R \leq 4\,\Omega$ 要求设置。

② 沿线电缆支架上敷设一贯通的接地金属体，供沿线区间电气、通信、信号等机电设备安全接地用。

③ 架设架空地线，供接触网系统设备工作接地、安全接地和防雷接地用。

④ 牵引回流系统采用浮空不接地方式，钢轨、负回流线、直流开关柜、整流器及负极柜采用绝缘法安装。

⑤ 全线各车站、车辆段和停车场设钢轨电位限制装置。

4.《地铁设计规范》(GB 50157—2013) 的相关要求

供电系统中电气装置与设施的外露可导电部分除有特殊规定外均应接地。当供电系统与其他系统共用接地装置时，其接地电阻不应大于接入设备中要求的最小值。变电所接地装置应能降低接触电位差和跨步电位差，并应符合现行行业标准《交流电气装置的接地设计规范》（GB/T 50065—2011）的有关规定。变电所应利用车站结构钢筋或变电所结构基础钢筋等自然接地极作为接地装置，并宜敷设以水平接地极为主的人工接地网。自然接地装置和人工接地网间应采用不少于两根导体在不同地点相连接。自然接地极与人工接地网的接地电阻值应能分别测量。接地装置至变电所的接地线的截面，不应小于系统中保护地线截面的最大值。配电变压器低压侧中性点应直接接地。直流牵引供电系统应为不接地系统，牵引变电所中的直流牵引供电设备必须绝缘安装。正常双边供电运行时，站台处走行轨对地电位不应大于 120 V，车辆基地库线走行轨对地电位不应大于 60 V。当走行轨对地电压超标时，应采取短时接地措施。

三、交流供电系统的接地

交流接地系统指高压、中压和低压配电系统的工作接地、保护接地、防雷及过电压接地等。

城轨交流供电系统的电压等级一般有 110 kV、35 kV、10 kV、0.4 kV 等，其接地内容包括工作接地、电磁兼容接地等功能性接地和电气装置的接地、防雷接地、过电压设备接地等保护性接地。

微课：交流系统接地

系统的工作接地包括电源中性点、中性线、保护中性线、电流互感器、电压互感器、三工位开关、接地开关等接地。电源中性点、中性线、保护中性线的接地是指主变压器、配电变压器中性点的接地方式，与变电所接地母排直接连接。电流互感器、电压互感器、三工位开关、接地开关等设备或电气元件均设在成套开关设备中，这些接地不直接与变电所接地母排单独连接，而先与开关设备（开关柜）中的接地排相连，然后通过设备（开关柜）的保护接地线与变电所接地母排相连。

电气装置的保护接地指各种电气装置外露可导电部分与变电所接地母排的电气连接。防雷接地指避雷器等接闪器通过防雷引下线与大地的连接。过电压设备的接地就是为防止过电压击穿设备绝缘而设置的避雷器的接地，避雷器也设在开关设备内，因此避雷器的接地端与开关设备（开关柜）接地排相连接，通过开关设备（开关柜）的保护接地线与变电所接地母排连接，实现接地。

1. 工作接地

对于不同电压等级的交流供电系统，其工作接地具有一定的特殊性，而保护接地的要求和做法是基本相同的。

交流高压供电系统的接地方式是由当地城市电力部门确定的。城轨交通供电系统中交流中压系统均采用电缆，其接地方式既有消弧线圈接地，也有小电阻接地方式。

低压系统的工作接地，分为中性点直接接地和不接地两种方式。在具体形式上，我国等效采用国际电工委员会（IEC）标准，将工作接地和低压电气设备接地进行组合，形成了 TN、TT、IT 三种接地形式。

(1) 系统接地的形式代号及其意义

《系统接地的型式及安全技术要求》(GB 14050—2008)中做了明确描述,系统接地形式以拉丁字母作代号,其意义为:

① 第一个字母表示电源端与地的关系。

T——电源端有一点直接接地,即中性点直接接地。

I——电源端所有带电部分不接地或有一点通过阻抗接地,即中性点不接地。

② 第二个字母表示电气装置外露可导电部分与地的关系。

T——电气装置的外露可导电部分直接接地,此接地点在电气上独立于电源端的接地点。

N——电气装置的外露可导电部分与电源端接地点有直接电气连接。

③ 短横线(-)后的字母用来表示中性导体与保护导体的组合情况。

S——中性导体和保护导体是分开的。

C——中性导体和保护导体是合一的。

配电系统导线代号:

电源的中性线:代号(N)。它的功能:一是用来接额定电压为相电压的单相用电设备,二是用来传导三相系统中的不平衡电流和单相电流,三是用来减小负荷中性点的电位偏移。

保护线:代号(PE)。它的功能是保障人身安全,防止触电事故发生。

保护中性线:代号(PEN)。它兼有中性线(N 线)和保护线(PE 线)的功能。这种保护中性线在我国通称为"零线",俗称"地线"。

(2) 系统接地形式

① TN 系统。

TN 系统是电源端有一点直接接地,电气装置的外露可导电部分通过中性导体或保护导体连接到此接地点的接地形式。

根据中性导体和保护导体的组合情况,TN 系统有三种形式:TN-S 系统、TN-C 系统和 TN-C-S 系统。

TN-S 系统:整个系统的中性导体和保护导体是分开的,如图 5.12 所示。

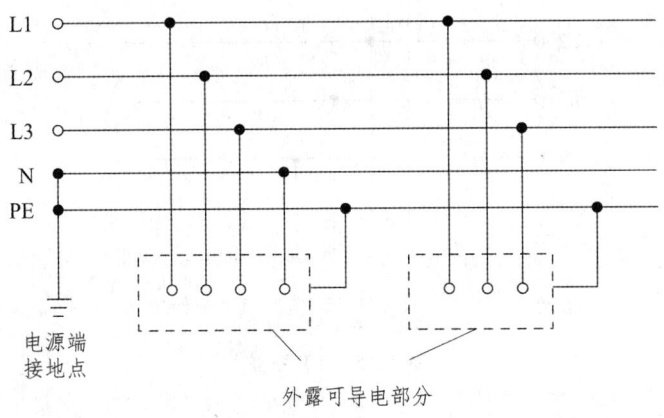

图 5.12 TN-S 系统

TN-C 系统:整个系统的中性导体和保护导体是合一的,如图 5.13 所示。

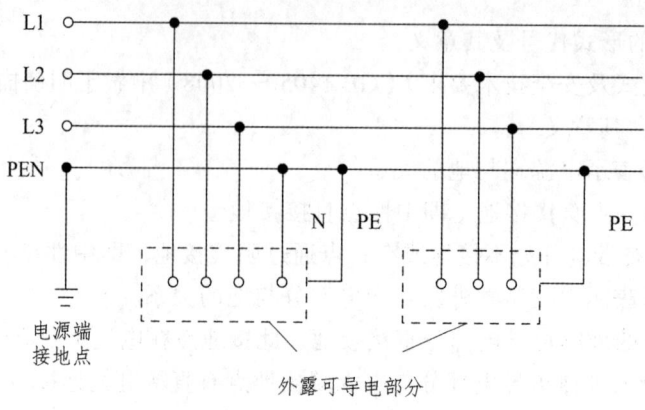

图 5.13　TN-C 系统

TN-C-S 系统：系统中一部分线路的中性导体和保护导体是合一的，如图 5.14 所示。

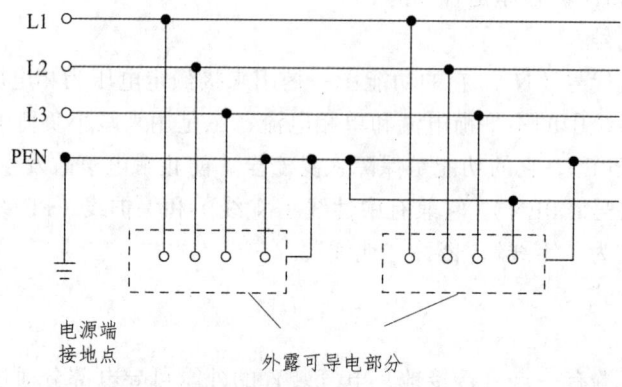

图 5.14　TN-C-S 系统

② TT 系统。

TT 系统是电源端有一点直接接地，电气装置的外露可导电部分直接接地，此接地点在电气上独立于电源端的接地点，如图 5.15 所示。

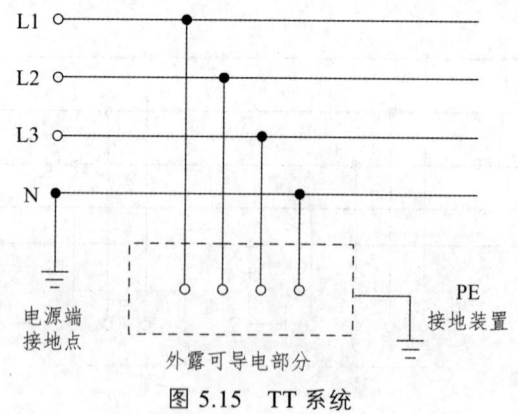

图 5.15　TT 系统

③ IT 系统。

IT 系统是电源端的带电部分不接地或有一点通过高阻抗接地，电气装置的外露可导电部分直接接地，如图 5.16 所示。

第三节 城轨交通供电系统的接地装置

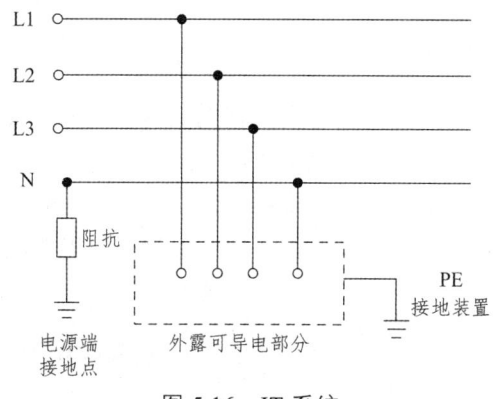

图 5.16 IT 系统

2. 保护接地

交流设备的保护接地就是处理电气装置或电气设备的外露可导电部分,即金属外壳与地的关系。无论系统接地采用什么形式,交流系统电气装置的外露可导电部分均要接地。实施保护接地可以降低预期接触电压,提供接地故障电流回路,为过电压保护装置接地提供条件,实施等电位联结。

对于变电所内的电气设备,接地做法为外露可导电部分直接通过接地线与接地母排进行电气连接。

交流电气设备的接地范围:

① 主变压器、牵引变压器、配电变压器的底座和外壳。

② 交流高压封闭式组合电器(GIS)和箱式变电所的金属箱体。

③ 中压、低压开关设备的金属外壳。

④ 交直流电源屏的金属外壳。

⑤ 电气用各类金属构架、支架。

⑥ 电缆桥架和金属线槽。

⑦ 电力电缆、控制电缆的穿线金属管。

⑧ 电力电缆、控制电缆的金属护套和外铠装等。

城轨交通供电系统变电所设备应满足工作接地、保护接地和安全接地要求,采取如下措施:

① 牵引降压混合变电所设备房中或电缆夹层内设置设备接地主母排,各接地主母排通过电缆与接地网引上线连接。

② 在车站变电所站台层夹层或电缆井内设置弱电接地主母排。

③ 变电所设备用房内沿墙敷设接地体用作接地干线,接地干线过门洞、设备运输通道处应预埋在装修层中。

④ 接地干线与设备基础预埋件间通过支线接地体相互连接,支线接地体预埋在装修层中。

⑤ 设备保护接地、工作接地通过电缆直接与变电所设备接地主母排连接。

⑥ 变电所内电缆支架上设接地扁钢,接地扁钢通过电缆与变电所接地主母排连接。

四、直流供电系统的接地

直流接地系统是城市轨道交通工程有别于其他工程的接地系统,由直流牵引供电系统的工作接地、保护接地、防雷及过电压接地组成。

城市轨道交通工程的牵引供电制式多采用直流 750 V 或直流 1 500 V,直流牵引供电系统的主要设备有牵引整流器、直流开关设备、上网开关设备、钢轨电位限制装置、接触网、回流轨等。

1. 系统接地方式

城轨直流牵引供电系统的负极相当于交流系统的中性点,直流牵引供电的工作接地问题就是负极对地关系问题。为减小直流杂散电流对金属结构的腐蚀,直流牵引供电的工作接地采用不接地系统,即正常情况下系统设备的所有正极和负极均与地绝缘。这里的"地"包括大地也包括结构地。

采用走行轨回流,在直流大双边越区供电情况下,走行轨对地电位将高于正常双边供电电位,有时会超过允许值。另外在运行过程中,走行轨也可能出现不明原因的电位升高,此时为保护乘客及运行人员的安全,可通过钢轨电位限制装置将走行轨与地进行短时电气连接,以钳制走行轨对地电位。

走行轨对地电位超过允许限值时,为避免乘客上下车受到跨步电压的影响,钢轨电位限制装置本应将走行轨与结构地短时连接,但考虑到杂散电流问题,目前做法是将走行轨与外引接地装置短时连接,这个外引接地装置的电位要与结构地的电位基本相当。

2. 牵引变电所内直流牵引供电设备的接地

牵引整流器和直流开关设备,包括直流进线柜、直流馈线柜、负母线柜、钢轨电位限制装置,都安装于牵引变电所内,其外露可导电部分即金属外壳不与地直接进行电气连接,而是通过直流框架泄漏保护装置与地形成单点电气连接。

金属外壳与基础槽钢之间设有硬质绝缘板,设备固定采用绝缘安装方法。当系统标称电压为 750 V 时,绝缘电阻一般不小于 50 kΩ;当标称电压为 1 500 V 时,绝缘电阻一般不小于 100 kΩ。各设备金属外壳之间采用电缆实现电气连接,一般在负母线柜接地端子单点通过电缆与直流框架泄漏保护装置连接后,接至变电所接地母排,实现变电所内直流牵引供电设备单点接地。

3. 区间直流上网开关设备的接地

区间直流上网开关包括区间检修线隔离开关,设备的接地可以有以下四种方式:

① 当上网开关设备设在站台的独立设备房间或牵引变电所内时,纳入直流开关柜的框架泄漏保护中,在发生设备外壳漏电时框架保护联跳直流馈出断路器。上网开关设备安装要求与牵引变电所内直流牵引供电设备相同,金属外壳与基础槽钢之间设置硬质绝缘板。这种方式需增加接地电缆。

② 采用非金属绝缘外壳,当柜内发生直流漏电时,设备外壳不会带直流异常电位,也没有杂散电流泄漏问题。这种方式设备投资较高。

③ 设备外壳与基础槽钢之间设置硬质绝缘板,设备外壳与附近走行轨进行电气连接,发生直流漏电时会产生系统正负短路,直流馈线保护动作并切除故障。这种方式要求设备操作维护只能在直流停电后进行,应用受限。

④ 设备金属外壳直接与附近结构钢筋进行电气连接,相当于交流低压 IT 系统的接地方式。这种方式需要保证并保持正极对外壳的绝缘,使正常泄漏的直流电流不能对结构钢筋产生腐蚀,并需要在正极碰壳发生时能迅速切除故障或进行报警。

4. 车辆段、停车场直流上网开关等设备的接地

车辆段、停车场范围大,直流上网开关设备与检修设备的数量多、分布广,内部金属管线较多。因此直流上网开关等设备的接地问题可通过柜内设置绝缘护板、绝缘电缆支架或采用非金属绝缘外壳等措施解决。

第四节　避雷器的检修与维护

一、避雷器的检修

避雷器的检修应按表 5.1~5.4 所示的内容进行。

表 5.1　基本条件

工作任务	避雷器小修	作业指导书编号	
工作条件	无风沙、无雨雪	工种	变电检修
设备类型	避雷器		
工作组成员及分工	作业人员共 3 人(不含高压试验和继电保护人员),工作负责人(监护人)1 人,检修人员 2 人,各检修工随工作进程担负由负责人指派的相应工作。工作人员必须经安全培训考试合格后,持证上岗工作		
工作负责人职责	办理工作票,组织并合理分配工作,进行安全教育,督促、监护工作人员遵守安全规程,检查工作票所记安全措施是否正确完备,安全措施是否符合现场实际条件。工作前必须对工作人员交代安全事项,对整个检修的安全、技术事项、工作内容等负责,工作结束后总结经验与不足之处,工作负责(监护人)不得兼做其他工作		
作业人员职责	工作班成员:认真努力学习本作业指导书,严格遵守、执行安全规程和现场"安全措施卡",互相关心施工安全		
标准作业时间	依具体工作而定		
制定依据	①《电力建设安全工作规程》(变电所部分)(DL 5009.3—2013); ②《电业安全工作规程》(变电所电气部分)(DL 408—2013); ③ 部颁《防止电力生产重大事故的二十五项重点要求》		

表 5.2 所需工具、器材

常用工具		专用工具	
名 称	数 量	名 称	数 量
8 in 活扳手	2 把		
12～14 in 呆扳手	1 把		
汽油壶	1 个 2 kg		
钢锯弓	1 把		
绝缘梯	1 把 4 m 长		
12 mm 棕绳	10 m		
6 in 活扳手	1 把		

表 5.3 所需材料

序号	名 称	规 格	单 位	数 量
1	汽油		kg	1
2	砂布	100 号	张	2
3	导电膏			少许
4	螺丝	12 mm	套	3
5	移路多		瓶	1
6	棉纱		kg	0.5

表 5.4 作业步骤

序号	作业程序	质量要求及其监督检查	危险点分析及控制措施
1	安装准备工作		
1.1	技术准备	① 熟悉技术资料、明确有关技术要求及质量； ② 编制施工作业指导书，内容包括设备性能及用途、结构、安装程序、质量要求、工艺方法及注意事项； ③ 进行技术交底和组织分工	使参加工作的人员明确质量要求、工艺方法及注意事项
1.2	材料准备	按需要准备清洗用材料	材料妥善放置，工器具要定点放置整齐
2	小修避雷器	① 检查避雷器一、二次接线，应接触良好，线夹无裂纹，接地可靠； ② 检查避雷器外瓷套，应完好； ③ 检查本地固定螺丝，应完好； ④ 检查设备线夹，应无裂纹； ⑤ 检查放电计数器是否损坏，若损坏应更换； ⑥ 检查计数器接触是否良好	

二、避雷器的维护

① 当避雷器瓷套表面严重污秽时，必须及时清扫。

在日常维护中，应检查避雷器的瓷套表面的污染状况。因为瓷套表面受到严重污染将使电压分布很不均匀。在有并联分路电阻的避雷器中，当其中一个元件的电压分布增大时，通过其并联电阻中的电流将显著增大，则可能烧坏并联电阻而引起故障。此外，也可能影响阀型避雷器的灭弧性能。

② 及时发现避雷器的隐形缺陷。

检查避雷器的引线及接地引下线是否有烧伤痕迹和断股现象，以及放电记录器是否动作。

③ 检查避雷器上端引线处密封是否良好。

避雷器密封不良会进水受潮易引起事故，因而应检查瓷套与法兰连接处的水泥接合缝是否严密。10 kV 阀型避雷器上引线处可加装防水罩，以免雨水渗入。

④ 检查避雷器与被保护电气设备之间的电气距离是否符合要求。避雷器应尽量靠近被保护的电气设备。

⑤ 检查避雷器的雷雨检查记录器的动作情况。

⑥ 检查泄漏电流和工频放电电压，若数值大于或小于标准值时，应进行检修和试验。

⑦ 放电记录器动作次数过多时，应进行检修。

⑧ 瓷套及水泥接合处有裂纹、法兰盘和橡皮垫有脱落时，应进行检修。

第五节 电抗器的维护

一、预防渗漏油

油浸式电抗器在油箱内充满电抗器油，装配中依靠紧固件对耐油橡胶元件加压而密封。密封不严是电抗器渗漏油的主要原因，故在维护与保养中应特别注意。

注意小螺栓是否经过震动而松动，如有松动应加紧固，加紧程度应适当，并应各处一致。

注意橡胶是否断裂或变形严重，若需更新橡胶件，更换时应注意其型号规格是否一致，并保持密封面的清洁。

二、预防电抗器受潮

电抗器是高电压设备，要求保持其绝缘性能良好。油浸式电抗器极易受潮，预防受潮是维护保养电抗器采取的主要措施之一，为此要求用户注意以下事项：

① 电抗器购进后，应立即请供电局做交接试验，立即加装吸湿器，电抗器容量在 $100 \text{ kV} \cdot \text{A}$ 及以上的均带有吸湿器。电抗器一运到现场应立即加装吸湿器，以防止内部器身受潮。

② 监视吸湿器中的硅胶，受潮后应立即更换。吸湿器中的硅胶，起到吸收潮气，保护电抗器的作用。潮湿吸饱后，硅胶颜色改变，这时需更换新的干燥的硅胶。

③ 容量在 100 kV·A 及以下的小型电抗器，无吸湿器装置。油枕内的油容易因受潮而油枕积水。对于不送电存放超过六个月，或投入运行期超过一年者，电抗器油枕内的油已严重受潮。如要进行起吊运输、维修加油、油阀放油、吊芯等工作时，均应先通过油枕下面的放油塞把油枕内污油放掉，并用干布擦净、封好，以免油枕内污油进入油箱内。

④ 电抗器运行中，要经常注意油位、油温、电压及电流的变化，如有异常情况应及时分析处理。

三、电抗器的换油与干燥处理

电抗器因闲置过久、运行时间过长或其他自然人为因素的影响，而造成电抗器绝缘下降、内部进水或油质劣化等现象时，必须对电抗器进行换油和干燥处理。

电抗器换油：先吊出器身，放净污油并洗净油箱，如器身上有油污也应冲净。待器身烘干后注入新油，更换全部耐油橡胶密封件。试验合格后方可挂网运行。

电抗器干燥处理：器身烘干方法较多。用户自行烘干时可用零相序干燥法、涡流干燥法、短路干燥法、烘箱干燥法等。对较大容量和电压为 35 kV 级的电抗器，最好能够送交厂家进行真空干燥。这样既可保证电抗器绝缘干燥彻底，又可不使绝缘老化。

第六节　城轨交通供电系统接地装置的维护

城市轨道交通变电所或车间一般采用环路式接地，如图 5.17 所示。这种接地方式的流散电场互相重叠，从而使地面电场分布均匀，因此跨步电压和接触电压都很低。

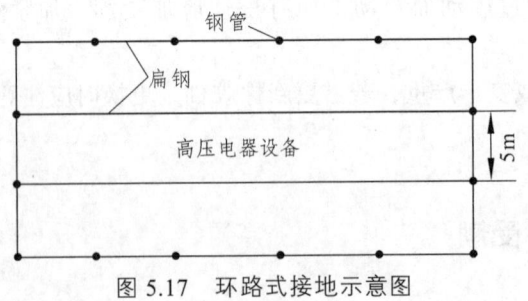

图 5.17　环路式接地示意图

一、接地装置日常维护工作的具体内容

接地装置日常维护工作的具体内容有以下几项：

① 检查接地线是否折断、损伤或严重腐蚀。
② 检查接地支线与接地干线的连接是否牢固。
③ 检查接地点土壤是否因受外力影响而有松动。
④ 检查重复接地线、接地体及其连接处是否完好无损。
⑤ 检查全部连接点的螺栓是否有松动,并应逐一加以紧固。
⑥ 挖开接地引下线周围地面,检查地下 0.5 m 处地线受腐蚀的程度,严重时应立即更换。
⑦ 检查接地线的连接线卡及跨接线等的接触是否完好。
⑧ 检查明敷部分接地或接零母线上的涂漆是否脱落,若有脱落现象时应重新涂漆以使标志鲜明。
⑨ 检查接地体是否因受水冲击或其他原因造成露出地面或离地表过近的情况,若有应及时修复。
⑩ 当发现运行中接地装置的接地电阻不符合要求时,可采用降低接地电阻的措施。
⑪ 电气设备在每次大修后,应着重检查其接地线连接是否牢固。
⑫ 对于接地装置与管道、道路等交叉的地方,应检查保护措施是否完好,接地线有无碰伤损坏。
⑬ 检查接地装置在接地线引进建筑物的入口处的标志是否完好、明显。
⑭ 及时做好接地装置的变更、检修、测量等内容的记录。

二、接地装置定期维护和检查的项目

接地装置定期维护和检查的项目有以下几项:
① 检查接地线或接零线与电气设备的金属外壳以及同接地网的连接是否良好,有无松动脱落等现象。
② 检查接地线有无损伤、碰断及腐蚀等现象。
③ 对含有重酸、碱、盐或金属矿岩等化学成分的土壤地带的接地装置部分,一般每五年应挖开局部地面进行检查,观察接地体受腐蚀的情况。
④ 对接地线地面下的部位,应挖开地面进行检查,观察其腐蚀程度。
⑤ 对于移动式电气设备的接地线,在每次使用前应检查其接地线情况,观察有无断股等现象。
⑥ 定期检测接地装置的接地电阻值,其数值不应大于规定值。检测接地电阻要在土壤电阻率最大的季节(即夏季土壤最干燥时期和冬季土壤冰冻最深时期)进行。

三、接地装置维护的周期

对变电所的接地网或工厂设备的接地装置,应每年测量一次接地电阻值,看是否合乎要求,并与上次测量值进行比较,分析其值的变化;对其他的接地装置,则要求每两年测量一次,根据接地装置的规模、在电气系统中的重要性及季节变化等因素,每年应进行 1~2 次全面性的维护和检查。

复习思考 >>>

1. 避雷器的类型有哪些？各自有什么优缺点？在城轨交通供电系统中有哪些应用？
2. 避雷器小修的作业步骤是什么？
3. 电抗器结构特点、作用是什么？
4. 名词解释：① 接地；② 接地装置；③ 人工接地体；④ 自然接地体；⑤ 工作接地；⑥ 保护接地；⑦ 对地电压；⑧ 接触电压；⑨ 跨步电压；⑩ 接地电阻；⑪ 电磁兼容接地；⑫ 综合接地；⑬ 等电位联结。
5. 电气装置中哪些部分必须接地，哪些部分不必接地？
6. 简述城轨交通供电系统中交流系统接地的主要内容。
7. 简述城轨交通供电系统中直流系统接地的主要内容。
8. 简述城轨交通供电系统综合接地系统的构成原则。
9. 《系统接地的型式及安全技术要求》（GB 14050—2008）中，系统接地型式有哪些？以拉丁字母作代号，其意义分别是什么？

 阅读材料 >>>

阅读材料4：灾害调查报告

《河南郑州"7·20"特大暴雨灾害调查报告》摘录

（国务院灾害调查组）2022年1月

（一）郑州地铁5号线亡人事件。

7月20日，地铁5号线04502次列车行驶至海滩寺站至沙口路站上行区间时遭遇涝水灌入、失电迫停，经疏散救援，953人安全撤出、14人死亡。调查认定，这是一起由极端暴雨引发严重城市内涝，涝水冲毁五龙口停车场挡水围墙、灌入地铁隧道，郑州市地铁集团有限公司和有关方面应对处置不力、行车指挥调度失误，违规变更五龙口停车场设计、对挡水围墙建设质量把关不严，造成重大人员伤亡的责任事件。查明的主要问题：

① 应对处置不力。未及时采取预警响应行动，7月19日至20日，气象部门多次发布暴雨红色预警后，郑州地铁集团有限公司未按有关预案要求加强检查巡视，对运营线路淹水倒灌隐患排查不到位；在20日15:09五龙口停车场多处临时围挡倒塌、16:00地铁5号线多处进水的情况下，郑州地铁集团有限公司没有引起高度重视，没有领导在线网控制中心（OCC）和现场一线统一指挥、开展有效的应急处置，直到18:04才发布线网停运指令，此时列车已失电迫停。郑州地铁集团有限公司应对处置管理混乱，未执行重大险情报告制度，事发整个过程都没有启动应急响应，18:37乘客疏散被迫中断，但直到19:48地铁运营分公司才向郑州地铁集团有限公司值班处报告，400多名乘客已被困车厢1个多小时，严重延误了救援时机。

② 行车指挥调度失误。20日17时左右涝水冲倒停车场出入场线洞口上方挡水围墙、急速涌入地铁隧道后，因道岔发生故障报警，列车在海滩寺站被扣停车，在没有查清原因、不

了解险情的情况下于 17:46 又放行。17:47 水淹过轨面后，司机按照规定"制动停车"，但 OCC 主任调度员在未研判掌握列车现场险情的情况下，指令列车退行，约 30 m 后列车失电迫停，导致列车所在位置标高比退行前所在位置标高低约 75 cm，增加了车内水深，加重了车内被困乘客险情。

③ 违规设计和建设施工。一是擅自变更设计。郑州地铁集团有限公司为了物业开发将五龙口停车场运用库东移 30 m、地面布置调整为下沉 1.973 m 布置，使停车场处于较深的低洼地带，导致自然排水条件变差，不符合《地铁设计规范》相关规定，属于重大设计变更，但未按规定上报审批。二是停车场挡水围墙质量不合格。停车场围墙按当时地面地形"百年一遇内涝水深 0.24 m"设计，经调查组专家验算"百年一遇"应为 0.5 m。建设单位未经充分论证，用施工临时围挡替代停车场西段新建围墙，长度占四成多，几乎没有挡水功能；施工期间，又违反工程基本建设程序，对工程建设质量把关不严，围墙未按图做基础。三是五龙口停车场附近明沟排涝功能严重受损。明沟西侧因道路建设弃土形成长约 300 m、高为 1~2 m 带状堆土，没有及时清理，阻碍排水。有关单位违规将部分明沟加装了长约 58 m 的盖板，降低了收水能力。

第六章 城轨供电系统杂散电流监测与维护

课件：杂散电流

第六章彩版插图

问题导入 >>>

2020年6月5日，住建部发布公告，批准《地铁杂散电流腐蚀防护技术标准》为行业标准，编号为 CJJ T49—2020，自2020年10月1日起实施。原行业标准《地铁杂散电流腐蚀防护技术规程》(CJJ49—92)同时废止。杂散电流是怎样产生的？杂散电流为什么会在直流牵引供电系统中产生危害？有什么危害？城市轨道交通在限制杂散电流产生、减轻杂散电流危害方面有哪些原则、措施和设备？本章从杂散电流的产生机理入手，分析杂散电流的腐蚀原理及危害性，详细讲述了杂散电流腐蚀防护的具体措施、杂散电流监测的原理与设备、杂散电流排流的原则与设备等。

学习目标 >>>

1. 了解杂散电流形成的原因和特点。
2. 理解杂散电流的腐蚀原理及其危害。
3. 掌握杂散电流防护的原则和措施。
4. 掌握杂散电流监测的内容和措施。
5. 熟悉杂散电流监测系统（装置）工作原理，学会杂散电流监测系统（装置）的操作及维护。
6. 熟悉排流柜结构，理解排流柜的工作原理，学会排流柜的操作与维护。

内容讲解 >>>

第一节 杂散电流的形成与危害

微课：杂散电流的形成与危害

一、杂散电流的产生

地铁牵引变电所通过架空接触网（接触轨）向地铁沿线输送电能，电力机车通过其受电弓（集电靴）与架空接触网（接触轨）滑动接触而取得电能。电能驱动电力机车的牵引电机完成电能到动能的转换，然后经由与电力机车车轮相接触的走行轨道回流至地铁牵引变电所。由于钢轨和大地难以做到完全绝缘，因此在回流过程中，牵引负荷电流并非全部沿电力机车的走行钢轨返回地铁牵引变电所,而必定会有一部分电流在钢轨与大地绝缘较差的地方泄露流入大地,有一部分会再沿大地流回钢轨回路,最后流回地铁牵引变电所;而有一部电流会永远留在大地中,形成地中电流。因此,杂散电流又称地中电流或者迷流。地铁杂散电流形成示意图如图 6.1 所示。图中,I_F 是地铁牵引变电所供给电力机车的牵引负荷电流,I_H 是以列车走行钢轨为回流通路的回流电流,I_Z 为大地中的迷失电流即杂散电流。

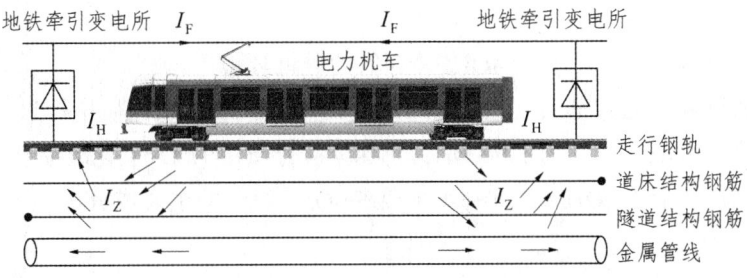

图 6.1 地铁杂散电流形成示意图

二、杂散电流的腐蚀原理

地铁杂散电流腐蚀原理图如图 6.2 所示。

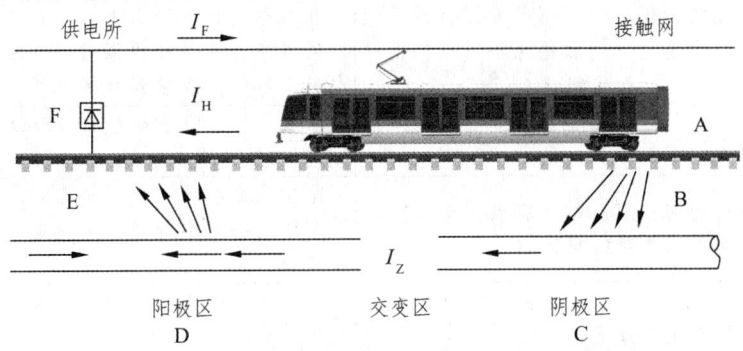

图 6.2 地铁杂散电流腐蚀原理图

1. 腐蚀过程

地铁直流牵引供电方式所形成的迷流及其腐蚀部位如图 7.2 所示。图中的 I_F 为牵引电流,I_H、I_Z 分别为走行轨回流和泄漏的杂散电流。由图可知,地铁杂散电流(迷流)所经过的路径可概括为两个串联的腐蚀电池:

电池Ⅰ:A 钢轨(阳极区)→B 道床、土壤→C 金属管线(阴极区)。

电池Ⅱ:D 金属管线(阳极区)→E 土壤、道床→F 钢轨(阴极区)。

当杂散电流由图 7.2 中两个阳极区[钢轨(A)和金属管线(D)]部位流出时,该部位的金属铁(Fe)便与其周围的电解质发生阳极电解作用,此处的金属随即遭到腐蚀。这种腐蚀的过程,实际可能发生两种氧化还原反应:当金属铁(Fe)周围的介质是酸性电解质,即 pH<7 时,发生的氧化还原反应是析氢腐蚀;当金属铁(Fe)周围的介质是碱性电解质,即 pH≥7 时,发生的氧化还原反应为吸氧腐蚀。

在析氢腐蚀时，腐蚀的化学反应方程式如下：

阳极：$2Fe = 2Fe^{2+} + 4e^-$；

阴极：$4H^+ + 4e^- = 2H_2\uparrow$（无氧的酸性环境）；

$4H_2O + 4e^- = 4OH^- + 2H_2\uparrow$（无氧环境）。

在吸氧腐蚀时，腐蚀的化学反应方程式如下：

阳极：$2Fe = 2Fe^{2+} + 4e^-$；

阴极：$O_2 + 2H_2O + 4e^- = 4OH^-$（有氧的碱性环境）。

上述两种腐蚀反应通常都会生成 $Fe(OH)_2$，而从钢筋表面或介质中析出，部分还可以进一步被氧化形成 $Fe(OH)_3$。生成的 $Fe(OH)_2$ 会继续被介质中的 O_2 氧化成棕色的 $Fe_2O_3 \cdot xH_2O$（红锈的主要成分），而 $Fe(OH)_3$ 可进一步生成 Fe_3O_4（黑锈的主要成分）。

2. 腐蚀特点

杂散电流腐蚀一般腐蚀激烈，集中于局部位置；当有防腐层时，又往往集中于防腐层的缺陷部位。杂散电流腐蚀和自然腐蚀有较大的差异，具体如表6.1所示。

表 6.1 杂散电流腐蚀和自然腐蚀的差异

项目		自然腐蚀	杂散电流腐蚀
钢铁	外观	孔蚀倾向较小，有黄色或黑色的质地较疏松的锈层，创面边缘不整齐，清除腐蚀产物后创面较粗糙	孔蚀倾向大，创面光滑，有时是金属光泽，边缘较整齐，腐蚀产物似炭黑色细粉状，有水分存在时，可明显观察到电解迹象
	环境	几乎在土壤中均可发生	一般土壤电阻率大于 $10\,000\,\Omega \cdot cm$ 环境下，腐蚀较困难
铅	外观	腐蚀均匀，有空洞时亦表现浅皿状，腐蚀物为不透明的粉状物	空洞内面粗糙，创面呈壕状，长行分布不匀或沿电缆呈一直线分布，腐蚀物为透明的或白色的结晶物
	环境	地下水的 pH 值一般在 6.8~8.5 范围之外，氯化物浓度大	地下水为中性，普遍会有氯化物、碳酸盐和硫酸盐

三、杂散电流的危害

结合目前国内地铁运营的现状分析，由地铁杂散电流造成的危害主要有以下四个方面。

1. 钢筋混凝土金属结构物、埋地金属管线的腐蚀

泄露向大地的地铁杂散电流主要是对地表高层建筑深埋在地下的结构钢筋、地铁系统隧道和车站的主体金属结构钢筋、城市自来水、煤气及石油的输送金属管线造成很大程度的危害。这些管线中的铸铁管由于表面涂了涂料、油漆或者沥青等高强度绝缘防护层，抗腐蚀能力较强，但对于无法涂防护层的钢管和金属结构钢筋，其腐蚀就十分严重，如上海地铁2号线沿世纪大道下的 DN300 钢管从 2000 年开通运营到 2010 年已经发生十多次的腐蚀泄漏事故。而浦东这一地区有大量的天然气输气管道，地铁杂散电流对输气管道的腐蚀不仅对燃气公司的正常供求产生负面影响，还对周围的大气环境造成了严重的污染。

杂散电流不会腐蚀混凝土结构本身，但对其中的钢筋腐蚀作用很大，因为钢筋处于阳极。如果地下结构钢筋与走行钢轨相接触，则会加剧对结构钢筋和走行轨道的腐蚀，而这些地下混凝土结构钢筋一旦遭受腐蚀，将使整个隧道混凝土结构及车站主体结构寿命下降，而且这些混凝土结构中的钢筋在地铁开通运营后几乎无法更换，结果会使得整条地铁线路无法正常运营。

2. 钢轨及其附件的腐蚀

地铁运营系统的钢轨及钢轨的一些附件存在很严重的腐蚀，特别是钉入道床的道钉，一方面这些地方很难做到很好地绝缘，经常发生杂散电流腐蚀；另一方面由于钢钉钉入地下腐蚀状态很难发现。

3. 框架泄漏保护的误动作

若钢轨（走行轨）局部或整体对地的绝缘变差，则此钢轨（走行轨）对大地的泄漏电流增大，地下杂散电流增大，这时有可能引起牵引变电所的框架保护动作。而框架保护动作时，整个牵引变电所的断路器会跳闸，导致全所失电，同时还会联跳相邻牵引变电所对应的馈线断路器，从而造成较大范围的停电事故，影响地铁的正常运营。

4. 钢轨限位装置的误动作

地铁运行时，当地铁车辆停靠在站台，乘客上下车辆的时候，乘客一脚在接地的站台，而另一脚在地铁车辆，地铁车辆通过车轮与走行钢轨相接触，若钢轨电位过高，则乘客两脚之间形成电位差，危及乘客的生命安全。因此，为了限制走行轨道出现不明原因的电位升高，设置了钢轨电位限制装置。但杂散电流引起的钢轨电位升高将使钢轨电位限制装置经常性地出现误动作。根据 2009 年北京地铁公司对北京地铁 5 号线一个地下车站运行十个月的统计，这个变电所装设的钢轨电位限制装置总共误动作 1 700 余次。钢轨电位限制装置误动作将使牵引变电所负极直接接地，这样一来，使原本设置在车站附近作为保护人身安全的钢轨电位限制装置经常被作为排流柜使用，降低了钢轨电位限制装置的使用寿命。

第二节　杂散电流防护、监测与排流

微课：杂散电流防护

一、地铁线路防止杂散电流腐蚀的措施

地铁线路杂散电流的防护是一项系统工程，杂散电流防护系统坚持"以堵为主，以排为辅；堵排结合，加强监测"的原则，采取系列防护措施，合理采用先进的技术手段，使综合防治效果达到现行国内和国际有关标准的要求。

① 堵。

让回流轨中的电流全部流回牵引变电所的负极，而不能向地下泄漏，即在回流轨与地之间采取有效的绝缘。控制和减小杂散电流产生的根源，隔离所有可能的杂散电流泄漏途径，俗称"堵"。

② 测。

通过与排流网电气连接的测防端子和走行轨来监测杂散电流大小，以便超标时及时采取措施，俗称"测"。

③ 排。

将回流轨中部分向外泄漏的电流，以某种渠道将其引回变电所的负极，即设置合理的排流网结构，为杂散电流提供一条畅通的低电阻通路，俗称"排"。

在直流牵引供电系统中，对杂散电流的防护原则是：寓防于"测"，以"堵"为主，"堵""排"结合。若"堵"未处理好，那么"排"与"测"仅是无奈之举；而在先期的防护措施逐渐失效而造成大量杂散电流时，"测"和"排"又起着关键作用。

正因如此，首先应采取能从源头上根本控制和减小杂散电流的措施，即"堵"的方法。

1. "堵"——源控制法

根据实践经验和杂散电流的估算公式：杂散电流值与用电列车和牵引供电变电所的距离的平方成正比，与回流走行轨的纵向电阻成正比，与牵引电流成正比，与轨道对结构钢的过渡电阻成反比。杂散电流"堵"防护方法有：

（1）提高牵引网压

目前我国地铁牵引供电系统中，供电电压主要有 750 V 和 1 500 V，采用 1 500 V 电压牵引供电就比采用 750 V 电压牵引供电产生的杂散电流小。

（2）合理设置变电所

杂散电流值和列车取流距离（列车和牵引供电变电所的距离）的平方成正比，因此牵引变电所设置距离不宜过长。美国波特兰轻轨系统变电所之间的平均距离减少到了 1.8 km，这是现代轻轨系统中最短的距离。

（3）回流走行轨降阻

走行轨电阻较大时，回流电流在其上流过时产生的电压降也大，使钢轨对地的电位差也增大，从而增加了泄漏的杂散电流，为此必须设法降低走行轨的电阻值。

降低走行轨电阻值的具体措施包括：在防护设计中选用电阻率低的材料，增大钢轨横截面积，将短钢轨焊接成长钢轨，其接头之间的电阻值应低于长为 5 m 的回流轨的电阻值。美国波特兰轻轨系统采取的办法是使用规格为 54 kg 的工字钢轨，从而增大了钢轨横截面积，而且使用了连续焊接的钢轨，从根本上消除了钢轨接头引起的纵向电阻。

现在一般利用长轨（$L > 100$ m）和加设电缆（一般使用铜芯绝缘线）的方法连接两段回流轨来减小轨道接缝电阻，焊接至钢轨的电缆或铜芯绝缘线的电阻应满足接头标准电阻的范围，满足牵引电流通过时温升的要求，焊至钢轨铜芯绝缘线散热性好，可长时间通过大电流，其工作是稳定、可靠的；走行轨和道床之间应采用点支撑敷设，减少钢轨与道床的接触面；可在正线区间相隔 400~500 m 设铜芯绝缘均流线（必要时设置加强线）与牵引变电所负极相连来降低回流通路电阻，为杂散电流提供一条低电阻通路，以达到最大限度地减小杂散电流的目的。

（4）回流走行轨采用绝缘安装

走行轨绝缘的性能的好坏,也就是轨地过渡电阻值的大小,是决定杂散电流大小的最主要原因。因此,钢轨与轨枕之间采用绝缘连接,对整体道床也要采取相应措施。

① 钢轨与轨枕之间的绝缘措施。

《地铁杂散电流腐蚀防护技术标准》(CJJ/T 49—2020)中规定:采用专用轨回流的地铁线路,回流轨应对地、对结构、对走行轨绝缘,专用轨回流网不应直接接地。采用走行轨回流的地铁线路,走行轨对地、对结构钢筋应绝缘。加强绝缘防护时,走行轨过渡电阻值不应小于 150 Ω·km;绝缘防护时,走行轨过渡电阻值不应小于 15 Ω·km。轨道绝缘件体积电阻率不应小于 1×10^8 Ω·m。单个轨枕的金属连接件与走行轨、地之间的绝缘电阻值不应小于 1 MΩ/件,湿电阻值不应小于 100 kΩ/件。

普通绝缘轨枕的钢轨和轨枕连接示意如图 6.3 所示,绝缘轨垫使钢轨与带绝缘套管的 U 型弹条之间绝缘,橡胶垫板使钢轨与铁垫板之间绝缘,螺纹道钉玻璃管底部被一橡胶塞堵住,在新建线路中,这些措施能较好满足钢轨与轨枕绝缘连接的要求,因而得到广泛应用。

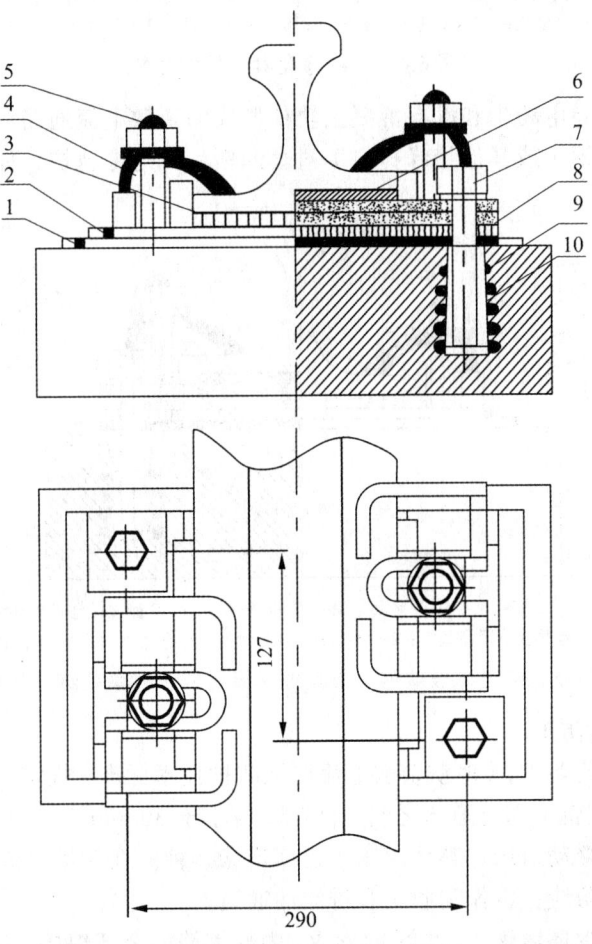

1—绝缘缓冲垫板;2—铁垫板;3—复合胶垫;4—带绝缘套的 V 型弹条;5—T 型螺栓;6—轨下调高垫板;7—锚固螺栓;8—铁垫板下调高垫板;9—螺旋钢箍;10—预埋绝缘套管。

图 6.3 普通绝缘轨枕的钢轨与轨枕连接平剖面图

一条新建成的城市轨道交通线路,在运行一段时间之后,轨道绝缘会在不同程度上遭受潮湿、漏水、油污、导电粉尘和受力破坏等侵袭,使原来良好的轨与主体结构的绝缘程度降低、老化或失效。为此可采用带绝缘靴套的新型轨绝缘方案,如图 6.4 所示。该方案用绝缘靴套将钢轨完全与轨枕隔离,可完全杜绝杂散电流的产生,弥补了图 6.3 所示方案的不足,从源头上对杂散电流进行了良好的控制。绝缘靴套若有损坏,更换起来亦比较方便。

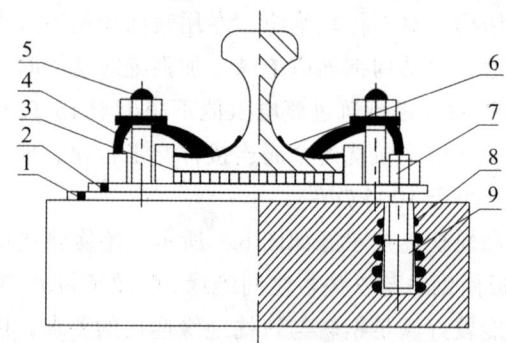

1—绝缘缓冲垫板;2—铁垫板;3—复合胶垫;4—带绝缘套的 V 型弹条;5—T 型螺栓;
6—新型绝缘护套;7—锚固螺栓;8—螺旋钢箍;9—预埋绝缘套管。

图 6.4 带绝缘靴套的绝缘轨枕

另外,为防止因导电粉尘和潮湿混凝土轨枕形成的杂散电流通路对主体结构造成危害,亦可采用带整体玻璃钢(或其他绝缘材料)衬套的新一代绝缘轨枕,如图 6.5 所示。

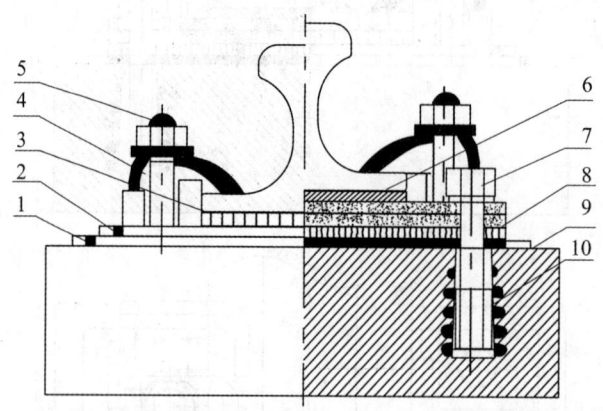

1—绝缘缓冲垫板;2—铁垫板;3—复合胶垫;4—带绝缘套的 V 型弹条;5—T 型螺栓;6—轨下调高垫板;
7—锚固螺栓;8—铁垫板下调高垫板;9—整体玻璃钢(或其他绝缘材料)衬套;10—螺旋钢箍。

图 6.5 带整体玻璃钢(或其他绝缘材料)衬套的绝缘轨枕

② 道床杂散电流防护。

关于道床杂散电流防护,《地铁杂散电流腐蚀防护技术标准》规定:道床混凝土厚度不应小于 400 mm,同时钢轨下部与道床之间的间隙不应小于 30 mm。

地铁道床形式有浮动道床、整体道床、道砟道床三种。在杂散电流防护中,道床内钢筋是杂散电流的第一道防线,也作为收集和排流的通道。

浮动道床用于减少环境噪声,由预制形成,内部钢筋已全部焊接,并在两侧引出端子(施工后用电缆将端子连接),浮动道床下有绝缘橡胶垫,对杂散电流有很好的防护作用,所以浮动道床不需特殊防护要求。

整体道床用于区间隧道内，整体道床的设计需考虑地震影响设沉降缝。明挖隧道的内部结构钢筋在沉降缝处需断开，为了使道床钢筋起到杂散电流收集网的作用，要求在沉降缝处引出道床钢筋连接端子，以便用电缆将沉降缝两侧道床结构段钢筋进行电气连接。在明挖区间隧道，要求整体道床的沉降缝与明挖区间隧道的伸缩缝在同一千米内，既有利于减少地震力对钢筋的作用，又有利于测量。两种缝在同一位置意味着隧道钢筋测防端子与道床钢筋测防端子在一起，在这一地点隧道壁安装参考电极可方便地测量两种钢筋电位。矿山法隧道及盾构区间隧道的整体道床也需设沉降缝，但沉降缝两端钢筋不断，为了测量方便，同样要求与矿山法的伸缩缝在同一千米内，由于道床钢筋不断开，只要求取一侧测防端子即可。混凝土整体道床下应敷设绝缘膜或涂抹环氧树脂。

道砟道床位于隧道外，由于道砟有较好绝缘性，在加强清除垃圾杂物外，不做特殊要求。采用道砟道床时，应首选经过绝缘防腐剂处理过的木枕。

2."排"——排流法

对于新建城市轨道直流牵引供电工程，可采用各种防护措施，使回流轨对地绝缘完好，不产生杂散电流或仅产生极微的杂散电流是容易做到的。但随着运行时间的推移，回流轨与绝缘扣件之间、回流轨与道床之间的绝缘垫受空气和灰尘的污染，绝缘受到破坏，就会产生大量的泄漏电流。因此，工程建设前期在设计中应考虑设置合理有效的防排流网装置，将回流轨中向地下泄漏的电流引回牵引变电所的负极。

地铁排流网由混凝土整体道床内的杂散电流收集钢筋网和主体结构钢筋网组成，如图6.6 所示。

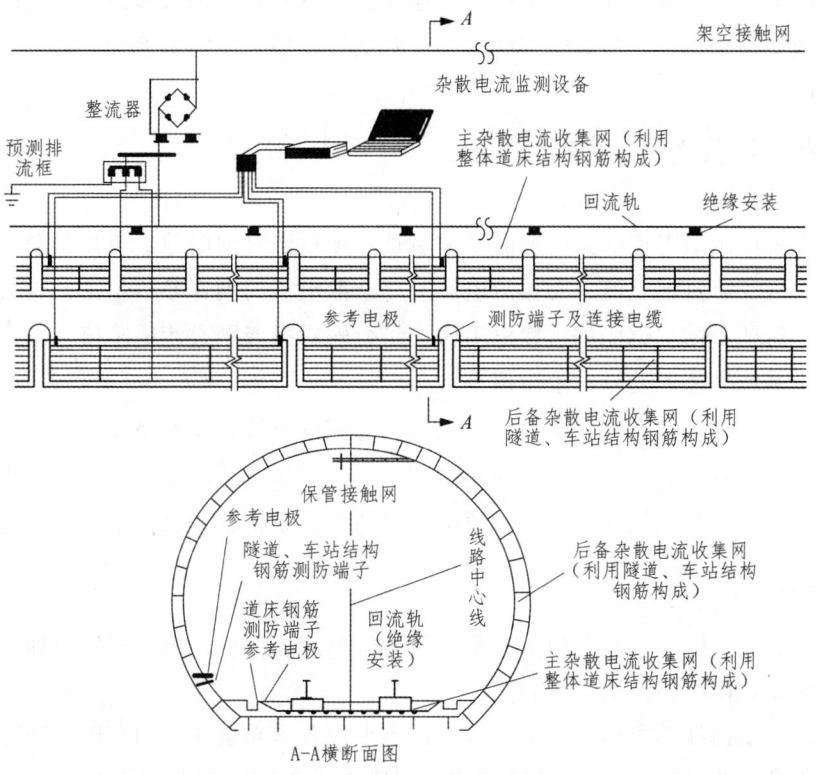

图 6.6 工程杂散电流防护示意图

（1）道床内杂散电流收集网

除枕木穿孔固定用的钢筋外，在枕木以下的混凝土整体道床内，应设置杂散电流收集钢筋网。其目的在于收集由走行轨泄漏出的杂散电流，并由此将杂散电流排流回到牵引变电所的负极，防止杂散电流流向区间隧道混凝土结构中的钢筋和其他金属导体。

根据 VDE 0150 标准，受杂散电流影响的埋地金属结构可允许的电位偏移应在某一允许值范围内，VDE 0150 标准规定为 0.1 V。而在实际使用时，一般认为，运行高峰期间的数值，平均每小时不应超过 0.1 V。

（2）主体结构排流网

区间隧道混凝土主体结构中应具有性能良好的防水层，衬砌混凝土应具有较高的电阻率和低透水性。结构钢筋应采用连续性焊接，区间隧道变形缝处应焊接引出主体结构钢筋，同时在此处设置杂散电流测防端子，并用钢筋将变形缝处两端的端子连接在一起，为采取排流措施做准备。

运营线路排流网和车场排流网分开敷设。杂散电流收集网与主体结构钢筋绝对不能相连，杂散电流收集网在每个有牵引变电所车站的两个端头井处设置外引排流引接线的预埋端子。没有变电所的车站应在每个车站的两个端头井内设外引测量用的端子，端子位置设在区间隧道内侧，即站台侧。

牵引变电所内接地装置与建筑主体钢结构之间必须完全绝缘，决不允许有电气连接。变电站及沿线所有电气设备的外壳与钢结构及地应做绝缘处理。地表和高架桥上的金属设备外壳、各种管线、结构钢筋与回流轨之间不允许有电气连接，要完全绝缘。

二、杂散电流监测的主要内容

工程实际中，杂散电流的实时监测参数包括：走行轨对地电位、走行轨对结构电位、结构对地电位、各支路排流电流、总排流电流等。杂散电流的测算参数包括：走行轨对地的过渡电阻值、走行轨对结构钢筋的过渡电阻值、走行轨对排流网过渡电阻值、走行轨的纵向电阻值、结构钢筋或排流网的纵向电阻值等。

测试地铁杂散电流实时变化情况，宜采用静态测试方法和动态测试方法。静态方法宜适用于工程的检查验收和施工过程中的质量测试。动态方法宜适用于地铁运营过程中的监测。动态测试的主要参数包括轨道电位、轨道电位分布图、结构钢筋纵向电压、极化电位。

1. 轨道电位

采用走行轨回流时，必须对轨道电位进行持续监测，并应绘制走行轨对地、走行轨对结构、走行轨对排流网的轨道电位分布图。

轨道电位测试沿线路方向布设监测点，监测点位置宜布设在牵引变电所和车站附近，监测点之间的距离宜为 0.5~1 km。测试持续时间应大于 0.5 h。平均周期为 24 h。

2. 轨道电位分布图

轨道电位分布图采用在不同监测点同时采集的数据进行绘制。轨道电位分布图的绘制应采用高峰小时平均值、含有 10%峰值的平均值、日（昼夜）平均值；沿水平轴线标出地铁长度距离（百米公里标），沿纵轴标出相应的电压值，正极性向上，负极性向下；在轨道电位分布图的下面，按线路相应区段的坐标位置，标出现场测得的走行轨-结构的过渡电阻值。

3. 结构钢筋纵向电压

在运营过程中，测试和计算地铁主体建筑结构钢筋纵向电压。测算数据是对结构钢筋的防护状态及效果进行分析、判断和评估的依据。测算结构钢筋纵向电压需分析和计算的参数包括：计算区间的长度、邻区间的长度、走行轨与结构间电导、结构与地间电导、走行轨纵向电阻、结构内部连通状况及纵向电阻、计算区间的牵引回流、相邻区间的牵引回流。测算结构钢筋纵向电压降可按回流区间分别进行。

4. 极化电位

杂散电流难以直接测量，通常利用结构钢极化电位的测量来判断结构钢筋是否受到杂散电流的腐蚀作用。通过计算获得正向极化电压曲线的平均值，极化电压的正向偏移平均值不应超过 0.5 V。主体结构钢筋对地电位测试接线时，仪表正极应接主体结构钢筋，负极应接测量参比电极，如图 6.7 所示。

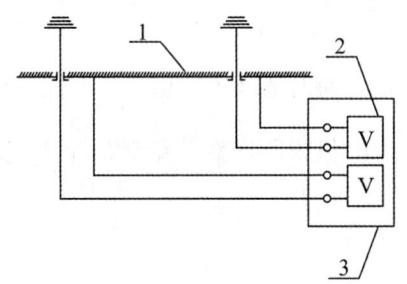

1—结构钢筋；2—记录型电压表；3—组装箱体。

图 6.7 管地电位的标准测量方法

在没有杂散电流扰动的情况下，测量的电位分布呈现一稳定值，此稳定电位称之为自然本体电位 U_0。自然本体电位 U_0 使用高内阻双向指针式或双向自动记录式电压表进行测量。自然本体电位 U_0 应在地铁停运并停电 0.5 h 以后进行。

当存在杂散电流扰动的情况下，测量电位出现偏离自然本体电位 U_0 的情况，所测电位为 U_1，其偏移值为 ΔU。一般情况下，将测量电压为正的称为正极性电压，测量电压为负的称为负极性电压。图 6.8 给出了埋地金属结构对地电位测量曲线的一个实例。

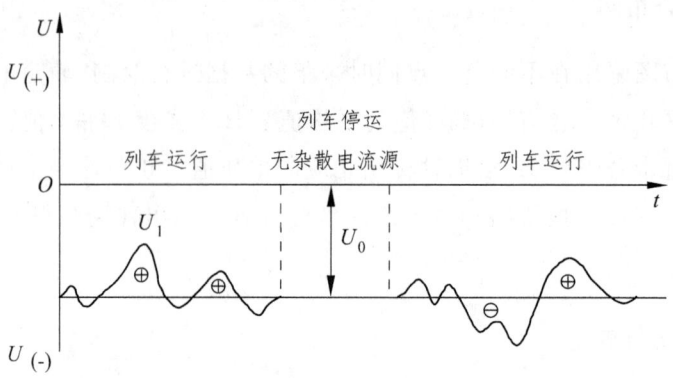

图 6.8 埋地金属结构对地电位的测量曲线

埋地金属结构受杂散电流干扰的影响，其对地电位，也就是相对于参比电极的电位会偏离自然本体电位。在杂散电流流入金属结构的部位，金属结构呈现阴极，此部位的电位会向负向偏离 U_0，如图 6.8 所示的 ⊖ 区域，金属该部位不受杂散电流腐蚀。在杂散电流流出金属结构的部位，金属结构呈现阳极，此部位的电位会向正向偏离 U_0，如图 6.8 所示的 ⊕ 区域，金属该部位受到杂散电流腐蚀影响。

腐蚀是一个长期作用的结果，而瞬间杂散电流的变化是杂乱无序的，测量瞬间金属结构相对于参比电极的电位不能直接反映测量点杂散电流的腐蚀情况，所以应该测量计算在一定时间内偏移自然本体电位 U_0 的正向平均值。《地铁杂散电流腐蚀防护技术标准》（CTT/T 49—2020）规定：测量时间不应少于 30 min，其计算公式如下：

$$U_{a(+)} = \sum_{i=1}^{p} U_{i(+)}/n - U_0 \tag{6.1}$$

式中 $\sum_{i=1}^{p} U_{i(+)}$ ——所有正极性电压瞬时值和绝对值小于 U_0 值的负极性电压各瞬时值之和；

p ——所有正极性电压瞬时值读取次数及绝对值小于 U_0 值的负极性电压各瞬时值读取次数之和；

n ——总的测量次数；

U_0 ——自然本体电位；

$U_{a(+)}$ ——极化电压的正向偏移平均值。

三、地铁杂散电流监测系统

地铁杂散电流防护监控系统包括杂散电流防护监测系统和防护控制系统。采用走行轨回流不设置排流措施时，建立杂散电流防护监测系统；采用走行轨回流同时设置排流措施时，建立杂散电流防护监测系统和防护控制系统。

防护监测系统应由变电所监测装置、轨道电位监测点设备、道床和主体结构的测试与防护连接端子、连接线缆组成。防护控制系统由监测装置和排流控制装置组成。

1. 杂散电流监测系统结构

杂散电流监测系统采用集中式监测系统,由参考电极、测量端子、杂散电流测量电缆、传感器及变电所数据采集及统计处理装置、综合监测装置组成,具体构成方式如图 6.9 所示。

车站区段及附近区间是杂散电流腐蚀严重区段,为监测杂散电流大小及腐蚀状况,在这些区段的整体道床及车站、隧道结构中引出测量端子,并在附近混凝土中埋置参考电极,通过参考电极,测量结构钢筋与混凝土介质间的电位差,此电位差可间接反应出结构钢筋腐蚀情况。

在变电所设置一套杂散电流监测装置,测试数据处理后经变电所综合自动化系统通过通信通道上传至设置于车辆段的杂散电流综合监测系统,同时也可在每个变电所内调出所需数据。

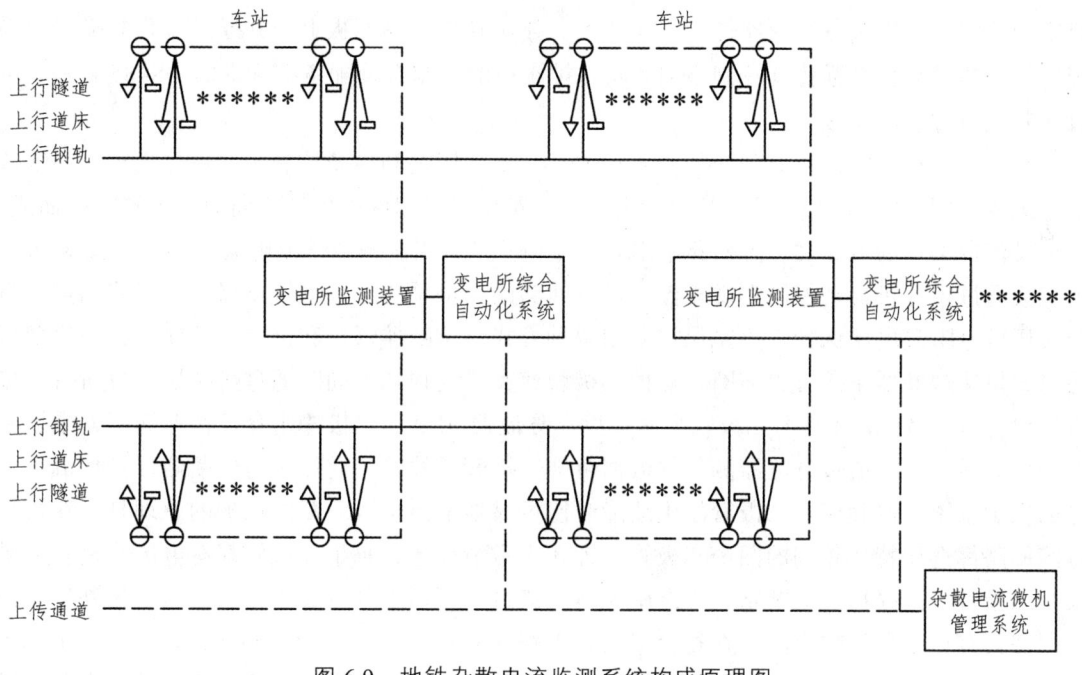

图 6.9 地铁杂散电流监测系统构成原理图

2. 参考电极选型及测量端子设置

参考电极选用适合混凝土结构、测量精度高、性能稳定、体积小、安装方便的钼-氧化钼参考电极。

测量端子设置原则如下:

① 地下车站:在车站站台两端进出站附近的隧道壁结构钢筋中每行对应位置分别引出一个测量端子。

② 明挖、矿山法区间隧道:靠近车站有效站台端部 250 m 的隧道壁结构钢筋中每行对应位置分别引出一个测量端子。

③ 盾构区间:区间盾构结构不设测量端子。

④ 地下段整体道床:在车站站台的两端进出站附近、距车站有效站台端部 250 m 位置及区间变电所的中心线位置每行对应位置分别设置一个测量端子。

四、地铁杂散电流排流控制系统（排流柜）

智能排流柜是为减少地铁杂散电流造成的金属结构电化学腐蚀而设计的专用设备。它采用极性排流的原理，即只有当需排流的金属结构相对于钢轨的负母线电位为正时，才有电流通过，把轨道上泄漏到金属结构上的杂散电流直接排到钢轨的负母线上，从而减少杂散电流的腐蚀。

排流柜主回路的核心元件为硅二极管，利用二极管正向导通反向截止的特性，实现了杂散电流的极性排流。除了主回路外，排流柜另配有保护和检测电路，检测回路由一单片机控制系统来控制，可以采集排流柜的工作电压和工作电流以及主回路的故障状态，实时检测排流柜的工作状态以及各个主器件的工作情况，显示在控制器面板上，并通过远程故障输出系统把故障的触点信号远传到控制室内，同时排流柜的控制系统配备有标准的 RS485 接口，可以与其他监控系统连接。

智能排流柜一路排流原理图如图 6.10 所示，由主回路和检测控制用的单片机控制系统两部分组成。主回路的核心由硅二极管 D 组成，一路排流采用两个特性相同的二极管并联而成，保证排流柜工作的可靠性。主回路中串有一个电阻 R，用于调节排流电流大小。开关 K 可以人工或通过单片机自动控制实现排流。排流回路的保护系统分别为短路保护、断路保护、阻容及压敏电阻过电压保护。短路保护采用两种方式：熔断器保护和反向电压保护，当出现短路时，快速熔断器 FU 首先熔断，保护二极管使其不受损坏，同时通过熔断器本身所带的接点发出信号；另外，在每个二极管另一端设有分流器 FL，当二极管击穿而快速熔断器未熔断时，依靠逆向电流通过分流器测得的数据可知二极管的故障，此保护与熔断器保护形成了可靠的保护系统，以确保在二极管发生故障时能可靠地发出信号。断路保护的原理是：在每个排流回路都选用特性相同的两个二极管，即在正常情况下，每个二极管都有电流流过。如果某个二极管支路损坏造成断路，支路中无电流流过，可通过分流器来找出故障。另外每个排流回路具有过电压保护电路，在每个二极管支路并联一个 RC 回路，以抑制过电压；在 RC 支路上并联一压敏电阻，当二极管两端电压超过其阈值时，压敏电阻将二极管自动旁路，以防止二极管损坏，当电压恢复时，压敏电阻恢复正常。

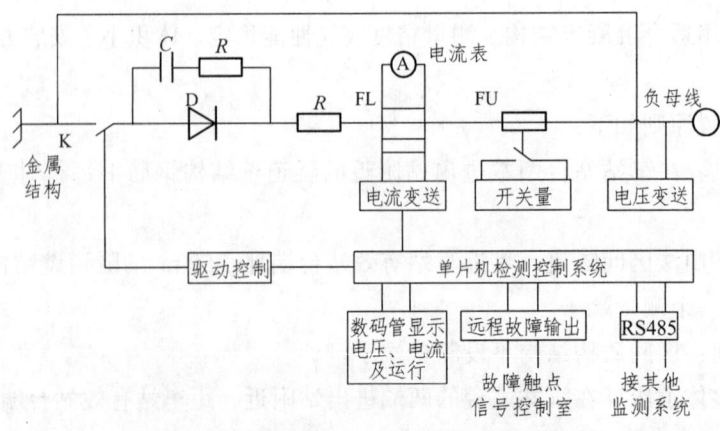

图 6.10　排流柜的一路排流工作原理图

排流柜主回路的工作状态以及短路和断路的故障检测由单片机检测控制系统来完成。由电流变送电路、电压变送电路和开关量变送电路构成输入检测电路,把排流电流及电压转换为数字量送入存储器存储,并实时检测快速熔断器的开关状态,单片机控制系统自身带有数码管和发光二极管来显示被测电流、电压及工作状态。同时,单片机控制系统可以测量每路杂散电流排流量的大小,可以通过键盘设置每路排流的极限值并设置极限的排流时间,当某一路排流回路的排流电流或排流时间大于设置极限值时,可以发出报警信号,表示此排流回路的金属结构杂散电流的泄漏已严重超标,应仔细检查原因。单片机检测控制系统带有远程故障输出电路和标准 RS485 接口电路,可以把排流柜的短路故障、断路故障以及排流杂散电流过限故障信号远传到控制室内,也可以与其他的监测系统连接。

第三节　杂散电流防护监测系统维护

一、杂散电流日常监测及维护

新建城市轨道交通工程正式开通运营后,利用杂散电流监测系统记录高峰小时整体道床结构钢筋、车站隧道结构钢筋极化电位,监测杂散电流对结构钢筋腐蚀情况,如测试到某段结构钢筋电位超过极化电位限制值,则该区段杂散电流超标,应对钢轨回路及钢轨泄漏阻抗进行测试检查,结合测试结果进行维护。

城市轨道交通投入运营后,每月应定期对全线轨道线路清扫,保持线路清洁干燥。如果全线钢轨泄漏阻抗普遍降低,极化电位长期超过 0.5 V,简单清扫或维护不能解决问题,则应开启牵引变电所的排流柜,使杂散电流收集网与牵引所负极柜单向连通,保护结构钢筋免受杂散电流腐蚀。

如果监测系统监测到排流柜电流出现异常增大,且持续时间较长,则是回流系统出现电气导通"断点"或"集中泄漏区段"所引起,应及时处理。如果是回流系统出现电气导通"断点"或"集中泄漏区段"所引起,应及时检查相应区段回流系统,及时将"断点"处连接至设计要求标准,或对"集中泄漏点"进行恢复处理,检查钢轨是否为积水、灰尘污染或钢轨安装绝缘设备损坏引起,并及时清扫或对绝缘设备进行维护。

在排流柜投入期间内,应组织对杂散电流超标区段回流钢轨对地(结构)过渡电阻的测量、回流系统纵向电阻测量,并视情况采取必要措施,如更换钢轨扣件、绝缘垫等。由于排流柜投入后,在将杂散电流导入负极的同时,会造成杂散电流总泄漏量增加,在杂散电流泄漏水平恢复正常时,应将排流柜切除。

问题排除后,需尽快将排流柜撤出运行。因为排流柜的投入会抬高相应区间的钢轨电位,同时增大杂散电流泄漏水平,将导致钢轨、隧道及车站结构钢筋的进一步腐蚀,影响土建结构安全;还可能烧损排流直路,引起火灾。

二、杂散电流防护设备的巡视与检修

杂散电流防护设备的巡视与检修如表 6.2 所示。

表 6.2 杂散电流防护设备的巡视与检修

项目	内容	周期
日常巡视	测试端子无外力损坏、断裂、松脱、锈蚀、水浸现象	三个月
日常巡视	电缆护套完好无外力损坏，无发热变色现象，电缆绑扎牢固，电缆支架无松脱、损坏、锈蚀现象	三个月
日常巡视	柜内电缆接线正确，接触良好，连接可靠，电缆接线端子要压接良好，压接后载流量与本线应相同，连接螺栓按规定力矩紧固，焊接牢固可靠，焊接饱满，不应有裂缝、气孔及脱焊，更不得有假焊或漏焊现象	三个月
日常巡视	电缆敷设部位应无积水、杂物等异物	三个月
日常巡视	单向导通装置连接电缆应无损伤、松脱	三个月
日常巡视	各部件应工作正常，指示信号正确，无异常发热、短路、开路现象	三个月
日常巡视	柜内部件应状态良好，信号指示正确，无断线、松脱、漏水、腐蚀、发热变色现象	三个月
日常巡视	单向导通装置柜门应锁好，牢固，门前应无障碍物或管线缠绕	三个月
日常巡视	钢轨绝缘节处应无烧伤痕迹	三个月
日常巡视	柜体应无掉漆、锈蚀；柜体应安装牢固无变形、倾斜；柜体基础牢固，无裂缝、塌陷、水害、鼠虫害、杂物、杂草等不良现象	三个月
日常巡视	标识正确清楚	三个月
小修	单项导通装置设备安装牢固，无严重掉漆、锈蚀，无变形、倾斜，基础牢固，无裂缝、塌陷、水害、鼠虫害、杂物、杂草等不良现象	三年
小修	主回路接线良好，电缆标志编号清楚，连接螺栓紧固良好、无松动，符合力矩要求	三年
小修	二极管的保险无熔断、散热器散热正常，RC 回路工作正常	三年
小修	各部件无积尘、无污垢、无锈蚀、无放电痕迹，母排表面无氧化，必要时连接处涂导电膏	三年
小修	二次线接线正确、无松动，标识清楚，监测模块信号指示、反应正常	三年
小修	柜内隔离开关支持绝缘子无裂纹、破损及爬电痕迹，触头接触面应光洁无损伤，无烧损和锈蚀，合闸时触头接触紧密良好、接触压力均匀；分闸时分闸角度与带电部分的距离符合规定；操作时平稳正确无卡阻和冲击，机构润滑良好	三年
小修	根据监测情况确定对轨道绝缘情况进行检查。检查项目和标准如下：钢轨没有非期望接地点；钢轨和下面穿越的管线之间绝缘良好，间隙足够（钢轨承受车体重量变形时不能触碰到下面的管线）跟钢轨连接的设备无非预期接地点；钢轨绝缘节状态良好，无放电痕迹	三年
小修	单向导通装置辅助装置检验：可靠检测并显示快速熔断器的通断、二极管故障情况，故障输出信号正确、可靠	三年

第三节 杂散电流防护监测系统维护

续表

项目	内 容	周期
小修	单向导通装置一般性检验：元器件型号、规格符合图纸规定，接线正确，安装可靠；柜体尺寸符合图纸规定，外观无裂痕、划伤、变形，防腐防锈措施良好	三年
大修	完成小修项目	必要时
大修	单向导通装置绝缘试验：选用 1 000 V 的兆欧表进行绝缘电阻测试	必要时
大修	抗电强度测试：按要求施加电压，观察现象	必要时
大修	单向导通装置均流试验：用直流大电流发生器施加大电流到单向导通装置主回路，用同一个毫伏表直接测量每个支路分流器上的电压降然后换算成电流。电流均衡度≥70%	必要时
大修	单向导通装置过电压保护的检验：在单向导通装置加直流电源，并加感性负载，开关直流电源，用示波器读取单向导通装置两端的过电压峰值，如此至少重复 5 次。瞬间过电压的峰值应小于 2 500 V	必要时
大修	根据需要由厂家更换元件	必要时

复习思考 >>>

1. 城市轨道交通供电系统杂散电流形成的原因是什么？有何危害？
2. 简述杂散电流监测的内容和措施。
3. 根据给出的杂散电流监测系统原理框图分析其工作原理。
4. 根据给出的排流柜一路排流原理图分析其工作原理。
5. 简述城市轨道交通供电系统杂散电流防护的原则与措施。

阅读材料 >>>

阅读材料 5：接口管理

一、杂散电流防护对相关专业具体要求：轨道

（1）60 kg/m 的走行回流钢轨焊接成长钢轨，钢轨接头电阻应小于 1 m 长的回流钢轨阻值，以减少回流阻抗。若采用短钢轨，用鱼尾板螺栓连接，则两根钢轨之间必须加焊 2 根截面为 150 mm² 以上的绝缘铜电缆。

（2）每行钢轨纵向电阻满足 0.020 Ω/km（考虑 5%磨耗）。

（3）电化线路中的道岔与辙岔的连接部位应设置 4 根截面为 150 mm² 以上的绝缘铜电缆。铜电缆与钢轨间应可靠焊接，接头电阻不应超过 1 m 长完整钢轨的电阻值。

（4）轨道绝缘节的设置：停车场与正线轨道之间应设置绝缘节。尽头线每条轨道的车挡装置与电化股间应设置绝缘节（若库内末端车挡对地绝缘，则可取消库内股道末端绝缘节）。所有的电化与非电化区段应设置绝缘节。电化线路库内与库外应设置绝缘节。

（5）钢轨采用绝缘法安装。在钢轨与混凝土轨枕之间、在紧固螺栓、道钉与混凝土轨枕之间及扣件与混凝土轨枕之间采取绝缘措施，加强钢轨对道床绝缘，以减少钢轨泄漏电流。单个钢轨的支撑处在干燥条件下的绝缘电阻值应达到 $10^8\Omega$ 以上，潮湿条件下的绝缘电阻值应达到 $10^6\Omega$ 以上。钢轨与道床间泄漏电阻应不小于 $15\Omega\cdot km$。绝缘可用以下措施实现：钢轨下加绝缘垫；使用绝缘扣件；钢轨采用绝缘套管固定安装；道岔处加强绝缘；在有导轨处，导轨与走行轨之间应绝缘。与钢轨连接的设施应绝缘安装。

（6）钢轨底部与道床面之间的间隙不宜小于 70 mm。

（7）全线利用整体道床内的结构钢筋网作为杂散电流收集网。在道床两个变形缝之间的道床段称为一个道床结构段，每个道床结构段内的纵向钢筋应电气连续，即每个结构段内的纵向钢筋的搭接处必须焊接，焊接长度不小于钢筋直径的 6 倍，每隔 5 m（及道床结构段两端）选用一横向钢筋与交叉的所有纵向钢筋焊接。

（8）在整体道床伸缩缝的左右两侧分别用 50×8 mm 的镀锌扁钢和整体道床内所有收集网纵向钢筋焊接，并引出测防端子（连接端子或兼作测量端子），便于通过电缆连接，使全线的整体道床纵向电气连续。

（9）在车站有效站台端部及距有效站台端部 250 m 的对应位置，从整体道床收集网中每处引出 1 个测量端子，每行分别设置。每座车站及对应区间共计 8 个。

（10）在有牵引变电所的车站，在牵引所附近的整体道床内收集网中应引出排流端子，每行设置 1 个。

（11）在每行道床内上表层（钢轨敷设位置）各选择 2 根纵向钢筋（排流条）与结构段内所有上表层横向钢筋焊接，若有搭接，必须进行搭接焊，焊接长度不小于钢筋直径的 6 倍。在设牵引变电所的车站，引出排流端子。

（12）所有连接、测量或排流端子采用埋入式防盗端子。

（13）道床应设置良好的排水措施，尽量避免道床积水。

二、杂散电流防护对相关专业具体要求：地下车站结构

（1）地铁主体结构的防水层，必须具有良好的防水性能。

（2）车站内应设有畅通的排水措施，不应有积水现象。

（3）利用车站主体结构内表层结构钢筋的可靠电气连接，设置车站结构钢筋防护网，具体要求如下：车站的底板横向结构钢筋、侧墙竖向钢筋应电气连通，若有搭接，必须进行搭接焊，焊接长度不小于钢筋直径的 6 倍。车站纵向钢筋应电气连通，若有搭接，必须进行搭接焊，焊接长度不小于钢筋直径的 6 倍。车站内每隔 5 m 分别选用底板内表层的一根横向钢筋和所有纵向钢筋焊接；每隔 5 m 选用车站侧墙竖向钢筋和所有纵向钢筋焊接，并和每隔 5 m 选择的底板横向钢筋焊接成闭合横向钢筋圈。在上、下行结构底板内上层（垂直钢轨下方位置）各选择 2 根纵向钢筋（作为焊接主筋）与结构段内所有上表层横向钢筋焊接，若有搭接，必须进行搭接焊，焊接长度不小于钢筋直径的 6 倍。

（4）车站结构内或车站与区间隧道接口处如有变形缝（伸缩缝、沉降缝等两侧结构断开的缝），应填充防水材料使缝两侧钢筋实现绝缘。

（5）在车站主体结构的变形缝（伸缩缝、诱导缝等两侧结构钢筋不全部电气连续的缝）两侧第一排横向结构钢筋应和所有与之相交的纵向结构钢筋焊接，并引出连接端子。

（6）在车站与区间接口处，从车站侧墙内钢筋防护网中引出连接端子。

（7）在车站有效站台端部从侧墙钢筋防护网中引出测量端子，上下行分别设置2个。对于含配线等大型车站，若距有效站台端部250 m仍属于车站范围，在此处侧墙钢筋防护网中也应引出测量端子，上下行分别设置1个。

（8）对于换乘车站，若其他线路车站在本次工程中有同期施工部分，参照以上原则设置钢筋防护网并引出测防端子。

三、杂散电流防护对相关专业具体要求：隧道结构

（1）地铁主体结构的防水层，必须具有良好的防水性能。

（2）隧道内应设有畅通的排水措施，不应有积水现象。

（3）利用地下非盾构隧道主体结构内表层结构钢筋的可靠电气连接，建立隧道钢筋防护网，具体要求如下：每个结构段内的内层横向钢筋应电气连续，若有搭接，必须进行搭接焊，焊接长度不小于6倍钢筋直径。每个结构段内的内层纵向钢筋应电气连续，若有搭接，必须进行搭接焊，焊接长度不小于钢筋直径的6倍。区间内每隔5 m将内表层横向钢筋圈与所有的内表层纵向钢筋焊接。在上、下行结构底板内上层（钢轨垂直下方位置）各选择2根纵向钢筋（焊接主筋）与结构段内所有内表层横向钢筋焊接，若有搭接必须进行搭接焊，焊接长度不小于6倍钢筋直径。

（4）隧道变形缝（伸缩缝、诱导缝等两侧结构钢筋不全部电气连续的缝）两侧第一排横向结构钢筋应和所有与之相交的纵向结构钢筋焊接，并引出连接端子。

（5）在距离车站有效站台端部250 m的区间隧道结构钢筋引出测量端子，每行对应位置设置1个，上、下行分别设置。

（6）非盾构区间与盾构区间及区间隧道与车站接口处在非盾构区间侧每行设置两个测防端子。

（7）敞开段结构参照以上要求设置杂散电流防护网。

（8）区间盾构井及中间风井或风机房（下用风井替代）杂散电流防护参照以上要求设置钢筋防护网，并引出测防端子。

（9）盾构区间连接管片采用隔离法，管片结构钢筋和管片之间的连接螺栓用混凝土隔离。盾构管片之间必须电气绝缘，盾构管片内的结构钢筋应与连接螺栓电气绝缘，不应有金属连接螺栓将两个盾构管片内的结构钢筋电气连接现象。盾构管片的接缝处应有阻水、隔水措施。

四、杂散电流防护对相关专业具体要求：给排水及其他管线

（1）由外界引入地铁内或由地铁内引出至地铁外的金属管线均应绝缘处理后方可引入或引出，所有通向地铁外部的金属给排水管，必须装有绝缘法兰（或绝缘短管）。

（2）在走行轨下方穿越的管道，宜采用非金属材质，否则应具有加强的绝缘层并在穿越部位两侧装设绝缘法兰。

（3）沿线敷设的水管等管线，不得与地下水流、积水、潮湿墙壁、土壤以及含盐沉积物等发生接触。

（4）金属给排水管道与回流走行轨间不应有直接的电气连接。

（5）与轨道平行铺设的金属管道设置在距离走行轨大于1 m的地方，并在管道表面进行绝缘涂复。

五、杂散电流防护对相关专业具体要求：通信、信号

（1）沿线通信电缆的金属铠装或屏蔽层应与杂散电流收集网及钢轨无任何电气连接。

（2）道岔转辙装置的控制电缆的金属外铠装与道岔本体之间应具有绝缘措施。

（3）沿线通信设备、信号设备如道岔控制箱、信号箱、信号机应采取绝缘安装。与上述设备或钢轨连接的电缆采用绝缘护套电缆。

（4）走行轨如有鱼尾板连接处，在鱼尾板连接的钢轨间加焊不少于 $2 \times 150 \text{ mm}^2$ 铜当量截面电缆，铜引线与钢轨间应可靠焊接，接头电阻不应超过 1 m 长完整钢轨的电阻值。

（5）地铁电化线路中的道岔与辙岔的连接部位应设置铜引连接线，其截面不少于 $4 \times 150 \text{ mm}^2$，铜引线与钢轨间应可靠焊接，接头电阻不应超过 1 m 长完整钢轨的电阻值。

（6）信号专业在设计信号系统时，还应考虑以下因素：在牵引变电所处，钢轨要与负回流电缆焊接。在车站两端（牵引变电所所在车站的一端）及区间联络通道处，上、下行钢轨间设均流电缆，此均流电缆要和上、下行钢轨焊接。在停车场库前设置的钢轨绝缘轨缝的两端，钢轨要与电缆焊接，此电缆连接到单向导通装置内。

（7）若本工程不采用钢轨作为信号回路，钢轨的电缆连接对信号专业不做要求。

六、杂散电流防护对相关专业具体要求：停车场

（1）轨道绝缘轨缝设置要求：停车场出入场线与正线轨道之间应设置绝缘轨缝，并应设置在出入段线直线段。尽头线每股道的车挡装置与电化轨道之间应设置绝缘轨缝。在停车场的检修库与停车库中，每一条库线与车场线路之间设置绝缘轨缝。所有的电化轨道与非电化轨道间设置绝缘轨缝。

（2）车库内轨道间根据规模大小设均流电缆。

（3）进出车辆基地的金属给排水管在其进出车辆基地的部位设绝缘法兰或绝缘短管隔离。

（4）车辆基地内给排水管应尽量采用绝缘性能好、符合城市生活用水标准的 PVC 塑料管。如采用金属管道则需对埋入地下的金属管道进行防杂散电流腐蚀的涂复和加强绝缘处理。且需做到：在与轨道交叉敷设在轨道下面时，交叉角度尽量为 90°，交叉段管道采用 PVC 塑料管或金属涂覆绝缘防腐蚀材料。库内（有电化股道）的金属给排水管及其他管线采用绝缘安装措施，或采用非金属材料。

（5）车辆基地内电气配线管尽量采用绝缘管。

第七章 城轨交通变电所二次接线识图

▶ 问题导入 >>>

课件：二次接线识图

第七章彩版插图

变电所的一次设备都是大容量、高电压的设备，为了实现运行维护人员对一次设备的监视、控制、参数测量以及保护的功能，必须配置与一次设备保持电气隔离的低电压、小容量的相应设备，如测量仪表、控制信号器具、继电保护装置等，这些设备统称为二次设备。将这些二次设备按照一定顺序连接所形成的电路称为二次电路，二次电路也称为二次系统。本章介绍二次接线图的图形文字符号、读图方法。

学习目标 >>>

1. 熟悉目前城轨交通供电系统变电所二次接线的结构体系、图纸类型。
2. 理解掌握二次接线、二次接线图的相关概念。
3. 理解展开式原理图的结构特点，学会读图方法。
4. 理解安装接线图的结构特点，学会读图方法。

内容讲解 >>>

第一节 变电所二次接线

一、二次接线的概念、功能与分类

二次设备是指对一次设备的工作状态进行控制、保护、监视和测量的一系列低压、弱电设备，又称为辅助设备，包括测量仪表、控制信号装置、继电保护装置、自动装置、操作电源、控制电缆及熔断器等。二次设备通过电压互感器和电流互感器与一次设备取得电的联系。变电所中的二次设备按一定顺序相互连接而成的电路称为二次电路，也称为二次接线。

二次接线是供电系统电气接线的重要组成部分，它附属于一定的一次接线或一次设备。二次接线的基本任务是：反映一次设备的工作状况，控制一次设备；当一次设备发生故障时，能使故障部分迅速退出工作，以保持电力系统处在最佳运行状态。

二次接线按电流制式分为：直流回路和交流回路。按工作性质分为：监视测量单元、控制单元、信号单元、调节单元、继电保护和自动装置单元、远动单元以及操作电源系统等。

1. 监视、测量单元

监视、测量单元主要由测量元件及其相关回路组成，其作用是监视、测量一次设备的工作状态，以便运行人员掌握一次设备的运行情况，为运行管理、事故分析提供参数。

2. 控制单元

控制单元主要由控制开关、相应的控制继电器组成，其作用是对一次高压开关设备进行合、分闸操作。控制回路按自动化程度可分为手动控制和自动控制两种；按控制距离可分为就地控制和距离控制两种；按操作电源性质可分为直流操作和交流操作两种。

3. 信号单元

变电所信号单元主要由开关设备的位置信号、继电保护和自动装置的动作信号和中央信号三部分组成。其主要作用是反映一次设备和二次设备的工作状态。

4. 调节单元

调节单元是指调节型自动装置，主要由测量机构、传送机构、调节器和执行机构组成。其作用是根据一次设备运行参数的变化，实时在线调节一次设备的工作状态，以满足运行要求。

5. 继电保护与自动装置单元

电力系统发生故障或出现不正常运行状态时，能够自动反应和处理故障。例如：测定故障的参数和位置、切除故障设备、投入备用设备等，这些设备统称为电力系统的继电保护与自动装置，主要由继电保护、自动装置和相应的辅助元件组成。其作用是：自动判别一次设备的工作状态；在事故和不正常运行状态时，继电保护装置能够自动跳开断路器（切除故障）和消除不良状态并发出报警信号；当事故或不正常运行状态消失后，快速投入断路器，恢复系统正常运行。

6. 远动单元

为了完成变电所与调度所之间远距离信息的实时自动传输，必须应用远动技术，采用远动装置。远动技术即调度所与各被控端（包括变电所等）之间实现遥控、遥测、遥信和遥调技术的总称。远动化的主要任务：一是集中监视，提高安全经济运行水平；正常状态下实现合理的系统运行方式；事故时，及时了解事故的发生和范围，加快事故处理。二是集中控制，提高劳动生产率。调度人员可以借助远动装置进行遥控或遥调，实现无人化或少人化，并提高运行操作质量，改善运行人员的劳动条件。

变电所中的继电保护和远动装置属于二次接线范畴，但因为它们自成一个完整的体系，故将其独立看待，专门研究。此处所讲的二次接线仅为变电所的控制、信号、监测等电路，不包括测控单元、继电保护单元的内部接线和电路。

7. 操作电源系统

操作电源系统主要由电源设备和供电网络组成，它包括直流电源系统和交流电源系统。

其作用是供给上述各单元工作电源。变电所的操作电源多采用直流电源系统，简称直流系统，部分小型变电所也可采用交流电源或整流电源（如硅整流电容储能或电源变换式直流系统）。

二、电气图形及文字符号

电气图中元件、部件、组件、设备、装置、线路等一般是采用图形符号、文字符号和项目代号来表示。图形符号、文字符号和项目代号可看成是电气工程语言中的"词汇"。阅读电气图，首先要了解和熟悉这些符号的形式、内容、含义，以及它们之间的相互关系。

1. 图形符号

通常用于图样或其他文件以表达一个设备或概念的图形、标记或字符，统称为图形符号。电气图中所用的图形符号主要是一般符号和方框符号。

（1）一般符号

一般符号是用于表示一类产品和此类产品特征的一种很简单的符号，通常较为简单。

（2）方框符号

方框符号是用于表示元件、设备等的组合及其功能的一种简单图形符号。即不给出元件、设备的细节，也不考虑所有连接，例如：正方形、长方形、圆形等图形符号。

根据国家标准《电气简图用图形符号》（GB/T 4728—2018）的规定，电气图形符号分为11类，常用的图形符号参见附录一。

图形符号均是按无电压、无外力作用的正常状态表示的，所谓正常状态是指电气元件的受电量和非电气元件的受力量均未达到动作值的状态。例如，继电器、接触器的线圈未通电，断路器、隔离开关未合闸，按钮未按下，行程开关未到位等。因此，常开接点是指设备在正常状态时断开着的接点，也称为动合接点或正接点；常闭接点是指设备在正常状态时闭合着的接点，也称为动断接点或反接点。

在选用图形符号时，应尽可能采用优选形；在满足需要的前提下，尽可能采用最简单的形式；在同一图号的图中只能选用同一种图形形式；大多数图形符号的取向是任意的；在不会引起错误理解的情况下，可根据图面布置的需要将符号旋转或取其镜像放置。

2. 文字符号

在电气图中，除了用图形符号来表示各种设备、元件等外，还在图形符号旁标注相应的文字符号，以区分不同的设备、元件，以及同类设备或元件中不同功能的设备或元件。《电气技术中文字符号制订通则》（GB 7159—87）对文字符合的选择做了规定，电气常用文字符号参见附录二。

文字符号分为基本文字符号和辅助文字符号。基本文字符号分为单字母符号和双字母符号。

（1）单字母符号

单字母符号按拉丁字母将各种电气设备、装置和元器件划分为23大类，每大类用一个专用单字母符号表示，单字母符号应优先采用。由于拉丁字母"I"和"O"易同阿拉伯数字"1"和"0"混淆，因此不把它们作为单独的文字符号使用。字母"J"也未采用。

（2）双字母符号

双字母符号由一个表示种类的单字母符号与另一字母组成，其组合形式是以单字母符号在前，另一字母在后的次序列出。只有当用单字母符号不能满足要求，需要将大类进一步划分时，才采用双字母符号，以便较详细和更具体地表述电气设备、装置和元器件。

（3）辅助文字符号

辅助文字符号用于表示电气设备、装置和元器件以及线路的功能、状态和特征，通常是由其英文单词的前一两个字母构成。辅助文字符号一般放在基本文字符号的后边，构成组合文字符号，也可单独使用，如"ON"表示接通，"OFF"表示关闭。

文字符号的组合形式一般为：

基本符号 + 辅助符号 + 数字序号

例如："FU 3"表示第 3 组熔断器，其中"F"是保护类设备（包含了避雷器"F"、熔断器"FU"、限压保护器件"FV"）的单字母符号，"FU"是熔断器的文字符号，是双字母符号。"KM 2"表示第 2 个接触器，其中"K"是继电器、接触器类设备（包含了电流继电器"KA"、接触器"KM"、时间继电器"KT"等）的单字母符号，"KM"是熔断器的文字符号，是双字母符号。

三、二次接线图的类型

用来表明二次设备的配置、相互连接关系和工作原理的电气接线图，称为二次电路图，即二次接线图。按照用途一般将二次接线图分为归总式原理接线图、展开式原理接线图和安装接线图。

1. 归总式原理接线图

归总式原理接线图简称原理图，是以整体的形式表示各二次设备之间的电气连接及其工作原理的接线图，一般与一次接线中相关部分画在一起。

归总式原理图主要特点如下：

① 二次接线和一次接线的相关部分画在一起，且电气元件以整体的形式来表示，能表明各二次设备的构成、数量及电气连接情况，图形直观形象，便于设计构思和记忆，并可清晰地表明二次接线对一次接线的辅助作用。

② 用统一的图形和文字符号表示，按动作顺序画出，便于分析整套装置的动作原理，能使我们对整套保护装置的工作原理有一个整体概念，是绘制展开式原理接线图等其他工程图的原始依据。

③ 缺点是交、直流回路画在一起，连线交叉零乱，又没有元件间的内部连线、端子号码和回路的标号等，对于较复杂的装置很难用原理接线图表现出来，即使画出了图，也很难看清楚，安装接线时容易出差错，不便于现场查找回路及调试，依靠它排除故障较困难。

下面以图 7.1 所示的某输电线路过电流保护原理接线图为例，说明这种接线图的特点。

由图 7.1 可见，过电流保护装置由一个电流继电器 KA、时间继电器 KT、信号继电器 KS 组成，并通过电流互感器 TA 和断路器分闸线圈 YT 与主电路联系在一起。

下面分析一下图 7.1 所示某输电线路过电流保护的工作原理。

正常情况下,隔离开关 QS、断路器 QF 合闸,母线 W 向负载馈送电能,负荷电流 I 经电流互感器 TA 变流后流入电流继电器线圈 KA_{2-8} 的电流值小于 KA 的整定动作值,所以继电器 KA、KT、KS 均处于正常状态,其常开接点 KA_{1-3}、KT_{3-5}、KS_{3-5} 处于断开状态。断路器操动机构中的分闸线圈 YT 无电不动作。断路器处于合闸位置(动作状态),因此其常开辅助接点 QF_{23-25} 闭合,为分闸线圈 YT 受电及断路器分闸做好准备。

当一次电路发生短路故障时,馈线中有非常大的短路电流,在 TA 的二次侧的二次电流也随之增大。当二次电流增大至 KA 的整定动作值时,KA 动作,其常开接点 KA_{1-3} 闭合,接通了时间继电器线圈 KT_{7-8} 的直流回路,使 KT 受电动作,其带时限的常开接点 KT_{3-5} 延时闭合,使直流电源的正极经 KT 的常开接点 KT_{3-5}、KS 的线圈 KS_{1-2}、断路器常开辅助接点 QF_{23-25}、分闸线圈 YT 与直流电源的负极接通,分闸线圈 YT 受电,断路器操动机构动作,使断路器跳闸,自动切除故障线路。一方面,QF 的分闸使馈线停电,TA 中电流消失,继电器 KA、KT 相继复归;另一方面,QF 的分闸使其常开辅助接点 QF_{23-25} 断开,切断分闸线圈 YT 的受电回路,确保其完成分闸后及时断电。此外,信号继电器 KS 受电动作,其接点 KS_{3-5} 转换闭合,发出事故分闸信号。

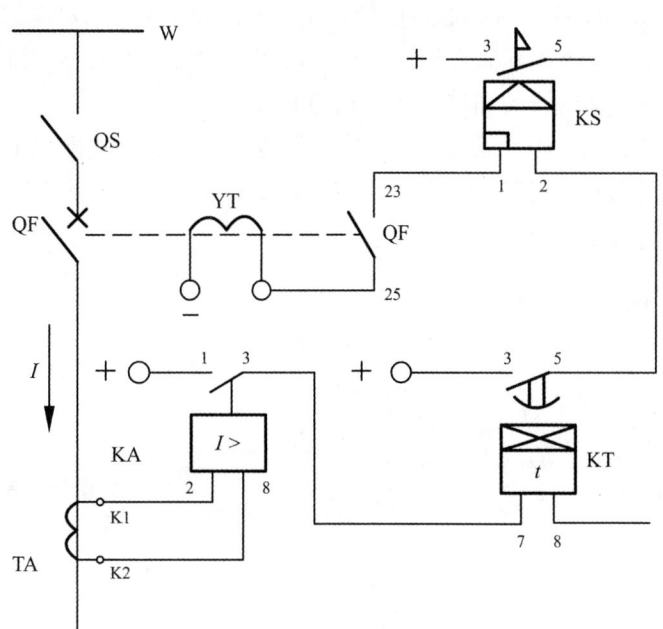

图 7.1 某输电线路过电流保护原理图

2. 展开式原理接线图

详细内容见本章第二节所述。

3. 安装接线图

详细内容见本章第三节所述。

第二节 读识展开式原理图

展开式原理接线图是将二次设备按其线圈和接点的接线回路展开分别画出,将整体形式的二次电路按其供电电源的性质不同,分解成交流电压、交流电流和直流回路等相对独立的部分,组成多个独立回路。表示二次电路设备配置、连接关系和工作原理的二次接线图,简称展开图。展开式原理接线图是目前二次接线图中应用最广泛的一种类型,已经成为工程技术人员分析原理、查找故障的重要依据。

一、展开图结构及特点

展开图的主要特点是以分散的形式表示二次设备之间的电气连接。

① 按不同电源回路划分成多个独立回路。例如:直流与交流回路分开绘制。直流回路分为控制回路、测量回路、保护回路和信号回路等;交流回路又分为电流回路和电压回路。

② 同一元件的线圈、接点按其通过电流性质的不同,分别绘入对应的直流回路、交流回路中去。例如:交流电流线圈接入电流回路,交流电压线圈接入电压回路。为了避免看图时产生混淆,属于同一元件的线圈和接点标有相同的文字符号。

图 7.2 为在图 7.1 的基础上绘制的某输电线路电流保护展开式原理图。该馈线过电流保护装置的接线可用交流电流回路、直流回路两部分图来表示,同样能说明该保护装置的工作原理(略)。

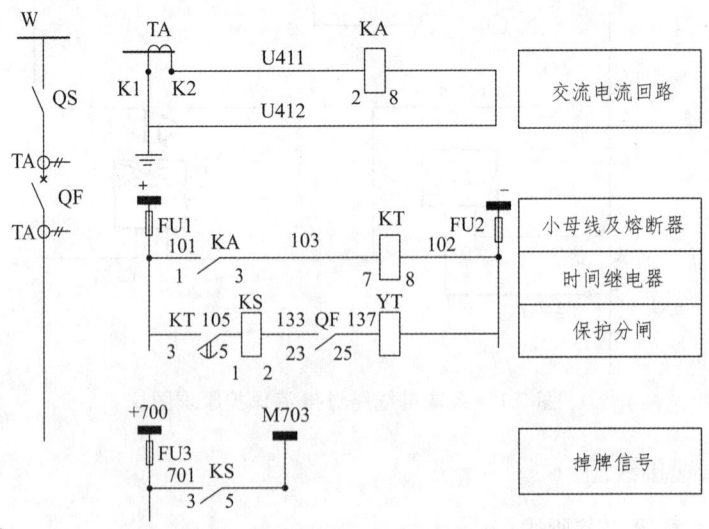

图 7.2 某输电线路过电流保护展开图

展开图中,属于同一性质电路内的线圈、接点按电流通过的方向顺序(该顺序应便于接线)连接构成各自的回路。在同一回路里,继电器的线圈、接点及其他二次设备按电流流通的顺序从左至右依次连接，称为展开图的"行"，并在各行的右侧标出回路作用的文字说明。各回路的排列顺序一般是先交流电流回路、交流电压回路，后直流回路。在每个回路当中，对交流回路来说是按 U、V、W、N 相序分行排列的；对直流回路则是按各元件动作的先后顺序由上而下逐行垂直排列的。

比较图 7.1 和 7.2 可见，展开图 7.2 接线清楚，全图从左到右，从上到下层次清楚，动作顺序层次分明，便于读图和分析，特别在复杂电路中，其优点更为突出。

二、展开式原理图的标号原则

为了便于二次电路安装施工和投入运行后进行检修，对展开图不同的回路及回路中各元件间的连接导线应分别编制不同的标号。标号应该做到：① 根据标号能了解该回路的用途；② 根据标号进行正确的连接。

二次回路标号由三个及以下的数字组成，特殊情况允许用四位数字。当需要表明回路的相别或某些主要特征时，可以在数字标号前面（或后面）增设文字标号，例如对于交流回路应该在数字标号前注明相别（如 U411、V411、W411…）。对于不同用途的回路规定了标号数字的范围，对于一些比较重要的常见回路（例如直流正、负电源回路，跳、合闸回路）都给予了固定的标号。

二次回路的标号一般采用"等电位编号原则"。即回路中连于同一电位点的所有分支导线均应编相同的标号。回路中由线圈、接点、开关、按钮、电阻、连接片等元件间隔的不同线段，用不同的数字标号组表示。因为在接点断开时接点两端已不是等电位，所以应给予不同的编号。

三、展开式原理图的标号方法

二次回路标号的数字采用阿拉伯数字，文字标号采用规定的字母。与数字标号并列的文字符号用大写字母，脚注用小写字母。标号的顺序应按展开图的行从上到下，从左到右依次编号。标号一般标注在连接线的上方。

1. 直流回路标号方法

直流回路的编号一般从正极回路线段起按规定的奇数号依次编制，每经过一个非阻抗元件（如按钮、开关、接点、连片等），标号按奇数号递增（除特殊用途的标号外），即直流回路的正电位点用奇数标号（如 1、3、5…）；当经过阻抗元件时（如电压线圈、电阻等），应改变标号极性，即从负极侧按规定的偶数标号。根据上述的标号方法依次进行编制，即负电位点用偶数标号（如 2、4、6…）直至与正极标号的线段相接应（即所有线段均编有标号）。当从正、负极两侧编号至中间出现不能确定极性的线段时（如串联阻抗元件之间的连接导线），可以任意选择该回路的奇数或偶数递增接续号。直流回路中的合闸、分闸、信号灯等特殊支路，应标注规定的专用标号。

在具体工程中，并不需要对二次回路展开图中的每一个节点都进行回路编号，而只对引至端子排上的回路加以编号即可。在同一盘上互相连接的设备，在盘后接线图中有相应的标志方法。

直流回路数字标号组如表 7.1 所示。控制和保护回路使用的数字编号，按空气开关 QA（熔断器 FU）所属的回路分组，以百位数为一组。表中文字 Ⅰ~Ⅳ 表示四个标号组，每一组用于由一对空气开关 QA（熔断器 FU）引下的控制回路编号。例如，对于三绕组变压器，每一侧装一台断路器，其符号分别为 QF1、QF2 和 QF3，则对每一台断路器的控制回路应取相对应的编号。例如，对 QF1 取 101~199，对 QF2 取 201~299，对 QF3 取 301~399。开关设备、控制回路的数字标号组，应按开关数字的数字序号进行选取。例如，有三个控制开关 SA1、SA2、SA3，则 SA1 对应的控制回路数字标号选 101~199，SA2 所对应的控制回路数字标号选 201~299，SA3 所对应的控制回路数字标号选 301~399。

表 7.1 直流回路数字标号组

序号	回路名称	数字标号				附注
		Ⅰ	Ⅱ	Ⅲ	Ⅳ	①
1	正电源回路	1	101	201	301	
2	负电源回路	2	102	202	302	
3	合闸回路	3~31	103~131	203~231	303~331	②
4	合闸监视回路	5	105	205	305	
5	跳闸回路	33~49	133~149	233~249	333~349	②
6	跳闸监视回路	35	135	235	335	
7	备用电源自动合闸回路	50~69	150~169	250~269	350~359	③
8	开关设备位置信号回路	70~89	170~189	270~289	370~389	
9	事故跳闸音响回路	90~99	190~199	290~299	390~399	
10	保护回路	01~099				
11	信号及其他回路	701~799				
12	断路器位置遥信回路	801~809				
13	断路器合闸线圈或操动机构电机回路	871~879				
14	隔离开关操作闭锁回路	881~889				
15	变压器零序保护共用电源回路	J01、J02、J03				

附注：① 当同一安装单位内的断路器多于3时，在不发生混淆的情况下，可用数字组 401~499 和 501~599 进行标号；如发生混淆，可在其数字标号前增注文字符号"QF"，以便区别。
② 当断路器合闸回路中的绿灯回路及跳闸回路中的红灯回路是直接自控制电源引下时，其回路标号应与控制电源相同。
③ 在没有备用电源自动投入的安装单位系统图中，标号 50~69 可作为其他回路的标号。

2. 交流回路标号方法

交流回路的标号除用三位数外，前面还加注文字标号注明相别。三位数字的意义分别为：

个位数表示回路连线顺序标号,十位数表示互感器副绕组序号,百位数表示电路性质标号(电流回路—4,电压回路—6)。回路使用的标号组,要与互感器文字后的"序号"相对应。如:电流互感器 TA1 的 U 相回路标号是 U411～U419,则 U411 表示 U 相电流回路中电流互感器的 1 号副绕组二次电路的第 1 段连接导线;电压互感器 TV2 的 V 相回路标号 V621～V629,则 V623 表示 V 相电压回路中 2 号电压互感器二次电路的第 3 段连接导线。交流电流回路按流互副绕组顺序号编号,交流电压回路按压互安装顺序编号。编号时从互感器副边的始端起至终端(接地端)按规定的数字标号组,不分奇偶数,取连续递增的数字依次编制。互感器中线(或零线)的标号,单相回路可接续回路标号依次编制,三相回路可按不同相别编制起始标号,如 N411、N611 或 L411、L611 等。交流回路数字标号组如表 7.2 所示。

表 7.2 交流回路数字标号组

回路名称	用途	回路标号组				
		U 相	V 相	W 相	中性线	零序
保护装置及测量表计电流回路	TA	U401～U409	V401～V409	W401～W409	N401～N409	L401～L409
	TA1	U411～U419	V411～V419	W411～W419	N411～N419	L411～L419
	TA2	U421～U429	V421～V429	W421～W429	N421～N429	L421～L429
	TA9	U491～U499	V491～V499	W491～W499	N491～N499	L491～L499
	TA10	U501～U509	V501～V509	W501～W509	N501～N509	L501～L509
	TA19	U591～U599	V591～V599	W591～W599	N591～N599	L591～L599
保护装置及测量表计电压回路	TV	U601～U609	V601～V609	W601～W609	N601～N609	L601～L609
	TV1	U611～U619	V611～V619	W611～W619	N611～N619	L611～L619
	TV2	U621～U629	V621～V629	W621～W629	N621～N629	L621～L629
经隔离开关辅助接点或继电器切换后的电压回路	6～10 kV	U(V、W)760～769、N600				
	35 kV	U(V、W、L)790～799、N600				
	110 kV	U(V、W、L、X_W)710～719、N600				
	220 kV	U(V、W、L、X_W)720～729、N600				
绝缘检查电压表的公用回路	用途	U700	V700	W700	N700	
母线差动保护共用电流回路	6～10 kV	U360	V360	W360		
	35 kV	U330	V330	W330		
	110 kV	U310	V310	W310		
	220 kV	U320	V320	W320		

此外，展开图中的小母线用粗线条表示，并注以文字符号，在控制和信号回路中的一些辅助小母线和交流电压小母线，除文字符号外，还给予固定的数字编号。

四、看二次接线图的基本方法

二次接线图的逻辑性很强，在绘制时遵循一定的规律，所以看图时若能抓住规律就很容易看懂。看图的基本方法是：

① 根据展开图右侧的文字说明，了解各回路的性质，然后从上到下逐个回路看通。

② 先交流，后直流；交流看电源，直流找线圈；抓住接点不放松，一个一个全查清。"先交流，后直流"是指先看二次接线图的交流回路，把交流回路看完弄懂后，根据交流回路的电气量以及在系统中发生故障时这些电气量的变化特点，向直流逻辑回路推断，再看直流回路。一般说来，交流回路比较简单，容易看懂。"交流看电源，直流找线圈"是指交流回路要从电源（交流回路的电流互感器和电压互感器的二次绕组）入手。交流回路有交流电流和电压回路两部分，先找出电源来自哪组电流互感器或哪组电压互感器，再由此顺回路接线往后看：交流沿闭合回路依次分析设备的动作；直流从正电源沿接线找到负电源，并联系与交流回路有关的线圈分析各设备的动作。"抓住接点不放松，一个一个全查清"是指找到继电器线圈后，再找出与之相应的接点。根据接点的闭合或开断引起的回路反应情况，再进一步分析，直至查清整个逻辑回路的动作过程。

③ 先线圈，后接点。即先查启动元件，后查启动元件的接点通断的电路。因为只有到继电器或装置的线圈通电（并达到其启动值），其相应接点才会动作；根据接点的通断引起回路的变化，进一步分析整个回路的动作过程。

④ 先上后下，先左后右，盘外设备一个也不漏。"先上后下，先左后右"可理解为：一次接线的母线在上而负荷在下；在二次接线的展开图中，交流回路的互感器二次侧线圈（即电源）在上，其负载线圈在下；直流回路正电源在上，负电源在下，驱动接点在上，被启动的线圈在下；端子排图、盘后接线图一般也是由上而下；单元设备编号，则一般是按照由左至右的顺序排列的。某一完整功能的实现，要通过若干"行"完成，各"行"可能在不同的图纸上，应找全与该功能相关的所有图纸。

由于展开图结构清楚，标号明确，所以其应用较为广泛。它不但便于施工安装接线，也有利于变电所的运行维护、检修调试及故障分析处理。因此，要求从事变电所工作的有关人员都要学会看展开图，并且熟练地掌握。特别是变电所的值班人员，更要加倍熟悉展开图，对它了如指掌。这样才能在变电所内发生故障时，做到迅速、正确地判断和处理故障，使之尽快恢复正常运行。

展开图是二次接线装置施工、运行维护以及故障分析和处理的重要图纸，也是绘制安装接线图的主要依据。但现场安装施工还需更具体的安装接线图。

第三节　安装接线图

为了便于安装施工和维修试验，在前述原理接线图、展开接线图的基础上，还需要绘制用于具体安装施工接线用的安装施工图，用来表明二次接线的实际安装情况。

用于表明配电盘的类型、各二次设备在盘上的安装位置、设备间的尺寸及二次设备接线情况的图叫作安装接线图。在安装接线图中，各种仪表、继电器和端子排，都是按国标图形绘制的。为了便于安装接线和运行中检查，所有设备的端子和连接导线都加上走向标志。安装接线图一般包括盘面布置图、端子排图和盘后接线图。有时盘后接线图和端子排图画在一起。

安装接线图是生产厂家制造控制盘、保护盘以及现场施工安装接线所依据的主要图纸，也是变电所运行维护等多项工作的主要参考图。

一、盘面布置图

根据配电盘及各二次设备的实际尺寸，按一定比例绘制而成的盘面设备布置图，称为盘面布置图。它表示了配电盘正面各安装单位二次设备的实际安装位置，是正视图。盘面布置图附有设备明细表，表中列出盘中各设备的名称、型号、技术数据及数量等，以便制造厂备料和安装加工。

盘面布置图总的原则是：应便于监视、操作、检修、试验且保证安全，设备应布置得对称、整齐、美观、紧凑，并留有余地，以利扩建。

图 7.3 为智能开关电源直流柜的盘面布置图。

二、端子排图

在测控保护屏（盘）的屏后左右两侧侧面，通常垂直布置了接线端子排，也有的端子排采用水平布置的方式，安装在盘后的下部。端子排由各种形式的单个接线端子（简称端子）组合而成，是二次接线中各设备间接线的过渡连接设备。表示各接线端子的组合及其与盘内外设备连接情况的图称为端子排图。端子排图是后视图，它反映了配电盘上需要装设的端子数目、类型、排列次序、导线去向以及端子与盘上设备及盘外设备的连接情况，是变电所配电盘的生产、安装以及运行维护必不可少的图纸。

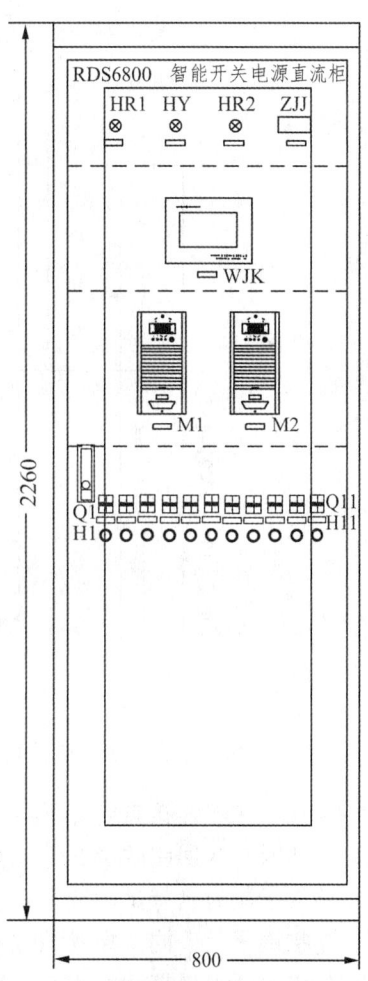

图 7.3　智能开关电源直流柜的盘面布置图示例

三列式端子排图如图 7.4 所示。端子排图与普通表格形状类似：端子排左侧一列是与电缆相连接侧，标号标明所接盘外设备的二次回路标号和所接盘顶设备的名称符号；端子排中间一列的编号是表明端子顺序号及端子类型；端子排右侧一列是与盘内设备相连侧，标号是到盘内各设备的编号（或回路标号）。注意：端子排两侧的标记在安装接线中是标在连接导线所套的胶木头或塑料套管上的。端子排的起始、终端端子上，需标注端子排所属的回路名称、文字符号及安装单位。同盘内有多个安装单位时，端子排按各安装单位划分成段，并以终端端子分隔。同类安装单位的端子排的结构、接线顺序相同。

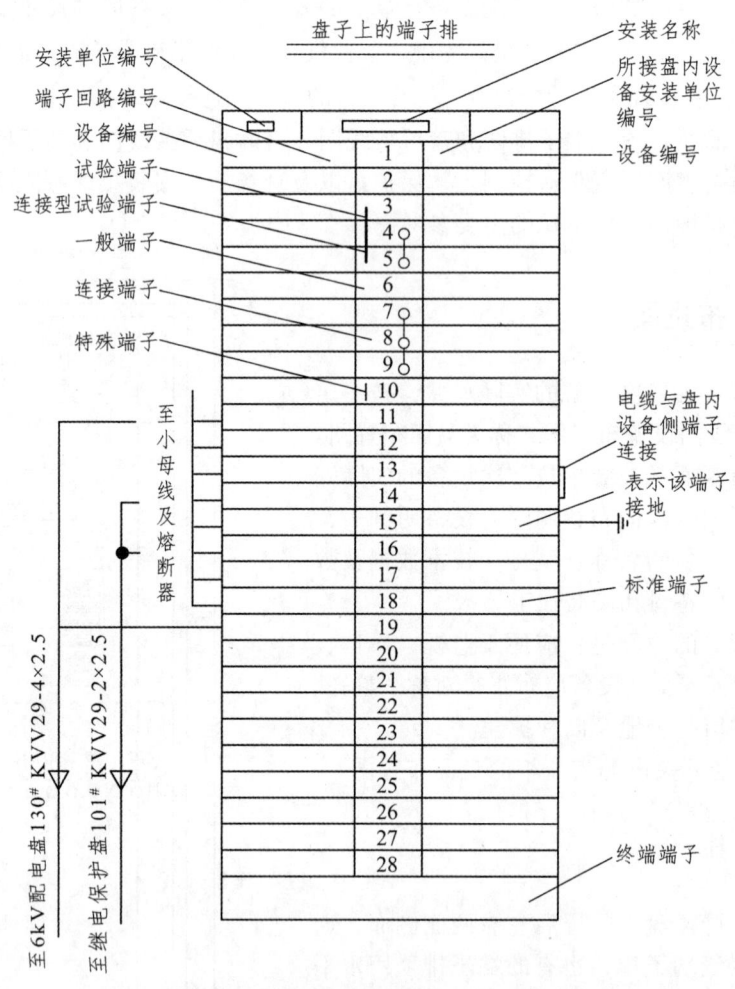

图 7.4　三列式端子排表示方法示意图

一般端子用于连接盘内外导线（电缆）。试验端子用于需要接入试验仪表的电流回路中，可以在不切断二次回路的情况下检校测量表计和继电器，一般交流回路应设置试验端子。连接型试验端子同时具有试验端子和连接端子的作用，用于端子上需要彼此连接的电流试验回路中。连接端子用于同一导线编号的多根分支线连接。此端子的绝缘隔板在正中螺钉处开置一缺口，以便通过连接片将相邻的端子连接起来。终端端子用于固定或分隔不同安装单位的端子排，终端端子不接线，上面标注有文字符号，表明端子排的归属。标准端子直接连接盘内外导线；特殊端子用于需要很方便断开的回路中，如闪光母线、预告音响小母线等回路。隔板在不需要标记的情况下作绝缘隔板，用于增加绝缘强度。

1. 端子排的设计及接线原则

端子排的设计应满足运行、检修、调试的要求，并适当与盘内设备的位置对应，一般布置在盘后的两侧。

① 端子排的设置应与盘内设备相对应，如当设备位于盘的上部时，其端子排也最好排于上部；靠近盘左侧的设备接左侧端子排，右侧设备接右侧端子排。盘外引出线接端子排外侧，盘内引出线接端子排内侧，以便节省导线、查找和维修。

② 同一盘内不同安装单位设备间的连接、盘内设备与盘外设备间的连接以及为节省控制电缆需要经本盘转接的回路（也称过渡回路），需经过端子排。其中交流电流回路应经过试验端子，事故音响信号回路、预告信号回路及其他在运行中需要很方便地断开的回路（例如至闪光小母线的回路）需经过特殊端子或试验端子。

③ 同一盘上相邻设备之间的连接不经过端子排，而两设备相距较远或接线不方便时，需经过端子排。

④ 盘内设备与盘顶设备间的连接需经过端子排。

⑤ 各安装单位主要保护的正电源一般均由端子排引接，保护的负电源应在盘内设备之间接成环形，环的两端应分别接至端子排。

⑥ 端子排的上、下两端应装终端端子，且在每一安装单位端子排的最后预留 2~5 个端子作为备用。当端子排长度许可时，各组端子之间也可适当地留 1~2 个备用端子。正、负电源之间，经常带电的正电源与合闸或跳闸回路之间的端子应不相邻或者以一个空端子隔开，以免在端子排上造成短路使断路器误动作。

⑦ 一个端子的每一端一般只接一根导线，在特殊情况下最多接两根。连接导线截面一般不超过 6 mm。

2. 端子排的排列方法

每一安装单位都应有独立的端子排。不同安装单位的端子应分别排列，不得混杂在一起，每排端子一般不宜超过 20 只，最多时不应超过 145 只。为接线方便，规定端子排垂直布置时，从上到下，水平布置时从左到右按下列回路分组顺序排列。

① 交流电流回路（不包括自动调整励磁装置的电流回路）：按每组电流互感器分组。同一保护方式（例如差动保护）下的电流回路一般排在一起，其中又按回路标号数字大小的顺序由上而下排列，数字小的在上面，然后再按相别 U、V、W、N 排列。

② 交流电压回路（不包括自动调整励磁装置的电压回路）：按每组电压互感器分组。同一保护方式下的电压回路一般排在一起，其中又按回路标号数字大小的顺序及相别 U、V、W、N 自上而下排列。

③ 控制回路：同一安装单位内按熔断器配置原则分组。按回路标号数字范围排列，其中每段里先排正极性回路（单号），顺序为由小到大；再排负极性回路（双号），顺序为由大到小。

④ 信号回路：按预告信号、位置信号及事故信号分组，每组按数字大小排列，先排正电源，后排负电源。

⑤ 转接回路：先排本安装单位的转接端子，再排其他安装单位的转接端子，最后排小母线兜接用的转接端子。

⑥ 其他回路：其中又按远动装置、励磁保护、自动调整励磁装置的电流和电压回路、远方调整及联锁回路等分组。每一回路又按极性、编号和相序顺序排列。

三、盘后接线图

盘后接线图是以展开图、盘面布置图和端子排图为原始资料而绘制的实际接线图。它是背视图，即是从盘的背后看到的设备图形。盘后接线图标明了盘上各个设备引出端子之间的连接情况，以及设备与端子排之间的连接情况，是制造厂生产盘过程中配线的依据，也是施工和运行的重要参考图纸。它由制造厂的设计部门绘制并随产品一起提供给用户。

1. 盘后接线图的布置

图 7.5 是常见的盘后接线图的布置形式，对于安装在盘正面的设备，在盘后看不见的设备，轮廓用虚线表示；对于在盘后看得见的设备，轮廓用实线表示。由于盘后接线图为背视图，看图者相当于站在盘后，所以左右方向正好与盘面布置图相反。安装于盘后上部的设备，如熔断器、小刀闸、电铃、蜂鸣器等在盘后接线图中也画在上部，但对这些设备来说，相当于板前接线，应画成正视图。盘后的左、右端子排画在盘的左右两边，端子排上面画小母线。

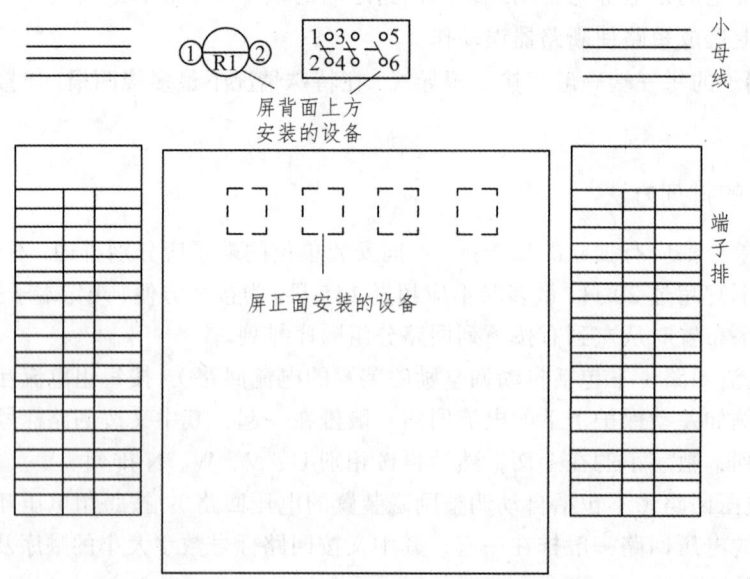

图 7.5 常见的盘后接线图的布置形式

画盘后接线图时，应先根据盘面布置图，按在盘上的实际安装位置把各设备的背视图画出来，设备形状应尽量与实际情况相符。因盘上设备的相对位置尺寸已在盘面布置图上确定，所以盘后接线图不要求按比例尺绘制，但要保证设备间相对位置的准确。盘后接线图设备图形内有设备内部接线和接线柱的实际安装位置和顺序编号。成套装置和仪表可以只画出外部接线端子的实际排列顺序。

2. 设备图形的标示

盘后接线图中在各个设备图形的上方应加以标号，如图7.6所示，标号的内容有：

① 与盘面布置图相一致的安装单位编号及设备顺序号，如I_1、I_2、I_3等，其中罗马数字Ⅰ表示安装单位代号，阿拉伯数字脚注1、2、3表示设备安装顺序。

② 与展开图相一致的该设备的文字符号和同类设备编号，如A表示电流表，A后面的1表示第一块电流表。

③ 与设备表相一致的设备型号。

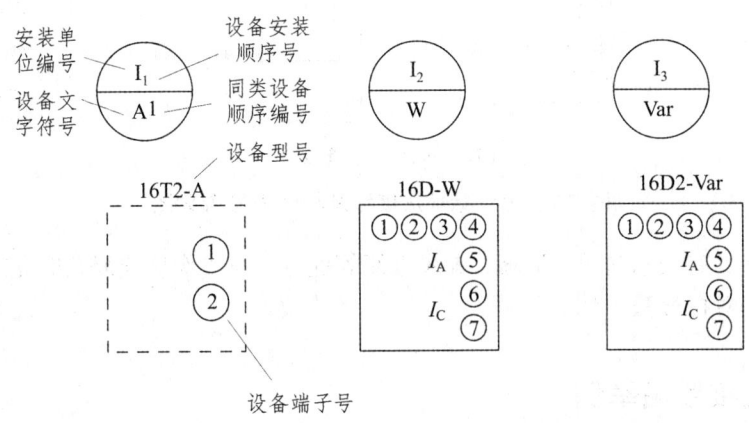

图7.6 盘后接线图中设备图形标志法

3. 接线端子的编号

将盘上安装的各设备图形画好之后，下一步是根据订货单位提供的端子排图绘制端子排。将其布置在盘上的一侧或两侧，给端子加以编号，并根据订货单位提供的小母线布置图，在端子排的上部标出盘顶的小母线，并标出每根小母线的名称。最后，根据展开图对盘上各设备之间的连接线及盘上设备至端子排间的连接线进行标号。

在变电所中，二次设备是十分复杂的，其接线数目很多，如果采用对每个连接线都从起点到终点用线条直接连起来的画法，不但制图很费时间，而且在配线时也很难分辨清楚，极易造成错误。所以普遍采用在各设备的端子旁及端子排旁进行标号的方法，用符号注明该端子应该连接到哪里去。盘后接线图及端子排图都是以二次展开图为依据，利用"相对标号法"对应标号画出。

相对标号法就是在每个接线端子处标明它所连接对象的编号，以表明二者间相互连接关系的一种方法。如甲、乙两端子需连接时，就在甲端子处标明乙端子的标号，在乙端子处标明甲端子的标号。由于是相互标注连接对方的标号，故称为相对标号法。这样，在接线和维修时就可以根据图纸，对盘上每个设备的任一端子，都能找到与它连接的对象。如果在某个端子旁边没有标号，那就说明该端子是空着的，没有连接对象；如果有两个标号，那就说明该端子有两个连接对象,配线时应用两根导线接到两处去。按规定,每个端子上最多只能接两根导线。图 7.7 为相对标号法及标记符号含义。

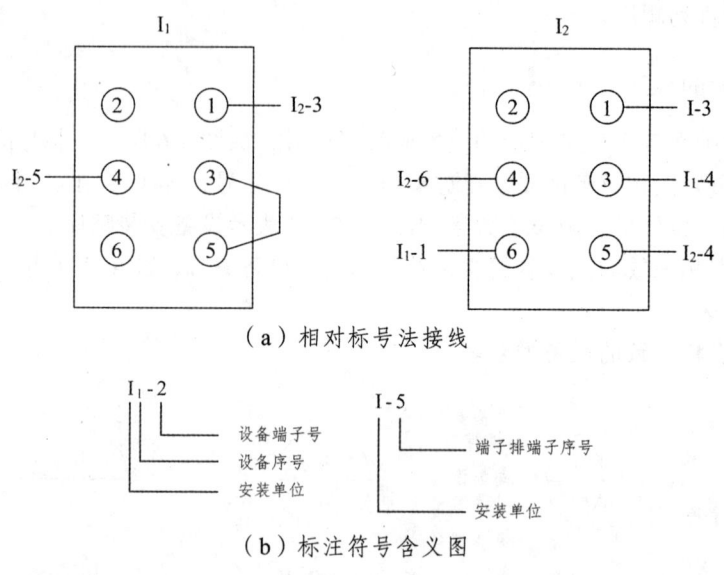

(a) 相对标号法接线

(b) 标注符号含义图

图 7.7 相对标号法接线及标注符号含义图

相对标号法具有表示简单、清晰、查线方便等优点,当二次接线复杂时尤为突出。因此,目前广泛采用相对标号法。

四、安装接线图举例

安装接线图是最具体的施工图。城市轨道交通供电系统的变电所中,采用了微机型成套测控保护单元,常见的二次接线图纸为展开接线图和端子排图,是变电维修人员进行日常维护和故障查找与排除的重要的图纸依据。

根据某输电线路过电流保护展开图(见图 7.2)绘制馈线保护盘盘后接线图,如图 7.8 所示。

本安装单位内设有三个继电器(KA、KT、KS),分别安装在盘面上,在盘后接线图中布置在中间相对应的位置。设备序号分别编为 I_1、I_2、I_3。左侧为端子排,经电缆与盘外的电流互感器、断路器及馈线控制盘端子排相连,采用等电位标号法表示。左上侧为小母线,上部中间为盘顶设备(如电阻)。盘内设备与端子排间、盘内设备与设备间的连接关系采用相对标号法表示。

图 7.2 的交流电流回路中,电流互感器 TA 二次侧端子 TA—K_1 和 TA—K_2 经试验端子与电流继电器线圈 KA 相连。即电流继电器 KA 的端子 ② 通过端子排的端子 1 与 U411 相连,KA 的端子 ⑧ 通过端子排的端子 2 与 U412 相连。图 7.8 中用相对标号法表示,在端子排的端子 1 内侧标 I_1—2,电流继电器端子 ② 处标记 I—1,这表明了二者的相互连接关系。同理,在端子排的端子 2 内侧标 I_1—8,电流继电器端子 ② 处标记 I_1—2,这也表明了二者的相互连接关系。而在端子排的外侧,端子 1 和端子 2 都连接到电流互感器上,其连接导线(电缆)的标号分别为 U411、U412。

控制回路和信号回路的直流正、负电源由馈线控制盘引来，经端子排分别与相应的设备连接。例如控制回路正电源 101 由端子排的端子 4 与电流继电器的端子 ① 相连，并经端子 ① 转接至时间继电器的端子 ③，满足了二次回路中正电源与设备的相互连接关系。其他接线的连接原理同上，如图 7.8 所示。

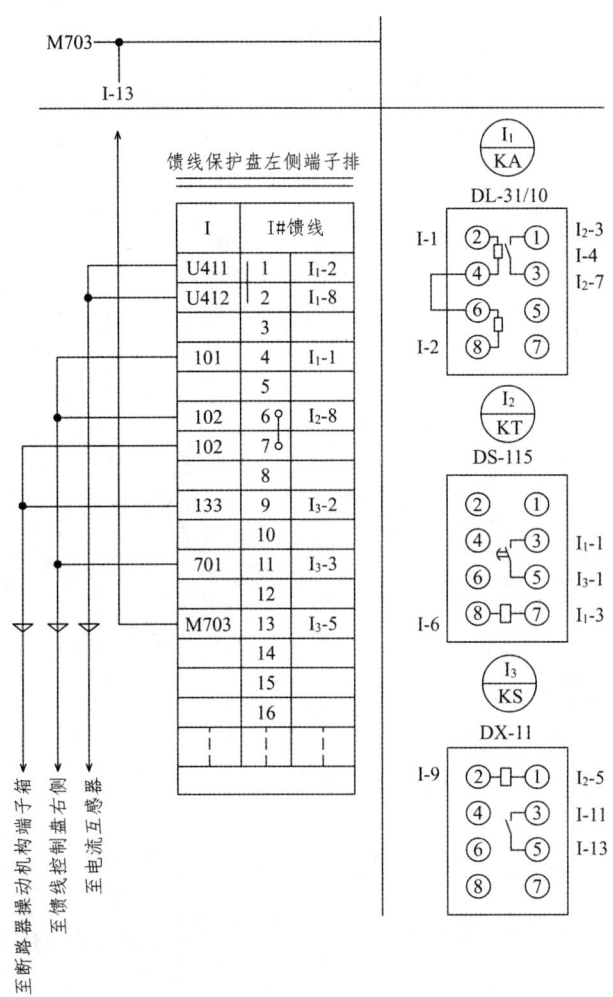

图 7.8　某输电线路过电流保护接线图

同设备端子相连的电流继电器端子 ④ 和 ⑥ 因回路简单，且两端子相邻，故采用线段直接连接的方法，这能清晰地表明连接关系。

 复习思考 >>>

1. 解释：二次接线　正常状态　常开接点　常闭接点　等电位标号法　相对编号法
2. 继电器的接点共有哪些类别？请分别绘制其图形符号。
3. 二次接线图有哪些类型？各自的特点是什么？

4. 展开式原理图有哪些特点？请归纳总结其读图方法。
5. 简述二次接线图中直流回路和交流回路导线标号的基本原则及其编号分组规则。
6. 二次接线中，端子有哪些类型？如何正确识读端子排图？
7. 举例说明相对标号法的应用。
8. 请正确撰写图7.2的读图笔记，分析其工作原理。
9. 请正确撰写图7.8的读图笔记，分析其接线情况。

第八章　城轨变电所自用电系统巡视与维护

课件：自用电系统　　第八章彩版插图

问题导入 >>>

变电所设备及附属设备的正常运行需要低压电源，这些设备的用电称为变电所自用电。变电所自用电的可靠性直接影响变电所能否可靠运行。变电所自用电设备分为交流用电设备和直流用电设备，供电电压等级为 220 V 及以下。变电所照明、通风设备、开关设备电加热、开关设备内部照明、变电所的应急照明等需要交流电源；变电所内开关设备操作机构、继电保护设备、变电所自动化设备等一般需要直流电源。变电所自用电系统由交直流电源屏等设备构成。交流电源屏提供交流电源，直流电源屏提供直流电源。

学习目标 >>>

1. 熟悉变电所自用电系统的配置及结构。
2. 理解掌握操作电源以及蓄电池的工作原理。
3. 理解掌握交直流自用电系统的构成、绝缘监视系统的工作原理。
4. 理解掌握城轨交通供电系统中应急照明电源的配置和工作原理。
5. 学会交直流自用电系统、应急照明电源的巡视与维护。

内容讲解 >>>

第一节　自用电系统配置

在城市轨道交通供电系统中，变电所有主变电所、牵引变电所和降压变电所。变电所位置的不同使自用电内容和供电要求略有差别。变电所自用电的配置要满足各级负荷的供电要求，满足负荷所需电流制式、电压等级要求，满足负荷对电源切换时间的要求，满足负荷容量的要求，满足负荷所需供电时间的要求。主变电所和独立牵引变电所，所内没有配电变压器及其低压配电设备，自用电系统需要设置所用变压器，以得到低压交流电源；牵引降压混合变电所或降压变电所的所用低压交流电源可由所内低压配电设备提供。低压电源均引至交流电源屏。

轨道交通动力照明低压用电负荷，根据其用途和重要性的不同一般分为三级负荷。

（1）一级负荷

一级负荷包括：变电所操作电源、应急照明、地下站厅站台照明、通信系统设备、信号系统设备、自动售检票系统设备、火灾自动报警系统设备、电力监控系统设备、环境与设备监控系统设备、人防系统设备、防火卷帘门、屏蔽门、消防泵及其阀门、废水泵、雨水泵、消防风机及其电动阀门、用于疏散的自动扶梯、消防管道电伴热、挡烟垂帘等。其中变电所用电、应急照明、火灾自动报警系统设备、通信系统设备、信号系统设备为特别重要一级负荷。对于一级负荷，正常运行时，自变电所两段 0.4 kV 母线各引一路电源至设备（组）附近，两路电源在线路末端自动切换，相邻的一级负荷可共用切换箱。

（2）二级负荷

二级负荷包括：设备管理用房照明、不用于疏散的自动扶梯、电梯、污水泵、普通风机及相关阀门、安检设备等。对于二级负荷，正常运行时，从变电所某段 0.4 kV 母线馈出单回电源至设备末端配电箱，当一台变压器退出运行时，降压变电所的 0.4 kV 母联开关合闸，故障变压器供电的二级负荷由另一台变压器供电。

（3）三级负荷

三级负荷包括：区间维修电源、广告照明、冷水机组及其配套设备、电热设备、清洁设备、商业用电以及其他停电后不影响轨道交通正常运行的负荷等。对于三级负荷，正常时由一路引自三级负荷母线的电源供电，当一台变压器退出运行时，将三级负荷从电网中切除。

一、主变电所自用电配置

在地面或地下城轨主变电所这两种情况下的自用电设备内容有所不同，主要差异在于地下变电所设置有气体灭火系统。

主变电所电气设备主要有：高压交流开关设备、中压交流开关设备、有载调压主变压器、接地变压器等。自用电的服务对象为：主变电所操作电源、检修电源、照明系统、通风系统、主变电所综合自动化系统等。

1. 主变电所自用电设备

主变电所自用电设备包括：变电所的照明、变电所的通风设备、变电所的空调、变电所的检修设备、开关设备柜内的照明及电加热器、主变压器温控器、开关设备的操作与继电保护的电源、综合自动化设备、火灾报警设备以及气体灭火及排气设备（仅地下主变电所设置）。

2. 主变电所自用电设备负荷分级和供电制式

照明包括正常照明和应急照明（备用照明），采用交流供电，其中地面主变电所正常照明为二级负荷，地下主变电所正常照明为一级负荷。应急照明为一级负荷中特别重要的负荷。应急照明在正常照明失效时应能保证主变电所正常运行和设备检修所需要的照度要求。

通风设备为二级负荷，采用交流供电，正常的通风条件可保证主变电所电气设备正常运行对温度、湿度环境的要求。

空调为二级负荷，采用交流供电。空调一般设于值班控制室和蓄电池室，用于保障运行人员的工作环境条件，保持蓄电池室适宜的环境温度，维持蓄电池的正常使用寿命。

检修设备为二级负荷，采用交流供电，当电气设备出现故障时，为维护、检修提供电源，及时解决电气设备的故障，保证电气设备运行的冗余度。

开关柜内部照明及电加热器为二级负荷，采用交流供电，为设备维护检查、查找故障隐患提供视觉条件，电加热器用于开关设备除湿，保障设备正常运行。

温控器为一级负荷，属于继电保护的基础设备，采用交流供电，为变压器的温度保护提供报警和跳闸信号。

开关设备的操作和继电保护的电源，属于一级负荷中特别重要的负荷，采用直流供电。具体设备有高压和中压开关设备的电动操作机构、微机综合保护装置、各种信号指示等。

综合自动化设备为一级负荷，采用交流供电，为远方电力调度中心的控制、监视以及故障的判断处理提供条件。

火灾报警设备为一级负荷中特别重要的负荷，属于消防设备，正常情况下采用交流供电，报警主机设有直流备用电源。发生火灾时及时报警和控制火情，为避免或减少生命与财产损失创造条件。

气体灭火及排气设备为一级负荷，属于消防设备，采用交流供电，用于电气设备发生火灾时的灭火和火灾后灭火气体的排出。

3. 主变电所自用电设备的供电

自用电设备均为低压供电，交流供电设备的负荷等级为一级负荷，因此需要两路低压电源。由于主变电所没有低压开关设备，自用电所需要的交流低压电源需要设置所用变压器。

因自用电中有一级用电负荷，这对电源可靠性的要求很高，因而主变电所设置两台所用变压器。两台所用变压器分接在中压配电系统的不同母线上，变压器中性点直接接地。所用变压器低压侧接至交流电源屏，作为两路交流进线电源。

根据主变电所自用电设备中存在消防负荷的情况，低压交流接线一般采用单母线分段设分段开关方式。每段母线为消防负荷提供一路电源，消防末级配电设备实施双电源切换。

自用电各设备的馈出回路独立设置，为三相四线制放射式配电。进线开关与各馈出开关具备馈出回路过负荷和短路情况下的全选择性。低压配电接地型式采用 TN-S。

为消防设备配电的馈出开关，过负荷保护动作时报警而不跳闸。

一级负荷中的特别重要负荷，增设蓄电池作为备用电源，如开关设备所需的直流操作电源和继电保护装置电源，由设置的直流电源屏提供。

交流电源屏为直流电源屏提供交流电源，直流电源屏采用高频开关电源模块将交流电源整流为所需直流电源，增设的蓄电池组正常情况下处于在线浮充状态，待交流电源全部失电时，蓄电池放电实现不间断供电。

交流电源全部失电，蓄电池容量应满足规定时间内全所直流设备运行的容量要求，且应满足在蓄电池放电末期最大冲击负荷容量的要求。按照《35～110 kV 变电所设计规范》（GB 50059—2011）的要求，蓄电池容量满足全所事故停电的时间为 1 小时。

主变电所自用电接线如图 8.1 所示。

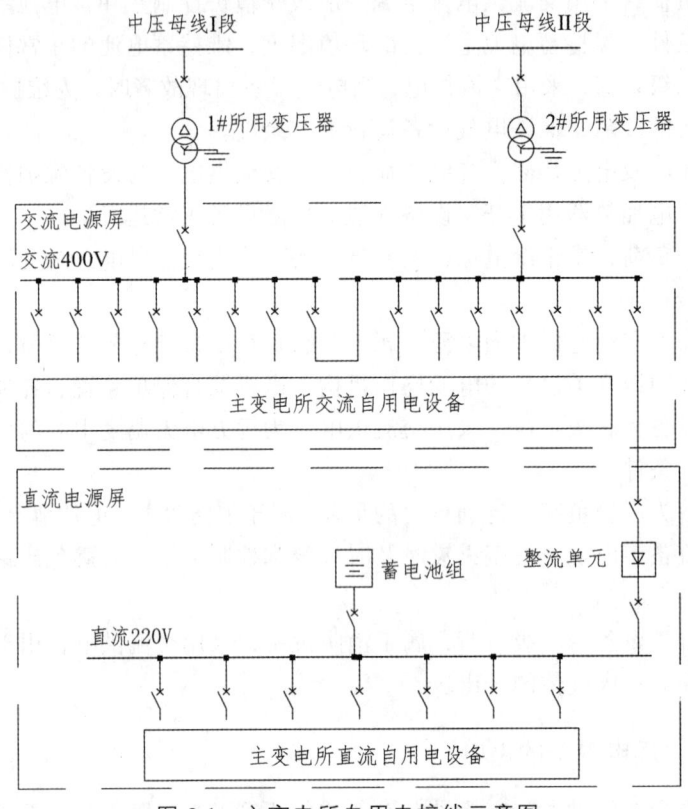

图 8.1 主变电所自用电接线示意图

二、牵引变电所自用电配置

牵引变电所可独立设置或与车站、车辆段、停车场降压变电所合建为牵引降压混合变电所，牵引变电所可设于地面或地下。地面牵引变电所可独立设置或采用箱式牵引变电所。不同的设置方式，其自用电的内容也不同。

牵引变电所主要电气设备有：中压交流开关设备、牵引变压器、整流器、直流开关设备。若合建为牵引降压混合变电所，电气设备还有配电变压器和低压开关设备。

自用电的服务对象为牵引变电所操作电源、检修电源、牵引变电所综合自动化系统等。

1. 牵引变电所自用电设备

牵引变电所自用电设备包括：变电所的照明设备、变电所的通风设备（仅独立牵引变电所设置）、变电所的空调（仅独立牵引变电所设置）、变电所的检修设备、开关设备柜内的照明及电加热器、牵引变压器温控器、整流器温控设备、配电变压器温控器（仅牵引降压混合变电所设置）、中压直流开关设备的操作与继电保护的电源、低压开关设备的操作（仅牵引降压混合变电所设置）、变电所综合自动化设备、气体灭火及排气设备（仅地下牵引变电所设置）。

2. 牵引变电所自用电设备负荷分级和供电制式

与主变电所相比较，牵引变电所或牵引降压混合变电所的自用电设备，没有火灾自动报警设备，其余的负荷种类是相同的，只是有些设备的名称不同，如：温控设备，在主变电所中名称为主变压器温控器，牵引变电所中为牵引变压器、整流器和配电变压器的温控设备。同类负荷的负荷等级和供电制式与主变电所的相同。

3. 牵引变电所自用电设备的供电

独立的牵引变电所当采用所用变压器提供交流所用电源时，所用变压器设置情况与主变电所相同。由于地面牵引变电所没有消防负荷，两个所用变压器分别引入电源，故低压接线一般采用单母线接线方式，引入端设置电源自动转换装置。独立牵引变电所自用电接线如图8.2所示。

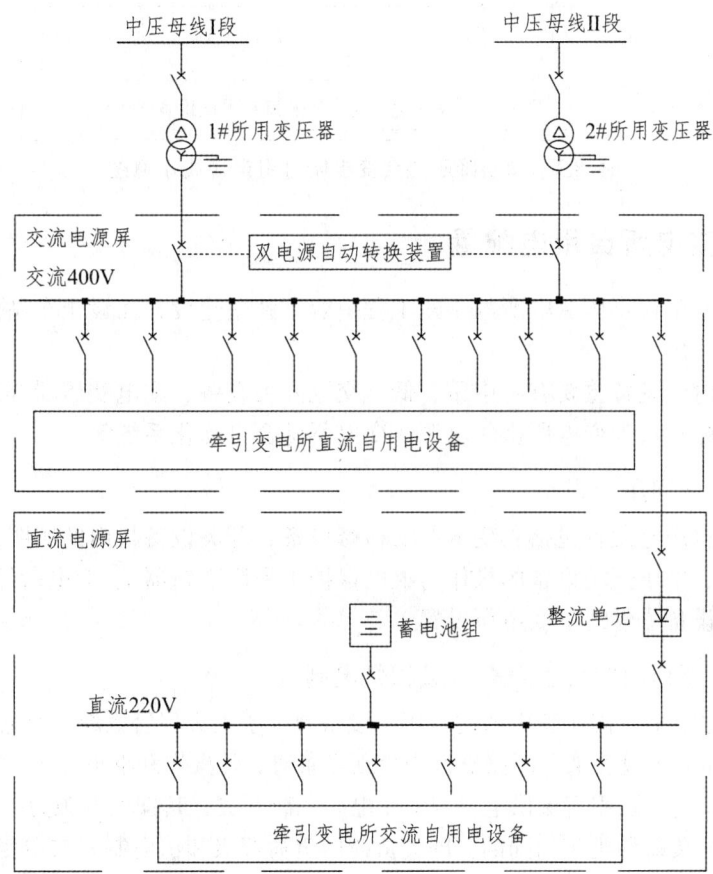

图 8.2 独立牵引变电所自用电接线示意图

牵引降压混合变电所自用电的交流电源引自所内低压开关设备的不同母线，一般采用单母线接线方式，引入端设置电源自动转换装置。牵引降压混合变电所自用电接线如图 8.3 所示，其余内容同主变电所。

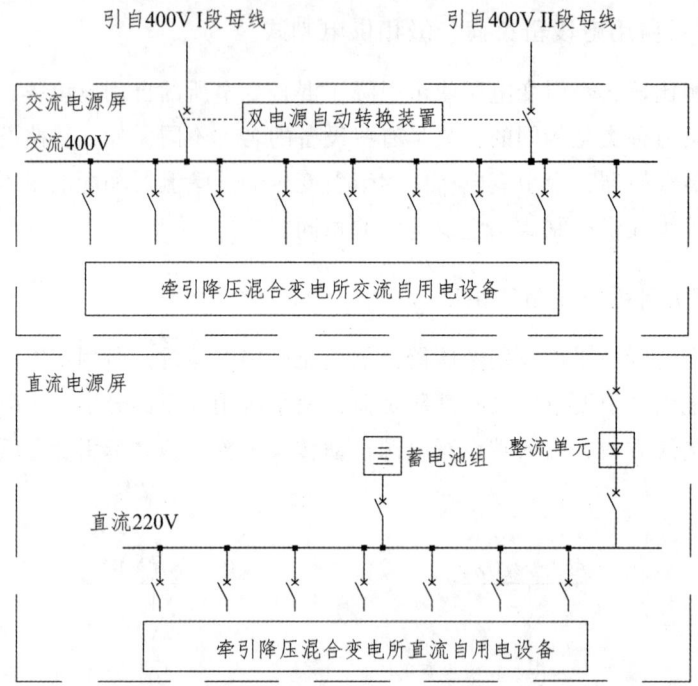

图 8.3 牵引降压混合变电所自用电接线示意图

三、降压变电所自用电配置

城市轨道交通工程降压变电所的土建工程一般不独立建设,而设于车站内和车辆段、停车场的某个建筑物内。

降压变电所电气设备主要有:中压、低压交流开关设备、配电变压器等。

自用电的服务对象为变电所操作电源、变电所综合自动化系统等。

1. 降压变电所自用电设备

降压变电所自用电设备包括:变电所的检修设备、开关设备柜内的照明及电加热器、配电变压器温控器、中压开关设备的操作与继电保护(采用断路器)、变电所综合自动化设备、气体灭火及排气设备(仅地下变电所设置)。

2. 降压变电所自用电设备负荷分级和供电制式

与主变电所相比较,降压变电所的自用电设备减少了火灾报警系统、变电所照明、通风和空调设备等。中压开关设备采用断路器作为分断设备时,其操作和继电保护的电源属于一级负荷中特别重要的负荷,采用直流供电。若采用电动隔离开关,其操作电源为一级负荷,可采用交流供电。其余的负荷种类是相同的。同类负荷的负荷等级和供电制式与主变电所的相同。

3. 降压变电所自用电设备的供电

交流电源屏的两路交流进线电源由低压开关设备不同母线提供,交流电源屏低压接线采用单母线接线形式,在电源进线处设置电源自动转换装置。

其余相关内容与主变电所相同。

降压变电所自用电接线如图 8.4 所示。

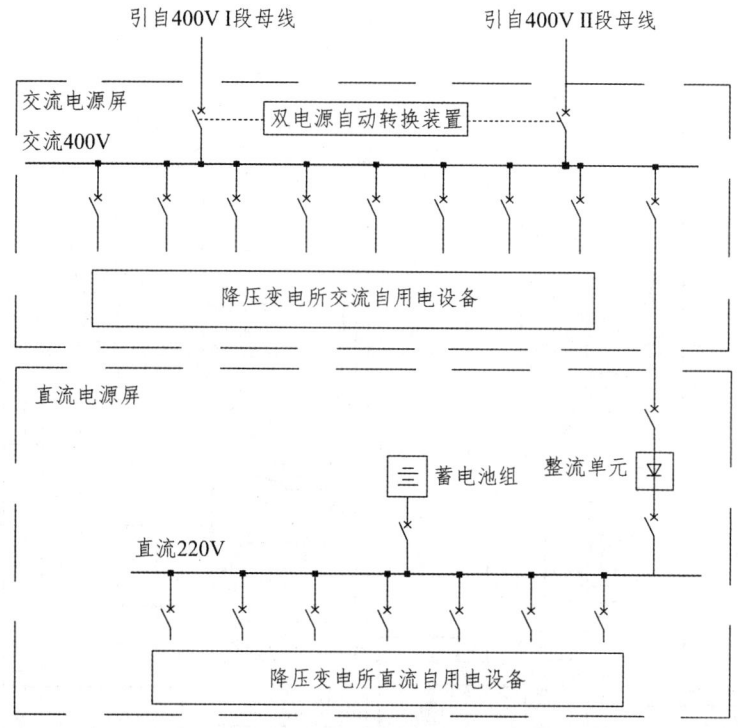

图 8.4　降压变电所自用电接线示意图

第二节　自用电交直流系统

为城市轨道交通变配电所的二次系统控制、保护、监视、操作供电,以及提供变配电所中电力照明、动力、消防负荷等电源的低压供电系统,称为自用电交直流系统。交直流系统设备包括交流系统设备和直流系统设备,以屏柜形式出现,包括交流屏、直流屏、蓄电池屏三类。交流系统设备由自动转换开关电器/备自投装置、控制装置、交流断路器、浪涌保护器、测量表计、配电屏等设备组成,直流系统设备由蓄电池、充电装置、监控装置、绝缘监测装置、蓄电池巡检装置、直流断路器、浪涌保护器、测量表计、配电屏等设备组成。

一、自用电交流屏

由降压部分 0.4 kV 两段母线分别引入相互独立的两回电源,作为交流自用电系统的进线电源,两回电源互为备用。交流自用电系统采用单母线分段接线型式,供全所交流自用电负荷。正常运行时,母联开关处于分位,两路进线分别供两段母线上的负荷用电。当任一路进线电源失电,进线断路器分闸后,母联自投合闸,由另一路进线供所有交流负荷,进线设来电自复功能。交流自用电系统的重要信号通过直流盘的监控管理单元与变电所监控网络接口,送往上位监控单元。

微课:自用电交流系统

每个变电所设置一面交流馈线开关屏。图 8.5 是某地铁降压变电所的自用电交流屏的一次接线原理图,图 8.6 是自用电交流屏的屏面布置图。

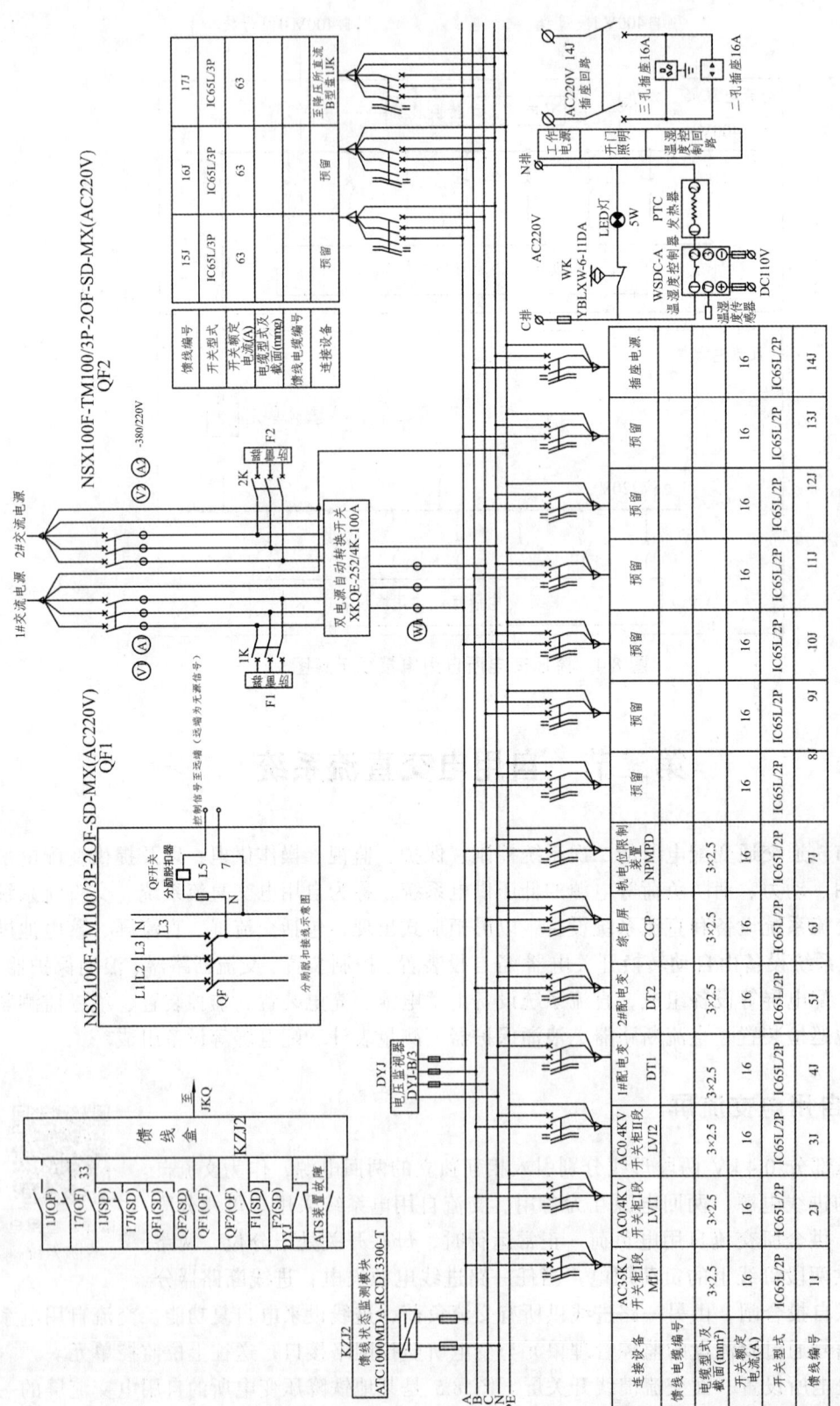

图 8.5 降压所自用电交流屏一次接线图

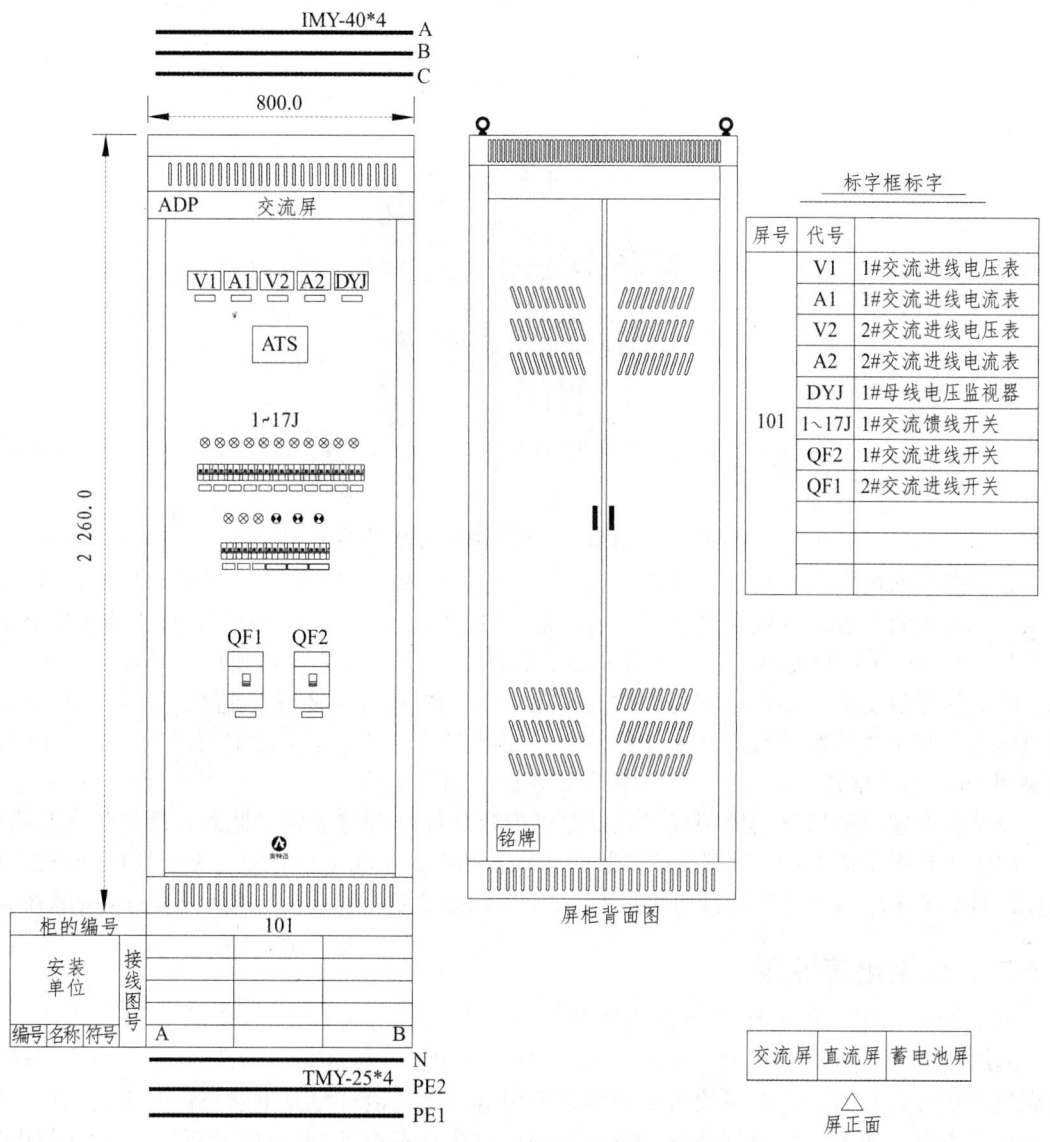

图 8.6　降压所自用电交流屏屏面布置图

如图 8.5 所示，1#交流电源和 2#交流电源分别来自变电所 AC 0.4 kV 的Ⅰ、Ⅱ段母线，分别通过三相交流断路器 QF1、QF2 将电能接入双电源自动投切装置（ATS）。两路电源进线同时配置了液晶显示交流电压表、电流表测量及监视进线电压、电流，也分别配置了防雷器进行过电压防护。

双电源自动投切装置示意图如图 8.7 所示。它具有手动和自动投切功能。手动选择任一回电源为主投电源，当一回电源故障时，另一回电源自动投入（当主用电源恢复时，不再倒回到主用电源，不分主备用电源）。交流输出电压为 AC 220/380 V。相关信号可以通过接口传送至变电所综合自动化系统。

通过双电源自动投切装置后，一路电源接入 AC 0.4 kV 母线，采用了单母线不分段接线。电压监视器（DYJ）并联在 U、V、W、N 线路上，对交流母线电压实时测量监视。

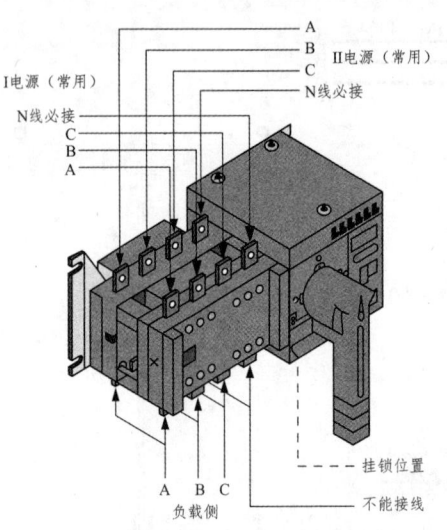

图 8.7 双电源自动投切装置示意图

鉴于降压所的交流自用电负荷相对较少，这里仅设置了 17 条馈线。牵引降压混合所交流自用电负荷相对较多，一般会设置 32 条馈线。如图 8.5 所示，1~8 号馈线分别为 AC 35 kV 开关柜、AC 0.4 kV 开关柜、1#配电变压器、2#配电变压器、综合自动化系统屏、钢轨电位限制装置等提供交流自用电；14 号馈线是插座电源；17 号馈线接至直流屏，作为直流系统的交流电源。其余为预留馈线。每条馈线均有交流断路器，但额定电流略有不同。1~14 号馈线采用 16 A 额定电流，而 15~17 号馈线采用 63A 额定电流。

交流屏设置了屏后开门照明装置以及温湿度自动控制调整装置。此外，馈线状态监测模块（KZJ2）负责采集 1~17 号馈线断路器、电源进线断路器 QF1 和 QF2、防雷器 F1 和 F2、电压监视器（DYJ）、双电源自动投切装置（ATS）的状态信号并发送至变电所综合自动化系统。

二、自用电直流屏

变电所内设置一套高频开关直流电源设备，由交流电源盘 0.4 kV 母线引入两路三相 AC 380 V 电源。直流自用电系统输出电压为 DC 110 V（或者 DC 220 V），充电模块采用热冗余配置。正常运行时，充电模块负责全所直流用电，蓄电池在浮充电状态。交流失电后，变电所内的蓄电池组容量应保证所内经常性负荷、冲击负荷、所内事故负荷停电 2 h 的放电容量及事故放电末期最大冲击负荷容量的要求。蓄电池选用阀控式铅酸免维护蓄电池，蓄电池浮充使用寿命不低于 10 年（环境温度为 25 ℃ 时），自放电率每月小于额定容量 3%，循环使用性能应满足相关标准要求。安装蓄电池的房间有空调等降温设备，以保证蓄电池的正常寿命。直流电源系统采用智能监控单元，支持网络连接，可以通过与变电所自动化系统联网完成综合监控系统对直流电源系统的自动监控功能。

为及时发现蓄电池故障或失效，采用蓄电池在线检测仪，可实现电池组电压、电流监测、单电池电压、内阻监测和容量估算、运行故障告警、实时数据存储和查询以及进行放电曲线分析等功能，实现对蓄电池的实时在线监测，提高系统可靠性。

按每个牵引降压混合变电所 150 A·h 估算，降压带跟随变电所暂按 120 A·h 估算，设置一面蓄电池屏、一面充电屏和一面馈线开关屏。

图 8.8 是某地铁降压变电所的自用电直流屏的一次接线原理图，图 8.9 是自用电直流屏的屏面布置图。

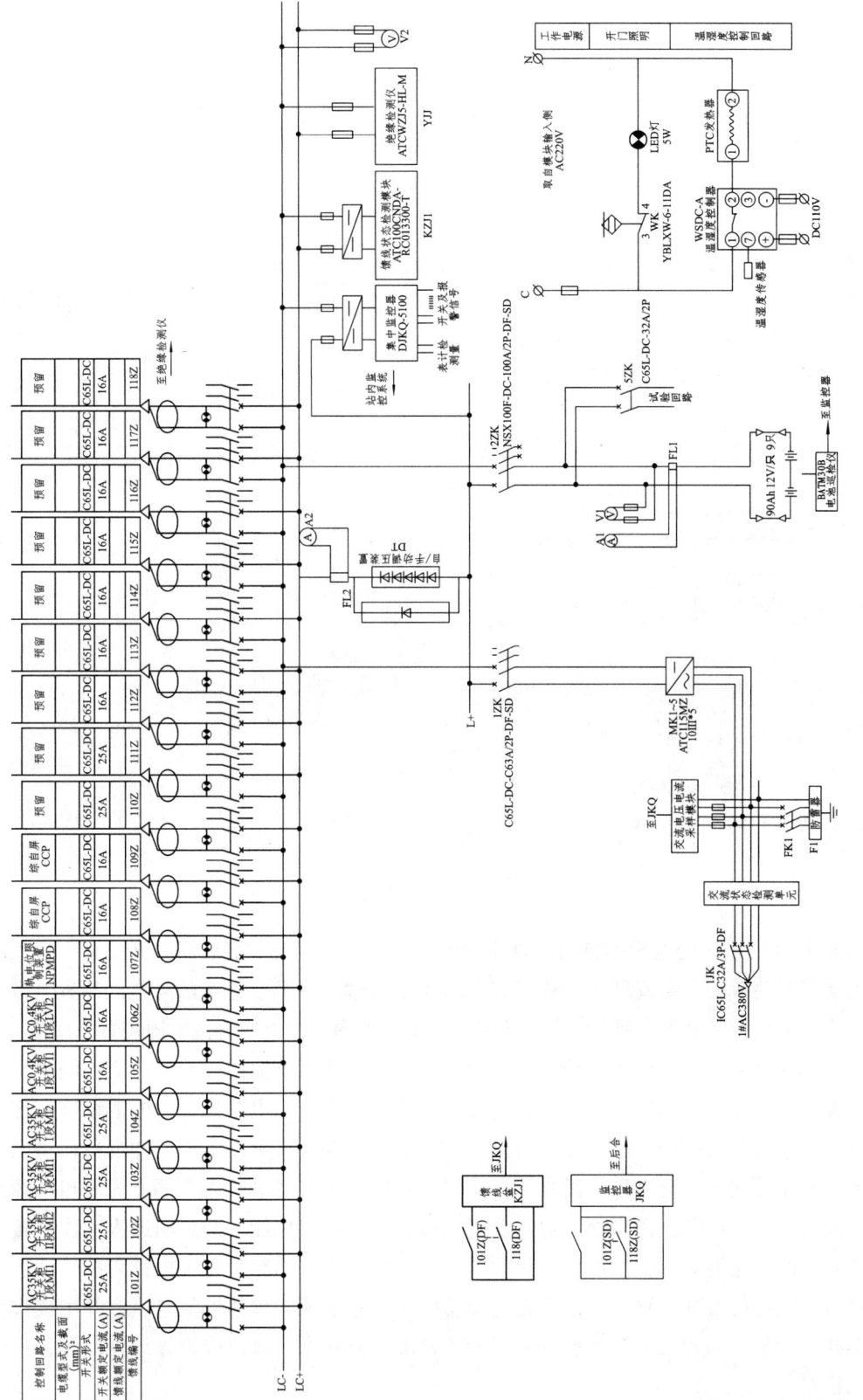

图 8.8 降压所自用电直流屏一次接线图

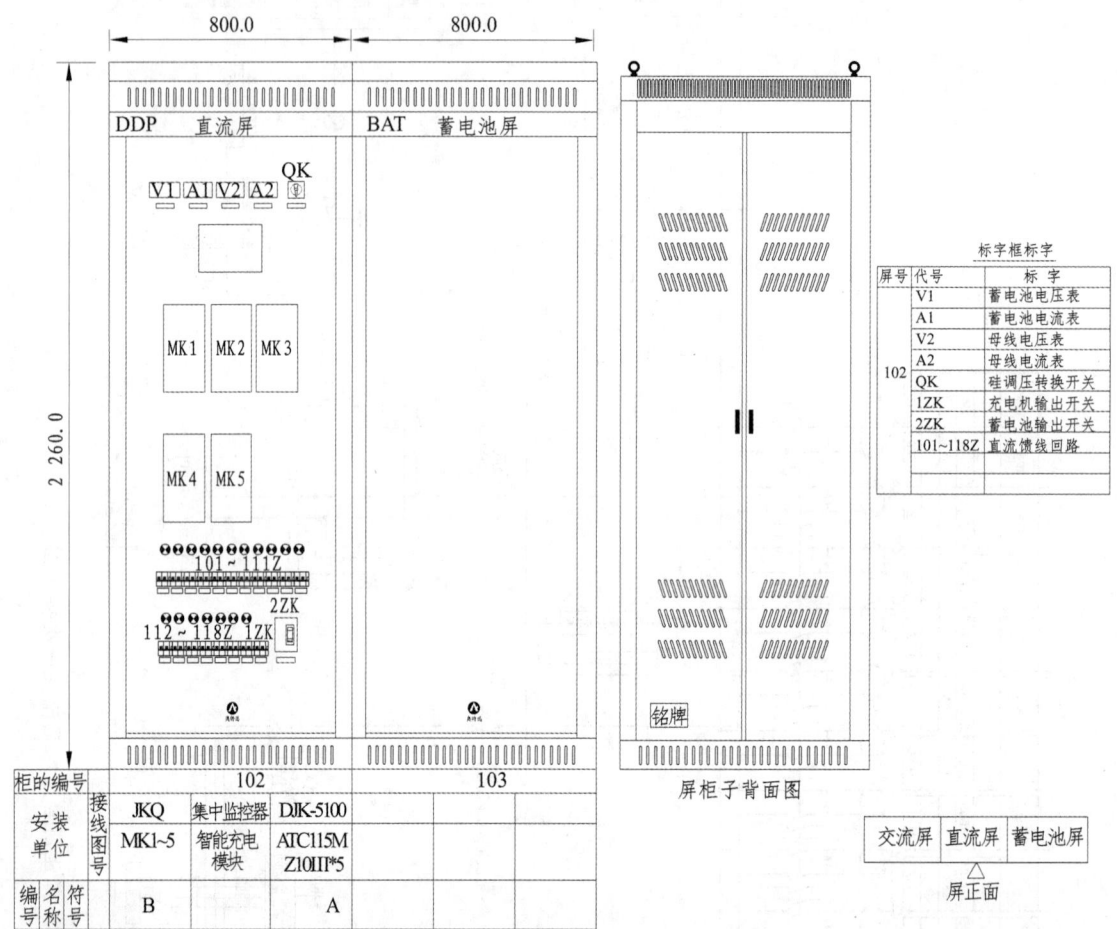

图 8.9　降压所自用电直流屏屏面布置图

如图 8.10 所示，变电所的自用电直流装置由交流配电单元、智能高频开关充电模块、蓄电池组及其监测单元、直流母线自动/手动调压装置、馈电单元、绝缘故障监测装置、智能监控单元等组成。所有设备分别安装在直流屏、蓄电池屏内。变电所直流电源装置采用 $N+1$ 充电模块、单蓄电池组、单母线接线方式，配硅降压单元及蓄电池巡检单元。交流侧由所内交流屏引入一个三相交流 AC 0.4 kV 输入电源。正常供电时，充电单元对蓄电池组进行充电或浮充电，同时为全所的经常性直流负荷提供 DC 110 V 电源，由蓄电池向冲击负荷供电。交流输入失电或异常时，充电模块停止工作，由蓄电池组向本变电所内全部负荷（包括经常性负荷、冲击负荷）供电。而当交流输入恢复正常时，充电模块能自动启动进入工作，若满足自动均充条件，充电装置在智能监控单元的控制下自动投入均充，并可按预制的特性进行。并能自动按设定的时间间隔自动记录充电的总电压、总电流、单体电池电压，并生成报告文件供下载、分析。均充结束时，能自动回到正常的浮充状态。直流屏设置放电回路，以便进行指标核对。

第二节 自用电交直流系统

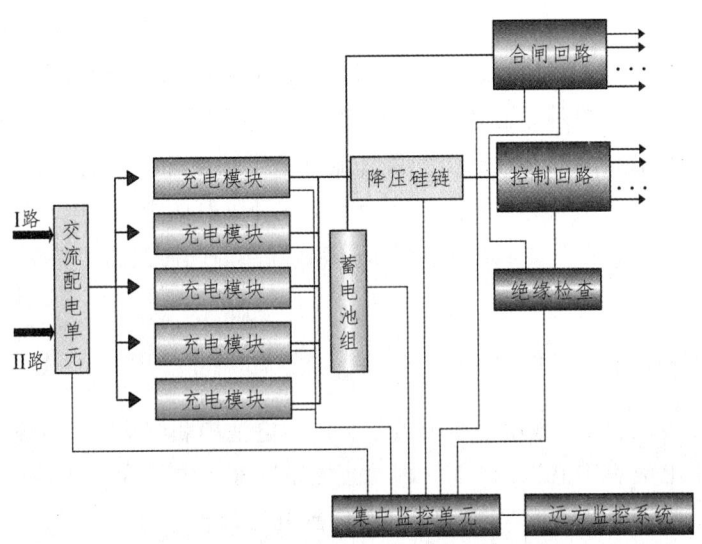

图 8.10 变电所自用电直流装置原理框图

1. 交流配电单元

交流输入设计两路 0.4 kV 50 Hz 的交流电源，系统采用备用电源自动切换装置，两路交流电源互为备用，自投自互。交流输入单元配有防雷电路和三相输入状态监视电路，当缺相或失电时，监视电路启动，自动投切备用电源的同时发出声光报警，并将故障信号通过监控器送往后台和远方遥信装置。

2. 智能高频开关充电模块

图 8.11 为智能充电模块原理框图。三相交流电输入后，先经 EMI 滤波，再经三相全桥整流变成高压直流电，经全桥移相逆变、整流为 140 kHz 左右的脉冲电压波，再经滤波后输出 110 V 的直流电。

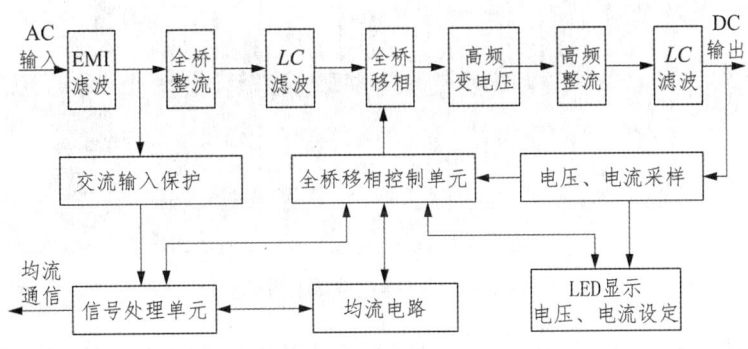

图 8.11 智能充电模块原理框图

其工作原理是：四个主功率开关管的驱动脉冲为占空比不变（$D = 50\%$）的固定频率脉冲。其中一个桥臂功率开关管的驱动脉冲的相位固定不变，另一个桥臂功率开关管的驱动脉冲的相位是可调的。通过调节该桥臂功率开关管的驱动脉冲的相位，即调节对角桥臂功率开关管在该周期内同时导通的时间,来调节直流输出电压。在对角桥臂功率开关管在该周期内同时导通时,全桥逆变部分对后一级输出功率。在该周期内的其余时间内,因为上桥臂(或下桥臂)功率开关管处于同时导通状态,同时谐振电感需要释放储能,并与谐振电容产生谐振,所以在全桥逆变电路内部存在环流。该环流创造了功率开关管的零电压开通条件,从而实现了功率开关管的零电压开通,极大地减少了功率开关管的电压、电流应力和损耗,同时,极大地减少了功率开关管在开关状态下产生的 EMI 噪声,进而提高了整机的可靠性、使用寿命和效率。

3. 蓄电池组及其检测单元

根据不同电压等级要求,蓄电池组由若干个单体电池串联组成,是系统重要的组成部分。变电所中常见的蓄电池单体电压为 2 V,因此直流系统额定电压为 110 V 时,55 只蓄电池构成一组;直流系统额定电压为 220 V 时,110 只蓄电池构成一组。正常运行时,充电单元对蓄电池进行浮充电,并定期均充。当交流失电情况下,系统电源由蓄电池组提供。

蓄电池的工作原理及运行见本章第三节。

蓄电池单元设置有电池巡检装置,该装置能在线监测蓄电池组的运行状态,包括单只(组)蓄电池电压,蓄电池组电压、电流、温度等参数,并及时将所有数据反馈到微机监控单元,由微机监控单元统一管理。

4. 直流母线自动/手动调压装置

因蓄电池组的均充、浮充电压(直流系统额定电压为 220 V 时,二者分别为:254 V 和 243 V)通常高于控制电压,为保证控制母电压为 220(1±10%)V,因此需采用电压调整装置进行调压。我们通常所使用的调压单元为硅链自动调压装置,如图 8.12 所示。

图 8.12 硅链自动调压装置

硅链自动调压装置工作原理如图 8.13 所示。在直流电源系统正常运行(当交流正常供电)时,调整硅降压模块加在逆止二极管 D_1 阳极上的电位低于控制高频开关电源模块输出的正极电位,逆止二极管 D_1 处于截止状态,硅降压装置不工作,控制电压由控制高频开关电源模块直接提供稳压精度为 ±0.5% 的 220 V 的控制电压。当控制模块故障或交流失电时,从原理图中可见,控制模块停止工作,控制母线的电压可通过蓄电池经降压单元来提供。

第二节 自用电交直流系统

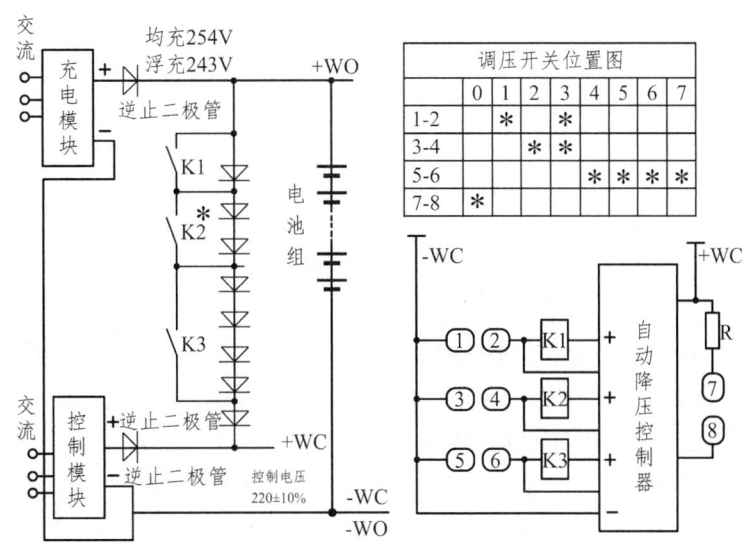

7级硅降压模块降压原理图

图8.13 硅链自动调压装置工作原理图

因蓄电池组的均、浮充电压通常高于控制电压，为保证控制母电压为220（1±10%）V，因此需采用电压调整装置进行调压。在正常运行时，调压开关应置于自动挡，自动降压控制器电源接通，调压单元自动工作。当自动降压控制器故障时，此时可用手动调压并观察控制电压表使控制电压达到要求值。

5. 馈电单元

如图8.8所示，该变电所直流母线侧采用了单母线不分段接线。鉴于降压所的直流自用电负荷相对较少，这里仅设置了18条馈线。牵引降压混合所直流自用电负荷相对较多，一般会设置31条馈线。101～109号馈线分别为开关柜、综合自动化系统屏、钢轨电位限制装置等提供直流自用电；其余为预留馈线。直流母线通过接在各条馈线的专用直流断路器向负荷供电的回路，负荷种类一般包括经常性负荷，事故负荷和冲击负荷等。由于直流灭弧比交流灭弧困难得多，因此在直流屏中所用的直流馈电断路器是直流专用断路器，每个断路器配有分合闸指示灯及故障报警节点。

直流屏设置了屏后开门照明装置以及温湿度自动控制调整装置。

6. 绝缘检测单元

① 绝缘检测单元的作用。

对控制母线电压和各支路对地绝缘电阻进行测量判断，超出正常范围时发出报警信号。能在线监测系统母线及各馈线支路绝缘状况，检测数据及结果送至监控单元统一管理，当系统母线或某一支路出现绝缘不良时发出告警信号，并能报出接地支路的编号及接地电阻。所有信息能通过监控单元发送至远方后台。

② 绝缘检测单元的工作原理。

该装置采用平衡桥和不平衡桥结合的原理，前置通道与微机系统全隔离，软件采用数字滤波技术，配合抗强电磁干扰的硬件电路系统，运行正常时，实时测量并显示正、负母线的对地电压值和对地的电阻值。当母线的等效电阻小于其设定值时，自动启动支路巡检功能，对每一支路进行巡检；当支路对地的绝缘电阻值小于支路电阻的设定值时，显示接地支路的总数、接地支路的编号以及该支路正、负对地的电阻值。

7. 智能监控单元

直流系统监控单元由高性能高速率的 PLC 和智能型人机界面彩色触摸屏组成。监控单元通过 RS485 或 RS232 接口实现与系统充电模块、数据采集单元、绝缘检测单元、电池巡检检测等单元的通信，运行人员可通过触摸屏进行运行参数查阅、整定和修改。远方调度中心通过"四遥"接口，在调度中心的显示屏上同样能进行监视，通过键盘操作同样能控制直流屏的运行方式。

监控单元的功能包括：

① 自诊断和显示功能：微机监控单元能诊断系统内部电路的故障及不正常运行状态，并能发出声光报警；实时显示各单元设备的各种信息，包括采集数据、设置数据、历史数据等，可方便随时查看整个系统的运行情况和曾发生过的故障信息。

② 设置功能：通过监控单元对系统参数进行设定和修改各种运行参数，并用密码方式允许或停止操作，以防工作人员误动，增加系统的可靠性。

③ 控制功能：监控单元通过对所采集数据的综合分析处理，做出判断，发出相应的控制命令，控制方式分"远程"和"本地"两种方式，用户可通过触摸屏或监控器上的操作键定控制方式。

④ 报警功能：监控单元具有系统故障、蓄电池熔丝熔断、模块故障、绝缘故障、母线电压异常（欠压或过压）、交流电源故障、电池故障、馈电开关跳闸、逆变器故障等报警功能，每项报警可通过 RS232、RS485 接遥信输出。

⑤ 电源模块的管理：能及时读取模块的输出电压、电流数据及工作、故障、浮充、均充工作状态；控制模块的输出电压和输出电流、可实现模块的统一控制和分组控制；可及时读取系统逆变模块输出电压、电流、频率等数据及工作、故障状态。

⑥ 通信功能：监控单元将采集的实时数据和告警信息通过调制解调器、通信网络或综合自动化系统送往调度中心，调度中心根据接收到的信息对直流屏进行遥测、遥信、遥控，运行人员可在调度中心监视现场的系统运行情况，实现无人值守。

⑦ 电池管理：监控单元具有对蓄电池组智能化和自动管理功能，实时完成蓄电池组的状态检测、单体电池检测，并根据检测结果进行均充、浮充转换、充电限流、充电电压的温度补偿和定时补充充电等。

⑧ 监视功能：监视三相交流输入电压值和是否缺相，监视直流母线的电压值是否正常，监视蓄电池熔断器是否熔断和充电电流是否正常等，监视蓄电池状态。

⑨ "四遥"功能：远方调度中心可通过"四遥"接口，能遥控、遥调、遥测及遥信控制和显示直流电源屏的运行方式和故障类别。

第三节 阀控式密封铅酸蓄电池

铅酸蓄电池在蓄电池家族中历史最为悠久。它于 1859 年由法国普兰特发明,至今已有一百六十多年历史。一百六十多年来,铅酸蓄电池的制造工艺、结构、生产、性能和应用都在不断发展,主要标志是 20 世纪 70 年代发展起来的阀控式密封铅酸蓄电池,简称 VRLA(Valve Regulated Lead Acid)蓄电池。铅酸蓄电池具有能量高、成本低、寿命长(可达 10 年)、容量更大(容量是普通铅酸蓄电池的两倍)、不漏液、不污染、可回收、免维护等优点。

一、铅酸蓄电池的工作原理

铅酸蓄电池的基本结构如图 8.14 所示。它由正负极板、隔板、电解液、安全阀、气塞、外壳等部分组成。充电后的正极板上的有效物质是二氧化铅(PbO_2),负极板上的有效物质是海绵状纯铅(Pb),电解液由蒸馏水和纯硫酸按一定比例配制而成。

铅酸蓄电池的工作原理如图 8.15 所示,与普通铅酸蓄电池的工作原理基本没有什么不同。其正常充放电的化学反应式为:

$$PbO_2 + 2H_2SO_4 + Pb \underset{充电}{\overset{放电}{\rightleftharpoons}} 2PbSO_4 + 2H_2O$$

在充电时,正极由硫酸铅($PbSO_4$)转化为二氧化铅(PbO_2)后将电能转化为化学能存在正极板中;负极由硫酸铅($PbSO_4$)转化为海绵状铅(Pb)后将电能转化为化学能存在正极板中。在放电时,正极由二氧化铅(PbO_2)转化为硫酸铅($PbSO_4$)后将化学能转化为电能向负载供电;负极由海绵状铅(Pb)转化为硫酸铅($PbSO_4$)后将化学能转化为电能向负载供电。

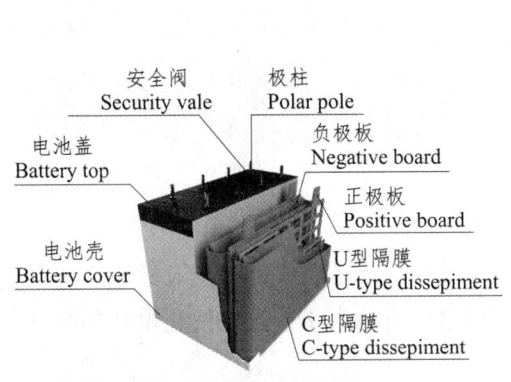

图 8.14 铅酸蓄电池基本结构

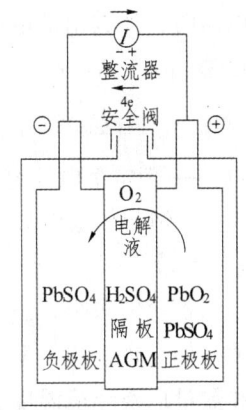

图 8.15 铅酸蓄电池工作原理示意图

普通铅酸蓄电池的难点就是充电时水的电解。当充电电压达到一定值时(一般在 2.30 V/单体以上),蓄电池正极上放出氧气,负极上放出氢气。一方面释放气体带出酸雾污染环境,另一方面电解液中水分减少,必须隔一段时间进行补加水维护。

铅酸蓄电池从结构上克服了以上缺点：其一，阀控式铅酸蓄电池的极栅主要采用铅钙合金，提高了其正负极析气（H_2和O_2）过电位，达到减少其充电过程中析气量的目的；同时，让负极有比正极多10%的容量，正极板在充电时氧气的析出先于负极板充电时氢气的析出。其二，极板之间采用超细玻璃纤维（或硅胶）取代普通隔板，吸储电解液，同时为正极上析出的氧气向负极扩散提供通道，其孔率由普通隔板的50%提高到90%以上，从而使氧气利于流通到负极。这样，氧气一旦扩散到负极上，立即为负极吸收，重新生成水，从而抑制了负极上氢气的产生，导致浮充电过程中产生的气体90%以上被消除（少量气体通过安全阀排放出去）。氧气为负极吸收所重新生成的水在蓄电池密封的情况下不能溢出，因而铅酸蓄电池可免除补加水维护，这也是铅酸蓄电池称为"免维护蓄电池"的由来。其三，采用密封式阀控滤酸结构，电解液不会泄漏，酸雾不能溢出；壳体上装有安全气阀，当铅酸蓄电池内部压力超过阈值时自动开启，达到安全、环保的目的。

二、铅酸蓄电池的主要技术指标

铅酸蓄电池的主要技术指标包括：铅酸蓄电池的额定容量、额定电压、终止电压等。常见单体铅酸蓄电池的额定电压为2V。具体参数可阅读有关产品说明书。

1. 蓄电池的电势

不同导电材料制成的正负极放入同一电解液中时，由于有效物质的电化次序不同，极板上将产生不同的电位，正负极板在外电路断开时的电位差就是蓄电池的电势。蓄电池电势的大小主要取决于极板上有效物质的性质，和极板的大小无关。

2. 额定容量

额定容量是指将充满电的蓄电池按规定的放电电流，在正常放电时间内连续放电到规定的终止电压时，所放出的电量。其单位是安培小时，以 A·h 表示。当放电电流恒定时，其额定容量为

$$Q_N = I_f t_f$$

式中　Q_N——额定蓄电池容量（A·h）；

I_f——恒定放电电流（A）；

t_f——持续放电时间（h）。

蓄电池容量的大小，主要取决于参加化学反应的活性物质的种类及数量，并且还与许多因素有关，如：极板的类型、面积和数量，放电电流的大小，放电终止电压的高低，电解液的密度和数量以及环境温度。

3. 额定电压

蓄电池在正常放电过程中正负极板间应保持的电压值为额定电压，按国际标准规定单体酸性蓄电池的额定电压为2V。

4. 终止电压

终止电压是为防止蓄电池出现过放电现象以致造成极板损伤所规定的放电最低电压值。蓄电池以不同的放电倍率放电时,终止电压略有不同。采用小电流放电时,终止电压定得高些;采用大电流放电时,终止电压定得低些。电池放电电压低于终止电压时,将影响蓄电池的寿命。

三、铅酸蓄电池的特性

1. 充电特性

蓄电池的充电过程,就是将电能转换为化学能的过程,也是电池正负极板的有效物质还原的过程。

所谓充电率,就是蓄电池在某种充电情况下所充入的电量和充电电流的比值。若以蓄电池的充入电量为额定容量,其充电率为

$$f_c = \frac{Q_N}{I_c}$$

式中 f_c——充电率(h);
Q_N——蓄电池额定容量(A·h);
I_c——充电电流(A)。

由上式可见,充电率的实质就是用电流充电至蓄电池额定容量时所需要的时间。当容量一定时,充电率越大,充电电流就越小,充电特性曲线变化越缓慢;反之,充电率越小,充电电流就越大,充电特性曲线变化越急剧。

铅酸蓄电池常见的充电方式包括浮充电和均充电。

(1) 浮充电

电源系统采用整流设备和铅酸蓄电池组并联冗余供电方式,铅酸蓄电池组作为备用电源。直流系统的开关电源提供的浮充电流对阀控式蓄电池而言有三个作用:提供日常性负载电流;补充蓄电池自放电的损失;维持蓄电池内氧循环。对于单体电池来说,温度每上升1 °C,其所要求的浮充电压下降约 4 mV。同时,当环境温度一定时,如果实际浮充电压比要求的电压高 100 mV,充电电流将增大数倍,导致铅酸蓄电池热失控和过充损坏;浮充电压比要求的电压低 100 mV,又将引起电池充电不足。因此,浮充电流与浮充电压直接影响蓄电池的工作性能与使用寿命。除了按照说明书要求准确选择浮充电压(如单体 2 V 的铅酸蓄电池浮充电压为 2.25 V)以外,直流系统还应采用浮充电流与浮充电压可实时调节的智能型充电方式。

(2) 均充电

所谓均充电,是把每个单体铅酸蓄电池单元并联起来,用统一的充电电压充电。均充电一般在两种情况下进行:在浮充过程中存在落后的蓄电池(单体电压低于额定值);蓄电池组浮充三个月后的充电。在均充过程中,均充电压一般高于浮充电压,如单体 2 V 的铅酸蓄电池均充电压为 2.35 V,均充电流一般选额定容量的 0.3 倍或 0.3 倍以下,均充时间为 6~8 h,

然后调回到浮充电压，若均充过程中充电电流 3 h 保持不变，应立即转入浮充电状态，否则将造成过充电。

均充电完毕后，应观察落后电池电压状况，若电压仍未到位，相隔两周后再均充电一次。

2. 放电特性

充满电的蓄电池放电至终止电压的快慢叫作蓄电池的放电率。放电率用放电时间的长短表示时称为小时率。一般采用 1、3、5、8、10、20 小时率。放电率用放电电流表示时称为时安率，放电率不同时，蓄电池的放电终止电压数值不同。

变电所中，铅酸蓄电池作为备用电源使用，要求在全所停电时能够立即转入放电状态，以保证电源不间断。其放电时需要注意的是铅酸蓄电池的放电速率和放电终止电压，尤其是不同环境温度下放电速率和放电终止电压的设定。

此外，蓄电池运行半年或一年后，为了检查铅酸蓄电池容量是否正常，应做一次核对性充放电循环。试验放电一般采用 10 小时速率放电，可以采取断开直流系统，由蓄电池单独供电的方式进行，放电深度一般控制在 30% ~ 50% 为宜，每小时监测一次单体铅酸蓄电池电压，通过计算得出铅酸蓄电池容量，对照如表 8.1 所示的电压值，判断铅酸蓄电池是否正常。若容量不满足要求，则反复循环充放电，直至蓄电池容量合格，核对性放电结束。

表 8.1　铅酸蓄电池放出容量的标准电压值（10 小时率）

放出容量/%	10	20	30	40	50	60	70	80	90	100
支持时间/h	10	20	30	40	50	60	70	80	90	100
单体铅酸蓄电池电压/V	2.05	2.04	2.03	2.01	1.99	1.97	1.95	1.93	1.88	1.80

铅酸蓄电池放出容量为电流乘以时间的值。在相应放出容量下，测出的单体铅酸蓄电池电压值应等于或大于相应电压值，则铅酸蓄电池容量正常；反之即为容量不足。

3. 自放电特性

蓄电池的自放电是电池在无外接负载而静止时的内部自行放电。其产生的主要原因是极板间隔材料有杂质、电解液不纯、充电完毕后部分活性物质不稳定等。如极板上含有杂质，将在极板上形成局部小电池，小电池两极短路，产生短路电流引起蓄电池自放电；电解液中若混进杂质，如铁、铜及其他金属杂质，也会使自放电量增大。

4. 影响阀控式蓄电池使用寿命的主要因素

在放电终止电压下蓄电池组能放出的最少电量是衡量蓄电池寿命的主要指标，而与蓄电池容量有关的因素较多，如设计不周密、制造不精良、安装不正确、维护不完善等均对蓄电池的使用寿命有一定的影响。下面主要从使用维护的角度分析影响阀控式蓄电池使用寿命的主要因素。

（1）温　度

铅酸蓄电池充电时其内部气体复合本身就是放热反应，会使电池温度升高，电池本身"贫液"、装配紧密，内部散热困难，如不及时排除热量，将造成热失控。

环境温度过高对蓄电池使用寿命的影响很大，温度升高时，蓄电池的极板腐蚀将加剧，同时将消耗更多的水，从而使电池寿命缩短。蓄电池在 25 ℃ 的环境下可获得较长的寿命，长期运行温度若升高 10 ℃，使用寿命约降低一半。

（2）过充电

长期过充电状态下，正极因析氧反应，水被消耗，H^+ 增加，从而导致正极附近酸度增加，板栅腐蚀加速，使板栅变薄，加速电池的腐蚀，造成电池容量降低；同时因水损耗加剧，使蓄电池有干涸的危险，从而影响蓄电池的寿命。

（3）过放电

蓄电池过度放电主要发生在交流电源停电后，蓄电池长时间为负载供电时。当蓄电池被过度放电到其电压过低甚至为零时，会导致电池内部有大量的硫酸铅被吸附到蓄电池的阴极表面，在电池的阴极造成"硫酸盐化"。因硫酸铅是一种绝缘体，它的形成必将对蓄电池的充、放电性能产生很大的负面影响，因此在阴极上形成的硫酸盐越多，蓄电池的内阻越大，电池的充、放电性能就越差，蓄电池的使用寿命就越短。

（4）长期浮充电

若蓄电池在长期浮充电状态下，只充电而不放电，势必会造成蓄电池的阳极极板钝化，使蓄电池内阻增大，容量大幅下降，从而造成蓄电池使用寿命下降。

综合分析表明，各种晶闸管整流型电源、变压器降压整流型电源对铅酸蓄电池以恒压或恒流方式进行充电，缺少温度补偿、充放电的智能监控，是无法满足铅酸蓄电池的严格技术要求的，势必直接影响其使用寿命。

四、铅酸蓄电池的运行管理

铅酸电池管理的基本思想是：以电池组剩余容量、电池充电电流为依据，控制电池由浮充转入均充。以充电电流，充电时间为依据，控制电池由均充转入浮充。如果系统配有温度传感器，其均/浮充电压可根据温度作适当补偿。保证负载电流基本不变，以电池电流和总负载电流作为主要参考依据（主要输入基准），通过调节模块输出电压及限流点，稳定负载电流，控制电池电流及电压，防止电池充电过流，从而延长电池使用寿命。

电池管理曲线图如图 8.16 所示，目前市场上的交直流系统监控模块都可以实施对电池的全自动管理。监控模块对电池的智能化管理主要体现在以下三种工作状态中。

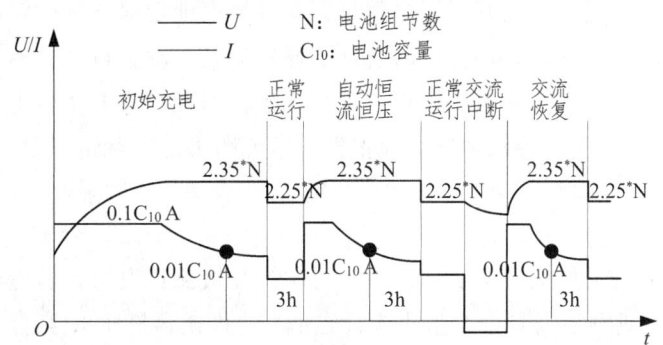

注意：电池单体均/浮充电压应根据电池实际要求决定，图中数据仅供参考。

图 8.16　电池管理曲线图

1. 正常充电状态

监控模块自动记录均充和浮充的开始时刻,在上电(或复位)初始,如果监控模块发现均充过程尚未结束,则会继续进行均充。如果上电(或复位)前是处于限流均充状态,则继续进行限流均充;如果是处于恒压均充状态,则继续进行恒压均充。在限流均充时,当充电电压达到恒压均充电压值的时候,会自动转入恒压均充。

在浮充情况下,若浮充电流大于设定值(转均充参考电流),或电池组剩余容量小于设定值(转均充容量比),则监控模块会自动控制模块进行均充。

对电池进行均充时,充电电流应该是监控模块设置的限流值,此阶段为电池恒流充电阶段,电池的电压是随着时间增加而增大的;当电池电压增大到一定值时,充电进入恒压阶段。在恒压阶段,充电电流不断减小,以充电电流减小到 $0.01C_{10}A$(稳流均充电流,也可根据情况调整)时为计时点,3小时(稳流均充时间,也可根据情况调整)后恒压充电阶段结束,充电电压降低,投入浮充状态。至此充电过程完成。充电控制曲线如图8.17所示。

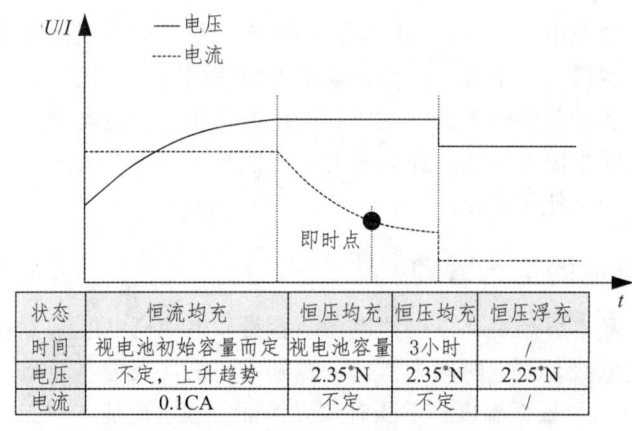

图 8.17 正常充电曲线图

2. 定时均充状态

用户可选择是否采用定时均充这种维护方式,还可对定时均充的时间间隔及每次均充的时间进行设定。一旦设定,电池管理程序就可自动计算电池定时均充的时间,以便确定在何时启动定时均充,何时停止定时均充,所有这些操作都是自动进行的,运行维护人员可在现场通过监控模块上的显示来明确这一过程,也可在远程监控中心的主机上查看这一过程。一般电池每隔30天均充一次,特殊情况必须根据电池说明书的实际情况设置。

3. 电池放电后均充状态

交流停电后,电池组放电,给设备供电。再次恢复交流供电时,若电池电流大于设定值(转均充参考电流),或电池组剩余容量小于设定值(转均充容量比),则监控模块会自动控制模块进行均充。在监控模块的软件设置中,电池放电后,转均充条件有两个:电池现有容量、电池电流。两个条件中的任意一个达到即进行转换。

五、铅酸蓄电池的技术维护

铅酸蓄电池俗称为"免维护电池","免维护"只是运行中不需补加水维护,这是制造商的广告用语,并不是真正意义上的免维护。

铅酸蓄电池近几年来在电力部门得到广泛应用,但由于相关工作人员不了解阀控式密封铅酸蓄电池的特性,往往几年就报废了,给企业造成极大的损失。在使用阀控式密封铅酸蓄电池时,需要注意下面几点:

1. 日常维护

① 阀控式密封铅酸蓄电池由于结构特殊,对周围环境和温度较为敏感,如果电池长期在高温条件下运行,其使用寿命将会大打折扣,所以机房温度应控制在至少 25 ℃ 以下。正确地维护使用,可以使电池的使用寿命长达 10~15 年。在使用中应注意观察电池的温度情况,随时注意观察浮充电压,若充电设备没有补偿温度的功能,就应按温度每上升 1 ℃,每单体电池浮充电压下降 3 mV 进行修正。

② 平时保持电源室和电池本身的卫生,清洁工作应用湿布进行,若用干燥的东西擦拭,容易产生静电,而静电电压有时会高达数千伏至上万伏,有引发爆炸的危险。

③ 铅酸蓄电池的日常维护中需经常检查的项目有:

a. 铅酸蓄电池两端电压。

b. 铅酸蓄电池的工作温度。

c. 铅酸蓄电池连接处有无松动、腐蚀现象,连接条的压降。

d. 铅酸蓄电池外观是否完好,有无外壳变形和渗漏。

e. 极柱、安全阀附近有无酸雾析出。

f. 安装好的铅酸蓄电池极柱应涂上中性凡士林,防止极柱被腐蚀,并应定期清洁,以防止铅酸蓄电池绝缘能力降低。

g. 平时每组铅酸蓄电池至少应选择几只电池做标示,作为了解全铅酸蓄电池组工作情况的参考,对标示铅酸蓄电池应定期测量并做好记录。

h. 当在铅酸蓄电池组中发现有电压反极性、压降大、压差大和酸雾渗漏现象的铅酸蓄电池时,应及时采用相应的方法恢复或修复,对不能恢复或修复的要更换;对寿命已过期的铅酸蓄电池组要及时更换。

2. 定期检查

① 月度检查和维护项目:保持铅酸蓄电池房的清洁卫生,测量和记录铅酸蓄电池房内环境温度;逐个检查铅酸蓄电池的清洁度、端子的损伤痕迹、外壳及壳盖的损坏或过热痕迹;检查壳盖、极柱、安全阀周围是否有渗液和酸雾析出;铅酸蓄电池外壳和极柱温度;单体和铅酸蓄电池组的浮充电压;铅酸蓄电池组的浮充电流。

② 每半年检查一次铅酸蓄电池组中各铅酸蓄电池的端电压和内阻,若单个铅酸蓄电池的端电压低于其最低临界电压或铅酸蓄电池内阻大于 80 mΩ 时,应及时更换或进行均衡充电。同时应检查铅酸蓄电池连线牢固程度,主要防止由于铅酸蓄电池充放电过程中的温度变化导致的连线处松动或接触电阻过大的问题。

③ 每年以实际负荷做一次核对性放电，放出额定容量的 30%~40%，并做均充；每三年做一次容量试验，放电深度为 $80\%Q_{10}$。若该组铅酸蓄电池实放容量低于额定容量的 80%，则认为该铅酸蓄电池组寿命终止。

3. "三防、一及时"

（1）防高温

在没有空调的环境里，要设置换气通道并安装防尘和防雨罩。安装在机柜内的铅酸蓄电池组在夏季可卸掉机柜侧面板，铅酸蓄电池单体之间避免紧密排列，以增加空气的流动。

（2）防过充电

铅酸蓄电池生产厂家通常在使用手册中给出浮充电压值，要按照说明要求来设定。阀控式密封铅酸蓄电池的单只电池电压正常为 2.23~2.25 V，多数厂家的推荐值为 2.25 V。浮充电压高低的选择是使用电池的关键所在，因为电池的自放电系数极小，所以不需要太高的电压。如果浮充电压过高，不仅会使浮充电流偏大，增加能耗，还会加速正极板栅腐蚀，使电池寿命缩短。但如果浮充电压过低，则会使电池因充电不足，处在亏电的状态而导致电池加速报废。用户可以结合自己的实际情况对浮充电压进行调整，使之工作在最佳状态。

（3）防过放电

过放电电压的设定：铅酸蓄电池组的放电时限为 10 h，为了避免铅酸蓄电池深度放电，设定欠压告警门限为单体蓄电池 1.9 V。

（4）及时充电

在铅酸蓄电池放电后必须尽快充电，在充电过程中充电电流 2~3 h 不变化可认为充电完毕，充入的电量应是放出容量的 1.2 倍左右（放出容量可由放电时间和放电电流进行估算），充电未结束以及充电过程中不要停止充电。禁止铅酸蓄电池组在深放电后长时间不充电（特殊情况下不超过 24 h），否则将会严重降低铅酸蓄电池的容量和寿命。

4. 其他注意事项

① 对于容量不同、新旧不同、厂家不同、规格不同的蓄电池，由于其特性值有差异，不能混合连接使用。

② 由于新电池在运输存放的过程中因自放电难免损失部分能量，所以安装后不宜立即投入运行，应当在使用前进行必要的充电以恢复电池的能量。

③ 对于长期闲置不使用的电池，每半年要对其进行一次充电，不能放任自放电，否则最终会因丧失能量而损坏。

④ 由于观察不到阀控式密封铅酸蓄电池内部的情况，因此在使用中应定期对其进行放电试验，以检测蓄电池容量，避免因其容量下降而起不到备用电源的作用。需要注意的是蓄电池在放电时不要过放电，放电后必须在 1 h 内补充电，否则将造成蓄电池的永久损坏。

⑤ 铅酸蓄电池常见故障和处理方法如表 8.2 所示。

表 8.2　铅酸蓄电池常见故障处理方法

故　障	原　因	处理方法
漏液	阀失控；电解液过量；铅酸蓄电池外壳变形；温度过高；铅酸蓄电池极柱密封不严	与供应商联系更换处理
酸雾严重	阀失控；过滤片质量不佳或堵塞；充电电流过大或过充；外壳破裂	与供应商联系处理
浮充电压不均匀	铅酸蓄电池内阻不均匀，极柱与连接条接触不良；新铅酸蓄电池运行 3~6 个月内有不均匀现象	均衡充电 12~24 h 后，拧紧
单体浮充电压偏低	铅酸蓄电池内部有微短路现象	均衡充电 12~24 h
容量不足	失水严重；内部干涸；内部有微短路现象；极柱与连接条接触不良；长期欠充；早期容量损失等	均衡充电 12~24 h 后，若容量依然不足时更换或补充电解液
铅酸蓄电池极柱或外壳温度过高	螺丝松动或浮充电压过高	检查螺丝，检查充电设备和充电方法
铅酸蓄电池浮充电压忽高忽低	螺丝松动	拧紧螺丝
铅酸蓄电池组接地	铅酸蓄电池上部有灰尘或铅酸蓄电池漏液残留物导电	清洁铅酸蓄电池组，铅酸蓄电池组地面加绝缘垫
铅酸蓄电池鼓胀	气体复合效率差；阀失控；室温高；充电电流大或过充；外壳材质耐温差	与供应商联系处理
极板腐蚀	电解液浓度大；电解液层化；电解液杂质多；过充电；极板太薄或铸造不良	与供应商联系处理

第四节　自用电应急电源系统

应急照明电源是为应急照明服务的设备，一般特指在正常电源断开后，为应急照明提供的备用电源。

应急照明是在正常照明因故熄灭的情况下，提供暂时继续工作、保障安全或人员疏散用的照明，包括疏散照明、备用照明等。疏散照明用于正常电源失电时，为乘客安全撤离出车站提供条件，另外当发生火灾时，保障乘客及管理人员安全撤离。变电所、通信和信号机房内的应急照明属于备用照明，用于在正常电源故障时，进行故障检修或灾害情况下维持机房设备继续运行。

应急照明是一级负荷中的特别重要负荷，除要求正常双路电源外，还需要有独立于正常电源的备用电源。备用电源根据不同负荷性质、负荷容量和电源切换时间的要求，可采用独立于正常电源的其他交流电源、蓄电池或发电机组等。

应急照明的正常电源引自车站低压配电系统，备用电源可引自相邻车站的低压配电系统或采用蓄电池供电。采用蓄电池供电时，蓄电池的安装形式可分为分散式安装和集中式安装。分散式安装即应急照明灯具自带蓄电池；集中式安装即将蓄电池集中设置，构成应急照明电源系统，为各应急照明回路提供电源。

变电所自用电系统中开关设备的控制、信号、保护等电源采用直流供电，负荷等级为一级负荷中的特别重要负荷，备用电源多采用蓄电池组。因直流操作电源和集中式应急照明电源的备用电源均可采用蓄电池组，从设备资源共享的角度出发，变电所自用电直流电源屏和集中式应急照明电源存在整合的条件，可将整流和蓄电池部分进行共享设置，馈出部分各自独立。若要实现交流供电应急照明回路需设置逆变器。

一、应急电源的种类

1. 独立于正常电源的发电机组

提供交流应急电源，包括应急燃气轮机发电机组和应急柴油发电机组。快速自启动的发电机组适用于允许中断供电时间为 30 s 以内的负荷。

对于城市轨道交通的车站来讲，发电机组一般建于地下，建设规模小，人员密集程度高，而发电机组的动力来源都是可燃性物质，对城轨工程尤其是地下消防安全不利。另一方面，即使是快速自启动的发电机，也需要 30 s 的时间，如果应用于应急照明电源，还需要和其他电源系统配合使用。所以，国内城轨工程尚没有采用发电机组用作应急电源的实例，也没有单独用作应急照明电源。

2. UPS（Uninterruptable Power Supply）

UPS 即不间断电源，防止意外断电数据丢失的一种备用电源设备，可以在交流电断开的情况下，保证短时间的工作。它适用于允许中断供电时间为毫秒级的负荷，以蓄电池和逆变器作为备用电源。

UPS 一般用于精密仪器负载（如电脑、服务器等负载）等要求供电质量较高的场合，如：逆变切换时间短、输出电压及频率稳定、输出波形的纯正、无各种干扰等。城轨工程控制调度相关系统和自动清分结算系统等采用计算机设备的重要系统，一般采用 UPS 不间断电源，而应急照明电源一般不采用 UPS 装置。

3. EPS（Emergency Power Supply）

EPS 即应急电源装置，提供交流应急电源，以蓄电池和逆变器作为备用电源，多用于允许中断供电时间为 0.25 s 以上的负荷。

EPS 装置多用于应急照明电源，也可用于消防用电设备，如应急照明灯、标志灯、消防电梯、消防水泵、防火卷帘、防火门、排烟风机等或其他供电质量相对要求不高的用电设备，强调能持续供电这一功能。但不可用于计算机、交换机、服务器等精密仪器负载，以免出现数据丢失的情况。

4. 带有自动投入装置而有效独立于正常电源的专用馈电回路

此回路适用于允许供电中断时间 1.5 s 或 0.2 s 以上的负荷，可用于应急照明电源，目前北京地铁某些既有线路使用的是这种方式。

5. 蓄电池

蓄电池适用于容量不大但特别重要的负荷,并要求采用直流电源,如变电所直流操作电源。由于蓄电池直接接在直流母线上,交流电源正常时为浮充状态,因此由交流电源经高频开关装置供电转为蓄电池直接供电,没有转换时间。也可采用正常由高频开关供电,在有冲击负荷时由蓄电池放电。在直流操作电源屏的输出回路增设逆变器,可用于提供应急照明电源。在应急照明灯具内也可直接设置蓄电池,作为备用电源。

按照现行国家标准《地下铁道照明标准》(GB/T 16275—96)的要求,城市轨道交通工程应急照明由正常电源切换到应急电源的允许时间为不大于 5 s。

二、典型应急照明电源装置

1. EPS 应急电源

(1) EPS 的工作原理

EPS 应急电源由充电器、逆变器、蓄电池、隔离变压器、切换开关、监控器、保护装置和机箱组成。相比于 UPS,EPS 均为离线式。由于采用不同形式的切换开关,EPS 的切换时间是不同的,切换开关可采用接触器、静态旁路开关等。

当交流电源正常时,由电源经过 EPS 装置的交流旁路给重要负载供电,同时进行电源检测及蓄电池充电管理,然后再由电池组向逆变器提供直流能源。在此,充电器是一个仅需向蓄电池组提供相当于 10%蓄电池组容量(Ah)的充电电流的小功率直流电源,它并不具备直接向逆变器提供直流电源的能力。此时,交流电源经由 EPS 的交流旁路和转换开关所组成的应急电源系统向用户的各种应急负载供电。同时,在 EPS 的逻辑控制板的调控下,逆变器停止工作处于自动关机状态。用户负载实际使用的电源是来自电网的交流电,此时 EPS 应急电源也是通常说的一直工作在睡眠状态,可以有效达到节能的效果。

当交流电源供电中断或电压超限(如 ±15%或 ±20%额定输入电压)时,切换开关将投切至逆变器供电模式,在蓄电池所提供的直流能源的支持下,用户负载所使用的电源是通过 EPS 的逆变器转换的交流电源。

当交流电源电压恢复正常工作时,EPS 的监控装置发出信号对逆变器执行自动关机操作,同时还通过它的转换开关执行从逆变器供电向交流旁路供电的切换操作。EPS 在经交流旁路供电通路向负载提供交流电源的同时,还通过充电器向电池组充电。

EPS 工作原理如图 8.18 所示。

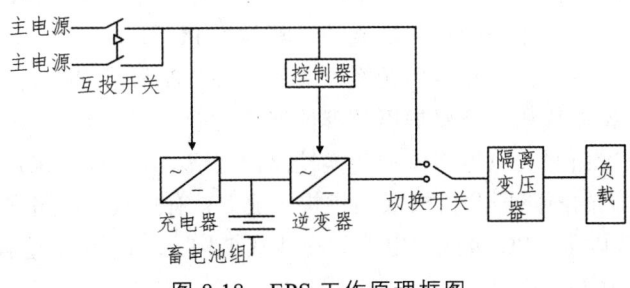

图 8.18 EPS 工作原理框图

EPS 装置较多用于应急照明电源，它也可作为消防动力的电源。对于不同的供电对象，EPS 装置的要求也有不同。下面对 EPS 作为应急照明电源的一般要求进行说明：

① 向应急照明灯供电的 EPS，供电中断时间小于 5 s。

② 为尽可能地利用正常交流电源，减少 EPS 的能耗，当交流电源电压在 187～242 V（$220^{+10\%}_{-15\%}$ V）的范围内时，EPS 允许仍为交流旁路供电，而不采用逆变器供电。

③ EPS 配置蓄电池的容量，应满足在交流电源供电中断时，保证应急照明的供电时间要求。对于地下车站和控制中心不小于 60 min；对于地面车站等建筑物，不小于 30 min。

（2）EPS 的容量及选择

在交流供电正常时，EPS 通过交流旁路向负载供电。原则上，它可以带具有各种不同功率因数的负载，但在交流供电中断或是电压或频率超限时，则是由 EPS 中的逆变器来供电的。因此，EPS 的承载能力不仅要考虑逆变器在不同功率因数值负载时的降额度输出特性，而且还要根据所使用的应急照明灯具的不同来选配 EPS 的输出功率和机型。

① 应急照明灯具光源为白炽灯。由于应急照明的功耗是用有功功率 P（kW）来标注的，而 EPS 逆变器的输出功率是用功率因数 $\cos\psi = 0.8$（滞后）时的视在功率 S（kV·A）来标注的，因此实际选用 EPS 的满载输出功率应为 $S = P/0.8$。

② 应急照明灯具光源为荧光灯。由于荧光灯启动时存在较大的"启动浪涌电流"，因此 EPS 满载输出功率应为 $S = (1.3～1.5) P/0.8$。

③ 应急照明灯具的光源也可采用高压气体灯，但城轨工程目前尚未使用。此时宜选用切换时间小于 20 ms 的 EPS 设备。因为如果对高压气体灯的供电中断时间超过 20 ms，就有可能致使气体灯中的放电电弧熄灭或中断。一旦发生放电电弧中断现象，即使马上恢复供电也可能导致长达数分钟的黑灯现象，因为重新预热高压气体灯中的灯丝需要足够长的时间。

2. 电源自动转换装置

所谓电源自动转换装置（ATSE），是由两个或几个转换开关电器和其他必需的联锁、控制设备组成，用于监视电源，并在特定条件下，将负载设备从一个电源自动转换到另一个电源的电气设备。它主要由开关转换电器、联锁设备和转换控制电器组成。

根据 IEC—60947—6 国际标准规定，自动转换装置可分为 PC 级或 CB 级两个级别。根据采用转换开关电器的不同可分为 4 种：接触器式、断路器式、负荷开关式、专用转换开关式。按照转换控制电器的不同分为电磁继电器和数字控制器。

PC 级指能够接通和承载但不用于分断短路电流的自动转换装置。CB 级指采用断路器并配备过电流脱扣器的自动转换装置，它的主触头能够接通并用于分断短路电流。因此，只有转换开关电器采用了断路器，能够在短路情况下分断短路电流，才可称为 CB 级自动转换装置；其余不采用断路器，不能分断短路电流的，都称为 PC 级。

因此采用负荷开关、接触器和专用转换开关的 ATSE 都属于 PC 级，本体只能作为自动转换开关使用，不具备过载和短路保护以及其他保护功能。

电源自动转换装置由开关电器本体和转换控制器组成。开关电器采用断路器时，即为 CB 级，由两台或两台以上的断路器和机械联锁机构组成，具有过载、短路保护功能，体积较大，切换时间一般为 1.5 s 以上。PC 级开关电器为一体式结构（二进一出），体积小，转换速度较快，切换时间一般在 0.2～1.3 s。

由传统的电磁式继电器构成的转换控制器,优点是成本低,但存在性能单一、体积大的缺点。数字电子式转换控制器,可根据用户要求设定产品参数,具有精度高、体积小、使用方便的特点。

三、应急照明电源方案

在城轨工程中,应急照明电源方案可能是一种形式,也可能是几种形式的组合。如地下车站的应急照明电源采用 EPS 应急电源系统,而对于地面独立设置的变电所,其应急照明电源也可采用分散式安装的蓄电池。

1. 独立设置的变电所

对于主变电所及独立设置的牵引变电所,其应急照明电源是独立考虑的,与城轨车站的应急照明电源没有联系。它有以下三种方案可选择:

方案一:考虑到应急照明灯具数量不多、容量不大,可以采用分散设置于应急照明灯具的蓄电池作为应急电源。应急照明灯具采用三线制,当正常电源失电时,由灯具自带的蓄电池继续供电,供电时间不小于 60 min。应急照明灯具的交流电源引自变电所交流电源屏,馈出回路与正常照明分开,避免正常照明回路故障对应急照明供电造成影响。为保证应急照明灯具可靠工作,需对蓄电池进行维护。由于蓄电池分散布置,其维护工作量比蓄电池集中设置或采用 EPS 应急电源略大。

方案二:在变电所中设置较小容量的 EPS 应急电源,应急电源的交流电源引自变电所交流电源屏,为单独馈出回路。EPS 的馈出回路接至应急照明灯具。EPS 应急电源的供电时间不小于 60 min。此方案造价较高。

方案三:在变电所直流操作电源屏的馈出回路中加装逆变器,为应急照明提供交流电源。正常交流电源失电,由蓄电池放电后继续供电,供电时间不小于 60 min。这需要加大操作电源屏的高频开关电源及蓄电池的容量。

2. 车站内牵引变电所、降压变电所

由于变电所处于车站内,变电所与车站的应急照明电源应统一考虑。主要有以下三个方案:

方案一:在车站配电室设置 EPS 应急电源。应急电源的交流输入电源引自车站消防配电系统。EPS 引出若干回路为变电所应急照明提供电源,应急照明的供电时间不小于 60 min。

方案二:采用独立于正常电源的第三路电源作为应急电源。在变电所内设置应急照明电源柜,由变电所交流电源屏提供正常双路电源,应急的第三路电源由相邻车站引入,并向另一相邻车站提供备用电源。应急照明电源柜提供若干馈出回路分别引至变电所、车站应急照明设备。当本车站变电所双路低压电源失电,自动切换至应急电源后继续供电。本方案的优点在于应急电源的供电时间不受限制。

方案三:在变电所直流操作电源屏的馈出回路中加装逆变器,为应急照明提供交流电源。

3. 车辆段、停车场内的牵引变电所、降压变电所

当降压变电所独立设置或与之合建的建筑物没有应急照明时,应急照明电源方案同独立

设置的变电所。合建建筑物设置应急照明时，有以下两个方案：

方案一：在建筑物内配电室设置 EPS 应急电源。应急电源的交流输入电源引自建筑物消防配电系统或照明配电系统独立馈出回路，EPS 引出若干回路为变电所应急照明提供电源。应急照明的供电时间不小于 60 min。

方案二：在变电所直流操作电源屏的馈出回路中加装逆变器，为应急照明提供交流电源。正常交流电源失电时，由蓄电池放电后继续供电，供电时间不小于 60 min。

第五节　变电所自用电系统的巡视与维护

一、交直流系统设备巡视

1. 交流屏的巡视检查

（1）电气主接线结构及运行方式巡视

交流屏为单母线断路器分断接线，采用两段母线的分段运行，两电源互为备用，并设母联断路器自动投切装置。两回路交流电源进线开关应在合闸位，母联断路器应在分闸位。

（2）进线开关及馈线空气断路器的巡视检查

控制 PLC 运行正常，各运行指示灯显示正常。各开关保护、测控装置、各继电器运行正常。主开关应在"自动位"位，无故障信号，运行正常。母联断路器的自动投切功能投入。一、二次端子连接紧固、整齐，无过热。馈线空气断路器的分、合指示灯正常。交流屏的运行无异常声音、无异味。电流表、电压表计量正常。

2. 直流屏的巡视检查

（1）充电模块的运行监视

输入的三相交流电压不应超过 ±10%，运行中需检查三相交流输入的切换装置是否正常。直流母线电压不应超过 ±10%，否则需调整硅链的降压值。检查充电模块音响是否正常，应无异味，外壳、绝缘件应清洁、无发热。检查各保护信号是否正常、绝缘状态是否良好。智能监控单元是根据直流电源装置中蓄电池组的端电压值，以及充电装置的交流输入电压值、直流输出电流值和电压值等数据来进行控制的。运行人员可通过微机的键盘或按钮来整定和修改运行参数。智能监控单元直流电源装置一旦投入运行，只有通过显示按钮来检查各项参数，若均正常，就不能随意动改整定参数。充智能监控单元若在运行中控制不灵，可重新修改程序和重断整定，若都达不到需要的运行方式，就启动手动操作，调整到需要的运行方式，并将智能监控单元退出运行，交专业人员检查修复后再投入运行。微机监控器有对蓄电池进行自动充电的功能，能控制充电模块自动进行恒流限压充电→恒压充电→浮充电→进入正常运行状态。智能监控单元还可对蓄电池进行自动定期充电，根据整定时间，智能监控单元控制充电模块定期自动地对蓄电池组进行均衡充电，确保蓄电池组随时具有额定的容量。对阀控蓄电池而言，一般设置为 3 个月进行一次自动定期充电。由于充电模块中的整流元件的过载、过热能力差,运行中应注意充电模块内各元件的温升,保持通风及散热良好。充电模块的精度、纹波因数、效率、噪声和均流不平衡度、运行控制值。当直流输出电流超出整定的限流值时,充电模块具有限流功能,限流值整定范围为直流输出额定值的 50%~105%,当母线或出线支路上发生短路时,应具有短路保护功能,短路电流整定值为额定电流的 115%。充电装置具有过流、过压、欠压、绝缘监察、交流失压、交流缺相等保护及声光报警的功能。

（2）绝缘监视

直流自用电系统发生一点接地时,虽不会引起危害,但必须及时消除,否则再发生另一点接地时可能会使控制、信号、保护装置误动作。因此,运行中应经常检查绝缘监察装置的绝缘指示和信号显示情况。

电气回路及小母线绝缘电阻一般随装置试验时一起测量,只有在查找绝缘电阻降低或接地故障时,才分别测量,蓄电池组每半年应单独测量一次。

具体巡视项目见表 8.3。

表 8.3 交直流屏日常巡检项目和质量标准

序号	项目内容	质量标准
1	柜体检查	1. 运行编号标识清晰正确; 2. 外观无明显变形、锈蚀,油漆无脱落; 3. 无异常动作等声响或噪声; 4. 无异常振动; 5. 无烧焦味; 6. 门体关闭严密;箱体密封胶条无老化、无破损;无潮气凝露
2	交流屏检查	1. 正常工况下,交流进线断路器在合位、母联断路器在分位、断路器已储能; 2. MCB 分合指示灯与实际位置及规定运行状态一致,无跳闸; 3. 监控设备运行正常,无报警,无死机、不断重启、灰显等异常现象; 4. 电压、电流显示正常;电压偏差为标称电压的 ±7%
3	充电模块屏检查	1. MCB 分合指示灯与实际位置及规定运行状态一致,无跳闸; 2. 监控设备运行正常,无报警;无死机、不断重启、灰显等异常现象; 3. 充电模块运行正常,无报警信号或异常退出; 4. 充电模块输出电压正常（额定电压为 110 V）: 浮充电压 120.42~123.12 V, 均充电压 124.2~126.9 V; 5. 充电模块输出电流均衡,未超出限值; 6. 正、负极对地电压检查/绝缘支路检查: $45\ V \leqslant$ 正对地 $(+55\ V) \leqslant 65\ V$ $-65\ V \leqslant$ 负对地 $(-55\ V) \leqslant -45\ V$
4	直流屏检查	1. MCB 分合指示灯与实际位置及规定运行状态一致,无跳闸; 2. 监控设备运行正常,无报警;无死机、不断重启、灰显、指示灯全亮等异常现象
5	蓄电池屏检查	蓄电池在线监测装置运行正常,无告警
6	并联电源装置检查	1. MCB 分合指示灯与实际位置及规定运行状态一致,无跳闸; 2. 监控设备运行正常,无报警,无死机、不断重启、灰显、指示灯全亮等异常现象

二、交直流屏的维护项目与标准

交直流屏的小修主要是设备外观检查、清洁、紧固、功能检查、润滑、油漆、部件调整，部件加工处理、常规量、常规试验、局部部件更新等检修工作，保持设备的正常质量技术状态。

交直流屏设备小修项目内容和质量标准见表 8.4。

表 8.4 交直流屏设备小修项目内容和质量标准

序号	项目内容	质量标准
1	母线检查、清洁、维护	1. 母线无发热变色、烧损、破损现象； 2. 母线安装牢固，螺栓紧固； 3. 母线及绝缘子外观清洁无积尘
2	二次设备检查、清洁、维护	监控装置、PLC、继电器、接触器、转换开关、指示灯、仪表、二次线缆及端子等。 1. 外观清洁干净； 2. 安装牢固、无老化破损、无锈蚀等异常现象； 3. 无故障显示，运行正常； 4. 接线端子除尘紧固
3	交流屏：交流进线电缆检查	1. 电缆无损伤、破裂等异常现象； 2. 电缆连接牢固
4	交流屏：交流进线开关（Q1、02）、母联开关（Q3）功能检查	1. 分、合闸及储能过程无卡滞，无异响； 2. 一次设备到位，位置指示正常； 3. 自投、自复功能正常
5	直流屏：硅链功能检查	1. 测试硅链手动/自动、投入/退出功能正确； 2. 各挡位下合闸母线的电压、控制母线的电压变化正确，硅链各挡位压降值应符合设备厂家标准
6	充电屏：充电模块清洁、功能检查	1. 充电模块外观清洁，安装牢固； 2. 充电模块的两路交流输入电源单回路失电时切换正确

复习思考 >>>

1. 列举城轨供电系统中各种类型变电所的自用电设备、负荷分级和供电制式以及电源供电方案。
2. 分析自用电交流屏互投操作、同投操作的工作过程。
3. 分析阀控式密封铅酸蓄电池的结构、原理、充放电特性、运行维护常识。
4. 分析高频开关直流系统的结构、原理、工作特性、运行维护。
5. 简述城轨工程中应急照明电源方案。
6. 简述城轨供电系统变电所交流屏巡视项目及标准。
7. 简述城轨供电系统变电所直流屏巡视项目及标准。

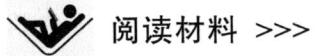 阅读材料 >>>

阅读材料6：事故案例

违章作业是事故发生的根源，杜绝违章是安全生产的基础

一、作业人员中毒窒息死亡一般 A1 类事故

1. 事故概况

某供电部门在进行强排井巡检作业时，工作领导人违章进入强排井中部疏通出水口异物，吸入瞬间涌出的大量有害气体晕倒，地面作业人员××、××下井施救过程中发生晕厥并坠落到井底。工作领导人经抢救脱离危险，其他两名作业人员经抢救无效死亡，构成铁路交通一般 A1 类事故。

2. 事故原因

（1）垃圾压缩站承包方违反《铁路安全管理条例》《车站保洁合同》，擅自组织人员打穿铁路集水井壁，违法破坏铁路牵引供电设备，将管道与集水井连通进行排污，致使强排井堵塞，产生大量有毒有害气体，导致供电作业人员吸入有毒有害气体死亡，是造成事故的直接和主要原因。

（2）作业人员进行有限空间作业时，违反有限空间安全作业规定，未采取通风、检测措施，未佩戴个人防护用品，盲目进入有限空间作业。

（3）工作领导人未履行岗位职责，带头违章下井作业。

（4）两名作业人员在未采取有效防护措施情况下，盲目下井冒险施救，是造成事故的重要原因。

3. 经验教训

（1）有限空间作业必须做到"先通风、再检测、后作业"，通风、检测不合格严禁作业。进入电缆井、电缆夹层、电缆隧道前，应先用吹风机排除浊气，再用气体检测仪检查井内或隧道内的易燃易爆及有毒气体的含量是否超标，并做好记录。在电缆井、电缆夹层、电缆隧道内工作时，通风设备应保持常开。在电缆隧道内作业时，作业人员应戴安全帽并携带便携式气体测试仪，通风不良时还应携带正压式空气呼吸器。

（2）有限空间作业必须配备个人防中毒窒息等防护装备，设置安全警示标识，无防护监护措施严禁作业。

（3）有限空间作业必须对作业人员进行安全培训，教育培训不合格严禁上岗作业。

（4）有限空间作业必须制定应急措施，现场配备应急装备，严禁盲目施救。

（5）有限空间作业的作业人员应熟悉所从事作业的风险和应急计划，掌握报警及联络方式。

二、电击伤害事故一般事故

1. 事故概况

某变电所在电容室内进行 A 相、B 相电容器组及避雷器检查作业时，由于未提前对电

容进行放电，作业人员××在进行清扫作业过程中右手手臂不慎触碰电容设备，导致被电弧烧伤。

2. 事故原因

（1）值班员未按照工作票"对电容器逐个放电并接地"安全措施要求，办理安全措施不彻底。

（2）工作领导人未复查所做的安全措施，未发现安全措施办理不彻底。

（3）电容器未逐个放电并接地，作业人员就进入电容器组围栅内或电容器上工作。

3. 经验教训

（1）作业人员进入电容器组围栅内或电容器上工作时，要将电容器逐个放电并接地后方准作业。

（2）工作领导人应复查作业范围、时间、作业组成员等符合工作票要求；复查值守人员所做的安全措施，要符合规定要求；时刻在场监护作业组成员的作业安全，如果必须短时离开作业地点时，要指定临时代理人，否则应停止作业，并将人员和机具撤至安全地带。

（3）值班员应严格按工作票要求办理完备的安全措施。

第九章　城轨变电所二次接线读图与故障处理

问题导入 >>>

课件：二次接线读图与故障处理

第九章彩版插图

交直流开关柜都是包含了一次设备和二次系统的组合电器。在开关柜的二次室安装的保护测控单元（模块），实现了对一次主电路的测量、保护以及开关电器的分合闸控制、位置监视等功能，是实现智能控制的关键部件。开关电器的控制信号电路结构如何？功能如何实现？电路图读图方法如何掌握？运行中的故障如何查找和排除？本章将逐一进行讲解。

学习目标 >>>

1. 熟悉目前城轨变电所高压开关控制信号电路的结构体系、图纸类型与发展概况。
2. 理解高压开关的控制方法及其电路动作原理，熟悉相关电路插件的连接关系。
3. 理解掌握交流开关柜中配用的弹簧液压、弹簧、电动机等不同操动机构的高压开关控制信号电路的结构特点和工作原理；能够熟练进行读图及常见故障分析。
4. 理解掌握直流开关柜控制信号电路的结构特点和工作原理；能够熟练进行读图及常见故障分析。
5. 理解掌握变电所信号装置的种类、内容、技术要求；能根据信号系统提供的信息判断故障。

内容讲解 >>>

第一节　城轨变电所控制、测量与保护

一、城轨变电所的控制

1. 控制电路的基本构成

变电所的断路器及隔离开关的控制电路一般是由指令单元、闭锁单元、联锁单元、中间传送放大单元、执行单元和连接它们的导线等二次电气设备组成。

① 指令单元一般由控制开关、转换开关、按钮、保护出口继电器和自动装置构成，其作用是发出断路器和隔离开关的分、合闸命令脉冲。

② 闭锁单元一般是由闭锁继电器接点及断路器的辅助接点组成,其作用是当一次设备发生重故障时,闭锁接点打开,切断分合闸回路,避免断路器重合闸于故障设备,防止事故范围进一步扩大。例如当主变压器发生重瓦斯保护动作时,闭锁继电器的接点打开,闭锁断路器的人工合闸或自动合闸回路。

③ 断路器、隔离开关实行联动操作时,通常在控制回路中设置联锁单元,有效地保证断路器、隔离开关操作顺序的正确性。

④ 中间传送、放大单元是由继电器、接触器及其接点组成的,其作用是将指令单元发出的命令脉冲放大,并按一定程序传送给执行机构。

⑤ 执行单元是断路器、隔离开关的操动机构,其作用是按命令驱使断路器、分合闸。

断路器、隔离开关的控制电路结构如图 9.1 所示。

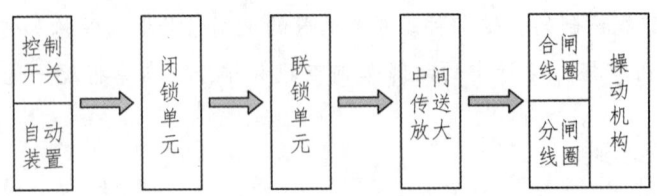

图 9.1　断路器、隔离开关的控制电路结构框图

2. 控制电路的类型

城轨变电所内采用无人值班方式,不设集中监控台。综合自动化系统通过间隔层单元和控制信号屏对供电设备运行状态进行控制和监视。

开关控制方式采用远程控制、所内集中控制、设备本体控制三级控制方式。远程控制即在控制中心对所内设备进行监控操作,所内集中控制是指在控制信号屏上通过人机界面或外接便携式计算机来进行集中监控操作。正常运行时采用控制中心的远程控制;当设备检修时,采用当地所内集中控制或设备本体操作。在开关柜和控制信号屏设"当地/远方"选择开关以转换控制级别,该开关打到"当地"位时,闭锁远方操作。此外,在每台断路器(隔离开关)的分、合闸回路中设置必要的电气闭锁条件以防止误操作,提高系统的可靠性。

降压变电所综合自动化系统控制对象包括降压变电所内的各开关设备,如：AC 40.5 kV 断路器、AC 0.4 kV 进线、母联及三级负荷总开关;自动装置的投入/撤除以及保护定值组切换等。当设置牵引变电所时,与降压变电所合设一套变电所综合自动化系统,控制对象还包括相应牵引设备的控制,如 DC 1 500 V 断路器、DC 1 500 V 电动隔离开关。若包括跟随变电所,跟随所的设备通过所属变电所的综合自动化系统控制。

3. 控制电路的基本技术性能

① 能进行正常的人工分闸与合闸,又能进行故障时的自动分闸或自动重合闸。分、合闸操作执行完毕后,应能自动解除命令脉冲,断开分、合闸回路,以免分、合闸线圈因长期受电而烧毁。

② 能够指示断路器的分、合闸位置状态,自动分、合闸时应有明显的信号显示。

③ 能监视控制电源及下一次操作电路的完整性。

④ 无论断路器的操动机构中是否设有防止跳跃的机械闭锁装置，控制电路中均应设防止跳跃的电气闭锁装置。

⑤ 对于采用气动、弹簧、液压操动机构的断路器，其控制电路中应设相应的气压、弹簧（压力）、液压闭锁装置。

⑥ 当隔离开关采用电动操作时，断路器与隔离开关控制电路中应设置相应的联锁措施，保证其联动操作顺序的正确性。

⑦ 接线应力求简单、可靠，联系电缆的条数、芯数应尽量少。

二、城轨变电所的测量与计量

变电所电气测量项目的设置应符合《电力装置的电测量仪表装置设计规范》（GB/T 50063—2008）的规定。所有测量和计量值均在开关柜当地显示并通过变电所综合自动化系统传送至控制中心，除回流线电流、交流屏进线电流、电压外其余均通过综合自动化系统发遥测信息。测量与计量设置分别如表 9.1 所示。

表 9.1 城市轨道交通变电所测量与计量设置

测量对象	电流	电压	有功功率	有功电度	功率因数
35 kV 进、出线	√				
35 kV 母线		√			
35 kV 母联断路器	√				
35/0.4 kV 变压器	√		√	√	
逆变变压器	√		√	√	
0.4 kV 进线	√			√	√
0.4 kV 母线	√	√			
0.4 kV 馈线（商业回路、广告照明回路、商业照明、公安通信、商用通信、冷水机组等回路）	√			√	√
0.4 kV 馈线（一般回路）	√				
1 500 V 母线		√			
1 500 V 馈线	√	√			
整流机组交流侧	√		√	√	
整流机组直流侧	√				
回流线	√				
钢轨-地		√			
交流电源母线		√			
直流电源母线		√			

三、城轨变电所继电保护和自动装置

1. 继电保护

城轨供电系统继电保护应满足可靠性、选择性、灵敏性、速动性要求，并在此原则下，力求简化保护配置。继电保护装置采用微机型综合保护测控单元，保护功能具有独立性，不依赖于综合自动化系统通信网络。

35 kV 进、出线设置线路差动保护、零序电流保护、数字通信电流保护。35 kV 母联断路器配置限时电流速断保护、零序电流保护、数字通信电流保护（含母线保护功能）。

35/0.4 kV 动力变压器馈线设置数字通信电流保护、电流速断保护、过电流保护、零序电流保护、过负荷保护、温度保护（变压器内部保护）、断路器失灵保护。

整流变压器馈线设置数字通信电流保护、电流速断保护、过电流保护、零序电流保护、过负荷保护、温度保护（变压器及整流器内部保护）、整流器二极管保护（整流器内部保护）、整流器交、直流侧过电压保护（整流器内部保护）、断路器失灵保护。逆变变压器馈线设置数字通信电流保护、电流速断保护、过电流保护、零序电流保护、过负荷保护、温度保护（变压器及双向变流器内部保护）、IGBT 保护（双向变流器内部保护）、双向变流器交、直流侧过电压保护（双向变流器内部保护）、断路器失灵保护。

直流 1 500 V 进线设置大电流脱扣保护（断路器本体保护）、逆流保护。直流 1 500 V 馈线设置大电流脱扣保护（断路器本体保护）、$di/dt + \Delta I$ 保护、过电流保护、热过负荷保护、双边联跳保护。

每个牵引变电所的整流器及负极柜设一套框架泄漏保护；其余直流开关柜设一套框架泄漏保护，逆变柜单独设置一套框架线泄漏保护，共计 3 套框架泄漏保护，每套框架泄漏保护包括一套电流型框架泄漏保护和一套电压型框架泄漏保护。

0.4 kV 进线设置短延时保护、长延时保护、接地保护。0.4 kV 母联断路器设置短延时保护、长延时保护。0.4 kV 馈线设置瞬动保护、短延时保护、长延时保护。有源滤波装置设置电流速断保护、过电流保护、过负载保护。

2. 自动装置

自动装置能够实现尽快恢复供电，满足供电安全、可靠、灵活的运行要求。可以利用保护装置的智能逻辑控制功能，通过在各装置间硬接线连接来实现自动装置的功能。

35 kV 母联断路器设置由可编程软件实现的自动投入装置的功能，自投功能可在"当地/远方"进行"投入/撤除"。1 500 V 馈线设置带有线路故障性质判断的自动重合闸功能。0.4 kV 开关柜设置母联断路器自动投入装置的功能；进线设置来电自复装置的功能。交流自用电系统设置进线主备自投装置的功能；直流自用电系统设置进线主备自投功能。

第二节 读识高压 GIS 组合电器断路器控制、信号电路

本节以某高压开关厂生产的 110 kV SF_6 组合电器（GIS）中的 SF_6 断路器（配用 HMB-4 型弹簧储能液压操动机构）控制信号电路为例进行分析，其电路图如图 9.2 所示。

第二节 读识高压 GIS 组合电器断路器控制、信号电路

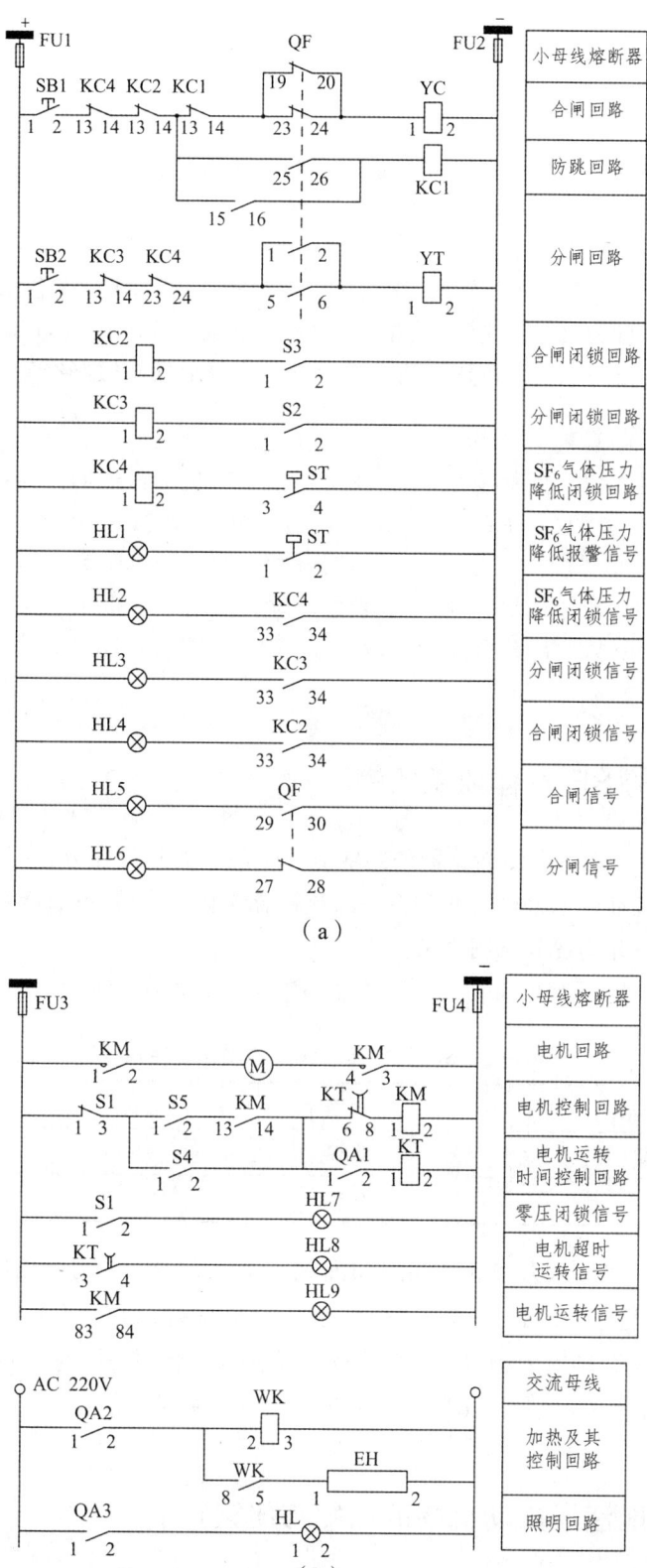

图 9.2 应用弹簧储能液压机构的断路器控制和信号回路展开图

一、断路器的就地控制

1. 就地操作合闸

合闸前,断路器在分闸位置,断路器常闭辅助联动接点 QF_{19-20} 和 QF_{23-24} 闭合。

就地操作合闸时,按下合闸控制按钮 SB 1,$SB 1_{1-2}$ 闭合。电流流通回路为:

$+$ —FU 1—$SB 1_{1-2}$—$KC 4_{13-14}$—$KC 2_{13-14}$—$KC 1_{13-14}$—QF_{19-20} 和 QF_{23-24}—YC_{1-2}—FU 2— $-$;

该电路接通,合闸线圈 YC 受电,操动机构驱动断路器合闸。断路器合闸完毕,QF_{29-30} 闭合,合闸位置信号灯 HL5 亮,指示断路器合闸状态,辅助联动接点 QF_{19-20} 和 QF_{23-24} 断开,合闸线圈 YC 失电复归。QF_{1-2} 和 QF_{5-6} 闭合,为下一步分闸操作做好准备。

2. 就地手动操作分闸

就地操作分闸时,按下控制按钮 SB2,$SB2_{1-2}$ 闭合。电流流通回路为:

$+$ —FU 1—$SB 2_{1-2}$—$KC 3_{13-14}$—$KC 4_{23-24}$—QF_{1-2} 和 QF_{5-6}—YT_{1-2}—FU 2— $-$;

该电路接通,分闸线圈 YT 受电,断路器分闸。断路器分闸完毕后,QF_{27-28} 闭合,位置信号灯 HL6 亮,指示断路器分闸状态,辅助联动接点 QF_{1-2} 和 QF_{5-6} 断开,切断分闸线圈 YT 回路,达到了命令脉冲自动解除的要求。QF_{19-20} 和 QF_{23-24} 闭合,为下一步合闸操作做好准备。

二、断路器的 SF_6 气体监视闭锁

SF_6 气体压力的下降,会使断路器的绝缘能力下降,尤其是在分合闸操作过程中,其灭弧能力下降致使电弧难以熄灭。因此,在 SF_6 断路器本体上安装的密度继电器 ST 可对 SF_6 气体压力实时监测,并实现分合闸闭锁。

断路器本体额定气压为 0.64 MPa,动作压力整定值如表 9.2 所示。

表 9.2 SF_6 气体压力接点的动作整定值表　　　　　　单位:MPa

压力接点	动作值	返回值
ST_{1-2} 报警值	$0.59^{+0}_{-0.02}$	≤ 0.62
ST_{3-4} 闭锁值	$0.54^{+0}_{-0.02}$	≤ 0.57

根据图 9.2,SF_6 气体压力降低至 0.59 MPa 时,ST_{1-2} 闭合,信号灯 HL 1 亮,指示 SF_6 气体压力降低,发出报警信号。SF_6 气体压力降低至 0.54 MPa 时,ST_{3-4} 闭合,KC 4 动作,$KC 4_{13-14}$ 和 $KC 4_{23-24}$ 接点打开,同时闭锁分、合闸回路,禁止分、合闸。同时,$KC 4_{33-34}$ 接点闭合,信号灯 HL 2 亮,指示 SF_6 气体压力降低,发出闭锁分合闸操作信号。

三、弹簧储能液压操动机构的储能与闭锁

弹簧储能液压操动机构中采用的密封件和阀门具有优越的密封性能,即

微课:断路器操动机构的弹簧储能与闭锁

便如此，金属密封面上仍会有微量的泄漏，这将导致碟状弹簧储能的损失。这一能量损失将通过油泵的自动启动来补偿。根据 HMB-4 型液压弹簧操作机构的运行和维护导则，在断路器无操作情况下，油泵每天启动 10 次（月平均值）是允许的，如果启动次数超过 10 次（月平均值）则需对机构加强观察，启动次数超过 20 次（月平均值）则需通知厂家。统计油泵启动次数时应扣除由于断路器分合闸操作引起的启动次数。

弹簧储能液压操动机构液压油额定压力为（44.9±2.5）MPa，采用压力表电接点监视液压系统压力及储能弹簧状况。通过控制连杆带动安装在机构上的 LXW5-11Z 型油压行程开关，使相应微动开关接点闭合，实现分合闸闭锁、压力异常监视、自动储能控制。油压行程开关示意图如图 9.3 所示，油压行程开关部分整定值如表 9.3 所示。

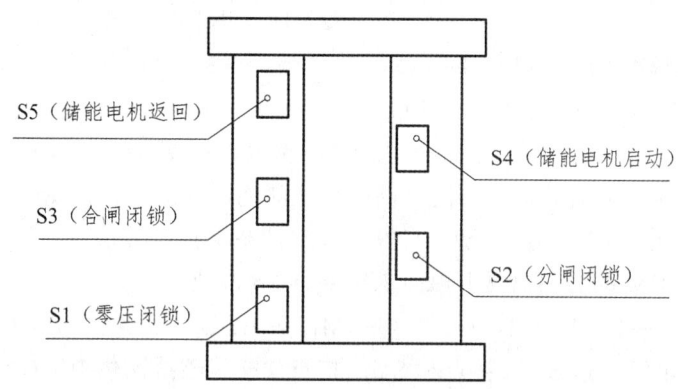

图 9.3 LXW5-11Z 型油压微动开关示意图

表 9.3 油压行程开关行程整定值表（部分）

微动开关号	动作内容	行程/mm	油压/MPa
S1	零压闭锁		
S2	分闸闭锁	38.1±1.5	38.1±2.5
S3	合闸闭锁	51±1.5	40.8±2.5
S4	油泵电机启动		
S5	油泵电机停止	45.9±2.5	84.5±1.5

1. 分合闸闭锁与监视

液压系统的油压过低，会对操作产生不良影响，如合闸时会因功率不够而造成慢合现象，这是不允许的。

在合闸回路中串入合闸闭锁继电器 KC2 常闭接点 $KC2_{13-14}$，当液压系统压力降低，控制连杆移动，使微动开关 S3 受到抵压而进入动作状态时，其常开接点 $S3_{1-2}$ 闭合，KC2 动作，KC2 常闭接点 $KC2_{13-14}$ 打开，闭锁合闸回路，禁止合闸。同时，$KC2_{33-34}$ 闭合，信号灯 HL4 亮，指示合闸闭锁状态。

在分闸回路中串入分闸闭锁继电器 KC3 常闭接点 $KC3_{13-14}$，当液压系统压力降低，控制连杆移动，使微动开关 S2 受到抵压而进入动作状态时，其常开接点 $S2_{1-2}$ 闭合，KC3 动作，KC 3 常闭接点 KC 3_{13-14} 打开，闭锁分闸回路，禁止分闸。同时，KC 3_{33-34} 闭合，信号灯 HL 3 亮，指示分闸处于闭锁状态。

2. 储能与控制

（1）操动机构的自动储能

当油压降低时，控制连杆移动首先抵压微动开关使其常开接点 S 5_{1-2} 闭合，但不能启动接触器 KM。当油压继续降低，控制连杆移动抵压微动开关 S 4 时，S 4_{1-2} 闭合，使：

$$+ —FU3—S1_{1-3}—S4_{1-2} \begin{Bmatrix} —KT_{6-8}—KM_{1-2}— \\ —QA\ 1_{1-2}—KT_{1-2}— \end{Bmatrix} FU4— -$$

电路接通，接触器 KM 受电动作。

KM 主触点 KM_{1-2} 和 KM_{4-3} 闭合，使：

$$+ —KM_{1-2}—电机\ M—KM_{4-3}—FU\ 4— -$$

电路接通，油泵电机启动运转，通过储能缸中储能活塞的位移，使碟状合闸弹簧组压缩储能。接触器常开接点 KM_{83-84} 闭合使 HL 9 亮发出油泵电机运转信号。

同时，接触器 KM 的另一对常开触点 KM_{13-14} 闭合，使：

$$+ —FU\ 3—S\ 1_{1-3}—S\ 5_{1-2}—KM_{13-14}—KT_{6-8}—KM_{1-2}—FU\ 4— -$$

电路接通，正电源通过 S 1_{1-3} 接点和 S 5_{1-2} 接点向接触器线圈供电，接触器 KM 用自己的接点为自己的线圈送电，进入自保持状态（又叫自举）。

油泵电机运转使油压提升，当油压升高控制连杆返回使微动开关 S 4 被释放，其接点 S 4_{1-2} 断开，但压力接点 S 5 依然受到抵压，S 5_{1-2} 仍然闭合，油泵电机继续保持运转。

油压继续升高，控制连杆继续返回使微动开关 S 5 被释放，S 5_{1-2} 断开后，接触器 KM 失电返回，油泵电机停止工作。

（2）储能电机的超时运转闭锁

储能电机是按照瞬时通电设计的，禁止长期受电或短时间内反复受电（1800s 时间范围内仅允许旋转不超过 180 s）。这个超时闭锁功能可通过闭合空气开关 QA 1 来实现。QA 1_{1-2} 闭合的情况下，时间继电器 KT 的线圈 KT_{1-2} 将与接触器 KM 同时受电，当因机械故障不能使合闸弹簧储能到位，或者其他原因使微动开关的接点 S 5_{1-2} 因故不能正常断开时，经过整定延时 180 s（油泵电机的允许运行时间）后，由时间继电器 KT 的延时打开的常闭接点 KT_{6-8} 动作，切断接触器 KM 电源，使电动机停转，并通过信号灯 HL 8 发出电机超时运转信号。

（3）储能电机的零压闭锁

因油路泄漏等原因，造成油压异常下降时，储能电机的启动是没有意义的，应当及时发出报警信号。

油压异常下降使控制连杆快速移动，抵压微动开关 S 1，其常闭接点 S 1_{1-3} 打开，切断接触器 KM 电源，电机无法启动，闭锁储能回路。同时，S 1_{1-2} 闭合，由信号灯 HL 7 发出零压闭锁信号。

四、加热与照明

为确保操动机构工作在合适的环境温度，设立温湿度控制仪 WK，闭合空气开关 QA 2 可投入此项功能，并由加热器 EH 实现自动加温。

闭合空气开关 QA 3，可以实现操动机构箱局部照明功能。

五、电气防跳

由继电器 KC 1 实现，原理不再详述。

第三节　读识交流中压开关柜控制、信号电路图

城市轨道交通供电系统中，中压（35 kV 或者 10 kV）开关柜广泛应用于主变电所、牵引降压混合变电所、降压变电所等供电设施中，本节介绍的中压开关柜是位于降压变电所的 101 开关柜，其电气主接线结构如图 9.4 所示。该开关柜中的高压开关包括 101 断路器（QF）、1011 隔离开关（QS）、1011 E 接地开关（QSE），101 断路器采用真空断路器，配用弹簧储能操动机构；1011 隔离开关、1011 E 接地开关配用电动机操动机构（交流中压开关柜也可以使用具有分闸、合闸、接地三个工作位置的三工位开关）。安装于开关柜低压室的微机测控装置（Computer Measurement and Control Unit，MCU）承担对高压开关的测量、控制功能，电缆光纤纵联差动保护装置（Fiber Longitudinal Differential Protection Unit，FDP）监测中压电缆故障并可作用于断路器跳闸。

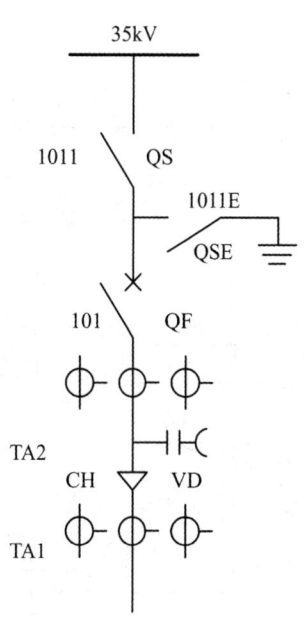

图 9.4　降压变电所中压开关柜主接线图

一、电路结构要点

图 9.5、图 9.6 分别是断路器的弹簧储能操动机构的控制原理图、隔离开关（接地开关）的电动机操动机构的控制原理图，图中各元器件均安装于操动机构中，虚线框内元件集成于印刷电路板。操动机构的控制电路与微机测控装置之间采用标准插座和插头的连接方式，图 9.5、图 9.6 中的 P、K、H、U、N1、N2 等都是插座及插头的端子代号。隔离开关与接地开关各自有一套相互独立的电动机型操动机构，由于其操动机构控制回路结构与原理完全相同，

这里仅给出一套电路，如图 9.6 所示。图 9.7 为交流开关柜的操作原理图，图 9.8 为交流开关柜的开关量（部分）输入原理图。厂家提供的图纸为 A4 的多页工程图纸，为教材叙述方便，编者对工程图纸进行了适当调整。

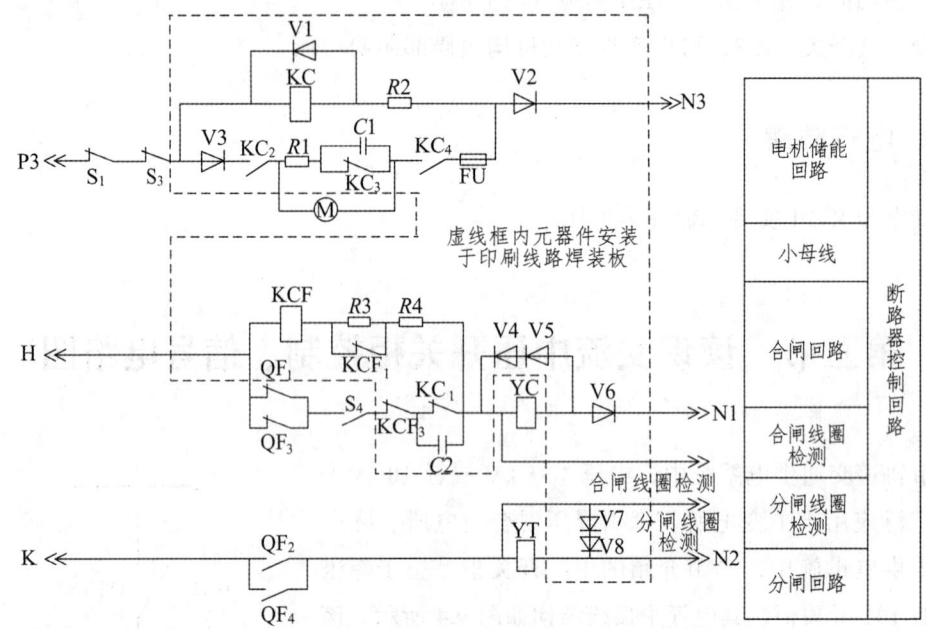

图 9.5　真空断路器弹簧储能操动机构的控制原理图

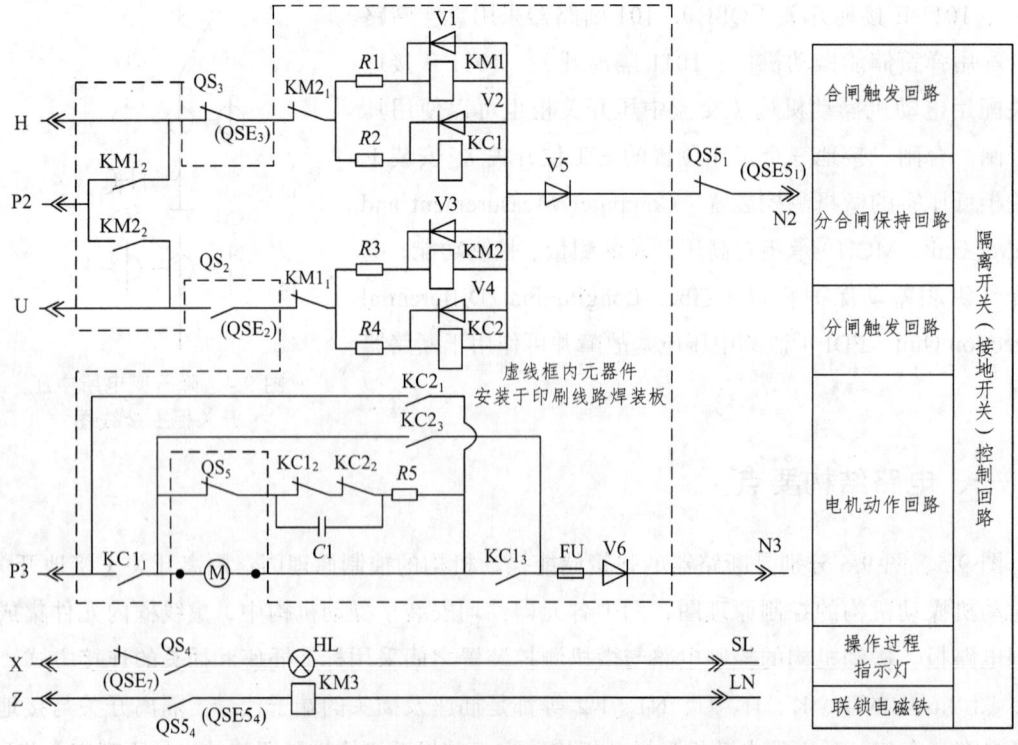

图 9.6　隔离开关（接地开关）电动操动机构的控制原理图

第三节 读识交流中压开关柜控制、信号电路图

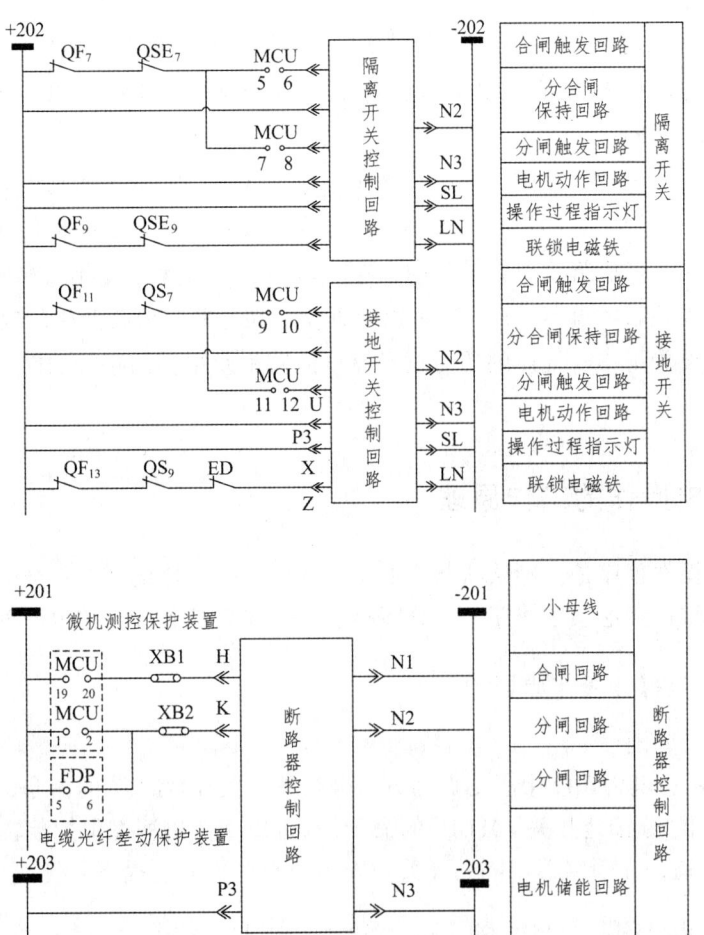

图 9.7 中压交流开关柜操作原理图

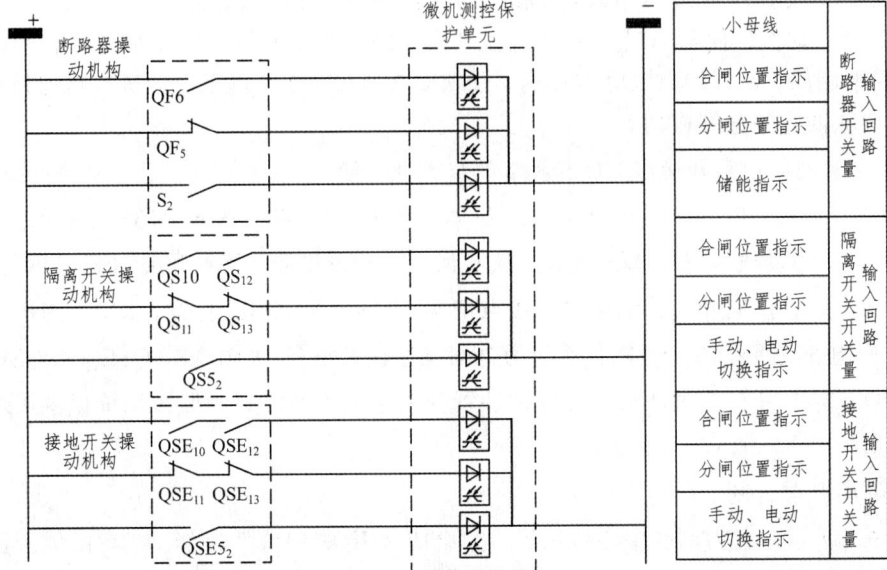

图 9.8 中压交流开关柜开关量（部分）输入电路图

如图 9.6 所示，在隔离开关（接地开关）的控制回路中，通过控制继电器的主触点切换，改变直流串激式电动机 M 励磁绕组中的电流流向，使电动机正转、反转，从而驱动隔离开关（接地开关）合闸、分闸。

电路中设置的二极管，其中：正向二极管（例如 V2、V6 等）起到单向导通的作用；与线圈并联的反向二极管（例如 V4、V5 等）一方面为突然失电的线圈提供放电回路，另一方面当出现过电压时，二极管将首先被反向击穿，从而引起直流电源开关跳闸，起到保护线圈的作用；与触点为并联的电容 $C1$、$C2$ 可以熄灭触点在通断电流时产生的电弧。

开关柜中还设置了 SF_6 气体的压力过高、过低监视及报警回路等功能，限于篇幅，这里不再列举分析。

二、停送电操作的工作原理

开关柜送电操作程序是：确认断路器处于分闸位置—分接地开关—合隔离开关—合断路器。开关柜停电维护接地操作程序是：分断路器—分隔离开关—合接地开关。

1. 开关柜送电操作工作原理

（1）接地开关分闸

如图 9.7 所示，电力调度中心传送远方"分接地开关 1011 E"的命令，或者由值班员在当地监控单元发出"分接地开关 1011 E"的命令，都可以使微机测控保护装置输出端子 MCU_{11} 和 MCU_{12} 瞬间导通，在断路器、隔离开关均处于分闸位置的前提下，使：

（图 9.7）+202—QF_{11}—QS_7—MCU_{11-12}—U—（图 9.6）QSE_2—$KM1_1$—$\dfrac{R3-KM2}{R4-KC2}$—V5—$QSE5_1$—N2—（图 9.7）-202；

电路接通，分闸中间继电器 KM2 和分闸执行继电器 KC2 受电动作。

KM2 受电动作，使常闭接点 $KM2_1$ 打开，切断合闸中间继电器 KM1 和合闸执行继电器 KC1 受电回路；常开接点 $KM2_2$ 闭合，使 KM2 通过 P2 获得正电源进入自保持状态，维持分闸命令脉冲直到分闸成功。

KC2 受电动作，常开接点 $KC2_1$ 和 $KC2_3$ 闭合，使：

（图 9.7）+202—P3—（图 9.6）$KC2_1$—b—M—a—$KC2_3$—FU—V6—N3—（图 9.7）-202；

电路接通，电动机 M 获得反向电流（从 b 到 a），反转并带动接地开关 1011 E 的刀闸分闸。

分闸到位后，接地开关的辅助联动接点切换，（图 9.6）QSE_2 打开，KM2 退出自保持状态，KC2 失电，电机停转。QSE_3 闭合，为合闸操作做好准备。（图 9.8）QSE_{11} 和 QSE_{13} 闭合、QSE_{10} 和 QSE_{12} 打开，通过微机测控保护装置开关量输入回路，为监控系统提供接地开关位置状态信息。

（2）隔离开关合闸

如图 9.7 所示，电力调度中心传送远方"合隔离开关 1011"命令，或者由值班员在当地监控单元发出"合隔离开关 1011"命令，都可以使微机测控保护装置输出端子 MCU_5 和 MCU_6

瞬间导通，在断路器、接地开关均处于分闸位置的前提下，则使：

（图 9.7）+202—QF_7—QSE_7—MCU_{5-6}—H—（图 9.6）QS_3—$KM\,2_1$—$\dfrac{R1-KM1}{R2-KC1}$—V 5—$QS\,5_1$—N 2—（图 9.7）-202；

电路接通，合闸中间继电器 KM 1 和合闸执行继电器 KC 1 受电动作。

KM 1 受电动作，使常闭接点 $KM\,1_1$ 打开，切断分闸中间继电器 KM 2 和分闸执行继电器 KC 2 受电回路；常闭接点 $KM\,1_2$ 闭合，使 KM 1 通过 P 2 获得正电源进入自保持状态，维持合闸命令脉冲直到合闸成功。

KC 1 受电动作，常开接点 $KC\,1_1$ 和 $KC\,1_3$ 闭合，使：

（图 9.7）+202—P 3—（图 9.6）$KC\,1_1$—a—M—b—$KC\,1_3$—FU—V 6—N 3—（图 9.7）-202；

电路接通，电动机 M 获得正向电流（从 a 到 b），正转并带动隔离开关 1011 的刀闸合闸。

合闸到位后，隔离开关的辅助联动接点切换，(图 9.6)QS_3打开，KM 1 退出自保持状态，KC 1 失电，电机停转。QS_2 闭合，为分闸操作做好准备。(图 9.8) QS_{11} 和 QS_{13} 闭合、QS_{10} 和 QS_{12} 打开，通过微机测控保护装置开关量输入回路，为监控系统提供隔离开关位置状态信息。

（3）断路器合闸

如图 9.7 所示，电力调度中心传送远方"合断路器 101"命令，或者由值班员在当地监控单元发出"合断路器 101"命令，都可以使微机测控保护装置输出端子 MCU_{19} 和 MCU_{20} 瞬间导通，若合闸弹簧已储能完毕，则使：

（图 9.7）+201—MCU_{19-20}—XB 1—H—（图 9.5）QF_1 和 QF_3—S_4—KCF_3—KC_1—YC 线圈—V 6—N 1—（图 9.7）-201；

电路接通。合闸线圈 YC 受电，操动机构驱使断路器合闸（约 50 ms）。

断路器合闸完毕，常闭辅助接点 QF_1、QF_3、QF_5 断开，常开辅助接点 QF_2、QF_4、QF_6 闭合。QF_1、QF_3 打开，切断了合闸命令脉冲使合闸线圈 YC 失电，QF_2、QF_4 闭合，为分闸回路动作做好准备。(图 9.8) QF_5 断开和 QF_6 闭合，分别通过微机测控保护装置开关量输入回路，为监控系统提供断路器位置状态信息。

2. 开关柜停电操作工作原理

（1）断路器分闸

如图 9.7 所示，电力调度中心传送远方"分断路器 101"命令，或者由值班员在当地监控单元发出"分断路器 101"命令，都可以使微机测控保护装置输出端子 MCU_1 和 MCU_2 瞬间导通，则使：

（图 9.7）+201—MCU_{1-2}—XB 2—K—（图 9.5）QF_2 和 QF_4—YT 线圈—N 2—（图 9.7）-201；

电路接通，YT 受电动作，操动机构驱使断路器分闸（持续时间约 60 ms）。

断路器分闸到位，常闭辅助接点 QF_1、QF_3、QF_5 闭合，常开辅助接点 QF_2、QF_4、QF_6

打开。QF_2、QF_4 打开，切断了分闸命令脉冲使分闸线圈 YT 失电，QF_1、QF_3 闭合，为合闸回路动作做好准备。（图 9.8）QF_5 闭合、QF_6 断开，分别通过微机测控保护装置开关量输入回路，为监控系统提供断路器位置状态信息。

（2）隔离开关分闸

如图 9.7 所示，电力调度中心传送远方"分隔离开关 1011"命令，或者由值班员在当地监控单元发出"分隔离开关 1011"命令，都可以使微机测控保护装置输出端子 MCU_7 和 MCU_8 瞬间导通，在断路器、接地开关均处于分闸位置的前提下，则使：

（图 9.7）+ 202—QF_7—QSE_7—MCU_{7-8}—U—（图 9.6）QS_2—$KM1_1$—$\dfrac{R3-KM2}{R4-KC2}$—V 5—$QS5_1$—N 2—（图 9.7）- 202；

电路接通，分闸中间继电器 KM 2 和分闸执行继电器 KC 2 受电动作。

KM 2 受电动作，使常闭接点 $KM2_1$ 打开，切断合闸中间继电器 KM 1 和合闸执行继电器 KC 1 受电回路；常开接点 $KM2_2$ 闭合，使 KM 2 通过 P 2 获得正电源进入自保持状态，维持分闸命令脉冲直到分闸成功。

KC 2 受电动作，常开接点 $KC2_1$ 和 $KC2_3$ 闭合，使：

（图 9.7）+ 202—P 3—（图 9.6）$KC2_1$—b—M—a—$KC2_3$—FU—V 6—N 3—（图 9.7）- 202；

电路接通，电动机 M 获得反向电流（从 b 到 a），反转并带动隔离开关 1011 的刀闸分闸。

分闸到位后，隔离开关的辅助联动接点切换，（图 9.6）QS_2 打开，KM 2 退出自保持状态，KC 2 失电，电机停转。QS_3 闭合，为合闸操作做好准备。（图 9.8）QS_{11} 和 QS_{13} 闭合、QS_{10} 和 QS_{12} 打开，通过微机测控保护装置开关量输入回路，为监控系统提供隔离开关位置状态信息。

（3）接地开关合闸

如图 9.7 所示，电力调度中心传送远方"合接地开关 1011 E"命令，或者由值班员在当地监控单元发出"合接地开关 1011 E"命令，都可以使微机测控保护装置输出端子 MCU_9 和 MCU_{10} 瞬间导通，在断路器、隔离开关均处于分闸位置的前提下，则使：

（图 9.7）+ 202—QF_{11}—QS_7—MCU_{9-10}—H—（图 9.6）QSE_3—$KM2_1$—$\dfrac{R1-KM1}{R2-KC1}$—V 5—$QSE5_1$—N 2—（图 9.7）- 202；

电路接通，合闸中间继电器 KM 1 和合闸执行继电器 KC 1 受电动作。

KM 1 受电动作，使常闭接点 $KM1_1$ 打开，切断分闸中间继电器 KM 2 和分闸执行继电器 KC 2 受电回路；常闭接点 $KM1_2$ 闭合，使 KM 1 通过 P 2 获得正电源进入自保持状态，维持合闸命令脉冲直到合闸成功。

KC 1 受电动作，常开接点 $KC1_1$ 和 $KC1_3$ 闭合，使：

（图 9.7）+ 202 —（图 9.7）P 3—（图 9.6）$KC1_1$—a—M—b—$KC1_3$—FU—V 6—N 3—（图 9.7）- 202；

电路接通，电动机 M 获得正向电流（从 a 到 b），正转并带动接地开关 1011 E 的刀闸合闸。

合闸到位后，接地开关的辅助联动接点切换，（图 9.6）QSE_3 打开，KM 1 退出自保持状态,KC 1 失电,电机停转。QSE_2 闭合,为分闸操作做好准备。(图 9.8)QSE_{11} 和 QSE_{13} 闭合、QSE_{10} 和 QSE_{12} 打开,通过微机测控保护装置开关量输入回路,为监控系统提供接地开关位置状态信息。

三、开关柜事故跳闸工作原理

若在开关柜处于合闸送电的状态下发生电缆短路事故,则电缆光纤差动保护装置动作,如图 9.7 所示,电缆光纤差动保护装置的输出端子 FDP_5 和 FDP_6 瞬间导通,使:

(图 9.7)+201—FDP_{5-6}—XB 2—K—(图 9.5)QF_2 和 QF_4—YT 线圈—N 2—(图 9.7)−201;

电路接通,YT 受电动作,操动机构驱使断路器事故自动跳闸。

断路器辅助接点转换情况如上所述。电缆光纤差动保护装置的动作也将通过微机测控保护装置开关量输入回路,为监控系统提供事故状态信息,限于篇幅,这里将其电路省略。

事故跳闸过程中,隔离开关、接地开关并不参与动作。

四、开关柜的操作联锁及其指示

开关柜操作的基本原则是:断路器处于合闸位置时,隔离开关及接地开关不能操作;隔离开关及接地开关在操作过程中,断路器不能合闸;隔离开关(接地开关)在操作过程中,接地开关(隔离开关)不能操作;隔离开关(接地开关)处于合闸位置时,接地开关(隔离开关)不能合闸;隔离开关及接地开关的手动操作和电动操作互锁;电动操作位置时,手动操作孔不能打开手动操作位置;操作孔可以打开时,电动位置不能操作。进出线电缆头检测无电时,方可合接地开关。

为实现以上操作原则,开关柜的二次回路中设置了相应的联锁功能。

隔离开关、接地开关由于没有灭弧机构,不允许用来切断和接通负载电流。因此,隔离开关、接地开关的控制回路必须受相应断路器的闭锁,以保证断路器在合闸状态下,不能操作隔离开关、接地开关。如图 9.7 所示,由断路器操动机构中的常闭接点 QF_7 串入隔离开关的控制电路,常闭接点 QF_{11} 串入接地开关的控制电路,当断路器在合闸状态时其常闭接点 QF_7、QF_{11} 断开,隔离开关控制电路、接地开关控制电路均处于闭锁状态。

隔离开关与接地开关的操作应相互闭锁。如图 9.7 所示,由隔离开关的常闭接点 QS_7 串入接地开关的控制电路,接地开关的常闭接点 QSE_7 串入隔离开关的控制电路,确保停电时先分隔离开关后合接地开关,送电时先分接地开关后合隔离开关。

对隔离开关(接地开关)的手动操作是打开活门将操作手柄插入操作孔进行的。如图 9.6 中的联锁电磁铁 KM 3 的作用是避免手动操作时的误操作(即违反断路器、隔离开关、接地开关正常操作顺序)。联锁电磁铁没吸合时,活门(活门背后是手动操作的操作孔)不能"开",则无法将操作手柄插入操作孔也无法进行手动操作。

如图 9.6 所示,QS 5(QSE 5)是隔离开关(接地开关)的手动/电动操作转换行程开关,允许电动而禁止手动操作时,其常闭接点 QS 5_1(QSE 5_1)闭合,常开接点 QS 5_4(QSE 5_4)

打开；允许手动而禁止电动操作时，其常开接点 QS 5_4（QSE 5_4）闭合，常闭接点 QS 5_1（QSE 5_1）打开。

常闭接点 QS 5_1（QSE 5_1）打开，使 KM 1、KM 2、KC 1、KC 2 均不可能受电动作，电机无法启动，不能进行电动操作。

如图 9.7 所示，当选择手动操作模式［图 9.6 中 QS 5_4（QSE 5_4）闭合］，断路器和接地开关均处于分闸位（图 9.7 中 QF$_9$、QSE$_9$闭合）时，联锁电磁铁受电吸合活门，允许手动操作隔离开关；当断路器和隔离开关均处于分闸位且带电显示装置（ED）监测无电（电压 < 15%U_N）时，图 9.7 中 QF$_{13}$、QS$_9$、ED 闭合，联锁电磁铁受电吸合活门，允许手动操作接地开关。

如图 9.6 所示，接点 QS$_7$（QSE$_7$）在隔离开关（接地开关）完全合闸时打开，在操作途中和完全分闸时闭合；接点 QS$_4$（QSE$_4$）在隔离开关（接地开关）完全分闸时打开，在操作途中和完全合闸时闭合。这样，无论是分闸操作还是合闸操作，在其操作途中，QS$_7$（QSE$_7$）和 QS$_4$（QSE$_4$）同时闭合，HL 受电点亮，指示操作过程正在进行。

五、断路器操动机构的弹簧储能与闭锁

如图 9.5 所示，断路器的操动机构中，若合闸弹簧已完成储能，则合闸弹簧限位开关的常闭接点 S_1 和 S_3 处于断开位置，控制继电器 KC 不受电，其常开接点 KC$_2$ 和 KC$_4$ 断开，储能电机 M 不运转。串联于断路器合闸回路的合闸弹簧限位开关的常开接点 S_4 处于闭合位置，储能电机控制继电器 KC 常闭接点 KC$_1$ 闭合，允许断路器合闸操作。

断路器合闸后使合闸弹簧能量完全释放，常开接点 S_4 打开，禁止断路器合闸操作。同时，其限位开关的常闭接点 S_1 和 S_3 复归闭合，使控制继电器 KC 线圈受电，其常开接点 KC$_1$ 和 KC$_2$ 闭合，使储能电机 M 受电运转，合闸弹簧开始储能。储能时间约 7 s，当合闸弹簧储能到位后，S_1 和 S_3 断开，储能电机停转。

此外，合闸弹簧限位开关的常开接点 S_2 通过微机测控保护装置开关量输入回路，为监控系统提供合闸弹簧储能状态信息，如图 9.8 所示。

六、断路器的电气防跳

操作过程中，断路器在短时间内反复出现分、合闸的情况，被称为断路器的"跳跃"。多次频繁跳跃不仅会使断路器损坏，而且还会扩大事故范围。为此，必须采取防跳措施，通常在控制回路中设置电气防跳措施。

断路器的跳跃现象一般发生在其继电保护的保护范围内存在永久性短路故障而且合闸回路无法断开的情况下。当断路器合闸送电至故障线路或设备后，继电保护装置动作使断路器跳闸，若微机测控保护装置的输出端子（见图 9.7 中的 MCU$_{19}$ 和 MCU$_{20}$）由于故障依然处于接通状态时，断路器将再次合闸，保护又将使断路器跳闸，如此反复分、合动作，即会发生跳跃现象。

如图 9.5 所示，设置防跳继电器实现电气防跳功能。防跳继电器的电阻小、动作电压低的线圈 KCF 与电阻 R 3（3.4 kΩ）、R 4（750 Ω）串联后再并联于断路器的常闭辅助联动接点

电路。防跳继电器的一个常闭接点 KCF_1 与电阻 $R3$（3.4 kΩ）并联，另一个常闭接点 KCF_3 串联于合闸线圈 YC 的工作回路中。

如图 9.5 所示的控制回路中，当送电线路中存在有永久性故障点时，若工作人员操作合闸，则使微机测控保护装置输出端子 MCU_{19} 和 MCU_{20} 导通，YC 受电动作，驱动断路器合闸。一方面，断路器动、静触头接近并预击穿，一次主电路中有短路电流流过，电缆光纤差动保护装置动作（见图 9.7），其端子 FDP_5 和 FDP_6 瞬间导通，此时断路器的常开辅助接点 QF_2 和 QF_4 已经先于主触头闭合，则 YT 受电断路器跳闸；另一方面，断路器的常闭辅助接点 QF_1 和 QF_3 在合闸过程中断开，若此时微机测控保护装置的输出端子（见图 9.7 中的 MCU_{19} 和 MCU_{20}）由于故障始终处于接通状态，则使：

（图 9.7）+ 201—MCU_{19-20}—XB 1—H—（图 9.5）KCF—KCF_1—R 4——YC 线圈—V 6—N 1—（图 9.7）- 201；

电路接通，KCF 和 YC 将会同时受电，KCF、$R4$、YC 串联分压，YC 分得的电压低于动作值，而 KCF 受电动作，KCF_1 断开使 $R3$ 串入电路，YC 分得的电压更低，而 KCF_3 断开，也使合闸线圈 YC 无法单独受电，有效避免了微机测控保护装置的输出端子（见图 9.7 中的 MCU_{19} 和 MCU_{20}）故障接通时的再次合闸。

若微机测控保护装置的输出端子（见图 9.7 中的 MCU_{19} 和 MCU_{20}）没有故障导通现象，则防跳继电器 KCF 线圈不可能受电动作。电路的正常合闸功能不受影响。

第四节　读识直流开关柜控制、信号电路图

本节以某型号直流馈线开关柜的控制信号电路为例，介绍直流断路器的分合闸回路工作原理，帮助学员学习直流开关柜二次回路读图方法。

该直流馈线开关柜图纸采用单元图的绘制形式，图纸页数多，共计 50 页，本节仅将涉及的图纸做了局部摘录，图纸中采用的非国标的图形和文字符号，本节讲解保持图纸原貌未做修改。

一、电路基本结构分析

1. 直流馈线开关柜的一次主电路图结构分析

直流馈线开关柜的一次主电路图如图 9.9 所示。该图中的 +S4-Q0 为直流馈线断路器，相当于本教材 2.4 节的图 2.22 中的 211、212、213、214 断路器中的任意一台，主母排 Z-Bs + 也就是图 2.22 中的牵引变电所的 DC 1 500 V 牵引母线正母线，主母排通过 202 断路器从变电所整流器获得正电源，图中 9.9 中的-XA、-XB 就是本教材 4.7 节图 4.63 中的"母线室固定触头、断路器移动触头"，其中，-XA 是断路器手车上部固定、移动触头，实现断路器手车在工作位时与主母排的电气联络；-XB 是断路器手车下部固定、移动触头，实现断路器手车在工作位时与馈线电缆的电气联络。-XC 是接地固定、移动触头，断路器手车在工作位时，不带电的车体通过该对触头可靠接地。

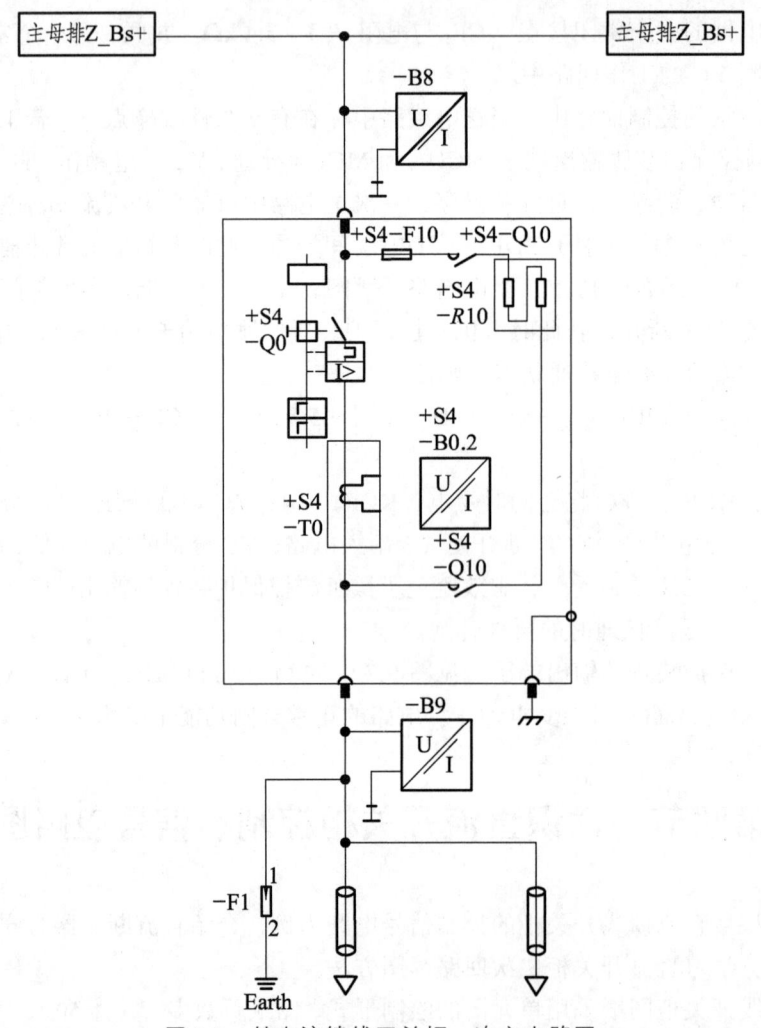

图 9.9 某直流馈线开关柜一次主电路图

-B8 是电压变送器，用来测量该条馈线的馈线电压。+S4-T0 是分流器，串联在 DC 1 500 V 等级主电路中，和-B9（电压变送器）配合工作，以电压信号的输出实时测量的馈线电流。形式-F1 为避雷器。+S4-F10、-S4-Q10、S4-R10、+S4-Q10 共同构成线路测试单元，其功能是在断路器向接触网合闸送电前先通过测试电阻试送电确认接触网绝缘是否良好，避免盲目合闸于短路故障线路，保护断路器。其中，+S4-F10 为线路测试熔断器，-S4-Q10、+S4-Q10 线路测试接触器，S4-R10 为线路测试电阻，阻值为 52 Ω。

2. 直流馈线开关柜的控制信号电路图结构分析

图 9.10 ~ 9.14 是直流馈线开关柜的控制信号电路图。

图纸当前页纵向分为 8 个区，每个纵区对应的设备与相关设备采用相对标号法索引其他有关页面的图纸内容。

例如，图 9.10 中，"18.8/-024L4/1 +"：其中 "-024L4/1 +" 表示 DC 24 V 保护电源正

极,"18.8"表示该保护电源正极母线来自于图册的第 18 页图纸的第 8 区。图 9.11 中,"+S3-B99.2/28.1":其中"+S3-B99.2"表示直流开关柜的微机控制单元,"28.1"表示本页相关接点在图册的第 28 页图纸的第 1 区,图纸 28 是完整的微机控制单元端子图。

+S3-B99.2 是直流开关柜的微机控制单元,可以接收分合闸按钮提供的就地操作命令,也可以通过通信通道,获得来自变电所控制室或者远方电力调度的分合闸命令。

+S2-K12、+S2-K0.1、+S2-K0.2、+S2-K0.5 等为微型继电器,工作电源为 DC 24 V,带 LED 指示,继电器线圈两端并联续流二极管用于反极性保护。

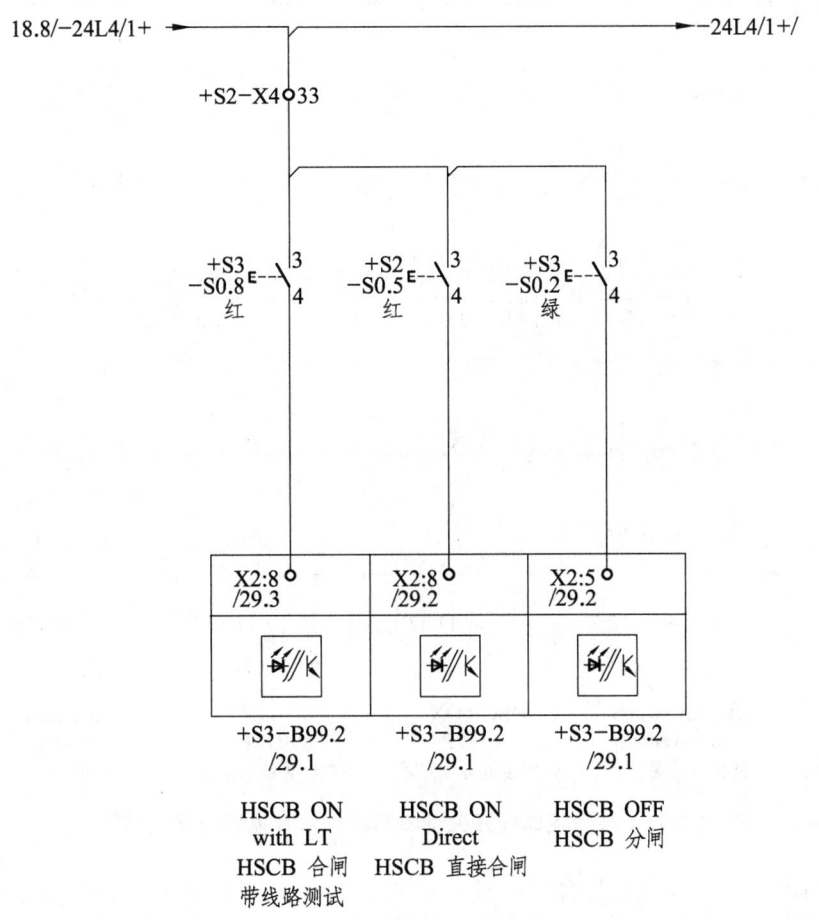

图 9.10 某直流馈线开关柜断路器操作回路电路图

二、直流断路器的合闸工作原理分析

1. 带线路测试合闸

图 9.10 为直流馈线柜操作回路图,图中 +S3-S0.8 为安装在直流开关柜正面面板上的合闸按钮(带线路测试),一般为红色。按下合闸按钮可以发出就地操作合闸命令(先进行线路测试,测试合格后再合闸)。

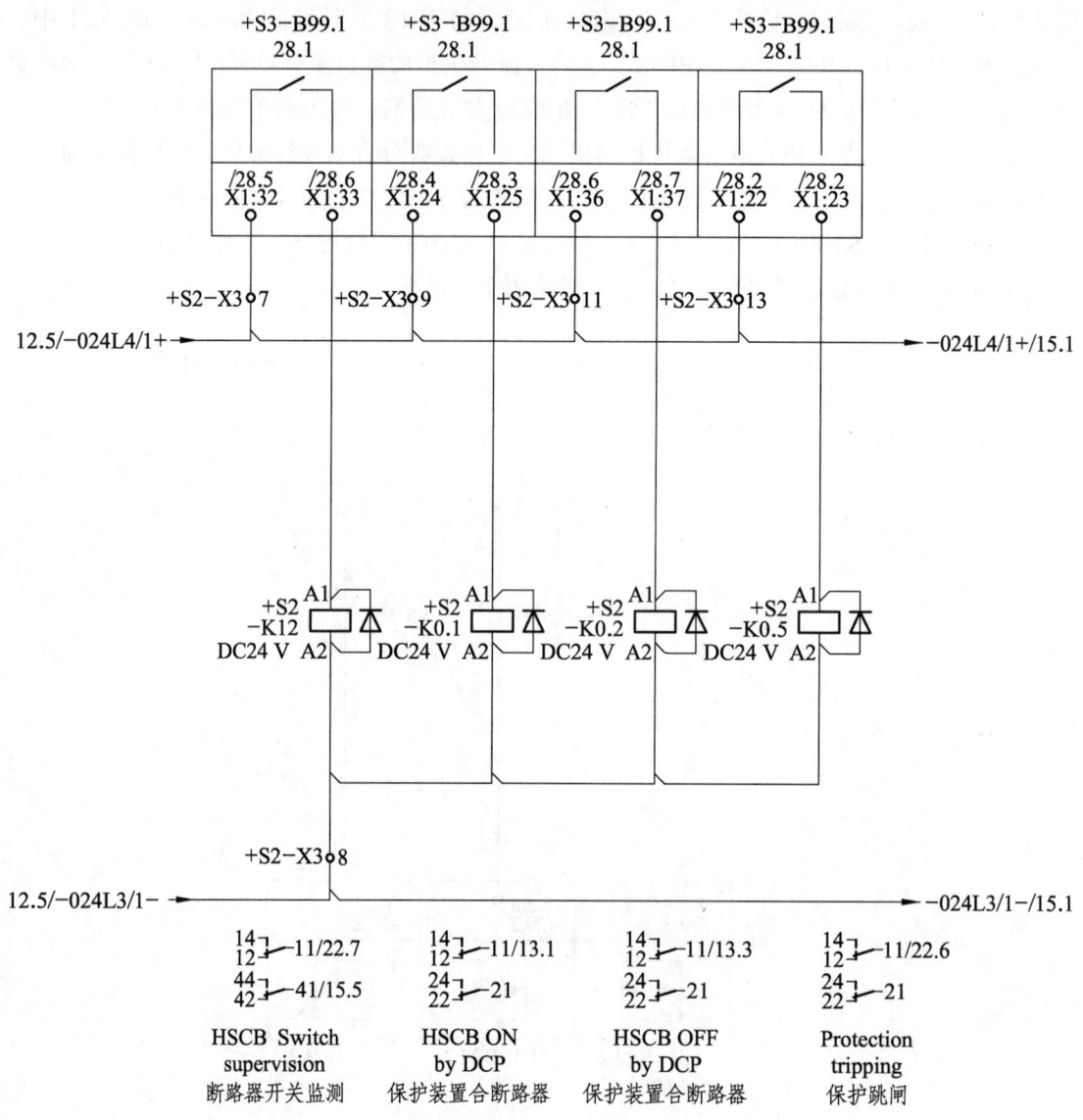

图 9.11 某直流馈线开关柜断路器动作继电器回路电路图

如图 9.10 所示,按下红色合闸按钮(带线路测试)+S3-S0.8,其常开接点 +S3-S0.8$_{3-4}$ 闭合,向微机控制单元 +S3-B99.1 送入正电源脉冲,使其发光二极管亮启动测试回路。图 9.9 中的线路测试单元(+S4-F10、-S4-Q10、S4-R10、+S4-Q10 共同构成)将开始工作,判断即将送电的接触网回路绝缘是否良好(工作原理在继电保护相关内容中讲解,此处略)。

若接触网回路绝缘良好,则线路测试合格。图 9.11 中,微机控制单元 +S3-B99.1 的内部端子 X1:24 和 X1:25 闭合接通,为微型继电器 +S2-K0.1(用于保护装置合断路器回路)提供正电源,微型继电器的线圈 +S2-K0.1A1-A2 获得动作电压,受电动作。图 9.12 中,微型继电器的常开接点 +S2-K0.1$_{11-14}$ 闭合,接通直流断路器合闸装置中的端子(X2:4 和 X2:5),使直流断路器合闸装置中的合闸线圈得电,电动力执行断路器合闸。

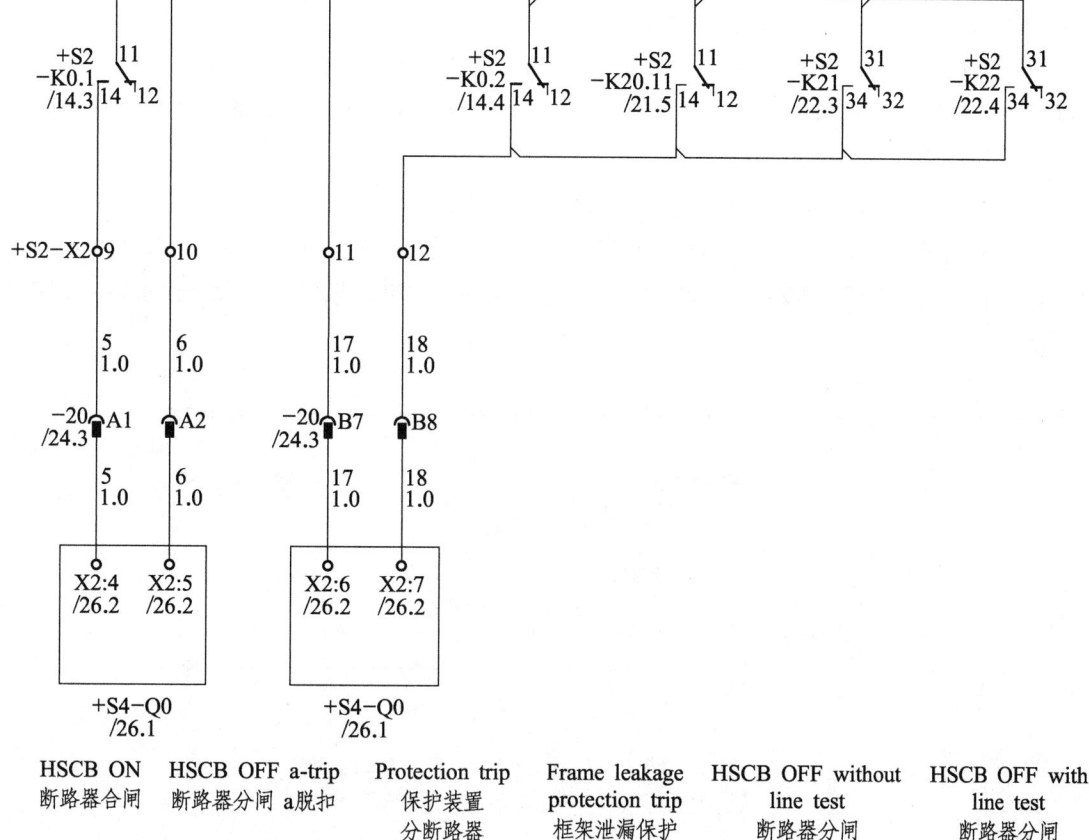

图 9.12 某直流馈线开关柜断路器动作回路电路图

2. 直接合闸

图 9.10 为直流馈线柜操作回路图,图中 +S3-S0.5 为安装在直流开关柜正面面板上的合闸按钮(直接合闸),一般为红色。按下这个合闸按钮可以发出就地操作直接合闸命令。

如图 9.10 所示,按下红色合闸按钮(直接合闸)+S3-S0.5,其常开接点 +S3-S0.5$_{3-4}$ 闭合,向微机控制单元 +S3-B99.1 送入正电源脉冲,使其发光二极管亮启动触发直接合闸命令。

图 9.11 中,微机控制单元 +S3-B99.1 的内部端子 X1:24 和 X1:25 闭合接通,为微型继电器 +S2-K0.1(用于保护装置合断路器回路)提供正电源,微型继电器的线圈 +S2-K0.1A1-A2 获得动作电压,受电动作。图 9.12 中,微型继电器的常开接点 +S2-K0.1$_{11-14}$ 闭合,接通直流断路器合闸装置中的端子(X2:4 和 X2:5),使直流断路器合闸装置中的合闸线圈得电,电动力执行断路器合闸。

3. 直流断路器(HSCB)的合闸位置指示

直流断路器合闸成功后,其辅助触头 X4 切换,常开触头闭合,一方面,在图 9.13 中微机控制单元 +S3-B99.1 点亮发光二极管发红光;另一方面,在图 9.14 中分合闸位置指示灯 S3-H2(安装在直流开关柜正面面板上)亮红色。

图 9.13 中，+S4-Q0（X4:2、X4:1）闭合接通，使

（图 9.13）-024L3/1+ → +S2-X3（15）→X20（B3）→ +S4-Q0（X4:2、X4:1）→X20（B4）→ +S3-B99.1（X1:5、X1:4）→ +S2-X3（10）→-024L3/1-电路接通。至此发光二极管亮指示断路器合闸。

图 9.14 中，+S4-Q0（X4:8、X4:7）闭合接通，使

（图 9.14）-024L4/1+ → +S2-X4（17）→X20（C7）→ +S4-Q0（X4:8、X4:7）→X20（C8）→ +S3-H2（X2、X0）→ +S2-X4（10）→-024L4/1-电路接通。分合闸指示灯 +S3-H2 亮红色。

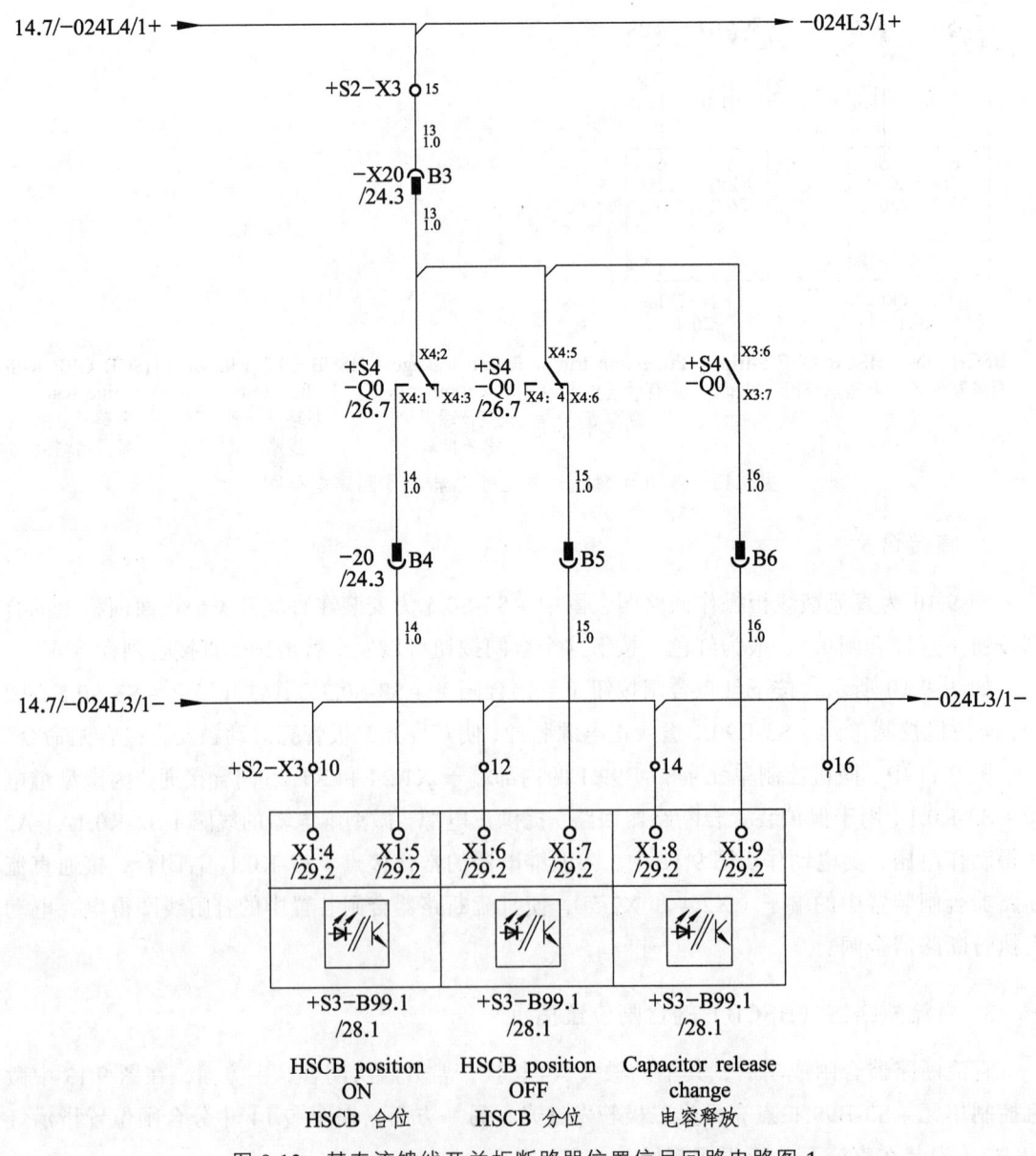

图 9.13 某直流馈线开关柜断路器位置信号回路电路图 1

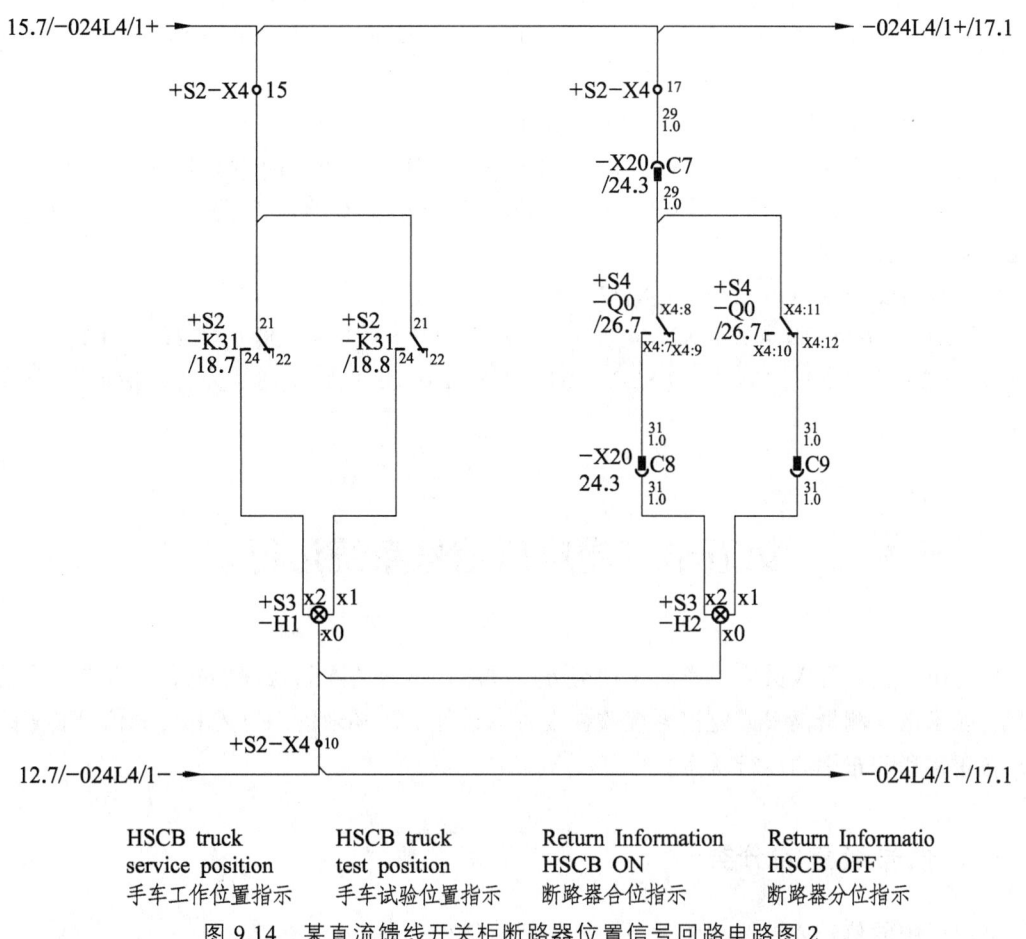

图 9.14 某直流馈线开关柜断路器位置信号回路电路图 2

三、直流断路器的分闸工作原理分析

1. 分闸操作原理

图 9.10 为直流馈线柜操作回路图,图中 +S3-S0.2 为安装在直流开关柜正面面板上的合闸按钮,一般为绿色。按下这个分闸按钮可以发出就地操作直接分闸命令。

如图 9.10 所示,按下绿色分闸按钮 +S3-S0.2,其常开接点 +S3-S0.2$_{3-4}$ 闭合,向微机控制单元 +S3-B99.1 送入正电源脉冲,使其发光二极管亮启动触发直接分闸命令。

图 9.11 中,微机控制单元 +S3-B99.1 的内部端子 X1:36 和 X1:37 闭合接通,为微型继电器 +S2-K0.2(用于保护装置分断路器回路)提供正电源,微型继电器的线圈 +S2-K0.2A1-A2 获得动作电压,受电动作。图 9.12 中,微型继电器的常开接点 +S2-K0.2$_{11-14}$ 闭合,接通直流断路器分闸装置中的端子(X2:6 和 X2:7),使直流断路器分闸装置中的分闸线圈得电,电动力执行断路器分闸。

2. 直流断路器(HSCB)的分闸位置指示

直流断路器分闸成功后,其辅助触头 X4 切换,常闭触头闭合,一方面,在图 9.13 中微机控制单元+S3-B99.1点亮发光二极管发绿光；另一方面，在图9.14中分合闸位置指示灯S3-H2（安装在直流开关柜正面面板上）亮绿色。

图9.13中，+S4-Q0（X4:5、X4:6）闭合接通，使

（图9.13）-024L3/1+→+S2-X3（15）→X20（B3）→+S4-Q0（X4:5、X4:6）→X20（B5）→+S3-B99.1（X1:7、X1:6）→+S2-X3（12）→-024L3/1-。电路接通。至此发光二极管亮指示断路器分闸。

图9.14中，+S4-Q0（X4:8、X4:7）闭合接通，使

（图9.14）-024L4/1+→+S2-X4（17）→X20（C7）→+S4-Q0（X4:11、X4:12）→X20（C9）→+S3-H2（X1、X0）→+S2-X4（10）→-024L4/1-电路接通。分合闸指示灯+S3-H2亮绿色。

第五节 变电所信号系统运行

变电所中，运行人员为了及时发现与分析故障，迅速消除和处理事故，统一调度和协调生产，除了依靠测量仪表或监视系统监视设备运行外，还必须借助灯光和音响信号装置来反映设备正常和非正常的运行状态。

一、信号装置的分类

变电所中的信号装置按其用途不同，一般有下列三种：

1. 位置信号

它主要指示开关电器的位置状态。一般由亮平光的红、绿信号灯组成，位置信号安装在相应的开关柜上。

2. 继电保护和自动装置动作信号

它主要指示故障对象和故障性质，一般由信号继电器和报警窗口文字组成。

3. 中央信号

变电所运行中，除了正常运行状态外，还有事故状态和不正常运行状态。事故状态是指电路发生短路故障，并导致断路器自动跳闸而中断供电的情况。例如电气设备和线路发生短路故障引起断路器自动跳闸。断路器自动跳闸时，应发出事故音响信号和说明事故性质的告警文字信号。此外，由已跳闸断路器的绿色信号灯（图标）闪光，指示事故发生的对象。不正常运行状态是指主电路、二次电路发生故障，但未引起断路器自动跳闸的运行状况，如主变压器油温过高、过负荷、直流系统接地等。变电所运行中发生不正常运行状态时，应发出电铃音响信号，同时相应的告警文字有灯光显示，表明其性质和不正常运行设备的所在。事

故音响信号、预告音响信号、全所共用的告警文字信号等合称为中央信号。

装置按发出信号的性质分为事故信号装置和预告信号装置，事故状态时中央信号装置发出的相应信号称为事故信号。事故信号分为事故音响信号（蜂鸣器）、事故灯光信号及告警文字信号。

不正常运行状态时中央信号装置发出的相应信号称为预告信号。预告信号一般由电铃音响信号、掉牌信号和告警文字信号组成。

（1）瞬时预告信号

某些不正常运行状态一出现，就立即发出的信号称为瞬时预告信号。如主变压器轻瓦斯动作、主变油温过高、主变通风故障、操动机构的油气压力降低、直流电压异常、操作熔断器动作等不正常运行状态，均发出瞬时预告信号。

（2）延时预告信号

某些不正常运行状态出现后，需经一定的延时，经确认后，再发出的信号称为延时预告信号。主变过负荷、压互二次断线、直流控制回路断线、交流回路绝缘损坏等不正常运行状态均发出延时预告信号。

因为当主电路发生短路故障时会同时引起某些不正常的运行状态的出现，事故信号和预告信号将同时发出，不便于工作人员判断故障性质。若这类预告信号延时发出，延时时间大于外部短路的最大切除时间，则当外部短路故障切除后，这类不正常运行状态也随之消失，与事故信号同时启动的预告信号将自动返回，这样可以避免误发预告信号，便于工作人员分析处理事故。

二、信号装置的功能

1. 事故信号装置功能

事故信号是变电所发生事故时断路器的跳闸信号，引起断路器事故跳闸的原因如下：
① 线路或电气设备发生故障，由继电保护装置动作跳闸。
② 继电保护或自动装置误动作跳闸。
③ 控制回路故障误跳闸。

无论何种原因引起的事故跳闸，事故信号装置均应满足：
① 当断路器事故跳闸时，无延时发出事故音响信号，同时使相应断路器的位置信号灯闪光或亮白灯，监控主机主接线画面中相应断路器图标闪烁。
② 事故时应立即启动远动装置，发出遥信。
③ 事故音响信号应能手动复归或自动复归。

音响信号的复归方式可分为就地复归、中央复归、手动复归、自动延时复归等方式。
a. 就地复归：在电气设备安装所在地进行个别信号单独复归。
b. 中央复归：在主控制室内监控主机上集中复归。
c. 手动复归：值班人员在相应配电盘上进行复归。
d. 自动延时复归：信号发出后，经一定时间的延时，电路自动复归有关信号。

④ 事故时应有指明继电保护和自动装置动作情况的光信号和其他形式信号。
⑤ 能自动记录发生事故的时间。
⑥ 事故时,应能启动计算机监控系统。
⑦ 事故音响、灯光信号装置应能进行完好性检查试验。

2. 预告信号装置的功能

预告信号是变电所中电路或电气设备出现不正常运行状态的信号,包括以下内容:
① 各种电气设备的过负荷。
② 各种带油设备的油温升高超过极限。
③ 交流小电流系统接地故障。
④ 各种电压等级的直流系统接地。
⑤ 各种液压或气压机构压力异常、弹簧机构的弹簧未拉紧。
⑥ 用 SF_6 气体绝缘设备的 SF_6 气体密度或压力异常。
⑦ 各种继电保护和自动装置的交、直流电源断线。
⑧ 断路器的控制回路断线。
⑨ 电流互感器和电压互感器的二次回路断线。
⑩ 继电保护和自动装置的信号继电器动作未复归。
⑪ 其他值班员需要了解的一些运行状态也可发出预告信号。

当变电所中电路或电气设备出现不正常运行状态时,值班人员应能通过预告信号装置立即知道,并及时记录与处理,防止事故发生。因此,对预告信号装置提出以下要求:
① 预告信号出现时,应能瞬时或延时发出与事故信号有区别的音响信号,同时有灯光信号指出不正常运行内容。
② 能手动复归或自动复归音响信号,显示故障性质的灯光信号应保留,直至故障排除。
③ 预告信号装置应具有重复动作的功能。

所谓重复动作,主要是对音响信号而言,当第一个故障出现时的音响信号解除之后,灯光信号未复归之前,也就是第一个故障未排除前,如果又出现不正常工作状态,中央信号装置仍能按要求发出音响及灯光信号。在上述时间范围内不能连续发出若干音响信号,而只有当前一个故障排除后,才能发出后续故障的音响信号时,称为不重复动作。
④ 预告音响、灯光信号装置应能进行完好性检查试验。

第六节　变电所二次系统故障定位与处理

变电所一次设备比较直观,而低压设备相互之间的关系和电气联系很难从设备外部看出来,因此二次回路故障的特点是隐蔽性强。二次回路出现故障,有可能引起断路器和继电保护装置的误动或拒动,也可能引起各种信号显示、仪表指示错误。因此二次回路出现故障后,应尽快查找,经过处理使其恢复正常工作状态。二次回路一般出现三大类型的故障:　断路、短路、直流接地，在查找故障时，首先要根据故障现象、事故及预告信号显示情况、有关表计指示情况等进行综合分析，判定属于哪一类故障，再运用相应的方法进行查找。

一、电阻法及短路故障分析

1. 电阻法基本原理

断开电源，用万用表欧姆挡测量有关部位的电阻值。若所测电阻值与要求的电阻值相差较大，则该部位极有可能就是故障点。一般来讲，触点接通时，电阻值趋近于"0"，断开时电阻值为"∞"。导线连接牢靠时连接处的接触电阻也趋于"0"，连接处松脱时，电阻值则为"∞"。各种绕组（或线圈）的直流电阻值也很小，往往只有几欧姆至几百欧姆，而断开后的电阻值为"∞"。

2. 电阻法判断故障点举例

如图 9.15 线路中，用电阻法判断故障点，其操作方法是：断开电源将万用表置于"Ω"挡，且一般选择"*1000"，将万用表 – 表笔（红）接于电路中的"1"点，手持另一表笔（黑），依次将表笔接于"2"至"7"。在"4"点处，应手动将 SB_2 按钮闭合后再断开，观察表头有无变化，以检验此触点是否正常。再按住 SB_2 按钮，依次检查其他各点，在"5"点万用表指示电阻为线圈 KM 的电阻，假定在"4"点发生断路，则在"5"点万用表指示电阻为"∞"，具体故障点在什么地方，必须用万用表在"4"与"4'"再测量，如 4 点指示电阻为"∞"，而在"4'"处指示电阻为"0"，则断路故障发生在"4"与"4'"之间的连接线处。

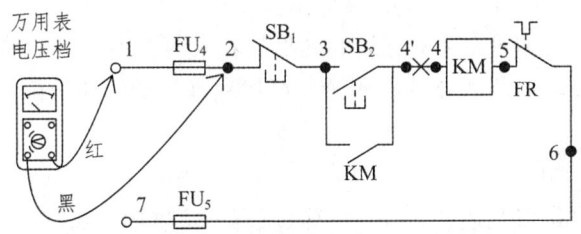

图 9.15 用万用表查找短路故障（电阻法）

如用电阻法判短路故障，根据短路点（即短路两端）的电阻（或阻抗）为零或接近于零的特点，短路故障发生后，电路的保护元件（如熔断器断路器等）动作，而保护元件可能控制多个回路组成的区域，因而查找电气短路故障，必须先从故障区域找出故障回路，然后再在故障回路中找到短路故障点。

以图 9.16 为例，在电路断电后，用万用表欧姆挡（电阻挡）测定短路回路电阻的方法。假定熔断器 FU 的熔体熔断，说明该熔断器保护的区域发生短路故障，这个故障区域包括 1~4 四个回路和干线。在断开电源的情况下，将熔断器 FU 的熔体接好，将万用表置于欧姆挡"*1"或"*10"，接于 L_1、L_2 端，且断开 $S_1 \cdots S_4$，使各回路断开。若万用表指示电阻为零，说明短路故障发生在干线上。若万用表指示电阻为"∞"或很大，则短路故障发生在 1~4 的某个回路中。依次合上开关 S_1、S_2、S_3、S_4，若合上 S_1、S_2、S_3 时，万用表指示电阻为某一确定值，合上 S_4 时，万用表指示电阻为零，则说明故障点在第四回路中。

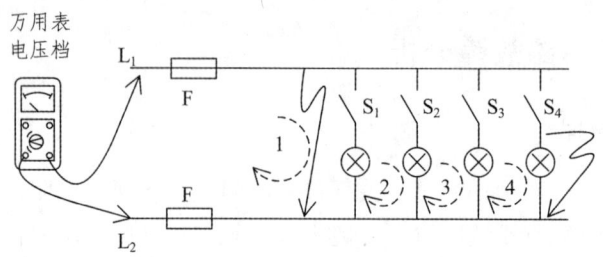

图 9.16　用万用表查找短路故障（电阻法）

查找到短路故障支路后，还要继续确定故障点的具体部位。短路故障点必然是回路中降压元件（如灯泡、电压型线圈、电动机绕组、电阻等负载）的两端或内部。

以图 9.17 所示的电路为例，查找该回路短路故障点的方法是：断开降压元件 R（图中为灯泡）的一端，用万用表电阻挡测量 1～2 之间（即降压元件两端）的电阻。若电阻为零，说明短路点在此负载内部；若电阻为某一数值，说明负载内部完好，短路点在负载设备外部。

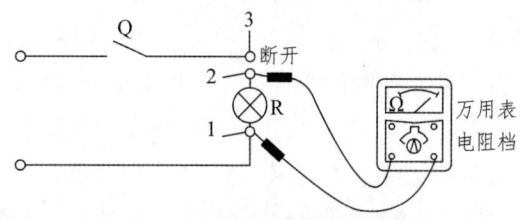

图 9.17　短路故障点的查找方法

若短路点在外部，再测量 1～3 点间的电阻。若阻值为零，则短路故障在 3 号导线至 1 号导线间。断开这些线段的某些点依次测量，可找到确定的短路故障点。

3. 电阻法检查的规律

电阻法检查的规律是由上述"通"（零电阻或有一定电阻）与"断"（电阻"∞"）所表示的基本特征决定的。

"通"表示：若两测量点处于同一支路内，则两点间短路或通路（有一定电阻）；若两测量点在不同支路内，则两点间短路。

"断"表示：若两测量点处于同一支路内，则两点间开路；若两测量点在不同支路内，则两点间开路。

4. 电阻法检查的特点

（1）断电检查。整个检查必须在断电状态下进行，使故障不会扩延。

（2）测量不准确时，容易造成误判。同一支路要考虑整个回路电阻，并联支路要断开。如图 9.18 所示，测量时，要考虑到回路 Ⅰ 变压器副边绕组电阻和回路 Ⅱ 的并联支路的电阻。

（3）可以判断短路故障。

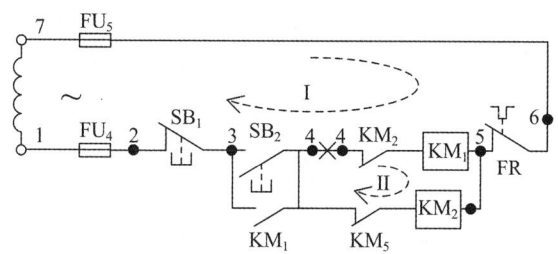

图 9.18 用万用表查找短路故障（电阻法）

二、电位分析法及短路故障分析

1. 电位法基本原理

"电位法"又称为"电压降法"，是用万用表电压挡测量两点之间的电压是否正常，适用于正常情况下无断点的有源回路。用"电压降法"查回路断路故障时，应将回路接入电源，并根据电源的性质（交流或直流）选用合适的电压挡位。

2. 电压法在电气故障分析中的应用

（1）电气装置元件损毁的故障排查

电气元件能够正常发挥作用的前提是线路接线正确，有稳定的电源电压，同时电气元件自身功能完好，但是如果电气装置本身出现故障，则电气元件的功能将无法发挥。根据实际电气元件故障分析，部分电气元件指示灯熄灭、部分继电器在系统短路等情况下没有动作，此时通过电压测试法，根据电气元件两端的电压情况予以分析，根据电压值反映出不同电气元件是否出现损毁。

图 9.19 所示为电气元件损毁电路示意图，如果断路器跳闸，此时 $SA_{10\text{-}11}$ 控制开关触点会处于闭合状态，继电器 KTP 会有动作，$KTP_{9\text{-}11}$ 触点也会闭合，1HGn 绿灯平光，断路器处于跳闸位置。如果绿灯熄灭，可通过电压测试法进行故障排查。

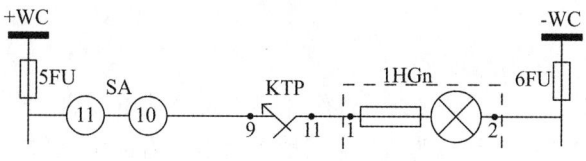

图 9.19 电气元件损毁电路示意图

故障排查中，若正常电源电压为 220 V，即电源正极与负极的电压为 220 V，对绿灯两端电压测量，如果电压值显示为 220 V，表明整个线路接线正常，绿灯元件电压正常，综合上述信息可推断出整个电气系统中的绿灯元件有损毁，需要对绿灯元件予以更换。

（2）电气装置支路断线的故障排查

正常电路系统中包含了不同的电气元件，电气元件本身存在电阻，因此，电路系统中不同电气元件之间存在电压差，串联电路中具有相同的电流，即流过每个电阻的电荷量相等，而整个电路中不同电气元件分电压之和为整个电路的电压。图 9.20 所示为正常情况下的支路断线检测示意图，其中包含多个电气元件，电压测试法在使用中，将万用表调节到直流电压挡，黑色表笔放置到 h 点，红色表笔依次在其余不同点逐个完成测试，整个测试中不同电气元件有一定的电压值。

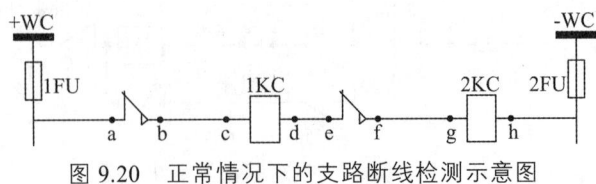

图 9.20　正常情况下的支路断线检测示意图

图 9.21 所示为断线故障下的支路断线检测示意图，当支路中有断线故障时，整个线路中将没有电流通过，没有电流，不同电气元件的电压也直接降低为 0。通过电压测试法逐一排查，能够找到出现断线的位置。使用万用表，将其调整到直流电压挡，黑色表笔放置到 h 点，然后通过红色表笔从 a 点向 g 点逐一排查，排查中发现 a、b、c、d 不同电气元件显示结果为额定电压，而 e、f、g 不同点侧测量结果为零，则说明 d 点和 e 点之前存在故障，此时需要对 d 点与 d 点之间接线检查，并重新接线，则可排除故障，恢复电气元件正常供电。

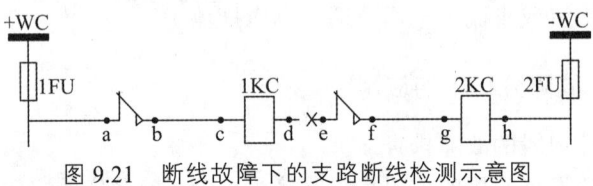

图 9.21　断线故障下的支路断线检测示意图

三、直流接地故障的查找

在牵引变电所运行中，只要是直流系统绝缘监察装置发出预告信号，工作人员即可认为发生了直流接地故障（先排除是否误动作）。直流系统一点接地不影响设备正常运行，但当多点接地时，则有可能造成继电保护和断路器的误动和拒动。由于直流接地故障危害很大，因而一旦发生应立即查找并排除。查找直流接地故障应按先室外后室内、先低压后高压、先备用设备后运行设备的原则进行。

1. 具体操作步骤

（1）出现直流接地信号后，首先查看绝缘监察表及对地电压表，确定正极还是负极接地。此时用万用表测对地电压，接地极为 0，非接地极为本所直流系统额定电压。

（2）对于控制、合闸等回路，由于是环路供电，应先拉开环路开关。

（3）进行各回路的拉合试验。当拉开某一回路，接地信号消失（或万用表测对地电压恢复正常），则可判定接地点在这一回路。

（4）在接地故障回路再分别甩线，进一步缩小故障范围。

2. 查找直流接地故障时应注意的问题

（1）查找故障前应通知供电调度，尽可能避免倒闸操作。

（2）查找和处理故障，应二人同时进行。一人拉合回路，一人监护并监视信号，不得造成短路或另外的接地点。

（3）尽量少切断直流回路，并应采取措施防止直流失压后保护误动。

（4）无论该直流回路接地与否，拉开后应尽快合上，切断时间不超过 3 s。

以上介绍了低压回路常见故障的查找方法，但是要想准确迅速地查找低压回路故障，还必须做到：深刻理解并掌握变电所低压回路的工作原理；了解低压回路标号方法，熟悉设备的动作原理；熟悉低压回路走向及设备的安装情况；运用"对地电位法"查找直流回路故障时，能很快判定该回路各点的正常电位；能综合各种现象分析，缩小故障范围，减少不必要的检查；与中央信号装置有关的信号出现异常时，应先试验对应的中央信号是否正常，以确定是中央信号装置故障，还是发出动作信号的二次回路故障。

查找二次回路故障是一项技术性很强的工作，需要技术人员具备扎实的理论知识和丰富的实践经验，并且在查找时要头脑冷静，思路清晰，才能准确而迅速地判断故障、排除故障，使系统正常运行。

 复习思考 >>>

1. 断路器、隔离开关控制电路的结构包括哪几部分？
2. 断路器的控制信号回路应满足哪些要求？
3. 断路器控制回路为什么要设置电气防跳措施？防跳原理是什么？
4. 断路器分、合闸控制回路为什么要用其操动机构中的辅助接点？
5. 继电器线圈并联反向二极管的目的是什么？
6. 分析弹簧操动机构断路器控制信号电路分合闸操作的工作原理。
7. 分析弹簧操动机构断路器控制信号电路中储能电机的工作过程。
8. 分析弹簧储能液压操动机构断路器控制信号电路分合闸操作的工作原理。
9. 分析弹簧储能液压机构断路器控制信号电路中液压监视、闭锁与储能原理。
10. 分析交流中压开关柜停电、送电操作的操作过程及工作原理。
11. 简述交流中压开关柜中断路器、隔离开关、接地开关的操作原则及其控制电路的实现原理。
12. 简述交流中压开关柜中隔离开关、接地开关如何实现手动与电动操作的互锁。
13. 变电所常见预告信号有哪些？哪些预告信号延时发出？哪些预告信号瞬时发出？为什么？
14. 变电所一般装设哪些信号系统？各起什么作用？
15. 分析图 9.22 并完成以下问题。

（1）分析隔离开关操动机构分闸工作原理。

（2）分析隔离开关操动机构合闸工作原理。

（3）分析隔离开关操动机构分合闸急停工作原理。

（4）简述 ZC 和 FC 在电路中的作用。

（5）根据安装接线图，简述分闸合闸控制回路、电机回路的电路连接关系。

（6）如果该隔离开关需要与某一台断路器实现联动操作，应当将断路器的常闭辅助接点如何接入图 9.22 隔离开关的控制回路中，以实现对隔离开关的"先合后分"操作原则？

（7）对分合闸控制回路进行改造，新增当地和远方控制方式转换开关，实现远方分合闸操作功能，同时实现远方操作和就地操作的相互闭锁。

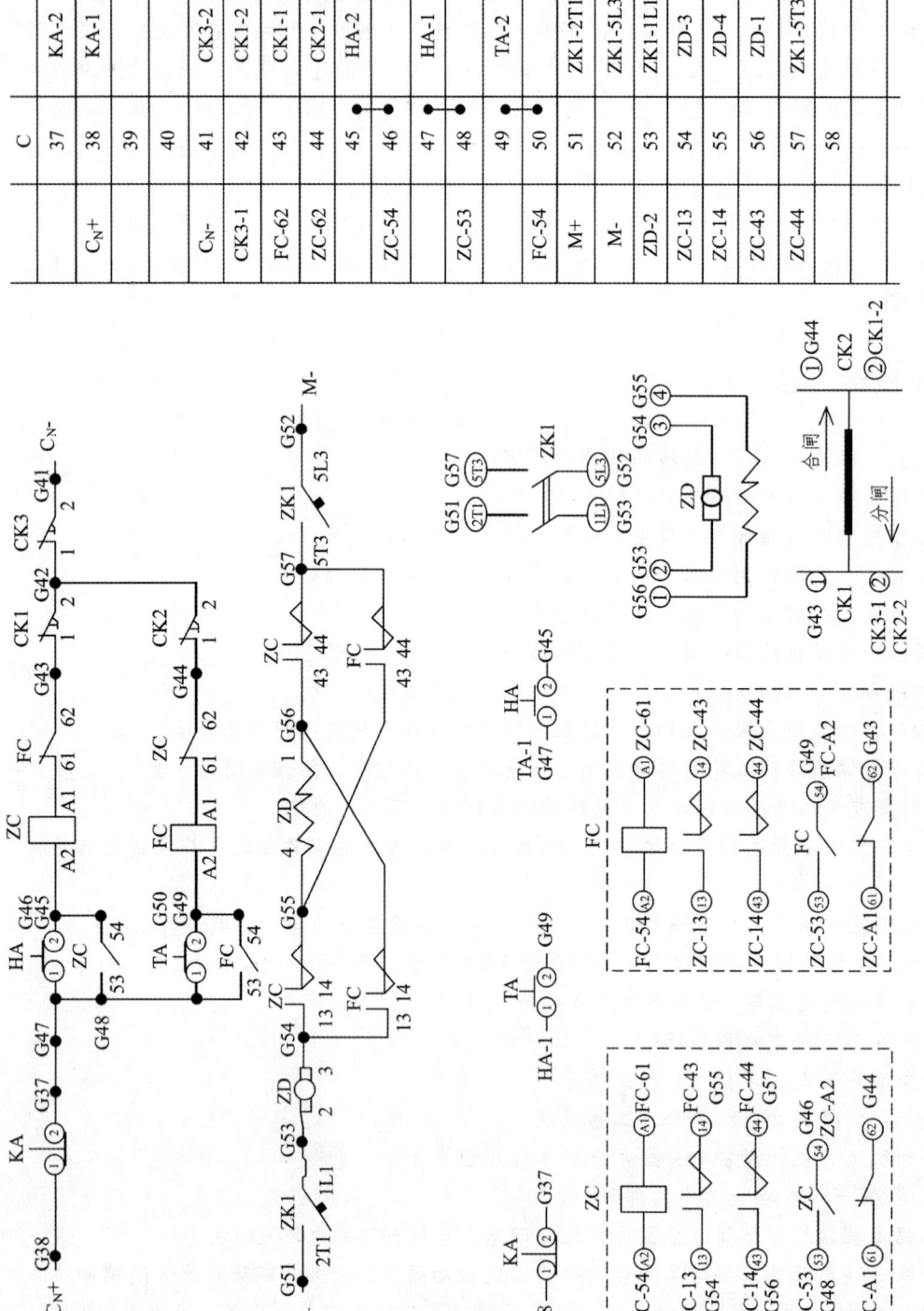

图 9.22 隔离开关控制电路图

> 阅读材料 >>>

阅读材料 7：绿色城轨

力争 2030 年前实现碳达峰、2060 年前实现碳中和，是以习近平同志为核心的党中央统筹国内国际两个大局做出的重大战略决策。城轨交通是大容量公共交通基础设施，是城市引导承载绿色低碳出行的骨干交通方式。绿色低碳发展是城轨交通行业面临的历史性任务。

2022 年 8 月 18 日，中国城市轨道交通协会发布了《中国城市轨道交通绿色城轨发展行动方案》。

城轨交通绿色转型是绿色城轨建设的主线。研究城轨交通全行业的绿色发展规律，聚焦牵引能耗、车站能耗、综合能耗、碳排放量等重点强度指标，围绕节能降碳、吸引客流、清洁能源等关键构成要素，通过绿色规划、绿色设计、绿色建造、绿色运营、绿色维保等全生命周期持续实施，通过绿色行动策划、绿色装备研发制造、绿色建筑建造、绿色建材和材料研发利用、绿色技术创新、绿色标准推广、绿色评价引领等全产业链全面推进，在城轨交通行业重点实施"绿色规划先行行动、节能降碳增效行动、出行占比提升行动、绿色能源替代行动、绿色装备制造行动、全面绿色转型行动"的六大绿色城轨行动，强力推进全行业绿色转型，最终建成绿色城轨，促进城轨交通可持续高质量发展，助推交通强国和美丽中国的建设。

一、绿色运营

（1）采用建筑光伏一体化技术，充分利用城轨车站及附属建筑屋顶和垂直外表面、人行天桥、疏散平台、沿线边坡等可用场地发展光伏发电，并将光伏发电产生的电能优先用于满足车站建筑自身的用电需求。

（2）车站建筑采用直流母线供电，通过 DC/DC 转换与智能调控装置调节用电功率，实现"柔性用电"。

（3）设置储能或蓄电池装置，调节峰谷电能，实现光伏发电与城市电网的匹配，增强用电可靠性。

（4）推进智能充电桩与车站建筑内部配电系统的一体化，实现城轨向城市电网供电，有助于解决城市客运"最后一公里"问题。

（5）采用直流式、智能化的照明、电扶梯、通风空调系统，试点节能列车运行控制模式，在实现电能消耗最小化的同时，确保乘客舒适性，吸引公众选择城轨出行。

二、绿色维保

（1）以城轨设备设施养护维修为基础，基于全域设备设施 PHM 技术，建立能耗管理工作机制，实现对城轨建筑物、关键系统、设备设施等的寿命监测、故障诊断与状态评估，形成设备设施能耗台账，规避能耗统计边界不清、跨部门数据收集困难等问题。

（2）研发城市轨道交通能源管理平台。在实现能源管理基础功能的同时，与综合监控系统（ISCS）、电力监控系统（PSCADA）等既有的能源相关管控系统进行交互、集成与深度融合，基于大数据、物联网、云平台、人工智能、移动互联网等先进技术，结合客流量等城轨运营特征，研究行车组织、运营场景、客流量乃至城市交通结构与城轨能耗之间的关联关系，与工程总承包、全过程咨询、柔性供电技术等节能管控技术配合，实现能源动态管控，支撑城轨节能效果评估与决策。

第十章　城轨供电系统电力监控

 问题导入 >>>

课件：电力监控　　第十章彩版插图

"恪尽职守，稳供电，保运营"，是每一个城轨交通供电系统工作人员的职责所在。《地铁设计规范》(GB 50157—2013)指出，"地铁供电系统应设置电力监控系统"，"电力监控系统的功能应满足变电所无人值守的运行要求"。电力监控系统的组成如何？都有哪些设备？可以实现哪些功能？本章将扼要予以介绍。

 学习目标 >>>

1. 了解电力监控系统的组成。
2. 熟悉电力调度系统（主站）的设备及其功能。
3. 掌握变电所综合自动化系统（子站）的设备结构与功能。
4. 掌握电力监控系统的功能。
5. 掌握地铁变电所电力监控的主要内容。

内容讲解 >>>

第一节　电力监控系统的概念及其硬件构成

电力监控系统又称为电力远动系统，简称 PSCADA 系统，是以现代计算机、网络、自动化及信息技术为基础的新型计算机集成系统。系统可集成多个轨道交通自动化专业子系统，并可在集成平台支持下对轨道交通各专业进行统一监控，可实现各专业系统的信息共享及系统之间的联动控制，提高运营效率。

微课：电力监控系统的概念及其硬件构成

轨道交通电力监控系统是在供电系统设备的远程状态监控及远程控制的需求基础上逐步发展起来的。它对轨道交通供电系统中牵引降压混合变电所、降压变电所、跟随所、主变电所等不同变电所内的高压设备、中压设备、低压设备、直流设备、交直流电源屏、排流柜、轨道电位限制装置等对象进行监视、测量、控制，实现对各种设备的信息采集、数据的分析处理、报表的统计、事故报警、历史信息查询等控制功能，因而对于保障城市轨道交通的安全运行具有重要的意义。

轨道交通电力监控系统由控制中心的电力调度系统（含车辆段的复示系统）、变电所综合自动化系统及联系两者间的通道三部分组成，其中控制中心的电力调度系统作为一个子系统纳入综合监控系统（ISCS），包括电力调度系统、供电复示系统、通信通道及通信设备等部分；变电所综合自动化系统则设置在全线的主变电所、牵引降压混合变电所、降压变电所内。跟随所不单独设变电所综合自动化系统，纳入为其供电的主变电所、牵引降压混合变电所或降压变电所内。变电所综合自动化系统由站级管理层、网络通信层、间隔设备层、维护设备等部分组成。通信通道是利用综合监控系统组建的骨干传输网。

轨道交通电力监控系统网络结构图如图 10.1 所示。

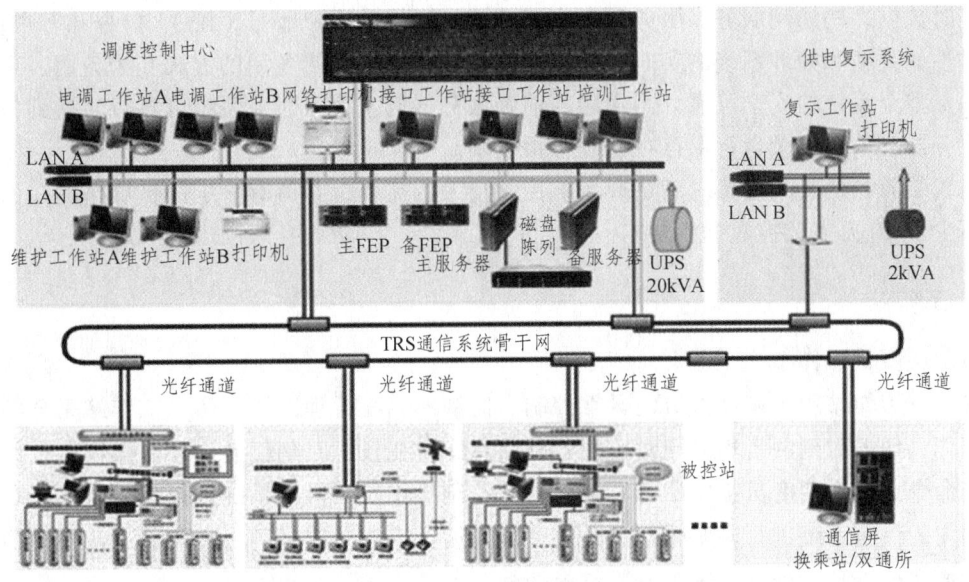

图 10.1　轨道交通电力监控系统网络结构图

一、控制中心电力调度系统

控制中心电力调度系统的主要设备包括：系统局域网络设备（中心机房网络交换机、调度大厅接入交换机、防火墙）、服务器（系统服务器、前置服务器）、工作站（调度员工作站、系统维护工作站、数据文档工作站、综合信息工作站、视频监视工作站）、打印机及其他网络连接附件、UPS 电源等。

1. 系统局域网络

电力调度系统的局域网络采用双以太网的结构，互为备用。正常状态下双网同时工作，可根据需要分担不同的数据传输或是平衡网络的负荷；当任一网络发生故障时，系统发出报警信息，在一定时间内由非故障网络承担全部的数据传输，保证系统的持续运行。系统根据不同功能要求进行网段划分，以保证系统网络的效率、安全性及可靠性。

网络结构采用开环总线型结构，配置以太网交换机，通信协议采用 TCP/IP 协议。传输媒介采用高品质的超 6 类双绞线或光纤，通信速率不小于 100 Mb/s。系统网络具有良好的扩展性，网络节点的增加，不会影响网络性能。

2. 服务器

两套功能、性能相近的系统服务器作为网络内其他计算机的共享资源。当一套服务器故障时，系统自动切换到另一套服务器上，故障信息在打印机上打印，并在另一台服务器系统故障画面上显示故障信息。系统服务器具有数据流控制及管理功能，两套系统服务器支持数据校验以确保数据库一致，同时提供对双机工作状态的在线检测。此外，还进行数据的后台处理、历史数据库的管理、网上节点资源分配等工作。

前置服务器可以实现与变电所监控系统的远方通信，完成数据的发送、接收以及数据的预处理。两套功能完全相同的前置服务器用于系统的网络管理和数据处理，并为所有客户机提供实时数据库的访问服务。服务器集中管理整个网络的用户账号（ID）、口令和客户权限，高实时性地更新和处理系统的实时数据库。两套服务器采用热备用的方式互为备用、自动切换，确保整个系统的安全可靠。当主用的前置服务器产生故障时，系统可自行转换到备用的前置服务器，信息记录自行保存在系统警报表中。

前置服务器的接入容量应满足现场被控站接入的需要，并留有一定的扩展裕度，保证能处理不少于10万点监控数据的要求。

3. 工作站

（1）调度员工作站

调度员工作站用于调度人员的日常控制、监视和调度管理工作。两个工作站完全等价、并行工作，任一时刻两者均能同时监视各种信息，但在任意时刻仅允许一台操作员工作站发出控制命令。每个调度员工作站可对调度员的控制操作及对供电系统进行实时监视，对所管辖范围内的供电系统进行调度管理。此外，该调度员工作站同时还具有兼顾运营管理功能，完成调度文档管理、统计报表生成制作等功能。

（2）维护工作站

维护工作站用于维护系统软件、定义系统运行参数、定义系统数据库及编辑、修改、增扩人机界面画面等工作；并同时具有网络管理功能，对全线网络设备进行设置和管理。当调度员工作站故障时，通过系统设置可作为备用临时替代调度员工作站使用；具备系统维护及网络管理功能。

（3）数据文档工作站

数据文档工作站主要用于利用各种实时数据和报表组态工具对数据进行选择、组合、累积、统计等加工处理，生成各种报表。

4. 防火墙

防火墙设备采用机架式结构，安装于前置服务器柜内。支持硬件防病毒功能、流量监控功能。

5. 网络打印机

系统配置两套具有网络功能的打印机，用作事件打印、报表/画面打印、程序打印。打印机接入系统双网，以实现两套打印机的网络共享。

6. 中心 UPS 电源

中心 UPS 电源可提供应急不停电电源。

二、供电复示系统

供电复示系统一般设置于停车场电车间调度室，为满足运营统一管理的需要，在主变电所等处也可以增设复示系统，用于运营人员灵活监视全线变电所设备、接触网设备的运行情况及对全线进行杂散电流监测，使供电维护人员及时了解现场事故信息，提高处理事故的工作效率，缩短停电时间。供电复示系统还可与控制中心实现远程通信，完成维修调度作业计划的发送和接收，为检修人员提供第一手信息资料。

供电复示系统主要设备包括：1 套复示工作站、1 套设备管理工作站、1 套交换机、1 台打印机、1 套 UPS 及工作台等。复示工作站配置等同于控制中心系统维护工作站，用于电力监控系统的复示；设备管理工作站等同控制中心数据文档工作站，用于设备管理和杂散电流监测系统的监视；交换机用于复示系统的组网和远程通信，并配置光电转换装置用于连接到远程通信通道；UPS 电源采用在线工作方式，为复示系统提供 15 分钟备用电源。

供电复示系统工作场景如图 10.2 所示。

图 10.2 轨道交通电力监控供电复示系统工作场景

三、通信通道及通信设备

1. 控制中心与各被控站之间的通信通道

控制中心与被控站之间由通信系统提供两路 100 M 以太网双通信通道，在各站点通信设备室内提供两个标准的独立网络端口，接口形式为 10/100 M 自适应以太网接口，物理接口为 RJ 45。通信设备室至变电所采用光纤通信；如果控制中心通信设备室至电力监控系统机房的距离超过 100 m，通信通道也采用光纤通信；由电力监控系统提供光缆和光电转换等连接附件，并负责连接。

主变电所就近车站内的变电所设置两套通道扩展交换机,用于远程通道的扩展。主变电所综合自动化系统先接到该两套通道扩展交换机上,再接入通信以太网通道。

2. 控制中心与停车场复示系统之间的通道

控制中心与停车场复示系统由通信系统提供两路 10 M 专用以太网通信通道,两点各提供标准的独立网络端口,接口形式为 10/100 M 自适应以太网接口,物理接口为 RJ 45。停车场通信设备室至供电车间采用光纤通信,由停车场综合布线专业提供综合楼与信号楼之间的光纤资源、电力监控光电转换设备电源及安装位置,电力监控系统负责连接,接口位于综合布线间光纤配线架。

四、变电所综合自动化系统

变电所综合自动化系统作为电力监控系统的子系统,主要负责变电所内设备的控制、监视、报警功能,并负责变电所综合自动化系统与综合监控系统之间的数据通信功能。

变电所综合自动化系统由站级管理层、网络通信层和间隔设备层构成,采用集中管理、分散布置模式,分层、分布式系统结构。变电所综合自动化系统采用双机方案,在站级管理层设置两套监控单元,并与各个开关柜通信装置设置单独的网络通信通道。

某典型牵引降压混合变电所的综合自动化系统结构图如图 10.3 所示。

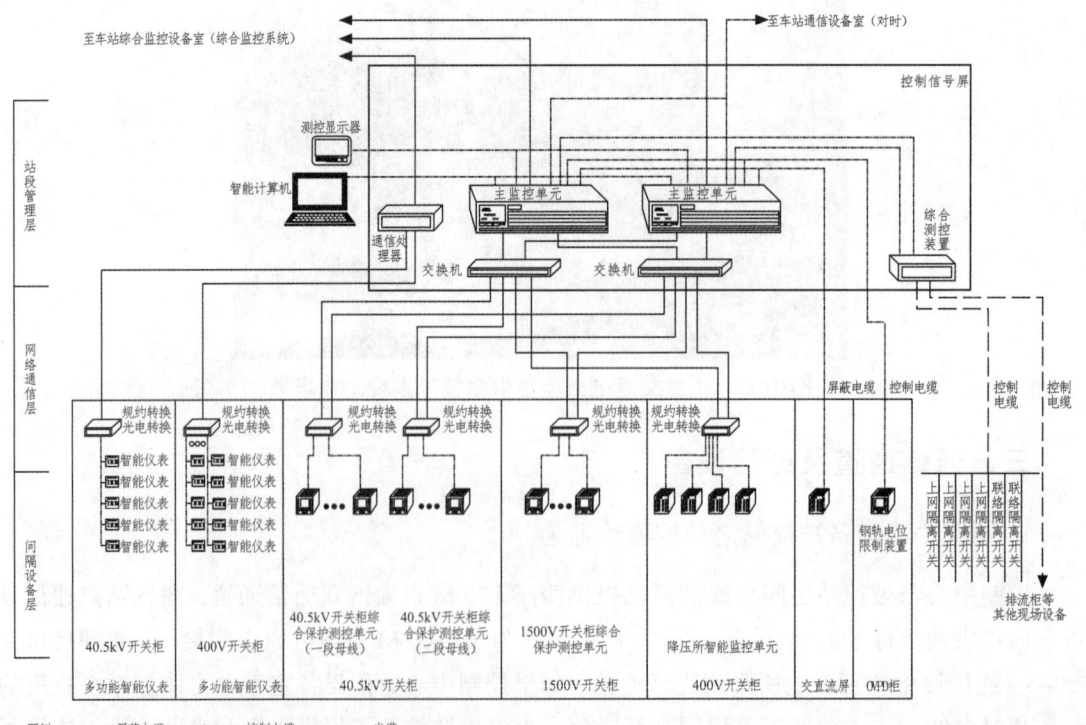

图 10.3 典型牵引降压混合变电所的综合自动化系统结构图

1. 站级管理层

站级管理层实现变电所综合自动化系统的管理功能。站级管理层设备主要为控制信号屏，包括屏内的监控单元、监控人机界面、综合测控装置、网络通信接口装置等设备。

（1）监控单元

监控单元用于实现各类基础设备与监控人机界面、综合监控系统之间的通信传输，接收控制中心电力调度系统的指令、向间隔设备层设备发布指令、收集并处理从基础设备采集到的各类信息。

监控单元采用 UNIX、Linux 等通用性强的实时多任务操作系统。

变电所综合自动化系统设置两台监控单元，互为备用。

（2）监控人机界面

变电所综合自动化系统设置一台监控人机界面，该工作站采用工业一体化计算机，嵌入安装在控制信号屏的面板上。该工作站安装变电所综合自动化系统应用软件，提供变电所综合自动化系统的人机操作界面。工作人员通过此工作站监视变电所内各类供电系统设备的工作状态、报警信号等。

（3）综合测控装置装置

综合测控装置，将硬节点信号转换为通信信号，传输给监控单元。综合测控装置数字输出单元不小于 20 点，并可扩展，输出采用继电器方式，接点容量满足现场设备运行的要求。输出继电器接点闭合时间在 200 ms～5s 可调，若接点闭合时间超过硬件设置时间，控制输出自动中断。

数字输入单元不小于 64 点（车辆段、停车场牵引降压混合变电所不小于 100 点）。输入采用光电隔离方式，并可扩展，每路输入带有数字滤波防抖功能，每块模块具有过压、过流保护措施。

综合测控装置能与监控单元通信，并能够脱离总控单元独立运行，完成联锁等功能。

输入、输出接口可扩充，数量应满足工程需要。

（4）以太网交换机

对于间隔层设备，若监控单元的以太网接口数量不能满足间隔层设备的组网需求时，需在控制信号屏内配置 2 台以太网交换机，用于构成变电所综合自动化系统的以太网。

（5）控制信号屏

控制信号屏用于集中放置站级管理层设备，同时为这些设备提供交流和直流电源。

在变电所控制信号屏配有音响报警设备，当发生所内预告报警、事故报警时，可以通过不同的方式引起值班或巡视人员的注意。报警音响可以通过变电所控制信号屏手动按钮复归或自动复归，也可以通过控制中心或变电所综合自动化系统的人机界面远方复归。

控制信号屏设置于变电所控制室内，与变电所交直流电源屏并排安装。

城轨交通线路的全线各牵引降压混合变电所、降压变电所均设 1 面控制信号屏。

2. 网络通信层

网络通信层实现站级管理层与间隔设备层之间的通信。变电所内网络通信层包括基础设备与监控单元之间的通信光缆、电缆及光电转换装置。

光缆与通信电缆相比具有无电磁干扰的优点。为了避免变电所内电磁干扰信号造成数据传输电缆内的数据波动，35 kV 开关柜、1 500 V 直流开关柜、0.4 kV 低压开关柜的智能测控保护设备均通过光缆介质接入变电所综合自动化系统。

鉴于变电所综合自动化系统对变电所内其余设备（如变压器温控器、排流柜）只是进行监视，因此这些设备通过通信屏蔽双绞线接入变电所综合自动化系统。

3. 间隔设备层

间隔设备层实现对基础设备数据的采集、测量等功能，包括综合测控保护装置或者智能采集装置等设备。

各供电系统设备均采用综合测控保护装置或者智能采集装置，与供电系统设备的控制/检测回路、电压互感器、电流互感器等二次设备连接，负责执行监控单元对供电系统设备的控制、监视、测量、保护等。

（1）牵引降压混合变电所间隔设备层具体包括以下类型设备：

35 kV 开关柜的综合测控保护装置；

1 500 V 直流开关柜综合测控保护装置；

0.4 kV 低压开关柜的监控装置；

牵引变压器温控器；

配电变压器温控器；

硅整流器智能采集装置；

钢轨电位限制器智能采集装置；

排流柜（含杂散电流监测装置）；

交直流电源屏智能采集装置；

（2）降压变电所间隔设备层具体包括以下类型设备：

35 kV 开关柜的综合测控保护装置；

0.4 kV 低压开关柜的智能监控装置；

配电变压器温控器；

钢轨电位限制器智能采集装置；

交直流电源屏智能采集装置；

变电所综合自动化系统负责对上述各类设备的接入，设备本身不包含于变电所综合自动化系统。上述各类设备可以采用的接口协议包括：

35 kV 开关柜综合测控保护装置：modbus, 61850, IEC60870-5-104, profibus 等；

1 500 V 直流开关柜综合测控保护装置：modbus, profibus, IEC60870-5-104 等；

0.4 kV 低压开关柜智能监控装置：modbus, profibus, IEC60870-5-104 等；

其他通信单元：modbus, IEC60870-5-104, profibus 等。

4. 变电所自动化维护设备

变电所自动化维护设备包括便携式维护计算机及具有输入、输出、测量等功能的便携式模拟器。

第二节 电力监控系统的功能

微课：电力监控系统的功能

电力监控系统作为综合监控系统的一个子系统，通过通信数据通道及各被控站的变电所综合自动化系统，实施对供电系统及设备运行状况的实时监控，及时掌握和处理供电系统的各种事故、报警事件，准确实施调度指挥、事故抢修和故障处理，为电力调度提供自动化管理手段，保证供电系统的安全可靠运行。

一、控制中心电力调度系统功能

电力调度系统由综合监控系统进行集成，实现电力监控的电力调度系统的功能。

1. 遥控功能

系统遥控功能，即在电力调度系统对接入系统的任何一个可遥控的对象进行合、分遥控。遥控操作执行严格的权限管理，执行遥控必须是有操作权限或经过授权的工作人员。在同一时刻，对同一控制对象系统只允许有一个遥控操作进行。

所有的遥控操作都必须保存到系统日志中。

遥控可分为单控、程控，单控的实现方式与变电所综合自动化系统相同。

程序控制是按照一定顺序和条件执行的一系列遥控操作。程控种类分为：标准控制序列、自定义控制序列。

（1）标准控制序列的程控操作

同一变电所或多个变电所的多个受控对象按照一定的安全联锁关系定义为一个顺序操作序列，操作员通过顺序控制画面，选择需要的顺序控制序列，对各受控对象进行操作。

顺序操作一旦被启动执行，将自动地按照顺序控制序列一步一步地执行。当执行过程中系统检查出安全联锁关系不满足继续执行的条件时，等待一段时间（时间可调整）重新检查该条件是否满足，如条件满足则继续执行，否则弹出一个是否继续进行的选择对话框，由操作员进行选择是否继续执行计划任务单中的后续控制命令。常用的顺序控制至少包括下列 6 种序列：直流牵引网送电序列；直流牵引网停电序列；直流牵引网区间停电序列；直流牵引网大双边送电序列；直流牵引网大双边停电序列；中压供电网络倒闸序列；

（2）自定义控制序列的程控操作

自定义控制序列主要用于临时的系统倒闸操作或站内倒闸操作。

自定义控制序列是由具有使用该功能权限的操作员，根据将要完成的工作任务，按一定操作顺序填写控制命令的集合，填写完成后操作员可以保存，并重复使用。

当操作员根据需要启动执行某个自定义控制序列后，系统根据该序列中的控制命令逐项执行，执行过程与标准控制序列的执行过程相同。

已执行的自定义控制序列，被立即保存，且任何人不能修改和删除，只有系统管理员在一定时间（如半年或一年）后可删除。

自定义控制序列任务单中含有工作地点、初始创建人、创建时间、最终修改人、修改时间、工作内容、执行情况、执行时间、执行人等内容。

2. 遥信功能

电力监控系统从变电所综合自动化系统采集各种遥信信息，包括位置遥信和保护遥信。位置遥信分为单位置遥信和双位置遥信，保护遥信为单位置遥信。遥信信息在人机界面上实时刷新，以便操作员及时了解现场设备运行状态。

位置遥信包括各种断路器、隔离开关、接触器等设备的合、分状态，断路器手车的工作、试验位置状态，温度检测设备的过限与否等。

保护遥信包括各类保护动作、重合闸动作的启动、出口、失败等。分为事故遥信和预告遥信。事故遥信指使设备停电、停运的事故信号，预告遥信指不影响设备继续运行的故障信号。

按遥信的类型（事故总信号、断路器、隔离开关、手车、保护信号、通信状态、保护压板、预告信号、接地刀闸、PT遥信、远方就地等）分类定义遥信点变位描述，也可由用户进行自定义描述。变电所综合自动化系统计算机节点的工作状态、网络运行状态、通道运行状态等虚拟遥信点也可以定义为遥信采集内容。

3. 遥测功能

电力监控系统具有完善的遥测量处理功能。

（1）变电所各种电气量的采集

包括测量对象的相电压、线电压、电流、零序电流，直流电压，直流电流，杂散电流，牵引整流装置的谐波、有功功率、无功功率、有功电度、无功电度、电源频率、功率因数、变压器温度等。

（2）完成各种数据格式的转换

可将二进制数格式、BCD码格式、浮点数格式等各种格式的模拟量统一转换为实时数据库支持的数据格式。

（3）超量程检查

系统对每个遥测信号要进行量程检查，超量程报警。

（4）零点嵌位（近零死区的处理）

可在数据库中设置一个近零死区，如果遥测值在近零死区范围内时可嵌位成零（下限值）。当采集点的绝对值在归零死区内时，视该点数据为零值。

（5）遥测信号的传送死区处理

对遥测量进行限值和死区检验，用于过滤不正常的采集量。

（6）电度表满刻度及换表处理

回零处理：满刻度正确填写后，程序自动解决电度表回零数据处理。

换表处理：需人工参与，提供一程序界面进行电度数据处理。

（7）多种计算功能

实时数据库可为每个遥测量配置工程值换算系数和偏移量，从而完成实际工程值的计算。一些无法直接从子站采集的数据，可在实时数据库中编辑公式计算。

（8）多种统计功能

每个遥测量都可进行1分钟、15分钟、1小时、4小时、日最大值、日最小值、日平均值、日最小值出现时间、日最大值出现时间的统计。当采集点类型为电压时，还可进行电压合格率统计，结合系统强大的计算功能，提供了各种综合量的计算。

4. 遥调功能

电力监控系统具备遥调功能：调节有载调压变压器的调压开关，调整中压和直流继电保护的整定值组。

调度人员可以对 35 kV、1 500 V 开关保护装置的保护定值组进行统一管理，包括保护定值召唤、显示、保存、切换、打印等。可以选择站名、装置名称、装置种类进行召唤显示、保存，保存后可以按照报表格式进行打印。

5. 断路器故障跳闸远方复归

当变电所断路器的智能保护装置检测到故障电流发出跳闸指令时，断路器故障跳闸，同时保护装置闭锁对该断路器的操作，中心电力调度员需要对被闭锁断路器的保护装置进行远方复位操作，解除其对断路器操作的闭锁，方可对该断路器进行遥控操作，使其能够重新投入运行。涉及就地检修人员安全的框架保护故障等不允许远方复归。

6. 保护投退

调度员可以根据系统运行方式的需要，对供电系统 35 kV、1 500 V 设备的保护软压板进行投退操作。软压板的投退操作在专用界面上进行。投退操作都记录在日志中。中心调度员投入软压板时，变电所控制室无权解除压板。

7. 供电系统控制闭锁功能

系统具有控制闭锁功能：当现场供电设备故障时，引起相应断路器跳闸，则此断路器控制命令的操作被自动闭锁。被控对象在定义时，可编辑输入与之相关的闭锁条件，在满足闭锁条件时，执行命令应被自动屏蔽并给出提示信息。

8. 人工置数

具有操作权限的人员可以手工对系统采集的数据进行置数。人工置数后的数据须有明显标志以示与正常数据的区别。所有人工设置的状态量能自动列表显示。

9. 系统远程维护功能

通过控制中心维护工作站对变电所综合自动化系统进行维护。维护内容包括：对基础设备采集量的修改、人机界面更改、硬件参数配置。

利用远程维护工具可完成人机界面调阅，可进行系统及软件模块的启停、修改维护数据库、图形编辑、修改软件配置、系统故障的远方处理等操作。

10. 通道测试

系统支持控制中心至变电所的通信通道测试功能。控制中心可以通过人机界面上的测试按钮向变电所发送测试信息，当变电所综合自动化系统收到信息时，驱动变电所内继电器动作，并由智能测控单元采集继电器动作信号。变电所综合自动化系统向控制中心返回继电器动作信号。

11. 数据处理及打印功能

系统接收由变电所综合自动化系统传送上来的数据信息，经过各种算术及逻辑处理后，将数据存储到系统的实时数据库和历史数据库中，并可分类打印。

12. SOE 事件记录

SOE（事件顺序）记录用于分辨事件发生的先后顺序（如事故跳闸的顺序）。系统可以各种方式（按时间、按事故源对象等）查询、分析和打印 SOE 记录。

13. 故障录波数据读取

当供电系统发生故障，保护装置启动保护功能，使故障线路的开关设备事故跳闸的同时，保护装置自动进行故障录波，并以每次故障为单位将故障录波文件存放在当地保护装置中。系统能读取保护装置故障录波数据并能显示、储存。远方召唤时，录波数据可通过通信口上传到控制中心，通信规约开放。

14. 统计报表功能

用户可以利用各种实时数据和报表组态工具对数据进行选择、组合、累积、统计等加工处理，生成各种报表，报表可以由用户自由设定以定期（日、月或年）、定时（每日指定的时间）或召唤（用户指定的时间范围）方式打印，或以 Microsoft Excel 格式保存。

15. 显示功能

（1）人机界面显示

人机界面是调度员日常监控、操作的主界面，由运行监控程序和其他辅助的模块组成。主要提供如下功能：调度画面显示、调度员常用操作等功能；人机操作接口提供了窗口管理、画面显示以及操作等功能；在人机界面可进行相关程序启动操作；系统可显示供电系统图、牵引网系统图、各变电所主接线图、停送电程控画面、报警/预告画面及其他画面等；各类画面可以通过控制中心大屏幕画面显示，也可以在工作站人机界面显示。

(2) 趋势显示

遥测量（电压、电流、功率等）按定义的保存周期保存在历史数据库中，曲线浏览程序根据每个模拟量保存的数据点，按要求通过曲线方式显示出来。

系统可以显示实时或者历史模拟量的趋势曲线（包括平均值、最大值、最小值等）。当进行实时趋势曲线显示时，曲线按照一定周期自动刷新。

(3) 变电所综合自动化系统运行状况显示

系统能实时显示各个变电所综合自动化系统的运行状况。若发现系统设备发生故障能自动报警提示维护人员，并对运行设备的设备名称、设备所在车站、故障发生时间、恢复/更换时间进行自动记录。

16. 事故反演功能

系统将从历史数据库中取出部分最近的事故及发生的时间，它们按时间先后排序，其中最近发生的排在最前面。画面上可以反映某一事故发生前后的事故断面，可通过按钮逐步反演事故发生时全线遥信、遥测信息量变化的情况。

17. 报警功能

(1) 事故报警功能

供电系统一切非正常状态均可产生报警信息，报警信息包括：模拟量越限，数字量的状态改变，被监控设备非正常运行状态、监控系统自身以及后备电源的故障。

报警方式包含声音报警、文字报警、打印报警、推画面报警、灯光报警等几种方式，可单独使用，也可组合使用，报警方式的实现可在调度工作站实现，也可在其他工作站实现，并可根据工作站的职责范围有选择性地报警。

报警等级分若干级，各级含义、颜色和声音在数据库中定义。

(2) 报警事件打印功能

当供电系统内出现事故报警时，系统可以通过打印机实时打印供电系统发生的报警事件。打印内容包括：事件类别；事件发生站点；事件发生间隔位置；事件发生时间。

18. 使用权限管理

系统的使用权限有多个级：系统管理员级；检修管理员级；检修员级；中心操作员级；车站操作员级；显示级。不同使用级别可以分配不同的使用权限。

19. 控制权限管理

控制权管理方式可分为：中心控制和车站控制的控制权互斥；就地控制和远方控制（中心或车站）的控制权互斥。

用户可以通过"系统控制权限管理"界面进行控制权移交、控制权查询、控制权强制解除功能。同时为应对突发事件，系统管理员可以强制解除控制权限，此时中心级调度员和车站级值班员都可以对站内任何受控对象进行遥控操作。

二、变电所综合自动化系统主要功能

变电所综合自动化系统实现变电所各种设备的保护、控制、监视、闭锁、电流、电压、功率测量、电度计量以及与调度通信等综合性的自动化功能。

1. 继电保护功能

35 kV 进/出线保护、35 kV 母联保护、35 kV 馈线保护、1 500 V 直流保护、配电变压器本体保护、整流机组本体保护、逆变柜本体保护、0.4 kV 进线保护、0.4 kV 母联保护等。

2. 自动装置功能

设置 35 kV 母联自动投入功能、1 500 V 带线路测试的自动重合闸功能、0.4 kV 母联自投功能等。

3. 监控功能

液晶显示器采用数字通信方式与主监控单元通信，显示所内主接线图、所有事故、预告信号及柜号、所内各智能电子装置的运行状态、各种开关状态及动态实时数据等内容。监控系统的功能包括以下几部分内容：数据采集功能、事件顺序记录 SOE、故障记录及故障录波、操作控制及信号显示功能、数据转发及人机联系功能。

对开关位置、故障信息、保护动作信号、预告信号等设备运行状态进行实时采集、显示、报警、存储等处理，并转发至综合监控系统。

通过配置电量采集模块对变电所内各种模拟量及脉冲量进行采集，可在显示器上显示实时数据，并通过电力监控系统将信息送往控制中心。

4. 通信功能

通过所内通信网络实现主监控单元与开关柜内保护测控单元等各种智能电子装置之间的数据交换。通过综合监控系统提供的数据传输通道实现变电所与综合监控系统电力调度子系统的数据交换。

5. 事故、预告音响功能

所内任何事故、预告信号均发音响信号，音响在一定的时间内自动解除，时间可调，音响设备设置"投入""撤除"功能。

6. 系统故障诊断功能

所内任何智能电子装置发生故障，均应报警，单个智能电子装置的故障，不影响整个网络的运行。任何智能电子装置的故障报警信息均能在综合监控系统的综合自动化系统结构画面上显示并报警。

7. 其他功能

通过外接便携式维护计算机能对控制信号屏内主监控单元软件进行编程、修改、调试及对各微机保护测控单元（或监控单元）软件进行日常维护。变电所综合自动化系统具有与通信机械室通信系统的子时钟、综合监控系统同步对时功能。系统具有容错、自检、失电保护、来电自恢复功能。

四、变电所综合自动化系统遥控、遥信、遥测对象

1. 主要遥控对象

AC 35 kV 断路器、DC 1 500 V 断路器、接触网电动隔离开关、0.4 kV 进线断路器、母联断路器、三级负荷总开关及 0.4 kV 主要馈线断路器的控制、自动装置投切、保护复归、微机保护定值切换的控制。

2. 主要遥信对象

AC 40.5 kV 断路器、DC 1 500 V 断路器、逆变开关柜、接触网电动隔离开关、0.4 kV 断路器（进出线断路器、母联断路器、三级负荷总开关及主要馈线断路器）的开关位置、事故信号和预告信号，钢轨电位限制装置动作信号，交直流电源装置的相关信息。

3. 主要遥测对象

35 kV 进线电流；35 kV 母线电压；整流机组电流、有功功率、有功电度；直流 1 500 V 母线电压；直流 1 500 V 馈线电流；直流 1 500 V 进线电流和回流电流；35/0.4 kV 变压器电流、有功功率、有功电度；0.4 kV 进线电流、母线电压；交、直流辅助电源装置母线电压；逆变变压器馈线电流、有功功率、有功电度。

变电所遥控、遥信、遥测"三遥"对象的数量称为变电所综合自动化系统容量，常规牵引降压混合所"三遥"对象的数量大致为 935 个，一般设计为 1 000 个；常规降压所"三遥"对象的数量大致为 463 个，一般设计为 510 个。

第三节　电力监控系统基本操作

本节以郑州地铁三号线的电力监控系统操作训练为例，介绍几种典型的人机界面操作流程。

一、控制中心对牵引降压混合变电所主接线图基本操作

打开并登录 PSCADA 调度主站软件，系统展示地铁线路全局线路图，如图 10.4 所示。

线路图中，牵引降压混合变电所类型的地铁站主要有省体育中心站、王砦站、同乐站、海滩寺站、人民公园站、东大街站、博览中心站、通泰路站、东周站。例如，我们可以点击并进入省体育中心站。

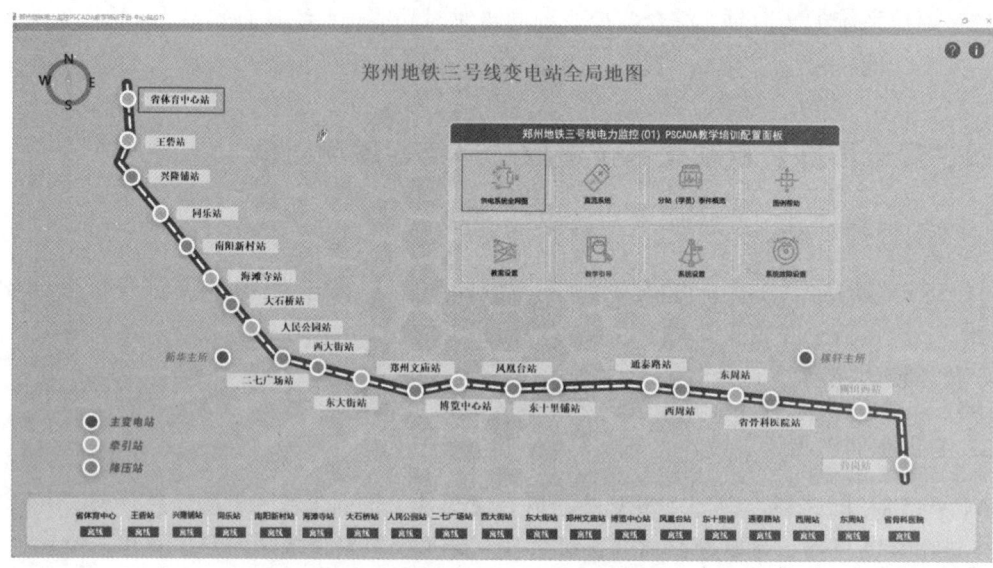

图 10.4　郑州地铁三号线全局线路图

进入省体育中心站后，界面默认显示主接线图，画面如图 10.5 所示。并且变电所当前的运行方式作为初始状态已经加载完成。首次登录并进入时，控制权都在中心站，所以我们现在可以对主接线图进行任何操作。

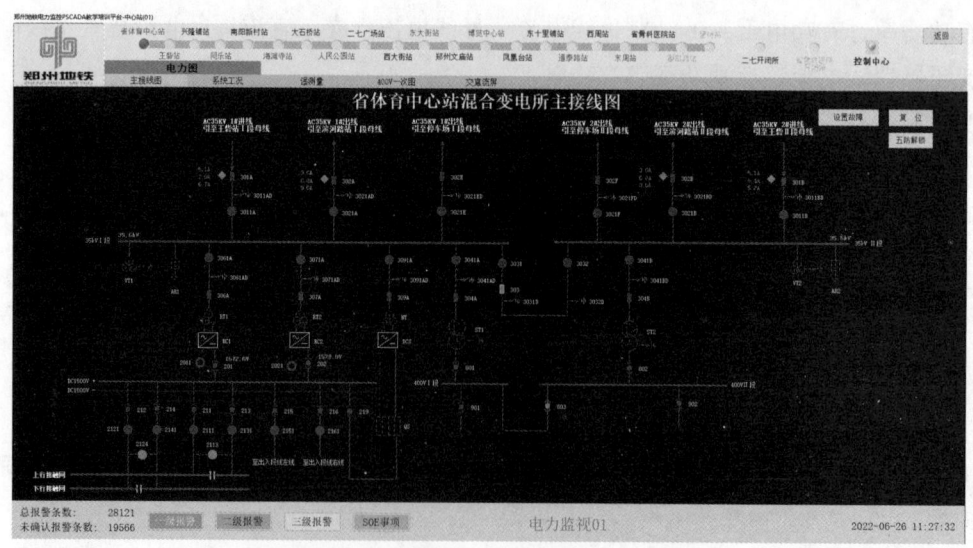

图 10.5　省体育中心站变电所主接线图

右键点击任意一个断路器或隔离开关，都会弹出提示框，提示框给出三个选项："遥控操作""组态自检""设备信息"，如图 10.6 所示。

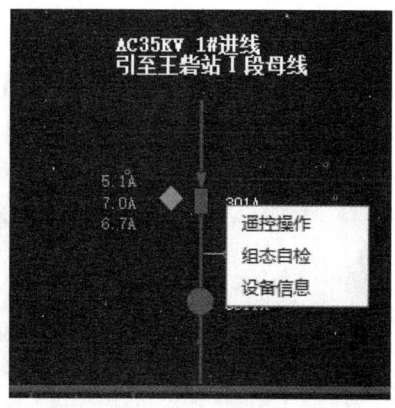

图 10.6　断路器或隔离开关的操作提示框

首先单击"遥控操作",确认了密码后,便可对当前开关进行分合闸操作,如图 10.7 所示。

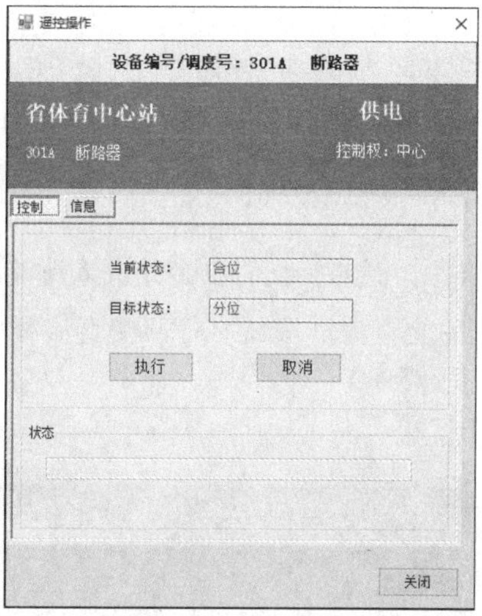

图 10.7　断路器或隔离开关的操作界面

单击"组态自检",会弹出提示框,当前开关进行组态自检操作,如图 10.8 所示。

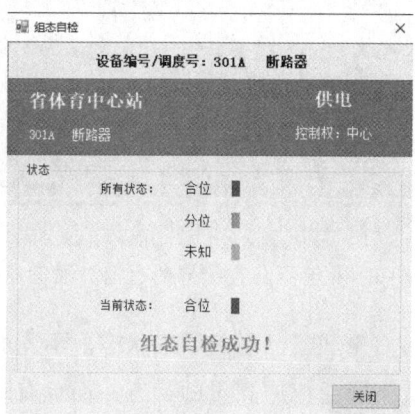

图 10.8　断路器或隔离开关的组态自检

单击"设备信息",会弹出提示框,可查看当前开关的详细信息。如开关类型、间隔、所属厂站和电压等级等,如图10.9所示。

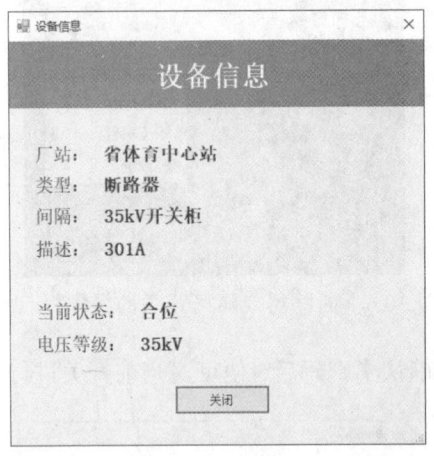

图10.9 断路器或隔离开关的设备信息

二、电力监控对牵引降压混合所交直流屏遥信量查看

打开PSCADA调度主站软件,例如,我们单击并进入海滩寺站。进入海滩寺站后,界面默认显示主接线图,单击上面的交直流屏按钮,打开交直流屏界面,如图10.10所示。

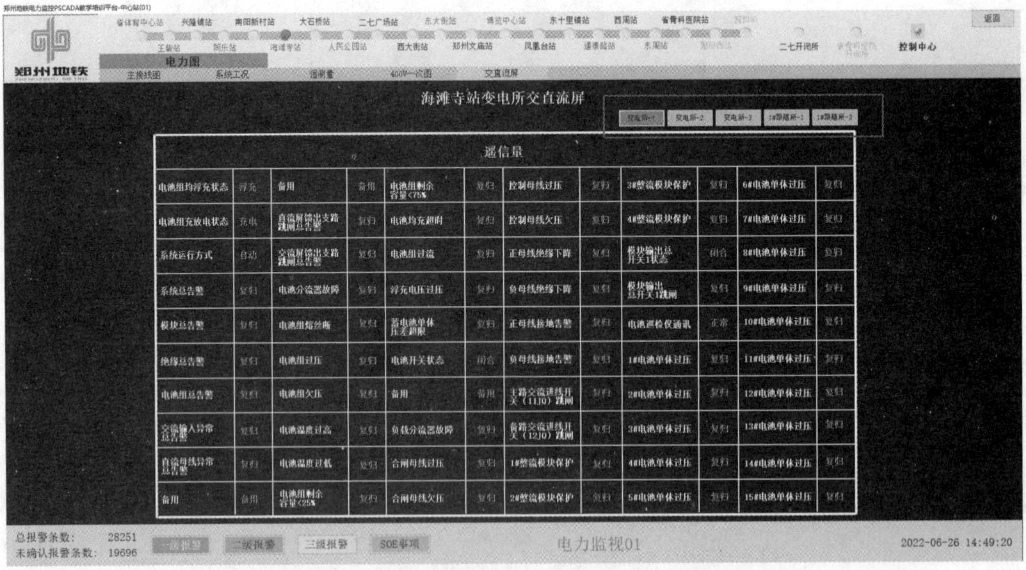

图10.10 变电所交直流屏的遥信界面信息信息

此界面可观察交直流屏遥信量和遥测量的详细状态。不同的站可能会有不同的类型。海滩寺站不仅有变电所各种交直流屏遥信遥测量的状态,而且有跟随所交直流屏的状态。单击上方的相应按钮即可切换不同列表查看。

三、电力监控程控控制操作（单站接触网停电作业）

打开 PSCADA 调度主站软件，单击进入任意变电站主接线图后，再选择右上角的控制中心。控制中心界面如图 10.11 所示。

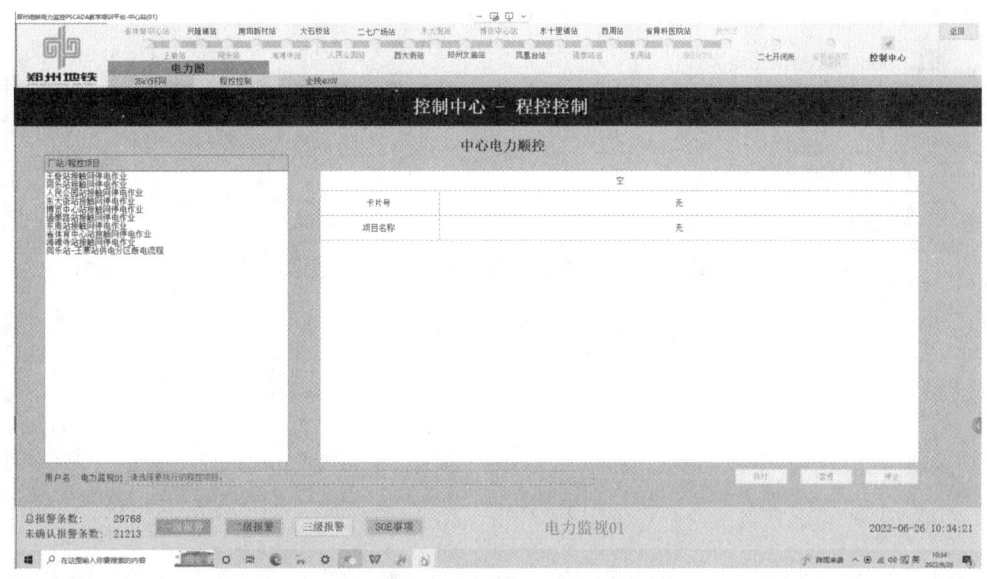

图 10.11　变电所控制中心-程控控制

程控界面左侧为可执行的程控项目，右侧为选择的程控项目具体信息。右下角有"执行""暂停""停止"三个按钮。在左侧单击想要选择的项目，右侧的信息便显示出来，如图 10.12 所示。再单击右下角的"执行"按钮并确定，则会执行选择好的程控项目，在执行过程中下面的文字框会实时显示执行进度，执行过程中可单击暂停按钮，此时将暂停执行，若想继续则再次单击即可。如果想停止执行，则可单击停止按钮，停止后将不能继续执行。

图 10.12　控制中心-程控控制界面

单站接触网需要通过程控来实现倒闸作业时,选择王砦站接触网停电作业,可以查看到规划好的程控步骤,如图 10.13 所示,断路器和隔离开关都是严格按照显示的步骤顺序进行,单击执行。

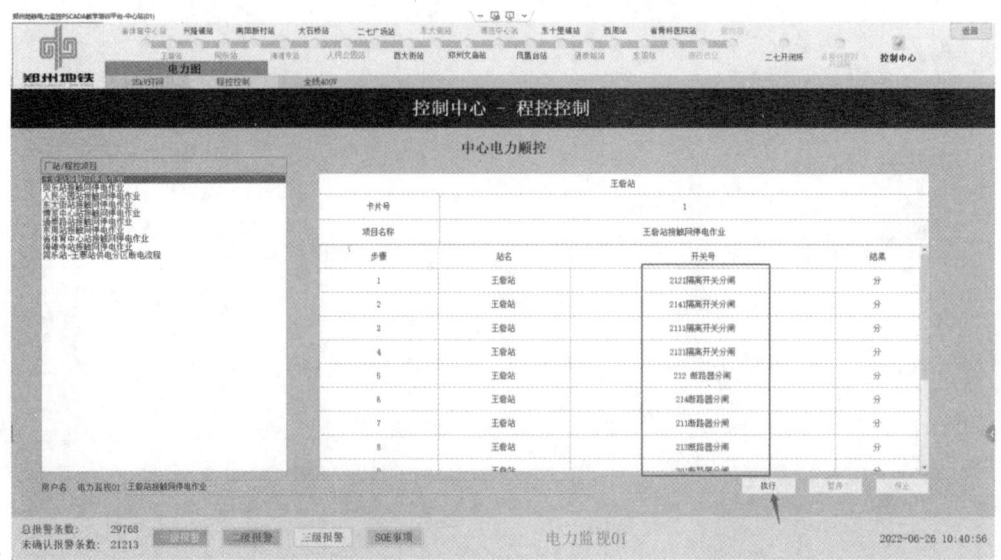

图 10.13　程控操作卡片

执行后出现确认弹窗,如图 10.14 所示,单击"是"。

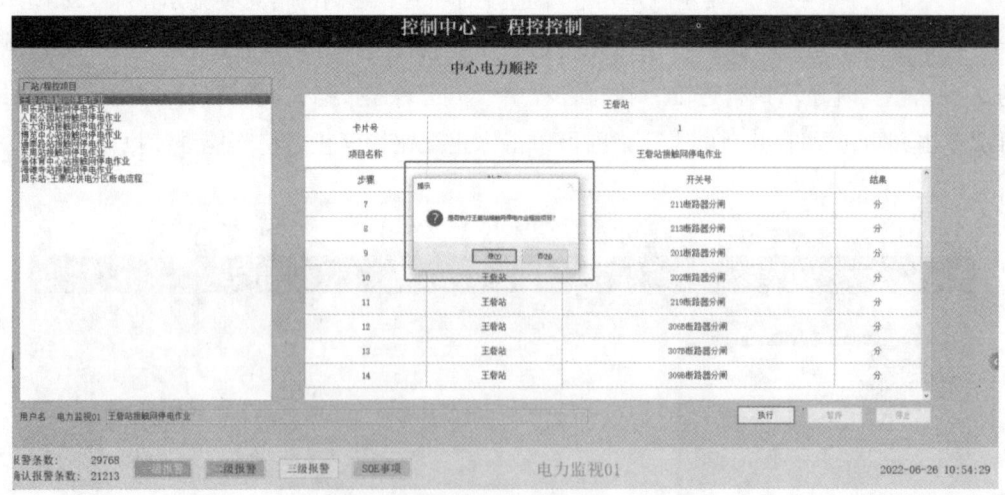

图 10.14　程控操作命令选择

执行过程中,控制中心程控界面的左下方会同步显示当前执行到的步骤,如图 10.15 所示。在这期间可以单击右下方的"暂停"按钮观测剩下哪些步骤未执行,如要终止程控操作则单击"停止"按钮,终止程序控制操作,开关状态复归。

第三节　电力监控系统基本操作

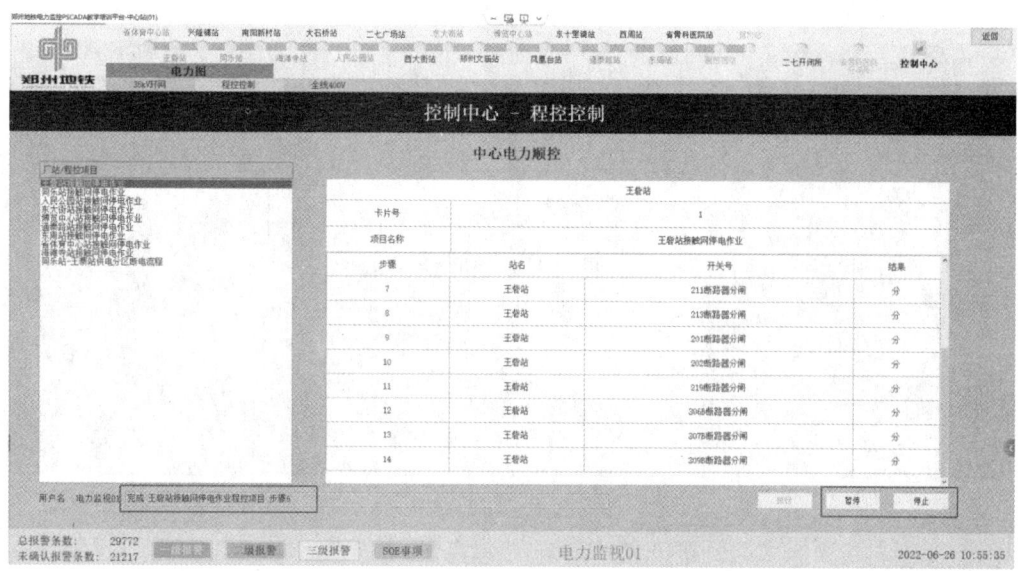

图 10.15　程控操作命令执行过程

当程序控制所有倒闸步骤执行完毕后，系统弹出完成提示，并且每一个倒闸步骤就会被标记成绿色，说明执行生效无异常。如图 10.16 所示。

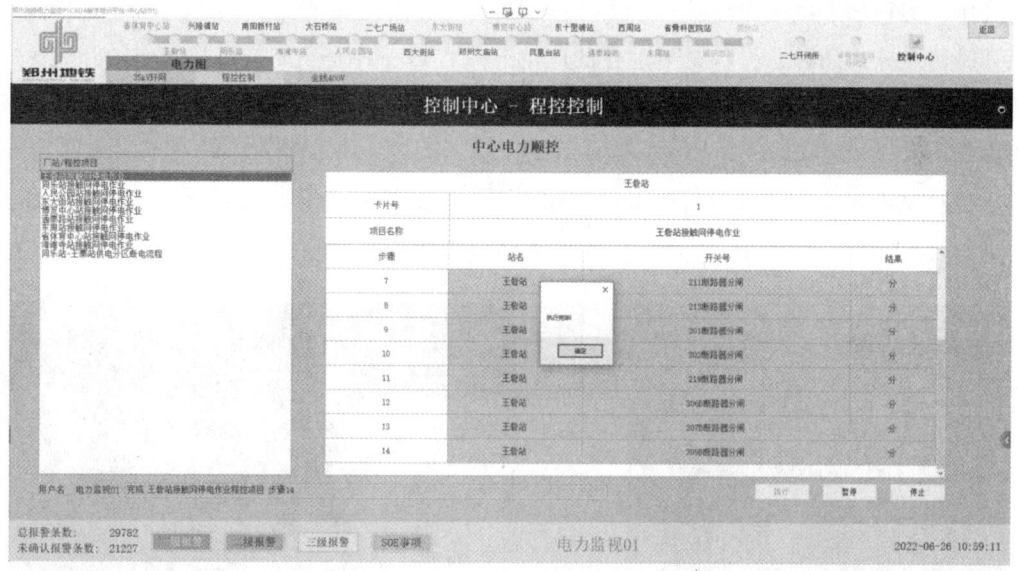

图 10.16　程控操作命令执行完成

接着单击线路图上的"王砦站"，进入王砦站牵引降压混合变电所主接线图，验证程控效果为有效，整流变断路器 306B、307B 和再生能馈的 309B 这三路退出供电，王砦站上行及下行接触网均显示为绿色线路，表示处于停电状态，王砦站接触网停电作业程控成功，如图 10.17 所示。

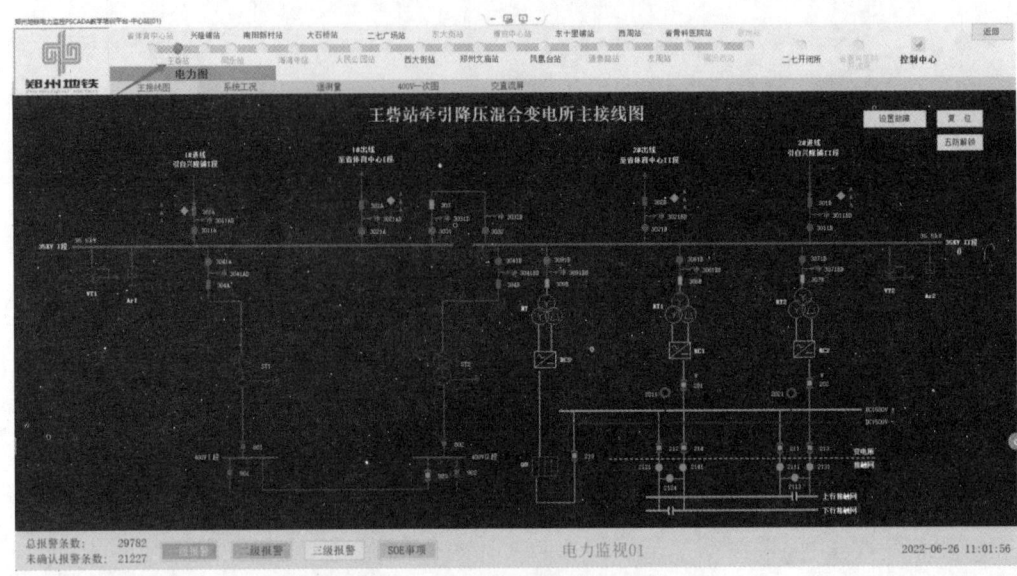

图 10.17　接触网停电作业程控成功

四、牵引降压混合所当地停送电倒闸操作

通过中心站程序将控制权切换到分站控制，可在分站端相关主接线图单击相关开关进行遥控操作，实现如下倒闸作业。

开关切换分为两种：一种是可远控的电动开关，另一种是不支持远控操作的开关（主要包括：地刀、非电动隔离开关、断路器的就地远方状态切换、1 500 V 直流开关的实验位工作位切换）。

支持遥控操作的开关可通过单击主接线图相关开关符号，输入操作员和监护人账号密码之后进行遥控操作，如图 10.18 所示。操作对话框如图 10.19 所示。

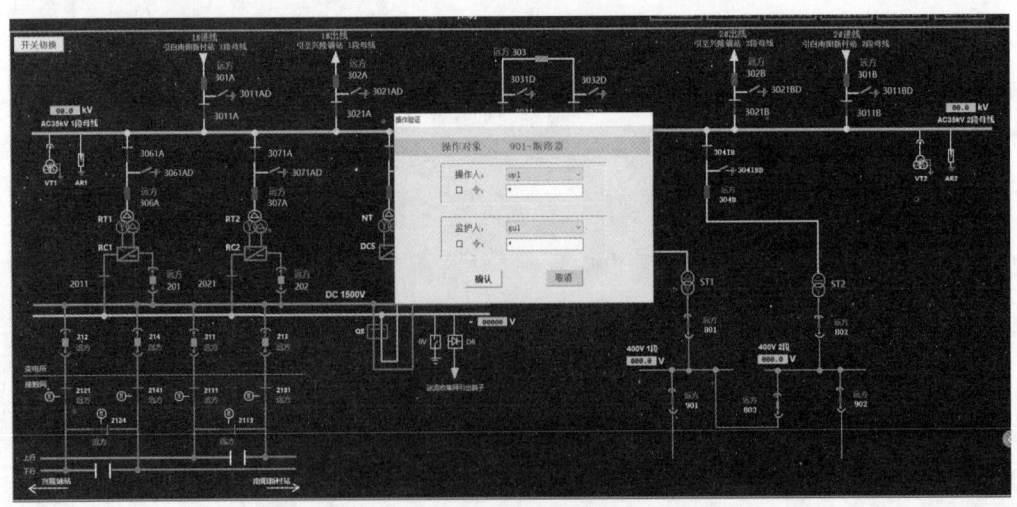

图 10.18　变电所当地遥控操作登录界面

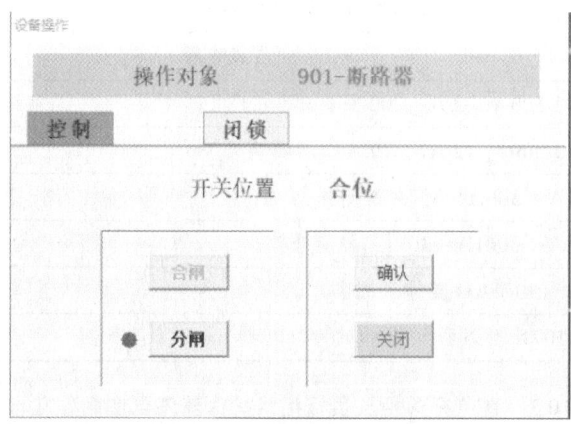

图 10.19 变电所当地遥控操作对话框

变电所电气主接线图如图 10.20 所示，倒闸操作卡片举例如表 10.1～10.5 所示。

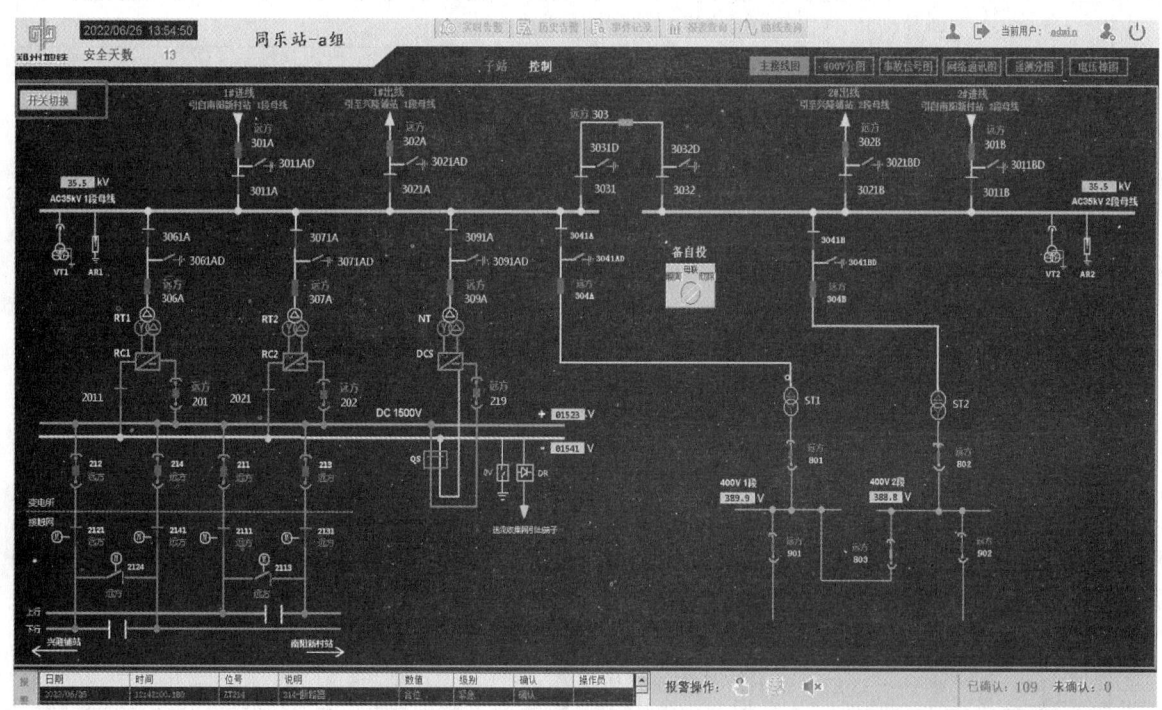

图 10.20 变电所电气主接线图

表 10.1 接触网停电作业卡片

序号	步骤名称
1	断开：1 500 V 211，212，213，214 断路器
2	断开：1 500 V 2111，2121，2131，2141 隔离开关
3	断开：35 kV 306A，307A 断路器

表 10.2　整流机组维护保养停电倒闸作业卡片

序号	步骤名称
1	断开：DC 1 500 V　201、202 断路器
2	断开：DC 1 500 V　2011、2021 负极隔离开关
3	断开：35 kV　306A、307A 断路器
4	断开：35 kV　3061A、3071A 隔离开关
5	合 3061AD、3071AD 接地刀闸
6	合 306A、307A 断路器

表 10.3　直流开关柜及负极柜维护保养停电倒闸作业卡片

序号	步骤名称
1	断开：DC 1 500 V　211、212、213、214、219、201、202 断路器
2	断开：DC 1 500 V　2111、2121、2131、2141、2011、2021 负极刀闸
3	断开：35 kV　306A、307A、309A 断路器
4	断开：35 kV　3061A、3071A、3091A 断路器
5	合 3061AD、3071AD、3091AD 接地刀闸
6	合 306A、307A、309A 断路器

表 10.4　再生能馈装置及能馈变压器维护保养停电倒闸作业卡片

序号	步骤名称
1	断开：DC 1 500 V　201、202、219 断路器，确认分位
2	断开：35 kV　306A、307A、309A 断路器
3	306A、307A、3091A 隔离开关

表 10.5　配电变压器 I 段维护保养停电倒闸作业

序号	步骤名称
1	断开：400 V　901 断路器、801 断路器
2	断开：35 kV　304A 断路器
3	断开：35 kV　3041A 隔离开关
4	合 3041AD 接地刀闸
5	合 304A 断路器

 复习思考 >>>

1. 电力监控系统由哪几部分组成？
2. 简述电力调度系统（主站）的设备及其功能。
3. 简述变电所综合自动化系统的设备结构与功能。

4. 简述电力监控系统的功能。
5. 简述地铁变电所电力监控的主要内容。

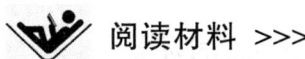阅读材料 >>>

阅读材料 8：智慧城轨

习近平总书记指出："城市轨道交通是现代大城市交通的发展方向。发展轨道交通是解决大城市病的有效途径，也是建设绿色城市、智能城市的有效途径；要继续大力发展轨道交通，构建综合、绿色、安全、智能的立体化现代化城市交通系统。"习近平总书记的重要讲话指明了城轨交通的发展方向，是发展城轨交通的根本遵循。习近平总书记还特别做出了要发展智能交通的指示，为城轨交通发展明确了路径指向，建设智慧城轨是落实习近平总书记指示的具体行动实践。

中国城市轨道交通协会消息：《中国城市轨道交通智慧城轨发展纲要》于 2020 年 3 月 12 日，正式发布实施。

建设智慧城轨的战略指向是：强调在自主创新基础上，围绕数字化、智能化、网络化，大力应用新技术革命成果并与城轨交通深度融合，准确把握智慧城轨的发展方向，以"推进城轨信息化、发展智能系统、建设智慧城轨"为建设主线，形成了"1-8-1-1"智慧城轨发展的布局结构：铺画 1 张智慧城轨发展蓝图；创建智慧乘客服务、智能运输组织、智能能源系统、智能列车运行、智能技术装备、智能基础设施、智能运维安全和智慧网络管理 8 大体系；建立 1 个城轨云与大数据平台；制定 1 套中国智慧城轨技术标准体系。统筹规划、顶层设计、自主创新、重点突破、分步实施。

供电设施设备正常运行对环境指标有着严格规定，温湿度过高等环境条件变化情况，都不利于供电设施设备安全运行。

变电站温湿度过高会对供电设施设备带来的危害包括：温湿度过高会使开关设备的空气绝缘间隙性能降低；空气中的水分附着在绝缘材料表面，使其绝缘电阻降低，积灰、积尘将更严重，易造成绝缘击穿；导电金属、金属外壳锈蚀，降低设备性能和使用寿命；电气设备内部场强分布不均，引起局部放电。

变电站环境智能采集系统采用了智能传感、物联网等技术，实时上传环境监测数据，实现所内环境温湿度 24 小时监测，运用智能运维大数据分析，精准定位异常站点。通过对各设备房间温湿度进行实时监控，系统设置温湿度阈值，对变电站房间温湿度异常变化发出预警。当变电所设备房（开关室、电力变压室、交直流屏室、蓄电池室、UPS 室、远动机房）室内温度大于 26 ℃、整流变压器设备用房室内温度大于 35 ℃时，开启通风系统或制冷系统，变电所设备用房环境湿度应低于 75%，当设备房环境湿度达到 65%时，提前启用加热及除湿机，当环境湿度小于 60%时，停用加热器及除湿机。预防湿度过大引起的设备绝缘下降风险、凝露风险所带来的故障跳闸。将设备因温湿度而引发的故障消灭在萌芽状态。

第十一章 城轨变电设备故障应急处理

 问题导入 >>>

供电系统是城市轨道交通运营设备系统的核心,安全可靠的供电是安全运营的前提条件。在供电系统发生故障后,要求能够及时、准确、有序应对,最大限度减少对运营的影响。城轨供电系统主变电所、牵引降压混合变电所、降压变电所、中压供电网络等各类设施的供电设备,在运行过程中会发生什么样的故障?作为变电岗位工作人员,应急处置的基本原则和处理方法是什么样的?怎样通过正确、高效的应急处置、调度指挥、抢修维护,尽快恢复地铁的正常运营?

课件:城轨变电故障应急处理

 学习目标 >>>

1. 熟悉城轨供电系统故障类型,掌握处理原则、注意事项。
2. 能分析城轨供电系统变电所、中压网络等各类设施的供电设备故障原因。
3. 能判断城轨供电系统变电所、中压网络等各类设施的供电设备故障位置。
4. 能处理城轨供电系统变电所、中压网络等各类设施的供电设备故障,更换零部件。
5. 能更换城轨供电系统变电所、中压网络等各类设施的供电设备的单体设备或更新软件。
6. 能检查城轨供电系统变电所、中压网络等各类设施的供电设备的功能和性能完整性。

 内容讲解 >>>

第一节 变电所设备故障应急处理流程

一、城轨交通供电系统故障常见类型

按照发生故障的地点,城轨交通供电系统的故障可分为主变电所设备故障、35 kV 环网电缆故障、牵引降压混合变电所设备故障及降压变电所设备故障等;按照发生故障的设备,城轨交通供电系统的故障可分为变压器故障、开关柜故障、互感器故障、电缆故障、隔离开关故障及弓网故障等。

二、故障应急处理的基本原则

1. 供电系统故障处理原则

当地铁供电系统发生故障时，应按照以下原则处理：
（1）限制事故的扩大，消除事故的根源，迅速解除对人身及设备安全的威胁；
（2）最大限度地缩短停电时间，保持接触网和各车站的不间断供电；
（3）尽快恢复系统的正常供电方式。

2. 接触网故障的处理原则

接触网应急抢修应遵循"先通后复，先通一路"的原则，以最快的速度设法先行送电，疏通线路和及早恢复设备正常的技术状况。

3. 变电所故障的处置原则

变电所发生故障中断供电，应设法改变供电运行方式，迅速恢复对接触网、车站的一级、二级负荷的供电。

三、故障应急处理的注意事项

（1）电力调度是供电系统设备应急抢修的总指挥。供电系统发生事故时，现场抢修人员必须服从当值电力调度员的统一指挥，根据电力调度命令执行抢修任务。
（2）应急抢修应做好安全控制，防止忙中出错，严格按停电作业的程序和规章制度办事。

四、故障应急处理的具体内容

1. 主变电所的 110 kV 进线电源失压故障处理

（1）城市电网大面积停电，造成两个主变电所全所失压时，电力调度应做好以下工作：迅速把故障信息通报线路控制中心（OCC）各调度及值班主任；积极和地方供电局调度（简称"地调"）联系，了解停电原因和停电时间；断开主变电所内的高低压侧开关，做好恢复送电的准备工作；及时联系各所值班人员，了解蓄电池的运行情况，必要时，将蓄电池退出运行；在外电源线路恢复供电后，组织相关负荷供电。

（2）当单个主变电所全所失压时，迅速把故障信息通报 OCC 各调度及值班主任；积极和地调联系，了解停电原因和停电时间；断开主变电所内的高、低压侧开关，配合地调进行运行方式的调整；按照"先通后复，先通一路"的原则，执行主变电所相互支援供电的应急处理程序；密切监视未故障主变电所主变压器的运行情况，在故障主变电所外电源恢复供电后，待运营结束，恢复正常的系统运行方式。

（3）当某一主变电所 1 条外电源线路失压时，电调先对设备进行确认，无论是哪一级的备自投装置动作，只要能维持地铁的运营，原则上不进行方式倒切；将线路失压信息通报 OCC

各调度及值班主任；积极和地调联系，了解线路停电原因和停电时间；密切监视该主变电所主变压器的运行情况，在外电源恢复正常供电后，待运营结束，恢复正常的系统运行方式。

2. 主变电所的主变压器故障

当发现主变电所的主变压器有以下异常现象不能消除，且有威胁安全的可能时，须立即停止运行：

① 变压器内部响声很大，很不均匀、有爆裂声；
② 漏油致使油位低于油面计上的限度，并继续下降；
③ 油枕喷油或爆管喷油；
④ 正常条件下，油温过高，不断上升；
⑤ 油色过深，油内出现碳质；
⑥ 套管严重裂纹和放电现象；
⑦ 差动保护和瓦斯保护动作；
⑧ 绕组温度和铁心温度保护动作。

区分主变电所的主变压器故障类型，采取相应处理措施。

（1）若故障变压器已经由保护动作而切除，电调及时确认保护和 35 kV 备自投装置动作情况，在能维持地铁运营的情况下，原则上不进行方式调整；将故障信息及时通报 OCC 各调度及值班主任；密切监控另 1 台主变压器的运行情况，必要时通知行车调度（简称"行调"）调整列车运行密度；及时组织供电检修人员对故障变压器进行抢修；故障抢修完毕，待运营结束，恢复正常的运行方式。

（2）若 1 台主变压器运行中出现喷油、着火等明显故障而保护未启动时，电调应立即倒闸，将故障变压器切除；将故障信息及时通报 OCC 各调度及值班主任；密切监控另 1 台主变压器的运行情况，必要时通知行调调整列车运行密度；及时组织供电检修人员对故障变压器进行抢修；故障抢修完毕，待运营结束，恢复正常的运行方式。

3. 主变电所的 110 kV GIS 开关柜故障

当发现 GIS 开关柜有下列异常情况时，须立即停止运行：

① SF_6 气体严重漏气或 SF_6 气压低于下限；
② GIS 箱体爆裂；
③ 断路器拒动；
④ 母线短路；
⑤ 断路器爆裂。

110 kV 气体绝缘金属封闭开关柜（GIS）故障主要有弹簧储能机构异常报警、控制回路断线报警及 SF_6 气体压力过低报警等。发生故障后，电调应立即将故障信息通报 OCC 各调度及值班主任，积极组织变电检修人员对报警信息进行确认。当发生 SF_6 气体压力过低报警时，值班人员及巡检人员不得进入组合电器设备房，并加强值班室设备房的通风，设备房的通风时间不低于 20 min，方可允许抢修人员进入。做好故障设备供电负荷的转移和停电准备工作。当开关柜 SF_6 压力不断下降时，应及时通知地调，协调做好上级开关停电的准备工作。

4. 中压供电网络的 35 kV 环网电缆故障

当发现电力电缆有以下异常情况时，须立即停止运行：
① 电缆外护套严重裂纹、破损，已威胁安全运行时。
② 电缆发热严重，有异味、烟雾时。

发生 35 kV 环网电缆故障后，光纤差动保护动作，电调应立即通过工作站查看故障报文及设备状态，将故障信息通报 OCC 各调度及值班主任；确认故障电缆两端的开关已经分闸，没有分闸的，立即操作分闸；确认 35 kV 母联开关是否自投，在能维持地铁运营的情况下，暂不做方式调整；确认受影响各变电所的供电情况，及时恢复重要设备的供电。待运营结束后，立即组织供电检修人员下线路检修，故障处理完毕后，恢复正常的运行方式。

5. 牵引降压混合变电所直流馈线跳闸故障

① 直流馈线保护动作跳闸，重合成功的，立即将故障信息通报 OCC 各调度及值班主任；从行调处了解跳闸区段列车的运行情况；组织变电检修人员对变电所设备进行巡视检查，接触网检修人员乘车巡视跳闸区段的接触网设备，查找跳闸原因。

② 直流馈线保护动作跳闸，重合线路测试不能通过时，立即将故障信息通报 OCC 各调度及值班主任；从行调处了解跳闸区段列车的运行情况，令故障区段内的列车立即降弓；通过分段试送电查找故障点，若故障点在直流电缆上，则立即将故障电缆甩掉，恢复接触网单边供电，若故障点在接触网上，则立即将跳闸断路器对应的隔离开关拉开，组织接触网检修人员对设备进行抢修。

③ 若为本所电流框架保护动作引起的直流断路器跳闸，建议退出本所直流设备，合上越区隔离开关，对联跳的牵引变电所的直流断路器送电，尽快恢复接触网供电；组织变电检修人员对变电所设备进行巡视检查，接触网检修人员乘车巡视跳闸区段的接触网设备，查找跳闸原因。

④ 若为中间牵引降压混合变电所发生的电压框架保护动作引起的直流断路器跳闸，在单边供电能够满足列车运行的情况下，不考虑改变供电方式，如果单边供电方式不能满足行车的需要，应立即申请将单边供电改为大双边供电方式；若为末端所，应立即申请越区供电。

⑤ 若车辆段牵引降压混合变电所发生框架保护动作，应尽快利用运营车辆的间隙，由正线向车辆段支援供电。

⑥ 直流馈线断路器采用电保持型机构时，如果直流电源异常失电，也会使断路器分闸，造成一些供电分区为单边供电，应及时组织变电检修人员进行处理，尽快恢复双边供电方式，确保运营安全。

6. 牵引降压混合变电所整流机组故障

单台整流机组运行无法构成 24 脉波整流，因此不允许单台整流机组运行。一旦发生单台整流机组故障跳闸，应将 2 台整流机组退出运行，通过本变电所的馈线断路器及 DC 1 500 V 牵引母线构成大双边供电方式。

7. 降压变电所设备故障

当发现干式变压器有以下异常情况时，须立即停止运行：
① 变压器内部响声很大，很不均匀；
② 变压器绕组温度和铁心温度不正常，且不断上升；
③ 由于温度保护动作跳闸；
④ 套管上有严重破损和放电；
⑤ 接头严重发热。

当发现互感器有下列异常情况时，须立即停止运行：
① 电压互感器高压熔断器连续熔断 2~3 次；
② 高压套管严重裂纹、破损，互感器有严重放电，已威胁安全运行时；
③ 互感器内部有严重异音、异味、冒烟或着火；
④ 油浸式互感器严重漏油，看不到油位；SF_6 气体绝缘互感器严重漏气、压力表指示为零；电容式电压互感器分压电容器出现漏油时；
⑤ 互感器本体或引线端子有严重过热时；
⑥ 膨胀器永久性变形或漏油；
⑦ 压力释放装置（防爆片）已冲破；
⑧ 电流互感器末屏开路，二次开路；电压互感器接地端子 N（X）开路、二次短路，不能消除时；
⑨ 树脂浇注互感器出现表面严重裂纹、放电。

降压变电所主要故障有进线失压、35 kV 一段母线故障及动力变压器故障跳闸等，其处理原则如下：
① 进线失压后，及时确认本所 35 kV 母联断路器是否自投，若已经自投，尽快确认本所及后续变电所的供电是否正常；若自投未动作，则应确认后续变电所自投是否动作，若供电正常，建议不做运行方式调整。
② 发生 35 kV 一段母线故障时应立即将该段母线退出运行，通过下级变电所的母联断路器恢复后续所的正常供电。
③ 1 台动力变压器故障后，确认 400 V 母联断路器是否自投，退出本所三级负荷。在故障所运行方式改变后，应及时调整相关断路器的保护定值。

第二节　变电所 110 kV 设备故障处理

一、主变压器故障处理

变压器在运行中常见的故障有绕组、套管和分接开关及铁心、油箱及其他附件的故障等。故障现象及处理方法见表 11.1。

表 11.1 主变压器常见故障及处理方法

故障大类	故障小类	故障描述	原因分析与处理
绕组故障	匝间短路	变压器油温增高,电源侧电流增大;油中有"吱吱"和"咕嘟"声;油枕喷油	变压器运行长期过载使匝间绝缘损坏
	绕组接地	变压器油质变坏,长时间接地会使接地相绕组绝缘老化及损坏	雷电过电压及操作过电压的作用使绕组受到短路电流的冲击发生变形,主绝缘损坏、折断。变压器油受潮后绝缘强度降低
	相间短路	变压器油温剧增,油枕喷油主变三侧开关跳闸	变压器主绝缘老化绝缘降低,变压器油击穿电压偏低,或其他故障扩大引起。立即汇报值班调度员和上级,并请检修部门及时查清故障原因并处理,尽快恢复运行
	引线断线	发生电弧使变压器油分解、气化,有时造成相间短路	由于导线内部焊接不良,过热而烙断或匝间短路而烧断以及短路应力造成的绕组折断
套管故障			变压器套管积垢或破损,在大雾或小雨时造成污闪,使变压器高压侧单相接地或相间短路
分接开关故障	无载分接开关故障	分接开关接触不良或位置不准,触头表面熔化与灼伤及相间触头放电或各分接头放电	(1)弹簧压力不足滚轮压力不均; (2)开关接触处存在油污; (3)引出线连接或焊接不良; (4)分接开关编号错误,电压调节后达不到预定的要求; (5)分接开关分接头板相间绝缘距离不够,绝缘材料上有油泥堆积、受潮
	有载分接开关故障	分接开关接触不良或位置不准,触头表面熔化与灼伤及相间触头放电或各分接头放电	(1)密封不严,雨水侵入; (2)滚轮卡住,停在过渡位置上,造成相间短路; (3)附加油箱密封不严,分接开关油箱与变压器内的油相通,使分接开关的油位指示出现假油位
过电压故障		绕组主绝缘击穿,造成变压器故障	变压器高低压侧装设避雷器保护
铁心故障		使穿心螺杆与铁心叠片造成两点连接,出现环流引起局部发热,甚至引起铁心的局部烧毁; 造成铁心叠片局部短路,产生涡流过流,引起达片向绝缘损坏,使变压器空载损失增大,绝缘油劣化	运行中变压器发生故障后,如果判明是绕组或铁心故障应吊芯检查,查明原因并处理后,经试验合格后,变压器方可投入运行
油箱及其他附件	变压器瓦斯保护故障	瓦斯保护是变压器的主保护,轻瓦斯动作于信号报警,重瓦斯作用于跳闸	轻瓦斯保护动作原因有变压器内部有轻微故障、变压器内部存在空气、二次回路故障等。此时运行人员应立即检查,如未发现异常现象应进行气体取样分析; 重瓦斯保护动作跳闸可能是变压器内部发生严重故障引起油分解出大量气体,也可能是二次回路故障,出现瓦斯保护动作跳闸。此时应先投入备用变压器,然后进行外部检查,检查油枕防爆门、各焊缝是否裂开、变压器外壳是否变形,最后检查气体的可燃性
	严重渗漏油	运行渗漏油严重或连续从破损处不断外溢以致油位计已看不到油位	焊缝开裂或密封件失效,运行中受到震动外力冲撞油箱锈蚀严重而破损等。 立即将变压器停用进行补漏和加油

二、AC 110 kV GIS 开关柜故障处理

GIS 设备在运行的过程中，整体的运行状态较为良好。偶发的故障包括：气密性故障、GIS 设备-放电短路故障、GIS 设备闪络现象。

1. GIS 设备出现气密性故障

GIS 设备气密性故障主要出现在设备的连接部件处，主要处理方法为：
（1）设备安装投用前，制定严格的巡检机制，做好相对应的预防措施。
（2）设备运行的过程中，根据运行状态，以及出现故障的频率进行整体数据的分析。

2. GIS 设备-放电短路故障

（1）针对故障点进行检测，之后根据检测结果进行故障设备的修复。
（2）如放电现象较为严重，但暂未造成设备故障或短路现象，可针对放电现象的持续时间，控制电流，降低电势，最终实现放电现象消失，避免出现短路。
（3）加强设备的接地保护，进行对外放电电流的疏导。

3. GIS 设备闪络现象

引起 GIS 设备闪络，主要的原因为：绝缘子表面产生污垢，未进行及时的清理。最终在设备运行的过程中，因设备放电或其他现象，造成了绝缘子表面的闪络现象。闪络现象严重时，可将绝缘子设备击穿。最终造成设备绝缘性失效，对于整体的电网安全性以及操作人员的人身安全，都造成了较大的威胁。

主要的解决措施为：定期进行设备人工巡检，并针对设备表面的附着物进行定期处理。利用超声波等设备进行检测，防止人工巡检出现的漏洞。

三、保护测控柜故障处理

① 遇有下列情况时，需立即将保护装置退出运行，并组织专业人员处理：
a. 继电器冒烟，有使事故扩大的可能时；
b. 负荷电流异常，且与实测不一致，可能使保护装置误动时。
c. 电压互感器二次快速小开关跳闸，有可能误动的保护（如距离保护、低周保护等）；
d. 继电保护及自动装置发生异常有可能误动时。
② 发生断路器跳闸的同时，若保护装置或二次回路上有人工作，应立即停止工作，查明原因，确认与现场工作无关，方可允许继续工作。
③ 保护装置动作断路器跳闸，应首先记录事故发生的时间，同时记录跳闸断路器的名称编号、故障信号和保护动作情况等信息，核对记录与实际信号无误后，方可复归信号，并汇报值班调度员，在记录前切不可取下控制保险和复归，防止信号消失。
④ 发现保护装置异常时，应按下述方法处理：
a. 发现保护装置异常，应首先汇报值班调度员。

b. 电流互感器二次开路时,应迅速通知调度调整运行方式,将负荷减小,并停用相应的保护装置。

c. 电压回路断线应首先正确判断故障,立即处理;如果故障原因不明不能立即处理时,汇报调度将与故障电压回路相关的保护退出,待电压恢复正常后,方可恢复。

d. 运行中的保护,在失去直流电源时,应立即退出保护出口压板,并查明原因,待电源恢复,装置工作正常后,方可投入出口压板。

e. 微机保护装置出现异常发出"告警"信号时,应及时记录时间,检查保护屏面板信号灯指示情况,做好记录并按复位键消除,无法消除时,应将异常信息和复归结果汇报调度员,并根据调度命令作出相应处理。

f. 当保护装置出现"电压回路断线"信息时,应立即停用由于失压可能误动的保护,检查电压互感器二次小开关是否跳闸,查明原因,尽快处理;若不能恢复时,应汇报值班调度员,后续组织专业人员处理。

g. 电容器保护动作后严禁立即试送,应根据动作报告查明原因后再按规定投入运行。

h. 有下列情况之一者,备自投装置应退出运行:备自投所合断路器准备投入运行之前;主供电源断路器停电之前;备自投电源线路因检修等原因失去备用时;备自投装置所取电压、电源二次回路上有工作时;发现自投装置异常运行时。

i. 当 AC 110 kV 母线电压互感器二次小开关跳开或 AC 110 kV 备用电源自投装置内部故障有可能造成误动时,应停用 AC 110 kV 备用电源自投装置,处理正常后,再将其投入。

j. 遇有下列情况之一时,应将重合闸退出:线路充电运行时;断路器遮断次数达到规定次数时;断路器遮断容量不能满足要求时;重合闸装置异常;SF_6 气体压力低于规定值时。

k. 当保护"运行监视"灯熄灭或出现"保护装置故障""压力异常"信号时,应分析出现的原因,及时恢复,若确系为保护装置引起不能恢复的应根据调度命令,退出相应的保护压板。

l. 当出现"控制回路断线"信号时,应根据仪表、信号灯等现象来分析,判断:因控制保险熔断,指示灯熄灭,此时应尽快更换同样额定电流的控制保险,如再次熔断应查明原因,在更换保险时,应采取措施防止保护误动。因 SF_6 气体压力降低时,应迅速恢复压力。因保护装置及二次回路原因应立即通知保护人员进行处理,控制回路断线如不能短时处理,应退出保护装置。

m. 因电压互感器二次电压或直流电源瞬时失去造成装置异常时,待电压正常后,按一下装置复归按钮即恢复正常。因装置元器件故障造成异常无法复归时,应汇报调度值班员并退相应保护压板。

第三节 变电所 35 kV 设备故障处理

35 kV GIS 开关柜主要故障有断路器无法电气合闸、无法电气分闸或者三工位无法操作等,出现这些故障本着先通后复的原则处理故障。35 kV GIS 开关柜设备常见故障及处理方法见表 11.2。

表 11.2　35 kV GIS 开关柜设备常见故障及处理方法

故障描述	处理方法
断路器无法电气合闸，合闸脱扣器不动作	测量断路器控制电源电压是否低于额定值的 65%。若低于额定值的 65%，查找电源故障原因。断路器可进行机械合闸
	查看保护装置合闸输出是否正常，可使用万用表测量保护装置输出口，当按下电气合闸按钮后，保护装置输出口有输出，可判断保护装置正常，保护装置输出口无输出，可判断保护装置有故障，重启保护装置还无法恢复，即可先更换保护装置，再深层查找原因
	检闭锁回路，查看三工位隔离开关操作机构挡板是否关上。若未合上，合到位后，在隔离开关分闸的前提下，电气合断路器进行测试
	检查采集回路是否故障，若不正常，断路器可进行机械合闸
	检查合闸回路是否故障，若不正常，断路器可进行机械合闸
	检查闭锁电磁铁是否损坏，若损坏，更换闭锁电磁铁
	若合闸可能引起再生故障的：对于进线柜，断开断路器、拉开隔离开关，合本所母联开关；对于出线柜，断开断路器、拉开隔离开关，合环网下一个所母联开关；对于动力变馈线柜，断开断路器、拉开隔离开关，合低压母联 803 开关；对于整流变馈线柜，断开断路器、拉开隔离开关，由本所另一台整流变馈线柜带负荷运行
断路器无法电气分闸，分闸脱扣器不动作	测量断路器控制电源电压是否低于额定值的 65%。若低于额定值的 65%，查找电源故障原因。断路器可进行机械分闸
	查看保护装置分闸输出是否正常，可使用万用表测量保护装置输出口，当按下电气分闸按钮后，保护装置输出口有输出，可判断保护装置正常，保护装置输出口无输出，可判断保护装置有故障，重启保护装置还无法恢复，即可先更换保护装置，再深层查找原因
	检查分闸回路是否故障，若不正常，断路器可进行机械分闸
	测量分闸脱扣器的阻值，若阻值偏大，更换分闸脱扣器
	测量整流桥的通断情况，若整流桥故障，更换整流桥
三工位开关操作机构故障	操作机构故障，短时间无法更换机构，三工位隔离开关可通过机械摇把摇至合闸

第四节　变电所牵引供电设备故障处理

一、整流机组故障处理

整流机组故障一般有温度过高、短路、熔断器熔断等。其处理方法见表 11.3。

表 11.3　整流机组常见故障及处理方法

序号	故障描述	处理方法
1	温度过高报警	（1）环境温度过高。打开室内排风扇，增加排风量和速度； （2）通风网孔堵塞，通风条件不好，清扫通风网孔； （3）负荷过大，减少牵引行车对数； （4）控制回路故障。检查控制电源和线路

续表

序号	故障描述	处理方法
2	熔断器熔断报警	此时整流机组尚可继续运行,但需严格控制负载情况,记录损坏位置,尽快更换熔断器
3	二极管保护动作跳闸	更换通过逆向短路电流的二极管和熔断器,同时检查其他通过正向短路电流的二极管是否损坏
4	整流器报警	根据液晶显示屏提示信息记录故障二极管
5	整流器电源故障报警	检查电源模块,若有问题更换电源模块
6	单台整流变压器故障	退出故障整流变压器及相对应的整流器,故障所单台整流变压器及整流器供电
7	同一所内两台整流变压器故障	退出该变电所两套整流机组,该所直流牵引部分退出运行,该变电所供电的接触网供电臂单边供电或合越区开关大双边供电
8	整流变温控箱故障,导致306、307保护勿动作	用测温枪检查整流变温度在正常范围内的,退出故障温控箱,对306、307试送电

二、直流开关柜设备常见故障及处理方法

直流开关柜一次故障主要有开关无法分合闸绝缘故障、机械故障、过热等情况。一般常见故障处理方法见表11.4。

表11.4 直流开关柜常见故障及处理方法

序号	故障描述	处理方法
1	直流开关线路测试未通过	若对侧线路测试已通过,并成功送电,采用直接合闸
		若对侧线路测试也未通过,试验位试送
2	直流开关合闸不成功	查看故障指示灯是否有故障未复归
		查看是否是保护及其他回路故障,退出故障回路
		摇至试验位测试是否能合闸
		如果是小车本体回路故障,更换备用小车
3	直流开关保护动作联跳对侧	重合闸成功,运营结束后检查设备
		重合闸不成功:两侧均试送一次;若试送成功,运营结束后检查设备;若对侧试送成功,本侧试送不成功,判为本侧开关柜故障或保护误动,解除双边联跳功能,采用直接合闸
		一侧重合闸成功,另一侧重合闸不成功,解除双边联跳功能,运营结束后检查重合闸不成功原因
4	小车无法拉至试验位	检查动静触头是否烧熔、粘连在一起,是否有短路电动力造成开关变形,若粘连在一起则必须在直流1 500 V停电后方可检查处理
5	灭弧室被烧坏、动静触头熔化	检查短路电流情况是否近端短路、上一级是否越级跳闸
6	航空触头、测试触头烧毁	若检验是否航空触头接触不良,长期过负荷触头发热、短路电流作用,测试装置动作时有大的短电流或负荷电流
7	开关着火,爆炸	检验是否开关长期分合短路电流、开关分合短路电流次数已超过额定值;开关灭弧室故障,不能进行有效熄灭电弧,若开关出现爆炸、着火时,必须立即停电进行灭火,并通知环控开抽风机排出毒气

三、再生制动能耗装置设备常见故障及处理方法

再生制动能耗装置设备常见故障及处理方法见表 11.5。

表 11.5 再生制动能耗装置设备常见故障及处理方法

序号	故障描述	处理方法
1	设备不能启动	（1）更换按钮开关和门锁开关； （2）检查直流电源及各电源值； （3）重新启动
2	IGBT 保护	（1）检查 IGBT； （2）检查续流管； （3）检查驱动电源电压是否正常
3	过流、过压	（1）检查传感器特性； （2）检查电源是否正常； （3）更换控制板
4	设备误投入吸收状态或不投入吸收状态	（1）更换传感器和隔离放大器； （2）更换电容； （3）更换控制板
5	IGBT 温度保护	（1）检查 IGBT 电压、电流波形并更换； （2）更换温控开关
6	预充不闭合	（1）检查线路接触器； （2）更换继电器
7	线路接触器不闭合或保持不住	更换相应元件
8	支路无吸收电流	（1）更换 IGBT； （2）检查驱动器输入、输出脉冲； （3）检查吸收电阻； （4）更换光缆； （5）更换控制板
9	上位机不执行工作	（1）检查直流 24 V 的工作状况； （2）检查快速断路器联锁； （3）查线； （4）检查程序
10	快速断路器跳闸	检查短路点

第五节　变电所 400 V 设备故障处理

交流 400 V 开关柜设备常见故障及处理方法见表 11.6。

表 11.6 交流 400 V 开关柜设备常见故障及处理方法

序号	故障描述	处理方法
1	母线过负荷或相间短路	检查母线段母排有无明显接地点或母线相间是否有短路现象

续表

序号	故障描述	处理方法
2	开关无法合闸	检查储能电机的绝缘及直阻是否满足要求,若确认电机损坏则应更换
		确认控制回路电源是否正常,然后再检查接线端子接触是否良好
3	抽屉跳闸或故障报警	检查下级电缆是否破损,绝缘是否偏低等
4	抽屉合闸送电后显示无电	主开关辅助触点各常开、常闭接点是否正常。若异常则更换备件;检查辅助触点与主开关的机械配合是否紧凑
5	抽屉主开关无法旋到合闸位	查操作机构与旋钮连接部件是否完好

复习思考 >>>

1. 城轨交通供电系统故障常见类型有哪些?
2. 城轨交通供电系统故障应急处理的基本原则是什么?
3. 城轨交通供电系统故障应急处理的注意事项是什么?
4. 简述主变电所电气设备的常见故障及处理方法。
5. 简述降压变电所电气设备的常见故障及处理方法。
6. 简述牵引降压混合变电所电气设备的常见故障及处理方法。

阅读材料 >>>

阅读材料9:岗位风险点

变电生产岗岗位风险:涉及轨行区、35 kV 本体设备、区间风井、海底泵房、疫情防控、预防性试验的是重大风险;涉及有限空间及1500设备本体的是较大风险;涉及400设备本体、二次电源带电、设备区吸烟、安全工器具检测异常、未按要求倒闸、验电、挂地线、动火作业等的是一般风险;地面尖锐物、分合闸卡滞、照明不足、恶劣天气、高处作业未防护、未设置警戒带、存在易燃易爆品等是较小风险。

变电生产岗岗位风险内容见表11.7,对应的个人防护措施和应急处理措施见表11.8。

表11.7 变电生产岗岗位风险点

风险类别	风险内容	风险等级	个人防护措施	应急处理措施
作业流程	35 kV 开关柜、SVG作业流程发生异常,存在人员触电、发生火灾的安全风险	重大	1	1
	作业过程中未监测气体含量,存在人员窒息伤亡的安全风险	较大	2	2

续表

风险类别	风险内容	风险等级	个人防护措施	应急处理措施
作业流程	未按有限空间作业要求开展作业,存在人员窒息伤亡的安全风险	较大	2	2
	气体系统误操作,存在人员窒息中毒的安全风险	较大	2	2
	1 500 V 开关柜、牵引变压器、1 500 V 电缆、整流器、再生能量制动装置等直流系统设备检修中发生异常,存在人员触电的安全风险	较大	1	1
	设备维护保养未按照作业票证要求倒闸操作,存在人员触电的安全风险	一般	1	1
	设备维护保养柜内二次电源未断开,存在人员触电的安全风险	一般	1	1
	未按照作业票要求验电、放电、挂拆地线、穿戴相应劳保用品,存在人员触电的安全风险	一般	1	1
	动火作业中人员操作不当或周围有易燃杂物或人员,可能造成火灾	一般	4	3
	未按照要求设置警戒绳、悬挂标示牌,存在无关人员触碰带电设备的安全风险	较小	1	1
	人员高处作业未进行防护,存在人员摔落的安全风险	较小	1	5
委外项目作业	35 kV 开关柜预防性试验作业中发生异常,存在人员触电、设备短路的安全风险	重大	1	1
	异常的安全工器具检测设备,存在工器具短路后造成火灾的安全风险	一般	1	3
供电系统设备运行维修	异常的 35 kV 设备进线柜、出线柜、母联提升柜、SVG,存在设备短路、发生火灾的安全风险	重大	1	1
	异常的高压环网电缆、外电源电缆,存在设备短路停用、人员触电及发生火灾的安全风险	重大	1	1
	异常的 1 500 V 开关柜、牵引变压器、1 500 V 电缆、整流器、再生能量制动装置等直流系统设备,存在人员触电、火灾的安全风险	较大	1	1
	异常的 400 V 开关柜、母联提升柜、交直流屏、PSCADA 设备,存在人员触电的安全风险	一般	1	1
	400 V 柜体分合闸卡滞,存在打火拉弧的安全风险	较小	1	7
	电缆等设备从高处坠落、人员作业中抛投物品,存在人员受伤的安全风险	较小	1	6
工作环境	口罩佩戴不到位,存在疫情大规模传播的安全风险	重大	3	
	办公环境及设备房消毒不到位,存在疫情大规模传播的安全风险;	重大	3	
	有限空间存在有毒有害气体,存在人员窒息伤亡的安全风险	较大	2	2
	有限空间氧气浓度不达标,存在人员窒息伤亡的安全风险	较大	2	2
	设备区、办公用房点火、吸烟,可能导致火灾	一般		3

续表

风险类别	风险内容	风险等级	个人防护措施	应急处理措施
工作环境	高温低温天气、暴雨暴雪、台风等异常天气,存在人员受伤、设备故障风险	较小	5	4
	作业现场照明不足,存在人员摔伤的安全风险	较小	1	7
	未按照作业票要求验电、放电挂拆地线、穿戴相应劳保用品,存在人员触电的安全风险	较小	1	6
	地面尖锐物、设备及工具尖锐物,存在人员受伤的安全风险	较小	1	6
	作业现场、库房的灭火器超、欠压;库房易燃易爆品存放不规范;安全标志缺失;存在火灾的安全风险	较小	1	3

表11.8 变电生产岗位个人防护措施和应急处理措施

项目	类别	内容
个人防护措施	1	穿戴好安全帽、绝缘鞋、绝缘手套,确认工器具状态良好
	2	穿戴劳保,佩戴防毒面具,携带照明设备
	3	佩戴N95或医用口罩;戴防护手套
	4	穿戴好电焊相关防护用品,确认工器具状态良好
	5	穿好劳动保护用品;高温天气勤补水;低温天气戴防寒手套、护膝等
应急处理措施	1	断电后将触电人员带离危险区,并进行心肺复苏,并报120急救;如发生火灾视情况使用灭火器灭火,并报119;开展应急演练
	2	如人员窒息,监护人做好自身防护后立即将其转移到通风良好处休息,严重时报120;定期开展有限空间应急演练
	3	如发生火灾视情况使用灭火器灭火,并报119;开展应急演练
	4	如发现人员不适立即安排人员休息;如人员中暑,迅速将患者转移到阴凉通风处,解开衣领裤带,意识清醒的服用解暑药物,多喝水,昏迷的用大拇指按压人中,拨打120;开展应急演练
	5	坠落后不要移动受伤人员,立即拨打120;开展应急演练
	6	人员受伤后视情况将人员带离危险区域,并拨打120;开展应急演练
	7	切断电源,如发生火灾视情况使用灭火器灭火,并报119;开展应急演练

附 录

附录一　常用电气设备新旧文字符号对照表

名　称	新符号		旧符号
	单字母	多字母	
重合闸装置		APR	ZCH
电源自动投入装置		AAT	BZT
中央信号装置		ACS	
故障距离探测装置		AUD	
电容器	C		
避雷器	F		
熔断器		FU	RD
蓄电池		GB	
绿灯		GN	
警铃		HAB	
蜂鸣器、电喇叭		HAU	
信号灯、光指示器		HL	
跳闸信号灯		HLT	
合闸信号灯		HLC	
光字牌	H		
继电器	K		J
电流继电器		KA	LJ
电压继电器		KV	YJ
过电压继电器		KVO	
欠电压继电器		KVU	
差动继电器		KD	CJ
阻抗继电器		KI	ZKJ
重合闸继电器		KCA	

续表

名　称	新符号		旧符号
	单字母	多字母	
极化继电器		KP	JJ
干簧继电器		KRD	
时间继电器		KT	SJ
信号继电器		KS	XJ
控制（中间）继电器		KC	ZJ
防跳继电器		KCF	TBJ
出口继电器		KCO	BCJ
跳闸位置继电器		KCT	TWJ
合闸位置继电器		KCC	HWJ
事故信号继电器		KCA	SXJ
预告信号继电器		KCR	YXJ
电源监视继电器		KVS	JJ
接触器		KM	C
闭锁继电器		KCB	BSJ
瓦斯继电器		KG	WSJ
合闸继电器		KOH	HJ
跳闸继电器		KTP	
电抗器；电感器；线圈；永磁铁	L		
电动机	M		
电流表		PA	
电压表		PV	
有功电能表		PJ	
无功电能表		PRJ	
有功功率表		PPA	
无功功率表		PPR	
断路器		QF	DL
隔离开关		QS	G
接地刀闸		QSE	
刀开关		QK	DK
灭磁开关	Q		MK
电阻器；变阻器	R		R

续表

名 称	新符号		旧符号
	单字母	多字母	
电位器		RP	
红灯		RD	
控制回路开关	S		
控制开关（手动）；选择开关		SA	KK
按钮开关		SB	AN
变压器；调压器	T		B
电力变压器		TM	B
自耦调压器		TT	ZT
电流互感器		TA	LH
电压互感器		TV	YH
整流器		UF	ZL
半导体器件：晶体管、二极管	V		
三极管		VT	
连接片；切换片		XB	LP
端子排		XT	
合闸线圈		YC	HQ
跳闸线圈		YT	TQ

附录二　电气设备常用图形符号

元件名称	图形符号（新）
变压器	
电压互感器	形式1 形式2
电流互感器 （有两个铁心和两个二次绕组）	形式1 形式2
电流互感器 （有一个铁心和两个二次绕组）	形式1 形式2
电铃	或
电警笛；报警器	
蜂鸣器	或
电喇叭	
灯和信号灯；闪光型信号灯	
机电型位置指示器	
断路器；自动开关	

续表

元件名称		图形符号（新）
隔离开关		
负荷开关		
三级开关（单线表示）		
三级开关（多线表示）		
击穿保险器		
熔断器		
避雷器		
接触器（具有灭弧触点）	常开（动合）触点	
	常闭（动断）触点	
按钮	动合	不闭锁　　闭锁

附录二　电气设备常用图形符号

续表

元件名称		图形符号（新）
按钮	动断	 不闭锁　　闭锁
手动开关		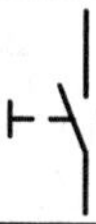
位置开关，限位开关	常开（动合）接点	
	常闭（动断）接点	
非电量触点	常开（动合）触点	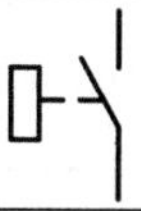
	常闭（动断）触点	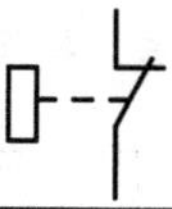
电阻		
可变电阻		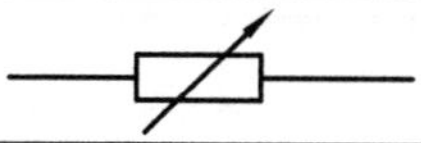
电容	一般形式	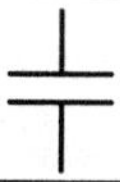
	电解电容	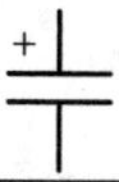
电感；线圈；扼流圈；绕组带磁芯的电感器		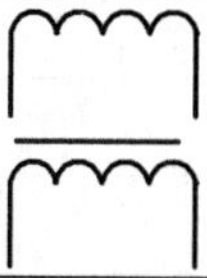
二极管	一般符号	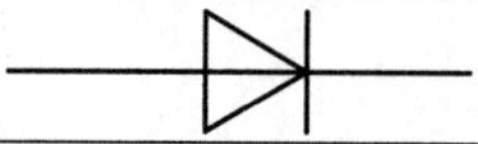
三极管	PNP 型	
	NPN 型	

续表

元件名称		图形符号（新）
蓄电池		
桥式全波整流器		
整流器		
整流器/逆变器		
连接片	闭合	形式1 形式2
	断开	
切换片		
端子	一般符号	
	可拆卸的端子	
继电器；接触器线圈		
继电器电压线圈		
继电器电流线圈		
极化继电器线圈		
继电器缓放线圈		
继电器缓吸线圈		
继电器开关	常开（动合）触点	形式1 形式2

附录二 电气设备常用图形符号

续表

	元件名称	图形符号（新）
继电器开关	常闭（动断）触点	
	单级转换开关 中间断开的双向触点	
接触器	常开灭弧接点	
	常闭灭弧接点	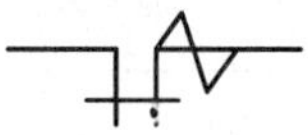
继电器接触器	被吸合时延时闭合的常开触点	形式1 / 形式2 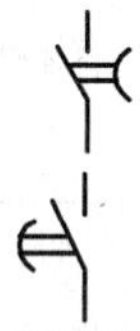
	被释放时延时断开的常开触点	形式1 / 形式2 
	被释放时延时闭合的常闭触点	形式1 / 形式2 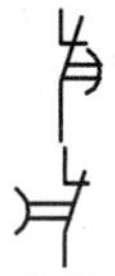
	被吸合时延时断开的常闭触点	形式1 / 形式2 
	仪表的电流线圈	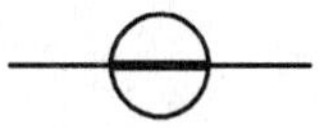
	仪表的电压线圈	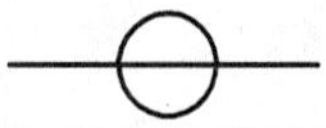
	电压表	 Ⓥ
	电流表	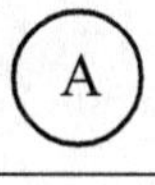 Ⓐ

续表

元件名称		图形符号（新）
有功功率表		Ⓦ
无功功率表		var
有功电能表		Wh
无功电能表		varh
信号继电器	机械保持的常开（动合）触点	
	机械保持的常闭（动断）触点	

附录三 相关法规、规范、技术标准

[1] 《中华人民共和国安全生产法》。

[2] 《中华人民共和国突发事件应对法》。

[3] 《中华人民共和国消防法》。

[4] 《生产安全事故报告和调查处理条例》。

[5] 《中华人民共和国特种设备安全法》。

[6] 《35~110 kV 变电站设计规范》(GB 50059—2011)。

[7] 《3~110 kV 高压配电装置设计规范》(GB 50060—2008)。

[8] 《电力装置的继电保护和自动装置设计规范》(GB/T 50062—2008)。

[9] 《供配电系统设计规范》(GB 50052—2009)。

[10] 《20 kV 及以下变电所设计规范》(GB 50053—2013)。

[11] 《低压配电设计规范》(GB 50054—2011)。

[12] 《通用用电设备配电设计规范》(GB 50055—2011)。

[13] 《电气图用图形符号》(GB 4728.1—2005)。

[14] 《电力装置的电测量仪表装置设计规范》(GB/T 50063—2008)。

[15] 《电力工程电缆设计规范》(GB 50217—2007)。

[16] 《地区电网调度自动化系统》(GB/T 13730—2002)。

[17] 《民用建筑电气设计规范》(JGJ/T 16—2008)。

[18] 《电力系统调度自动化设计技术规程》(DL 5003—2005)。

[19] 《交流电气装置的接地设计规范》(GB/T 50065—2011)。

[20] 《地区电网调度自动化系统》(GB/T 13730—2002)。

[21] 《远动终端设备》(GB/T 13729—2002)。

[22] 《地区电网电调自动化设计技术规程》(DL/T 5002—2005)。

[23] 《远动设备及系统 电源和电磁兼容性》(GB/T 15153.1—1998)。

[24] 《远动设备及系统 环境条件》(GB/T 15153.2—2000)。

[25] 《远动设备及系统 性能要求》(GB/T 17463—1998)。

[26]《远动设备及系统 传输规约》(GB/T 18657—2002)。

[27]《运动设备及系统接口(电气特征)》(GB/T 16435.1—1996)。

[28]《建筑物防雷设计规范》(GB 50057—2010)。

[29]《高压输变电设备的绝缘配合使用导则》(GB/T 311.2—2002)。

[30]《建筑结构荷载规范》(GB 50009—2012)。

[31]《消防应急照明与疏散指示系统》(GB 19745—2010)。

[32]《电力设备预防性试验规程》(DL/T 596—2021)。

[33]《地铁设计规范》(GB 50157—2013)。

[34]《城市轨道交通直流牵引供电系统》(GB/T 10411—2005)。

[35]《城市轨道交通技术规范》(GB 50490—2009)。

[36]《地铁杂散电流腐蚀防护技术规程》(CJJT 49—2020)。

[37]《轨道交通地面装置 第2部分：直流牵引系统杂散电流防护措施》(GB/T 28026.2—2011)。

[38]《城市轨道交通照明》(GB/T 16275—2008)。

[39]《城市轨道交通用电综合评定指标》(GB/T 35554—2017)。

[40]《轨道交通地面装置直流开关设备 第1部分：总则》(GB/T 25890.1—2010)。

[41]《轨道交通地面装置直流开关设备 第2部分：直流断路器》(GB/T 25890.2—2010)。

[42]《轨道交通地面装置直流开关设备 第3部分：户内直流隔离开关、负荷开关和接地开关》(GB/T 25890.3—2010)。

[43]《轨道交通 地面装置 直流开关设备 第4部分：户外直流隔离开关、负荷开关和接地开关》(GB/T 25890.4—2010)。

[44]《城市轨道交通再生制动能量吸收逆变装置》(GB/T 37423—2019)。

[45]《轨道交通能源消耗与排放指标评价方法》(GB/T 37420—2019)。

[46]《城市轨道交通直流牵引供电整流机组技术条件》(CJT 370—2011)。

[47]《城市轨道交通变电检修职业技能等级标准》(2021年2.0版)。

[48]《铁路供电调度系统设计规范》(TB 10117—2008)。

[49]《铁路电力牵引供电设计规范》(TB 10009—2016)

[50]《高速铁路电力管理规则》(铁总运〔2015〕49号)

[51]《高速铁路牵引变电所安全工作规则》(铁运总〔2015〕48号)

[52]《高速铁路牵引变电所运行检修规则》(铁运总〔2015〕50号)

参考文献

[1] 黄德胜, 张巍. 地下铁道供电[M]. 北京: 中国电力出版社, 2010.

[2] 于松伟, 等. 城市轨道交通供电系统设计原理与应用[M]. 成都: 西南交通大学出版社, 2008.

[3] 北京市规划委员会. 地铁设计规范[M]. 北京: 中国建筑工业出版社, 2013.

[4] 中华人民共和国住房和城乡建设部, 等. 城市轨道交通技术规范: GB 50490—2009[S]. 北京: 中国建筑工业出版社, 2009.

[5] 李晓江. 城市轨道交通技术规范实施指南[M]. 北京: 中国建筑工业出版社, 2009.

[6] 何宗华. 城市轨道交通供电系统运营与维修[M]. 北京: 中国建筑工业出版社, 2006.

[7] 宋奇吼, 李学武. 城市轨道交通供电[M]. 北京: 中国铁道出版社, 2012.

[8] 王艇. 地铁直流牵引供电保护技术与系统实现[D]. 南京: 江苏大学, 2006.

[9] 林惠汉, 凌文坚, 吴世成. 24相轴向双分裂整流变压器[J]. 变压器, 2002(10): 117-119.

[10] 张殷. 轨道交通电力监控系统设计与应用[D]. 上海: 华东理工大学, 2014.

[11] 张国碧, 李家稳, 郭建波. 我国地铁的发展现状及展望[J]. 山西建筑, 2010(33): 75-79.

[12] 周志敏, 周纪海, 纪爱华. 阀控式密封铅酸蓄电池实用技术[M]. 北京: 中国电力出版社, 2004.

[13] 白忠敏, 於崇干, 刘百震, 等. 现代电力工程直流系统[M]. 北京: 中国电力出版社, 2004.

[14] 何永华. 发电厂及变电站的二次回路[M]. 北京: 中国电力出版社, 1997.

[15] 邹仉平. 实用电气二次回路200例[M]. 北京: 中国电力出版社, 2000.

[16] 文锋. 电气二次接线识图[M]. 北京: 中国电力出版社, 2000.

[17] 袁乃志. 发电厂和变电站电气二次回路技术[M]. 北京: 中国电力出版社, 2004.

[18] 黄栋, 吴轶群. 发电厂及变电站二次回路[M]. 北京: 中国水利水电出版社, 2004.

[19] 李开勤. 电气设备检修[M]. 北京: 中国电力出版社, 2011.

[20] 肖艳萍. 发电厂变电站电气设备[M]. 北京：中国电力出版社，2008.

[21] 李建民. 城市轨道交通供电导论[M]. 北京：机械工业出版社，2013.

[22] 李建明. 城市轨道交通供电[M]. 成都：西南交通大学出版社，2007.

[23] 郭媛媛，崔博源，王承玉，等. 1100 kV/63 kA 气体绝缘金属封闭开关设备的研制[J]. 电网技术，2011，35（12）：20-25.

[24] 李学武. 城市轨道交通供变电技术[M]. 北京：中国铁道出版社，2013.

[25] 程显，袁端磊，潘明，等. 40.5 kV 低 SF_6 含量气体绝缘金属封闭开关柜样机研制[J]. 大连理工大学学报，2015，55（5）：529-536.

[26] 王平. 中压 C-GIS 的应用状况与发展趋势[J]. 电力设备，2006，7（2）：4-9.

[27] 张格学. 地铁供电故障的调度应急指挥[J]. 现代城市轨道交通，2017，6：46-49

[28] 冯爱军. 国内城市轨道交通技术发展现状与展望[J]. 江苏建筑，2020，3（205）：1-3.

[29] 胡海金. 变电站线路变压器组接线方式探讨[J]. 建筑电气，2018，37（11）：34-38.

[30] 陈保伦. HMB-4 型液压弹簧机构的特点、操作使用及故障处理[J]. 电气制造，2009（05）：66-69.

[31] 林海雪. 电能质量国家标准系列讲座第 1 讲 供电电压偏差标准[J]. 建筑电气，2011，30（04）：3-9.

[32] 广州轨道教育科技股份有限公司. 城市轨道交通变电检修职业技能等级标准[Z]. 2021.

[33] 广州轨道教育科技股份有限公司. 1＋X 城市轨道交通变电检修职业技能等级证书学习资料[Z]. 2021.

[34] 中国国家铁路集团有限公司工电部. 铁路电力[M]. 北京：中国铁道出版社，2022.

[35] 中国国家铁路集团有限公司工电部. 铁路牵引变电[M]. 北京：中国铁道出版社，2022.

[36] 中国城市轨道交通协会. 中国城市轨道交通智慧城轨发展纲要[Z]. 2020.

[37] 中国城市轨道交通协会. 中国城市轨道交通绿色城轨发展行动方案[Z]. 2022.